市县域研究系列丛书

河南省市域经济运行分析报告

主　编　李燕燕　耿明斋
副主编　张国骁　徐　涛　李　甜

企业管理出版社
ENTERPRISE MANAGEMENT PUBLISHING HOUSE

图书在版编目（CIP）数据

河南省市域经济运行分析报告 / 李燕燕等主编 . — 北京：企业管理出版社，2023.11
ISBN 978-7-5164-2460-5

Ⅰ.①河…　Ⅱ.①李…　Ⅲ.①区域经济 – 经济运行分析 – 研究报告 – 河南　Ⅳ.① F127.61

中国国家版本馆 CIP 数据核字（2023）第 200961 号

书　　名：	河南省市域经济运行分析报告
书　　号：	ISBN 978-7-5164-2460-5
作　　者：	李燕燕　耿明斋　张国骁　徐　涛　李　甜
责任编辑：	赵喜勤
出版发行：	企业管理出版社
经　　销：	新华书店
地　　址：	北京市海淀区紫竹院南路 17 号　　邮编：100048
网　　址：	http：//www.emph.cn　　电子信箱：zhaoxq13@163.com
电　　话：	编辑部（010）68420309　　发行部（010）68701816
印　　刷：	北京厚诚则铭印刷科技有限公司
版　　次：	2023 年 11 月第 1 版
印　　次：	2023 年 11 月第 1 次印刷
开　　本：	710 mm×1000 mm　　1/16
印　　张：	22 印张
字　　数：	323 千字
定　　价：	98.00 元

版权所有　翻印必究·印装有误　负责调换

本书是河南省中原发展研究基金会2023年度资助项目"河南省域经济发展战略研究"的最终成果。

感谢河南省中原发展研究基金会对该项研究及本书出版的支持。

"市县域研究系列丛书"编辑委员会

丛书主编：耿明斋
编委会成员（以姓氏笔画排序）：

王永苏　王建国　刘　琼　李燕燕　李少楠
李　甜　张国骁　张兆源　周　立　屈桂林
赵　岩　柴　森　徐　涛

总　序

从 20 世纪 90 年代中期开始，我们就有意识地关注"中原"这块古老大地的发展问题。这里是中华文明的源头，历史悠久，传统文化积淀很深，农耕特色最突出，与近 500 年来开启的以分工交易为制度背景，以工业化、城市化为核心内容的现代化之间，摩擦系数比较大。研究面越宽、研究越深入，越觉得中原地区对中国的现代化转型具有全局意义，对我们的吸引力也越大，一旦开启，就无法放下。

近 30 年来，我们这个团队以"中原崛起，河南振兴"为指向，以"工业化、城镇化和农业现代化"为题材，做了包括国家社会科学重大课题在内的各类项目上百项，发表各类文章不下百篇，出版著作几十种，撰写了很多报告。依托的研究平台也越来越大，越来越开放，先是河南大学改革发展研究院（1994—2009 年），继而是河南大学中原发展研究院（2009—2019 年），现在是河南中原经济发展研究院（2019 年至今）。

随着学术积累的增多，我们开始有意识地将相同或相近类型的研究成果进行集成，以"丛书"形式呈现，至今已有四套丛书问世。一是从 2009 年开始组织编撰的"传统农区工业化与社会转型"丛书，主要是学术专著，由社会科学文献出版社出版，至 2021 年年底共出版 26 种；二是 2010 年前后启动编撰出版的"中原经济区发展报告"系列，由以《中原经济区竞争力报告》为代表的各领域发展报告组成，也由社会科学文献出版社出版，持续 10 年，共编撰出版 7 个系列 27 种；三是"中原发展研究报告集"系列，主要由每个年度完成的各种研究报告汇集而成，由河南大学出版社出版，从 2016 年开始，至 2023 年年初已经出版 6 种（因新冠疫情影响，2021—2023 年合集）；四是"整村调查报告"系列，由从 2017 年开始的一年一度连续进行的整村调查项目成果构成，主要由中国经济出版社（2017 年度是河南大学出版社）出版，至 2023 年年初已出版 5 种。四类丛书总计已达 64 种，俨然是个庞大的体系！

从 2022 年开始，我们聚焦市县域经济发展和经济运行状况的研究与分析，以此为契机，我们拟编撰出版第五类丛书，取名"市县域研究系列丛书"。目前已经完成《河南省市域经济运行分析报告》和《河南省县域经济运行分析报告》两种，作为该系列丛书的第一批书目，由企业管理出版社出版。与前四类丛书一样，随着时间的推移，书的数量也会不断增加。让我们共同期待新书陆续与读者见面。

耿明斋

2023 年 10 月

目 录

导论：河南经济发展态势及未来发展着力点 /1
- 一、最近6年河南经济发展绕了一个大弯 ……………………（1）
- 二、面临宏观经济调整及外部省份发展的压力 ……………（2）
- 三、问题出在哪儿 ……………………………………………（5）
- 四、谁在拖后腿 ………………………………………………（5）
- 五、从哪儿发力 ………………………………………………（10）

河南省市域经济运行分析：郑州篇 /15
- 一、概述 ………………………………………………………（15）
- 二、经济总量稳定增长，但增速明显下滑 …………………（15）
- 三、财政收入增速持续下滑，城乡收入差距缩小 …………（18）
- 四、固定资产投资不断增加，但增速下滑，工业投资占比下降 …（25）
- 五、需加大力度提升规上工业增加值，信息产业发展势头较好 …（28）
- 六、转型关键在于创新能力 …………………………………（35）
- 七、城镇化稳步推进，城乡发展协调性增强 ………………（38）

河南省市域经济运行分析：开封篇 /40
- 一、概述 ………………………………………………………（40）
- 二、经济总量不断增加，发展势头良好 ……………………（40）
- 三、税收占比提升，城乡居民人均可支配收入仍低于全省水平 …（43）
- 四、投资拉动效用减弱，但仍发挥重要作用 ………………（49）
- 五、第二产业占比较低，规上工业增加值增速高于河南省水平 …（51）
- 六、研发经费占比低，要充分利用自贸区政策优势 ………（56）
- 七、吸引人才，调整人口结构，提高人口质量 ……………（57）

河南省市域经济运行分析：洛阳篇 /60

一、概述 ……………………………………………………………（60）

二、都市圈的发展呈多中心、网络化 …………………………（60）

三、经济总量不断增加，但需要遏制增速及占比下滑势头 …（61）

四、创新驱动开始发力 …………………………………………（68）

五、民间投资占比大，经济开放度有待提升 …………………（70）

六、产业结构整体较为合理，规上工业增加值持续下滑 ……（72）

七、吸引人才，改变人口外流状态 ……………………………（74）

河南省市域经济运行分析：平顶山篇 /76

一、概述 ……………………………………………………………（76）

二、总量下滑，增速反弹 ………………………………………（76）

三、创新强度高于全省水平，推动煤由燃料到原料转型 ……（83）

四、投资效率下降，消费及进出口有待提升 …………………（85）

五、产业结构调整需进一步增强后劲 …………………………（87）

六、城镇化进程仍有较大推进空间 ……………………………（90）

河南省市域经济运行分析：安阳篇 /92

一、概述 ……………………………………………………………（92）

二、经济总量逐年递增，但占比和增速均下降 ………………（92）

三、财政收支、税收稳定增长，居民人均可支配收入
　　高于全省水平 ………………………………………………（95）

四、固定资产投资和工业投资连续出现负增长后有所回升 …（101）

五、规上工业增加值及服务业占比均下降 ……………………（104）

六、人口外流率递增，城镇化率低于河南省水平 ……………（111）

河南省市域经济运行分析：鹤壁篇 /113

一、概述 ……………………………………………………………（113）

二、经济体量较小，增速下滑 …………………………………（113）

三、财政自给率高于全省水平，城镇居民人均可支配收
　　入低于全省水平 ……………………………………（116）
四、工业投资增速强劲，消费能力较弱 …………………（119）
五、科技创新提升制造业竞争力 …………………………（121）
六、常住人口稳定，城镇化率居全省前列 ………………（126）

河南省市域经济运行分析：新乡篇 /128

一、概述 ……………………………………………………（128）
二、经济平稳快速发展，人均GDP长期低于全省水平 …（128）
三、预算收入全省排名靠前，税收质量逐年提高 ………（131）
四、城镇居民人均可支配收入低于全省水平 ……………（134）
五、创新助力新乡高质量发展 ……………………………（135）
六、各类投资波动比较大 …………………………………（137）
七、工业增加值增速高于全省水平，制造业工业增加值
　　增速高于GDP增速 ……………………………………（139）
八、城镇化率高于全省水平 ………………………………（144）

河南省市域经济运行分析：焦作篇 /146

一、概述 ……………………………………………………（146）
二、经济总量 ………………………………………………（146）
三、财政收支与居民可支配收入 …………………………（149）
四、投资与消费 ……………………………………………（153）
五、产业发展 ………………………………………………（157）
六、人口、就业及城镇化 …………………………………（163）

河南省市域经济运行分析：濮阳篇 /166

一、概述 ……………………………………………………（166）
二、经济总量稳定增长，占比下降 ………………………（166）
三、财政自给率低于全省水平，城乡居民人均可支配收入
　　均低于全省平均水平 …………………………………（168）

四、工业投资波动过大，需继续加大创新力度 ………………（172）
　　五、第二产业占比小，亟须做大做优 …………………………（174）
　　六、常住人口稳中有升，城镇化率低于全省水平 ……………（179）

河南省市域经济运行分析：许昌篇 /181

　　一、概述 …………………………………………………………（181）
　　二、经济总量不断增加，但增速下降 …………………………（181）
　　三、财政收入及居民人均可支配收入平稳增长，
　　　　但税收占比呈下降趋势 ……………………………………（184）
　　四、投资增速持续下降，且各类投资波动大 …………………（189）
　　五、规上工业企业增加值增速高于河南省水平，
　　　　但传统产业占比仍较大 ……………………………………（192）
　　六、近年 R&D 经费内部支出增速及占 GDP 的比重均有下降 …（197）
　　七、城镇化率低于河南省水平 …………………………………（199）

河南省市域经济运行分析：漯河篇 /201

　　一、概述 …………………………………………………………（201）
　　二、经济总量不断增加，增速十分亮眼 ………………………（201）
　　三、投资、消费总体平稳，经济开放度有待提高 ……………（208）
　　四、创新力度加大，优化产业结构 ……………………………（208）
　　五、城镇化进程仍有较大推进空间 ……………………………（214）
　　六、努力打造现代化食品名城升级版 …………………………（215）

河南省市域经济运行分析：三门峡篇 /218

　　一、概述 …………………………………………………………（218）
　　二、经济体量较小，人均高于全省平均水平 …………………（218）
　　三、财政自给率高于全省平均水平 ……………………………（221）
　　四、城乡居民人均可支配收入与全省平均水平出现分离 ……（223）
　　五、固定资产投资占比处于绝对地位 …………………………（225）
　　六、产业结构持续优化，第二产业升级面临挑战 ……………（226）

七、人口外流逐年增加 ………………………………………（229）

河南省市域经济运行分析：南阳篇 /233
一、概述 ……………………………………………………（233）
二、经济体量较大，人均GDP低于全省平均水平 ………（233）
三、创新动能开始显现 ……………………………………（240）
四、工业投资回升，消费拉动效用明显 …………………（242）
五、第二产业规模和质量需进一步提升 …………………（244）
六、人口流失率高，城镇化率低于全省水平 ……………（247）

河南省市域经济运行分析：商丘篇 /249
一、概述 ……………………………………………………（249）
二、经济总量位次提升，人均GDP与全省水平差距拉大 …（249）
三、投资拉动减弱，消费提升，创新不足 ………………（256）
四、第一产业占比大，第二产业需增强后劲 ……………（259）
五、城镇化率较低，低于全省平均水平 …………………（262）

河南省市域经济运行分析：信阳篇 /264
一、概述 ……………………………………………………（264）
二、经济总量、增速和占比均有明显提升 ………………（264）
三、税收占比上升，但财政自给率靠后 …………………（266）
四、城乡居民人均可支配收入和消费支出均低于
　　河南省平均水平 ………………………………………（270）
五、R&D经费内部支出不断增加，但占比仍靠后 ………（272）
六、投资增速整体下滑，工业投资波动大 ………………（274）
七、第二产业占比较低，规上工业增加值增速高于河南省水平 …（277）
八、人口外流量大，城镇化率较低 ………………………（283）

河南省市域经济运行分析：周口篇 /285
一、概述 ……………………………………………………（285）

二、经济总量上升，人均GDP较低，占比增加……………………（285）

三、税收占比高于全省水平，财政自给率整体呈上升趋势………（288）

四、城乡居民人均可支配收入虽仍处于末位，
    但城镇居民可支配收入占比提高……………………………（291）

五、遏制投资增速下滑，加大投资力度………………………………（293）

六、典型的传统农区工业化劲头十足…………………………………（296）

七、人口流失率高，城镇化水平长期处于末位………………………（300）

河南省市域经济运行分析：驻马店篇 /302

一、概述……………………………………………………………………（302）

二、经济总量、增速和占比均呈上升态势……………………………（302）

三、财政自给率全省排名靠后，城乡居民人均可支配收入较低……（305）

四、投资拉动效用明显，工业投资回升强劲…………………………（309）

五、农区工业化成效明显，但第二产业占比仍偏小…………………（312）

六、人口流失率高，城镇化率靠后……………………………………（317）

河南省市域经济运行分析：济源篇 /319

一、概述……………………………………………………………………（319）

二、经济体量小，但人均GDP水平高…………………………………（319）

三、R&D经费内部支出占GDP的比重高于河南省水平………………（327）

四、投资增速波动较大，进出口占比突出……………………………（330）

五、坚守工业立市，传统产业增加值占比仍较高……………………（331）

六、人口外流不高，城镇化率高于河南省……………………………（335）

后　记 /339

导论：河南经济发展态势及未来发展着力点

一、最近 6 年河南经济发展绕了一个大弯

本书梳理了 2008—2022 年的统计数据，对近 15 年河南经济增长的演化轨迹进行了描述，并与同期全国平均增速进行了比较（见图 1）。发现相对于全国平均增速，最近 6 年河南经济发展绕了一个大弯。

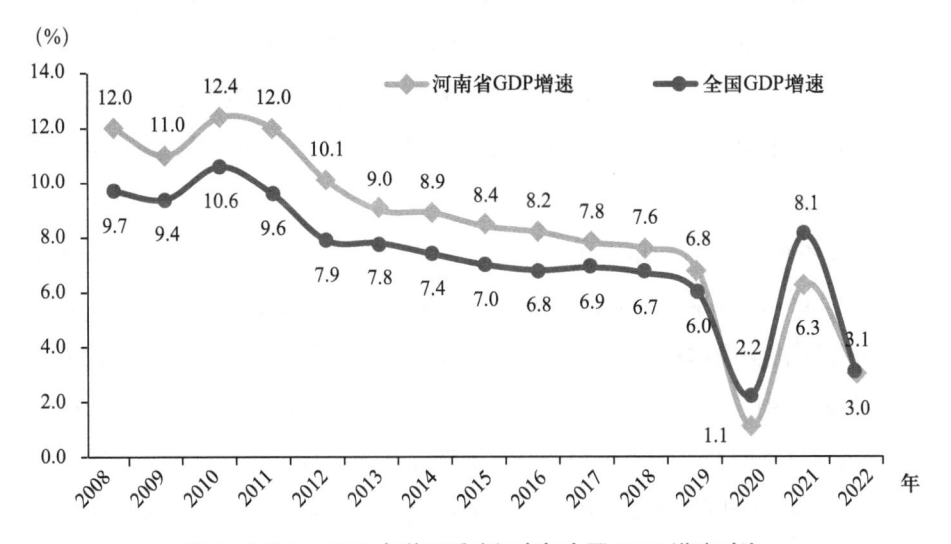

图 1 2008—2022 年前三季度河南与全国 GDP 增速对比

数据来源：国家统计局

从图 1 可以看到，2016 年之前，河南 GDP 增速几乎每年都高于全国平均值 1.4 个百分点以上（仅 2013 年高出 1.2 个百分点）。2017 年以后幅度开始收窄，2019 年仅高出全国平均值 0.8 个百分点。虽然由于新冠疫情原因，2020 年全国经济增速深幅下挫（2.2%），但在同样的背景下，并非疫情重灾区的河南下挫幅度更大（1.1%），相对差距也扩大到 1.1%。2021 年由于疫情得到控制，全国经济增速大幅回升（8.1%），河南回升幅度却不及全国平均

— 1 —

水平（6.3%），差距进一步扩大到1.8%。2022年河南GDP增速（3.1%）超过全国均值（3.0%）0.1个百分点。这意味着，2017—2022年6年间，河南经济增长轨迹相对于全国均值，绕了一个大弯，走了一个"U"形曲线。其背后有经济结构偏重、创新资源存量不足等客观因素，也有认识和行动到位与否等主观因素。

二、面临宏观经济调整及外部省份发展的压力

压力首先来自长期增长趋势。各国的发展经验表明，在现代化初期阶段，由于基础设施建设需求和资源型产业扩张导致的大规模投资驱动效应，经济会呈现高速增长态势，这个时间段一般持续20年左右就结束了。由于基础设施趋于饱和、资源和环境压力增大，经济结构和社会结构矛盾凸现，摩擦系数加大，优化结构和提高质量成为主基调，加上经济增长从投资驱动为主向消费驱动为主转换，经济就会进入正常的中低速增长期。第二次世界大战后崛起的亚洲新型经济体如日本、韩国和中国台湾地区等，基本上都是经过20多年就从前一阶段转入了后一阶段。中国阶段转换始于改革开放以后的2008年，国际金融危机使中国经济受到外部的冲击，也使长期高速增长累积的问题不断暴露。由此，无论是河南还是全国，经济增速就落入了持续下降趋势中，2021年的较高增长指标，只是对2020年因新冠疫情造成的低基数缺口的回补，并不会改变继续下降的基本趋势。在整体压力不减的情况下，河南与全国增速差距缩小的难度也会增大。考虑到十多年来区域发展不平衡及南北差距持续拉大的格局，在北方普遍承压的背景下，河南追赶的难度又会叠加一层。

压力还来自省域之间的竞争与比较。2008年国际金融危机以后，在全国经济增速整体进入下降通道的情况下，相对于兄弟省份，河南降速更快，降幅更大（见表1及图2）。

表 1　相关省份经济增长速度比较

单位：%

年份	中部6省 河南	湖北	湖南	安徽	山西	江西	东部 河北	山东	江苏	浙江	广东	西部 重庆	四川	贵州	陕西	东北部 辽宁	吉林
2008	12.0	13.4	14.1	12.6	8.3	13.3	8.0	9.7	12.7	10.1	10.5	14.6	11.0	11.3	14.7	10.7	12.0
2009	11.0	13.7	13.9	13.1	5.5	13.2	8.1	9.8	12.4	9.0	9.9	15.1	14.5	11.4	12.2	10.4	10.3
2010	12.4	14.7	14.6	14.3	10.8	14.0	9.2	10.4	12.7	11.9	12.5	17.2	15.1	12.8	13.9	10.3	10.4
2011	12.0	14.1	12.8	13.4	10.0	12.4	10.3	10.7	11.0	9.0	10.2	16.4	15.0	15.4	13.1	10.2	10.5
2012	10.1	11.2	11.4	11.2	9.2	11.0	8.7	9.7	10.2	8.1	8.3	13.6	11.7	13.0	12.2	8.9	8.9
2013	9.0	10.2	10.1	10.3	9.0	10.1	8.2	9.4	9.7	8.3	8.5	12.3	10.0	12.4	10.5	8.7	8.5
2014	8.9	9.7	9.5	9.2	4.9	9.7	6.5	8.5	8.6	7.7	7.8	10.9	8.5	10.8	9.6	5.7	6.3
2015	8.4	8.6	8.5	8.7	3.0	9.1	6.8	7.8	8.6	8.0	8.0	11.0	7.9	10.7	7.7	2.8	6.1
2016	8.2	8.1	8.0	8.8	4.1	9.0	6.7	7.6	7.8	7.6	7.5	10.7	7.8	10.5	7.5	0.5	6.5
2017	7.8	7.8	8.0	8.6	6.8	8.8	6.7	7.2	7.2	7.8	7.5	9.3	8.1	10.2	7.8	4.2	5.2
2018	7.6	7.8	7.8	8.0	6.6	8.7	6.5	6.3	6.7	7.1	6.8	6.0	8.0	9.1	8.1	5.6	4.4
2019	6.8	7.3	7.6	7.3	6.1	7.9	6.7	5.5	5.9	6.8	6.2	6.3	7.4	8.3	6.0	5.4	3.0
2020	1.1	-5.4	3.8	3.7	3.6	3.8	3.8	3.5	3.7	3.6	2.3	3.9	3.8	4.5	2.1	0.6	2.3
2021	6.3	12.9	7.7	8.3	9.1	8.8	6.5	8.3	8.6	8.5	8.0	8.3	8.2	8.1	6.5	5.8	6.6
2022	3.1	4.3	4.5	3.5	4.4	4.7	3.8	3.9	2.8	3.1	1.9	2.6	2.9	1.2	4.3	2.1	-1.9
2022年增速排名	15	6	3	13	5	1	12	11	19	15	24	21	17	25	6	23	31

数据来源：国家统计局

从表1可以看到，从2008—2022年的15年中，中部6省GDP增速河南与山西轮流垫底，除了2020年因新冠疫情导致湖北增速异常之外，整个这一时期湖南、湖北、江西、安徽4省增速几乎全部高于河南（除2016年，河南GDP增速高于湖北0.1个、湖南0.2个百分点，2017年与湖北GDP增速持平），且大多数年份高出的幅度大于1个百分点。东部除河北之外，经济总量排在全国前4位的广东、江苏、山东、浙江4省，大多数年份经济增速都逼近河南省的水平，个别年份甚至高于河南省，2020年、2021年更是普遍高于河南省。西部的四川、重庆、贵州、陕西4省则绝大多数年份增速高于河南省。这个特点和趋势长期的累积效应是，总量排在前面的省份甩开河南省越来越远，差距越来越大，排在后面的省份与河南省的差距越来越小，追兵越来越近（见图2）

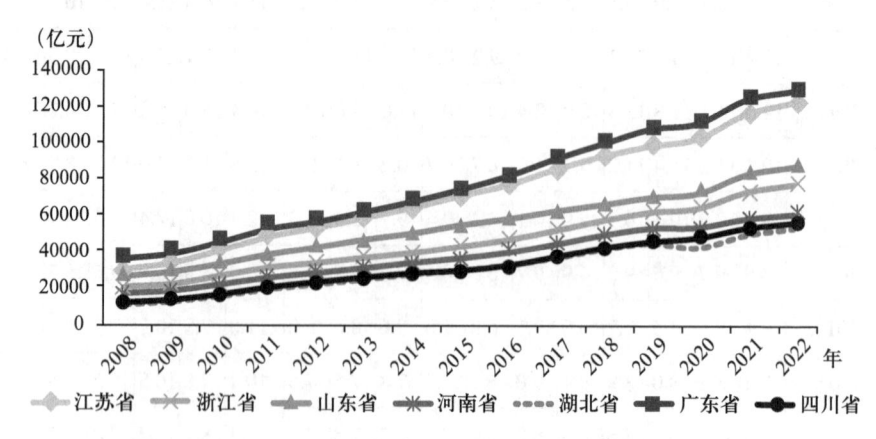

图2 2008—2022年河南与相关省份GDP总量差异演化趋势

数据来源：国家统计局

以经济排名第一的广东和排名第四的浙江为例，2008年广东GDP总量是3.67万亿元，河南是1.77万亿元，差值是1.9万亿元，到2022年，广东GDP总量是12.91万亿元，河南是6.13万亿元，差值扩大到6.78万亿元；2008年浙江GDP总量是2.13万亿元，比河南多0.36万亿元，到2022年，浙江是7.77万亿元，比河南多1.64万亿元。绝对量相对比例也明显下降，2008年，河南GDP总量是广东的48.3%，2022年变成了47.5%，降低了0.8个百分点；2008年，河南GDP总量是浙江的83.1%，2022年变成了78.9%，下降了4.2个百分点。

排在河南省后面的四川和湖北两省，与河南的差距则呈反向变化趋势。2008年，四川GDP总量是1.28万亿元，比河南的1.77万亿元少0.49万亿元，2022年是5.67万亿元，比河南的6.13万亿元少0.46万亿元，差值几乎无变化，占比却由72.3%提升至92.5%，提高了20.2个百分点；2008年，湖北 GDP 总量是 1.15 万亿元，比河南少 0.62 万亿元，2022 年是 5.37 万亿元，比河南少 0.76 万亿元，增幅不大，占比却由 65.0% 提升至 87.6%，提高了 22.6 个百分点。这也是四川、湖北等省底气十足，想要在"十四五"时期就赶超河南的原因。

三、问题出在哪儿

肯定是由于没能跟上经济发展阶段转换的步伐，没能适应新阶段经济结构调整和发展方式转变的需要。

实际上，由于经济结构的原因，2008 年国际金融危机到来时，河南经济也曾短暂受到很大冲击（2009 年 1—2 月工业增加值增速降至 2% 左右）。但全省上下反应还算及时，借国家投放 4 万亿元的契机，迅速启动郑州机场二期和"米"字形高铁项目，放大和重塑交通区位优势，设立航空港经济综合实验区，加大中原城市群建设力度，为经济增长提供了新支撑，保证了新阶段初期河南经济增长的良好态势。问题是，当 2016 年以郑州机场二期投入使用为标志，相关举措蕴含的能量差不多释放完毕，我们没有再做出及时反应，未在提升创新能力和推动制造业升级两个关键领域谋划大举措，推出大项目。现在看来，这恐怕是 2017 年之后，河南经济增速相对于全国经济增速均值快速收缩、与兄弟省份差距迅速拉大的主因之一。

四、谁在拖后腿

省内各市相比较，都有较大幅度上涨，但增幅也有明显差异。本书通过梳理河南省 18 市 2008—2022 年 GDP 总量的变化情况发现，15 年间，17 个省辖市和济源示范区 GDP 总量都有大幅度提升。其中表现最突出的是郑州和驻马店，其次是许昌、周口、新乡、商丘、信阳、开封、漯河、洛阳、鹤壁，再次是南阳、平顶山、安阳、焦作、濮阳、三门峡、济源。增幅差异源于增速差异（见表 2）

表2 2008—2022年省辖18市GDP增速排序变化情况

年份	郑州	开封	洛阳	平顶山	安阳	鹤壁	新乡	焦作	濮阳	许昌	漯河	三门峡	南阳	商丘	信阳	周口	驻马店	济源
2008	14	8	3	5	8	6	4	11	10	11	7	1	16	18	14	13	17	2
2009	10	6	2	17	10	3	5	12	14	4	12	6	17	15	8	15	9	1
2010	8	9	7	16	5	6	3	11	15	4	2	1	12	17	12	17	12	9
2011	4	8	10	16	12	8	2	5	11	1	6	7	15	18	16	14	13	2
2012	1	9	16	18	17	10	7	8	3	1	3	2	15	11	13	12	14	6
2013	8	4	17	18	16	1	5	2	6	11	13	15	7	12	14	2
2014	5	4	11	18	15	1	6	14	2	6	9	11	16	8	13	9	16	3
2015	1	2	15	14	13	16	12	6	5	18	5	11	9	5	17
2016	5	5	4	17	14	16	3	10	2	1	13	9	2	6	5	14
2017	5	13	1	10	16	5	9	15	10	1	5	2	17	1	18	14	4	10
2018	7	14	9	11	15	7	13	16	18	2	10	8	12	1	4	6	3	4
2019	16	10	4	18	11	13	1	15	11	4	4	13	8	17	9	2
2020	7	13	4	3	2	4	18	9	7	10	16	6	11	17	12	15	1	2
2021	16	5	15	7	14	8	9	17	2	13	1	3	2	8	10	11	5	12
2022	18	9	12	11	16	9	6	1	13	5	17	2	3	7	6	14	15	8

数据来源：河南省统计年鉴

从表2可以看到，增长态势总体上比较好的是郑州、许昌、新乡、商丘、驻马店、开封、漯河、鹤壁、济源9市，增长态势明显不那么令人满意的是南阳、平顶山、安阳、焦作。

各市经济增速差异演化累积的结果是经济总量排序的变化（见表3）和在全省占比的变化（见表4）。

表3 2008—2022年省辖18市GDP总量排序变化情况

年份	郑州	洛阳	南阳	许昌	周口	新乡	商丘	驻马店	信阳	平顶山	开封	安阳	焦作	濮阳	漯河	三门峡	鹤壁	济源
2008	1	2	3	5	8	9	10	12	11	4	13	6	7	14	16	15	17	18
2009	1	2	3	6	8	9	10	12	11	5	13	4	7	15	16	14	17	18

续表

年份	郑州	洛阳	南阳	许昌	周口	新乡	商丘	驻马店	信阳	平顶山	开封	安阳	焦作	濮阳	漯河	三门峡	鹤壁	济源
2010	1	2	3	4	8	9	10	12	11	6	13	5	7	15	16	14	17	18
2011	1	2	3	4	9	5	10	12	11	7	13	6	8	15	16	14	17	18
2012	1	2	3	4	6	5	11	12	10	9	13	7	8	15	16	14	17	18
2013	1	2	3	4	5	6	12	11	9	10	13	7	8	15	16	14	17	18
2014	1	2	3	4	5	6	10	11	9	7	12	8	13	14	16	15	17	18
2015	1	2	3	4	5	6	11	8	12	7	13	9	10	14	16	15	17	18
2016	1	2	3	4	5	6	10	8	11	7	13	9	12	14	16	15	17	18
2017	1	2	3	4	5	6	9	11	8	12	13	7	10	14	16	15	17	18
2018	1	2	3	4	5	6	8	11	9	12	13	7	10	14	16	15	17	18
2019	1	2	3	4	5	6	7	10	9	12	11	13	8	14	15	16	17	18
2020	1	2	3	4	6	5	7	8	9	10	11	12	13	14	15	16	17	18
2021	1	2	3	4	5	6	7	8	9	10	11	12	13	14	15	16	17	18
2022	1	2	3	4	5	6	8	7	9	10	11	12	13	14	15	16	17	18

数据来源：河南省统计年鉴

从表3可以看到，2008—2022年的15年中，经济总量排前3位的始终是郑州、洛阳、南阳，排后2位的也没有变化，始终是鹤壁和济源。这在很大程度上是由人口总量、地域广度和经济基础等客观因素所决定的。在剩下13个排名有变化的城市中，排名上升的是新乡、驻马店、周口、商丘、信阳、开封、漯河和许昌8个城市。其中升幅最大的是驻马店，由第12位升至第7位，上升5个位次。其次是周口、新乡分别从第8、第9位升至第5、第6位，各上升3个位次。再次是商丘、信阳和开封，分别由第10、第11、第13位升至第8、第9、第11位，各上升2个位次。最后是许昌和漯河，分别由第5、第16位升至第4、第15位，各上升1个位次。排名下降的是平顶山、焦作、安阳、三门峡4个城市。其中平顶山、安阳、焦作降幅最大，分别从第4、第6、第7位降至第10、第12、第13位，各下降了6个位次。其次是三门峡，从第 15 位降至第 16 位，下降了 1 个位次。濮阳是中间略有升降，最终仍保持在第 14 位，实现了稳定平衡。

从表 4 可以看到，2008—2022 年 15 年间，18 个省辖市的 GDP 在全省总量中占比演化结果是 7 升 10 降 1 不变，升幅最大的是郑州，从 16.9% 升至 21.1%，升幅达 4.2 个百分点。其他 6 个依次是驻马店升 0.7%，开封升 0.4%，周口升 0.4%，信阳升 0.3%，新乡升 0.2%，许昌升 0.1%。

降幅最大的是焦作 –2.2%，其余依次为南阳 –1.8%，安阳 –1.7%，平顶山 –1.4%，洛阳 –1.3%，三门峡 –1.0%，均下降超过 1 个百分点。再往下是濮阳 –0.6%，下降超过 0.5 个百分点。降幅较小的是济源 –0.3%，漯河 –0.1%，鹤壁 –0.1%，商丘保持不变。

增速、增速排序、总量排序、增量占比等的变化所反映出来的区域发展演化格局，以图示的方式看得更清晰（见图 3 和图 4）

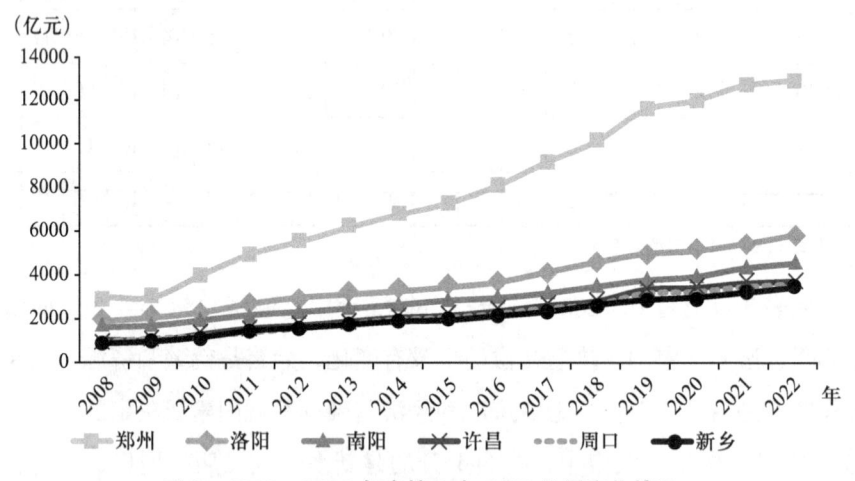

图 3　2008—2022 年省辖 6 市 GDP 总量变化情况

数据来源：河南省统计年鉴

从图 3 可以看到，总量最大的 6 个城市的 GDP 的演化趋势是：郑州一枝独秀，与洛阳之间的差距越来越大；南阳与洛阳之间的差距也有扩大的趋势；而许昌与南阳之间的差距则有缩小的趋势，后面的周口、新乡也紧追不舍，都呈现良好的发展态势。洛阳被郑州越甩越远，南阳被许昌等越追越近，南阳、洛阳的 GDP 占比下降幅度较大。

表4　2008—2022年省辖18市GDP在全省总量中的占比变化情况

单位：%

年份	郑州	开封	洛阳	平顶山	安阳	鹤壁	新乡	焦作	濮阳	许昌	漯河	三门峡	南阳	商丘	信阳	周口	驻马店	济源
2008	16.9	3.9	10.8	6.0	5.8	1.9	5.4	5.8	3.7	6.0	3.1	3.7	9.2	5.3	4.9	5.5	4.6	1.6
2009	15.7	3.7	9.5	5.5	5.5	1.7	4.7	5.2	3.3	5.4	2.8	3.4	8.3	4.6	4.4	5.0	4.2	1.4
2010	17.8	4.1	10.2	5.8	5.8	1.9	5.3	5.5	3.4	5.8	3.0	3.9	8.6	5.0	4.8	5.4	4.7	1.5
2011	18.9	4.1	10.3	5.6	5.6	1.9	5.7	5.5	3.4	6.0	2.9	3.9	8.4	5.0	4.8	5.3	4.7	1.4
2012	19.2	4.2	10.3	5.2	5.4	1.9	5.6	5.4	3.4	5.9	2.8	3.9	8.1	4.8	4.8	5.4	4.7	1.5
2013	19.6	4.3	9.9	4.9	5.3	2.0	5.6	5.4	3.6	6.0	2.7	3.8	7.9	4.9	5.0	5.7	4.9	1.5
2014	19.6	4.3	9.5	4.7	5.2	2.0	5.5	5.3	3.6	6.0	2.7	3.6	7.7	4.9	5.1	5.8	4.9	1.4
2015	19.7	4.3	9.4	4.5	5.0	1.9	5.3	5.2	3.6	5.9	2.7	3.4	7.7	4.9	5.1	5.6	4.9	1.3
2016	20.2	4.4	9.5	4.4	5.0	1.9	5.4	5.2	3.6	5.9	2.7	3.3	7.7	4.9	5.1	5.5	4.9	1.3
2017	20.5	4.2	9.6	4.4	5.0	1.8	5.3	5.1	3.5	5.9	2.6	3.2	7.5	4.9	4.9	5.5	4.9	1.3
2018	20.3	4.0	9.3	4.3	4.8	1.7	5.1	4.7	3.3	5.7	2.5	3.1	7.1	4.8	4.8	5.4	4.7	1.3
2019	21.6	4.4	9.4	4.4	4.2	1.8	5.4	5.1	2.9	6.3	2.9	2.7	7.1	5.4	5.1	6.0	5.1	1.3
2020	22.1	4.4	9.5	4.5	4.2	1.8	5.6	3.9	3.0	6.4	2.9	2.7	7.2	5.4	5.2	6.0	5.3	1.3
2021	21.6	4.3	9.3	4.6	4.1	1.8	5.5	3.6	3.0	6.2	2.9	2.7	7.4	5.2	5.2	5.9	5.2	1.3
2022	21.1	4.3	9.5	4.6	4.1	1.8	5.6	3.6	3.1	6.1	3.0	2.7	7.4	5.3	5.2	5.9	5.3	1.3

数据来源：河南省统计年鉴

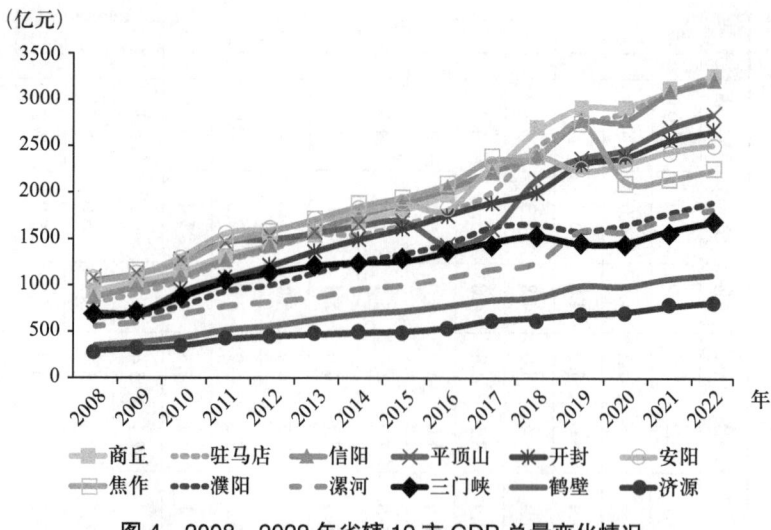

图 4　2008—2022 年省辖 12 市 GDP 总量变化情况

数据来源：河南省统计年鉴

图 4 涵盖 12 个城市，从中能看出显著的特点：一是漯河对三门峡的超越和开封对安阳和焦作的超越；二是商丘、驻马店、信阳对平顶山、安阳和焦作的超越。

总之，过去 15 年中河南 18 个省辖市经济格局的变化还是很大的，用四句话可以概括其变化特点：郑州异军突起；黄淮四市明显上升；平顶山、安阳、焦作、三门峡四市深幅下挫；许昌、新乡、开封、漯河、鹤壁、济源可圈可点；洛阳、南阳活力不足，地位有点尴尬。

由此可以看出，郑州都市圈核心区活力十足，面向长三角的豫东南腹地显现出良好的发展势头，深加工制造业和民营经济基础好的区域发展较为稳健并呈现出较高的发展质量，资源型区域拖累严重，传统积淀深厚和开放程度相对低的区域活力不足。

五、从哪儿发力

贯彻河南省第十一次党代会精神，落实省委、省政府部署，实施"十大战略"高标准打造平台，大规模聚集人才，实现创新引领。这里仅就前述数据分析所得出的若干结论，提出以下七条具体建议。

1. 加大高端创新平台构筑力度，既重视增量人才引入，也重视存量人才能量释放

创新靠人才，人才需要平台承载。高水平大学和高端研究机构是高端创新人才容量最大、最稳定的承载平台，也是河南最大的缺项。打造郑州大学、河南大学双航母，提升省属高水平大学的水平当然是首选，但这不够，短时间内很难提升到国家层面的水平。要在国家创新体系占有重要位置，必须要有落在地方的国家队，也就是要有国家直属的高水平大学和高端研究机构。所以，建议以省委、省政府名义请求教育部在河南增设一所国家直属高校，请求中国科学院在河南增设一个国家直属研究院所。除此之外，还要学习江浙和广东、福建，在引进境内外高水平大学和民办高水平大学方面下大功夫。只要把它们排在省域发展战略前端，持续发力，就没有攻不下的堡垒。

河南存量人才能量释放也不够。此类人才多在体制内，建议将此类技术岗位从行政干部管理体系中剥离出来，实行聘任制，让他们能够充分释放技术潜能。

2. 处理好投资、基础设施建设与财富创造的关系，真正在制造业上发力

投资本身确实能带来增加值、就业、财政收入和经济增长，但这些效应都是短期的。实体经济活动，特别是制造业才是财富创造的主体，只有制造业规模大了，竞争力强了，才能长期提供越来越多的增加值、就业、财政收入，实现可持续的经济增长。

近年来，河南经济增长持续承压，说到底还是制造业没有跟上来。不仅没有像深圳、杭州那样培育出世界级的互联网信息产业，也没有像重庆、四川、陕西那样培育出地位举足轻重的品牌汽车和硬件电子产品产业，还没有像长沙、徐州那样成为某些传统制造业领域中的巨无霸，更没有像武汉光谷、合肥那样的以新型显示—集成电路—人工智能等为代表的高科技产业集群，甚至缺乏像长三角、珠三角一样遍地开花的作为就业和经济底盘的劳动密集型终端消费品产业集群。

河南确实需要高度聚焦、全心全意抓工业，将资源配置果断、大规模地向工业倾斜，真正到了要在制造业上发力的时候了！要创造自己的具有全国乃至世界影响力的品牌，培育自己的前沿支柱产业，铺宽铺厚支撑自己的劳动密集型终端消费品制造业底盘。

3. 传统重化工业的出路在于创新和拉长产业链、价值链

钢铁、水泥、电解铝、煤化工等传统资源型重化工业长期是河南省工业的支柱，进入新阶段以后也是受冲击最重、波动最大的产业，但它们仍有相当的生命力，重要的是提升竞争力，出路在于创新和延伸产业链、价值链。在这方面，中国平煤神马集团有限公司（简称中国平煤神马集团）做得最好。集团旗下的首山化工，引进上海交通大学的技术，从焦炉煤气延伸出硅烷气，形成太阳能和高纯度电子级多晶硅两个分支链条；依托帘子布项目上下延伸，上对接煤化工、下对接纺织服装，形成千亿级产业集群。开封碳素则通过创新延伸出了液钒锂电池储能系统。上述都是老树发新枝，让整个传统产业体系充满生机与活力，但省内仍有很多传统资源类产业占比大的城市和企业尚未找到新出路，也严重拖累了本地和全省经济的发展。这些城市和企业需要抓紧学习平煤神马集团的经验，尽快走出困境。

4. 支持民营经济的重点在于切实保护其人身和财产安全，让民营企业家对未来有信心，有创新创业的激情

民营经济是天然的市场经济主体，是最富生机和活力的经济细胞。但民营企业家的思想包袱始终没有放下，创造力和活力始终没有真正得到完全释放，根本的原因还是一些政策说的与落实的不一致，对民营经济的保护和支持多停留在口头上。对民营经济的创新创业热情，应该重点鼓励；对其税负应该能降尽降，在全国区域中保持最有竞争力的低水平；对其扶持政策应用尽用，在全国区域经济中保持有竞争力的高水平。

5. 国有企业改革的重点是引入市场化民营机制

河南省国有企业经过多年改革，总量已经所剩不多，但在经济活动领域的重要性并未降低。按存在形态和领域来分，河南省国有企业大体上可以分为功能类、资源类、制造类三种类型。除功能类国有企业外，资源类和制造类国有企业实际上都是依靠市场竞争生存的，都需要进行市场化和民营机制

化改革。捷径是引入民间战略投资者，实行混合所有制。在这方面，中国平煤集团旗下首山化工是个典范。该企业原是纯民营企业，后来折股加入平煤集团，民营企业管理者保留经营权，现已发展成为能够支撑千亿产业集群的基础企业。分布在洛阳、三门峡、安阳、焦作、鹤壁、濮阳等地的上述两类国有企业，应该借鉴平煤集团混合所有制模式，深化改革，加速实现机制转换。

6. 针对问题和短板，对各城市提出不同的工作任务和重点，限期考核，务求有实质性进展

郑州的问题是需要提升创新能力和打造有全国影响力的先进制造业集群。制造业重心在航空港区，方向是电子信息和生物医药，路径是下大力气引进龙头企业和相关配套企业，填补产业链空白，形成完整的电子信息产业体系。生物医药产业亦如是。

洛阳的问题是需要创新制造业企业体制机制。洛阳作为国内著名的工业城市、郑洛西经济带重要支点、中原城市群副中心城市，近15年间经济总量排名竟然持续下滑，让人深感意外。原因可能很多，但我认为最主要的原因还是制造业企业的体制机制不适应当前发展需要。建议洛阳市委、市政府未来几年集中精力解决传统国有企业体制机制创新问题，借鉴平煤神马集团的经验，引入战略性民营企业和市场化机制，实行混合所有制，使其重新释放活力。

南阳发展滞后也是因为存在观念和体制机制问题。其民营制造业有基础，也有亮点，但适合于南阳的劳动密集型制造业产业集群发育不好，改革开放初期形成的良好基础没能像许昌、新乡那样逐步升级壮大，反而逐步凋零。南阳的重点任务应该是解放思想，营造良好的民营企业发展环境，学习许昌、新乡，乃至商丘、驻马店的经验，大力发展劳动密集型制造业集群。

安阳、焦作、三门峡、平顶山、濮阳、鹤壁、济源等资源型产业支撑的城市，重点任务是通过创新拉伸产业链、价值链，尽快实现传统资源型产业向现代制造业体系转型。

许昌、新乡、漯河等要在现有优势基础上尽快做大制造业规模，提升产业层次和竞争力。黄淮四市要在"十三五"规划已经取得进展的基础上，继续对接长三角、珠三角，加大承接产业转移规模，培育更多劳动密集型产业集群，加快工业化、城市化进程。

7. 深化体制机制改革，优化环境，激发社会各类主体干事创业的积极性

所有的事都是由人干的，所有的事都要有人干，人要在体制机制中干事，也受制于体制机制。河南人力资源丰富，省委、省政府的工作重点是设计和调整体制机制，不断深化体制机制改革，最大限度地激发各类主体干事创业的积极性。就目前来说，首要的有四个方面：一是政府系统内部，从领导干部到各类公务员、办事员，都要去除形式主义、本本主义、帽子主义，真正认识到每个岗位、每个环节、每项事务都和全省高质量发展大局息息相关，有责任意识、有担当，凡事有人管、有人做，保证落地。这需要完善干部评价体系，真正做到能者上，庸者下，做事的上，混事的下。二是对于民间科技机构、民间智库等社会组织和社会力量，要为他们疏通与政府管理机构对接的渠道，让他们与体制内大学、研究机构等在获取项目，以及参加评奖、职称评审等方面具有同等待遇。三是按照畅通内循环，构建新发展格局，鼓励城市人才和资本下乡，推动城乡要素双向流动，深化农村宅基地改革，在确权基础上推动宅基地流转试点，盘活最宝贵的农村建设用地资源。四是对依托村庄闲置资源发展的劳动密集型简单加工业，或城市龙头企业向农村延伸的末端加工环节，大幅度降低甚至免收各种税费，鼓励和推动制造业在乡间发展。这样既可以盘活闲置资源，推动闲散劳动力充分就业，增加农户收入，也能传播现代工业文明，推动社会的现代化发展。

（耿明斋）

河南省市域经济运行分析：郑州篇

郑州是国家中心城市，《中共中央国务院关于建立更加有效的区域协调发展新机制的意见》中明确指出，以郑州为中心引领中原城市群发展。郑州是全省当之无愧的"火车头"。

一、概述

郑州市下辖6区5市1县及郑州航空港经济综合实验区、郑东新区、郑州经济技术开发区、郑州高新技术产业开发区。全市总面积7567平方千米，截至2021年年底，常住人口约1274.2万，中心城区城市建成区面积744.15平方千米，市域城市建成区面积1342.11平方千米，城镇化率79.1%。

二、经济总量稳定增长，但增速明显下滑

从经济总量来看，2008—2018年间郑州GDP快速增长，2018年进入万亿城市"俱乐部"，2022年达到12934.69亿元，是2008年的4.3倍。经济总量居北方第4位，低于北京、天津和青岛。在中部6个省会城市中，位于第3位，低于武汉和长沙。

从占比看，郑州GDP占河南省GDP的比重不断提高，从2008年的16.94%提升到2022年的21.09%，提高了郑州在全省的地位（见表1）。

从GDP增速看，总体趋于下滑，2016年下落到8.5%，2018年还保持在8%以上，高于河南省GDP增速，但在2019年增速继续下落到6.5%，2022年仅为1.0%，低于河南省增速（见图1），在全省排最后一位；在中部省会城市中排第6位。

表1　2008—2022年郑州市历年GDP及增速和占比情况

年份	郑州市GDP（亿元）	占河南省GDP的比重（%）	郑州市GDP在中部六省会城市中的排名	郑州市GDP增速（%）	郑州市GDP增速在河南省的排名	郑州市GDP增速在中部六省会城市中的排名
2008	3003.99	16.94	2	12.2	14	5
2009	3012.86	15.71	3	11.4	10	2
2010	4040.89	17.84	3	13.0	8	3
2011	4979.85	18.92	3	13.8	4	5
2012	5549.79	19.16	3	12.2	1	2
2013	6201.85	19.61	3	10.0	8	5
2014	6776.99	19.60	3	9.4	5	5
2015	7311.52	19.72	3	10.0	1	4
2016	8113.97	20.16	3	8.5	5	1
2017	9193.77	20.51	3	8.2	5	4
2018	10143.32	20.31	3	8.1	7	1
2019	11589.72	21.58	2	6.5	16	3
2020	12003.04	22.12	3	3.0	7	5
2021	12691.02	21.55	3	4.7	16	6
2022	12934.69	21.09	3	1.0	18	6

数据来源：历年河南统计年鉴、郑州市统计公报

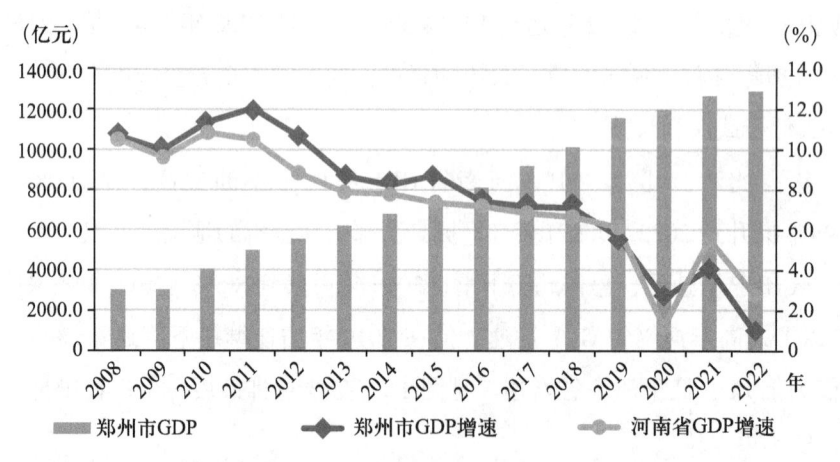

图1　2008—2022年郑州市GDP及增速省市对比

数据来源：历年河南省统计年鉴、郑州市统计公报

从人均GDP看，2021年突破10万元，达到100092元，约为2008年的2.5倍，位于全省第2位，低于济源。在中部6个省会城市中，2018年被合肥超过，2021年被南昌超过，2021年郑州排名回落到第5位，仅高于太原市。

从人均GDP占比看，郑州人均GDP远高于河南省水平，不过2008—2021年间占河南省人均GDP的比重呈下降态势，从2008年的215.8%下降到2021年的168.5%。

从人均GDP增速看，低于同期GDP增速，2008—2021年间郑州人均GDP增速多数年份低于河南省人均GDP增速，特别是2016年以来，各年份均明显低于河南省人均GDP增速（见表2）。

表2　2008—2021年郑州市人均GDP及增速和占比

年份	郑州市人均GDP（元）	郑州市人均GDP增速（%）	河南省人均GDP（元）	河南省人均GDP增速（%）	郑州市人均GDP占河南省的比重（%）	郑州市人均GDP在全省排名	郑州市人均GDP在中部六省会城市中的排名
2008	40736	10.7	18879	11.8	215.8	2	4
2009	44206	10.8	20280	10.2	218.0	2	4
2010	49800	13.7	23984	12.5	207.6	2	4
2011	54621	9.7	28009	12.2	195.0	2	3
2012	58831	9.6	30820	9.4	190.9	2	3
2013	62890	7.9	33618	8.4	187.1	1	3
2014	66842	7.5	36686	8.2	182.2	1	3
2015	69996	7.9	39209	7.7	178.5	1	3
2016	74302	6.7	42341	7.5	175.5	1	3
2017	81461	6.5	46959	7.1	173.5	1	3
2018	90061	5.9	52114	7.2	172.8	1	4
2019	94944	4.1	56388	6.4	168.4	1	4
2020	94911	0.4	55435	0.9	171.2	2	4
2021	100092	3.1	59410	6.4	168.5	2	5

数据来源：历年河南省统计年鉴及中部6个省会城市的市统计公报

三、财政收入增速持续下滑，城乡收入差距缩小

从财政收支看，郑州市一般公共预算收入和支出总量持续增加，2016年一般公共预算收入首次超千亿元（1011.2亿元），支出则在2015年超千亿元（1106.0亿元）；2021年一般公共预算收入和支出分别达到1223.6亿元和1624.4亿元，在全省排第1位，在中部6个省会城市中均排第2位，低于武汉（见表3）。

从增速看，郑州市一般公共预算收入增速2011年以来整体趋于下滑状态，2010—2016年间高于河南省一般公共预算收入增速，2017年以后基本低于河南省一般公共预算收入增速。支出增速在2015—2018年间远高于收入增速，2019年以来，支出增速低于收入增速（见图2）。

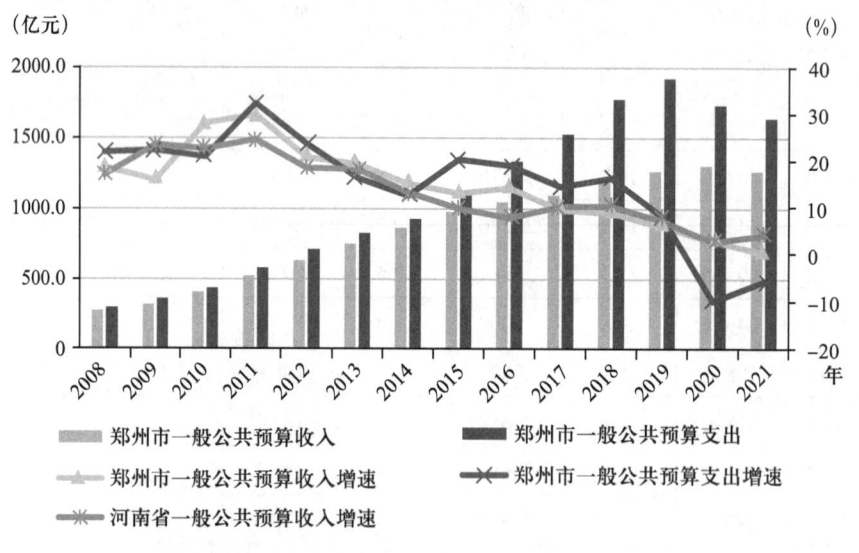

图2 2008—2021年郑州市一般公共预算收支情况

数据来源：历年河南省统计年鉴

郑州税收收入占一般公共预算收入的比重呈平稳下降态势，但高于河南省税收占比水平（见图3）。郑州财政自给率始终小于1，2021年为75.3%，居全省第1位，在中部6个省会城市中居第2位，低于长沙市（见图4）。

表3 2018—2021年郑州市财政收支情况

年份	一般公共预算收入(亿元)	占全省一般公共预算收入比重(%)	在河南省内排名	在中部六省会城市中的排名	税收收入(亿元)	税收占一般公共预算收入比重(%)	占全省税收收入的比(%)	税收占比在河南省内的排名	一般公共预算支出(亿元)	在河南省内排名	在中部六省会城市中的排名	财政自给率(%)	在河南省内排名	在中部六省会城市中的排名
2008	260.4	25.8	1	2	208.6	80.1	28.1	4	289.5	1	2	89.9	1	1
2009	301.9	26.8	1	2	237.8	78.8	28.9	2	353.1	1	2	85.5	1	1
2010	386.8	28.0	1	2	313.2	81.0	30.8	3	426.8	1	2	90.6	1	1
2011	502.3	29.2	1	2	389.6	77.6	30.8	5	566.6	1	2	88.7	1	1
2012	606.7	29.7	1	2	452.4	74.6	30.8	7	700.7	1	2	86.6	1	2
2013	723.6	30.0	1	2	543.8	75.1	30.8	6	816.2	1	2	88.7	1	1
2014	833.9	30.4	1	2	626.2	75.1	32.1	5	918.5	1	2	90.8	1	2
2015	942.9	31.3	1	2	699.3	74.2	33.3	3	1106.0	1	2	85.3	1	2
2016	1011.2	32.1	1	2	723.3	71.5	33.5	6	1321.5	1	2	76.5	1	2
2017	1056.7	31.0	1	2	775.2	73.4	33.3	6	1515.0	1	2	69.7	1	2
2018	1152.1	30.6	1	2	859.5	74.6	32.4	4	1763.3	1	2	65.3	2	5
2019	1222.5	30.2	1	2	892.9	73.0	31.4	5	1910.7	1	2	64.0	2	4
2020	1259.2	30.2	1	2	870.1	69.1	31.5	9	1720.2	1	2	73.2	1	2
2021	1223.6	28.1	1	2	833.8	68.1	29.3	—	1624.4	1	2	75.3	1	2

数据来源：历年河南省统计年鉴及中部6个省会城市的市统计公报

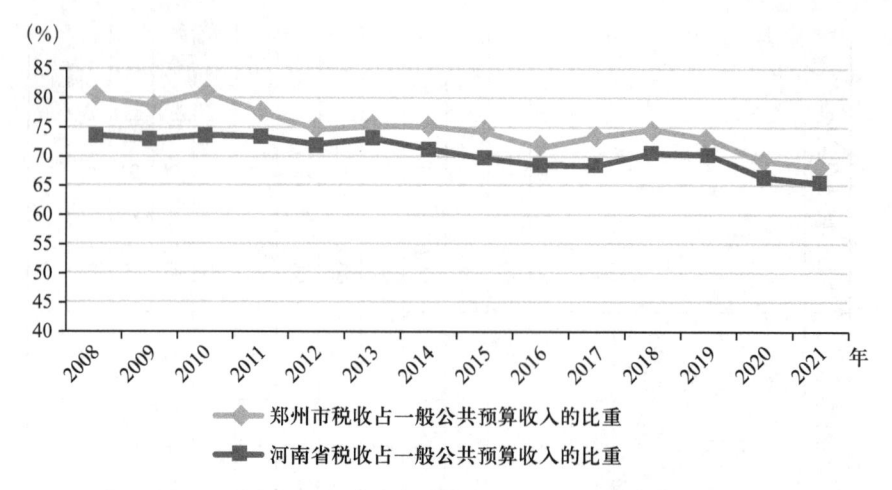

图 3　2008—2021 年郑州市税收占比、河南省税收占比

数据来源：历年河南省统计年鉴及郑州市统计公报

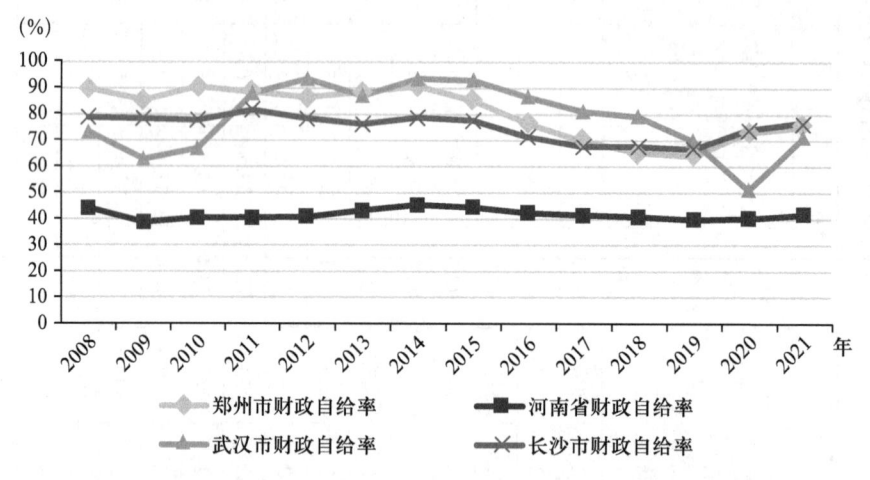

图 4　2008—2021 年郑州市、河南省、武汉市和长沙市财政自给率

数据来源：历年河南省统计年鉴及中部六省会城市的市统计公报

从金融业来看，郑州市金融机构存款及贷款年末余额逐年增加，2021年分别达到 26281.5 亿元和 31366.5 亿元，占河南省的比重分别为 31.9%、45.2%。特别是 2019 年开始，贷款余额超过存款余额，并且存贷比持续上升，2021 年存贷比为 119.3%，在中部 6 个省会城市的排名中由第 5 位上升到第 3 位，低于武汉和南昌（见表 4）。

表4 2008—2021年郑州市金融业发展情况

年份	金融机构存款年末余额（亿元）	占河南省年末存款余额的比重（%）	金融机构贷款年末余额（亿元）	占河南省年末贷款余额的比重（%）	存贷比（%）	在中部六省会城市中的排名
2008	4916.4	32.2	3612.3	34.8	73.5	5
2009	6540.3	34.1	4922.2	36.6	75.3	5
2010	7990.9	34.5	5717.5	36.0	71.6	6
2011	8964.9	33.6	6112.8	34.9	68.2	6
2012	10448.3	32.7	6794.1	33.5	65.0	6
2013	12450.5	33.1	9342.3	39.2	75.0	5
2014	13955.6	33.7	10868.3	39.9	77.9	5
2015	16936.3	35.6	12650.3	40.3	74.7	6
2016	19000.7	35.2	15422.4	42.2	81.2	6
2017	20349.6	34.5	17992.4	43.1	88.4	6
2018	21767.2	34.1	21202.2	44.3	97.4	5
2019	23356.1	33.6	25364.3	45.6	108.6	3
2020	24994.3	32.7	28439.4	45.2	113.8	3
2021	26281.5	31.9	31366.5	45.2	119.3	3

数据来源：历年河南省统计年鉴及中部6个省会城市的市统计公报

从居民家庭可支配收入看，2021年郑州市居民人均可支配收入39511元（见表5），高于河南省居民可支配收入，但占河南省的比重不断下降，增速低于河南省水平（见图5）。

表5 2015—2021年郑州市居民人均可支配收入情况

年份	郑州市居民人均可支配收入（元）	在河南省排名	河南省居民人均可支配收入（元）	占河南省的比重（%）	郑州市居民人均可支配收入增速（%）	河南省居民人均可支配收入增速（%）	郑州市增速与河南省增速对比
2015	26501	1	17125	154.8	7.8	9.1	-1.3
2016	28039	1	18443	152.0	5.8	7.7	-1.9
2017	30556	1	20170	151.5	9.0	9.4	-0.4
2018	33105	1	21964	150.7	8.3	8.9	-0.6
2019	35942	1	23903	150.4	8.6	8.8	-0.2
2020	37275	1	24810	150.2	3.7	3.8	-0.1
2021	39511	1	26811	147.4	6.0	8.1	-2.1

数据来源：历年河南省统计年鉴及郑州市统计公报

图 5　郑州市居民人均可支配收入及省市对比

数据来源：历年河南省统计年鉴及郑州市统计公报

从具体城乡收入看，郑州市城镇居民人均可支配收入呈现快速上升趋势，2021年达到45246元，是2008年的2.9倍，远高于河南省城镇居民可支配收入，且高出差额不断拉大。不过在中部6个省会城市中，排名下降到第5位，高于太原市，并且与武汉的差距还在拉大（见图6）。

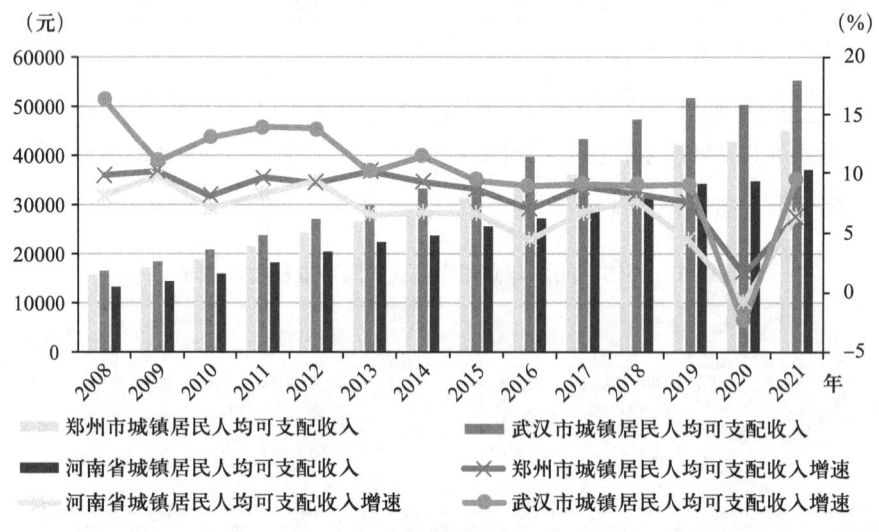

图 6　郑州市、武汉市和河南省城镇居民人均可支配收入及增速

数据来源：历年河南省统计年鉴及中部6个省会城市的市统计公报

郑州市农村居民可支配收入同样呈现快速上升趋势，从2008年的7548元提高到2021年的26790元（见图7），增速高于同期城镇居民可支配收入增长，同样远高于河南省农村居民可支配收入，但占比在下降。2021年被

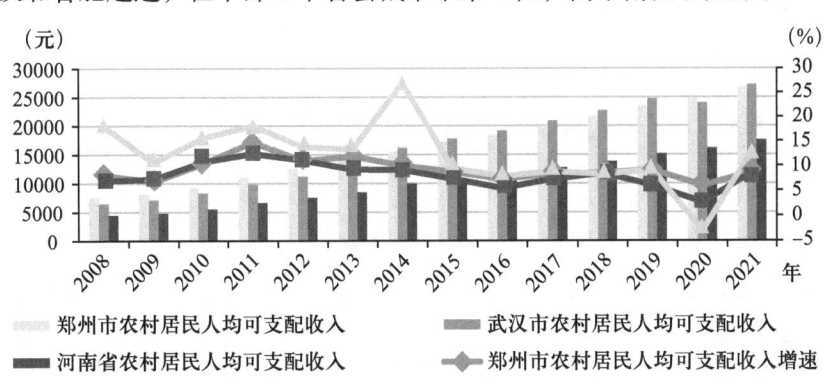

武汉和合肥超过，在中部6个省会城市中第4位，高于南昌和太原。

图7 2008—2021年郑州市、武汉市和河南省农村居民人均可支配收入及增速
数据来源：历年河南省统计年鉴及中部6个省会城市的市统计公报

郑州市城乡收入差距不断缩小，农村居民可支配收入占城镇居民可支配收入的比重由2008年的48.0%提高到2021年的59.2%，上升11.2个百分点，2021年的城乡收入差距在中部6个省会城市中排名第2位，低于长沙市（见表6）。

从财政收入增速、GDP增速和城乡收入增速来看，郑州市财政收入增速持续下滑，GDP增速波动下滑，城乡收入增速基本平稳。2016年以前，财政收入增速高于GDP和城乡收入增速；到2021年，城乡收入增速高于GDP增速，也高于财政收入增速（见图8）。

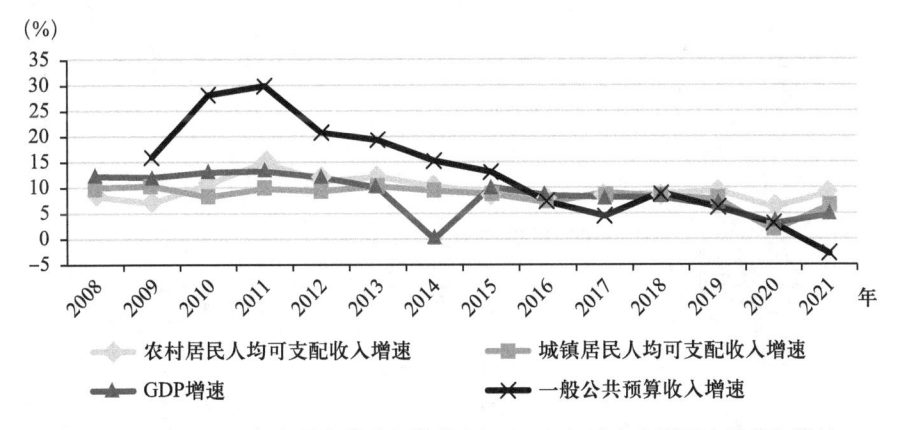

图8 2008—2021年郑州市公共预算收入、GDP与城乡人均可支配收入增速
数据来源：历年河南省统计年鉴及郑州市统计公报

表6 2008—2021年郑州市居民收入情况

年份	城镇居民人均可支配收入（元）	在全省排名	占河南省比重（%）	在中部6个省会城市中的排名	农村居民人均可支配收入（元）	在全省排名	占河南省比重（%）	在中部6个省会城市中的排名	农村、城镇居民人均可支配收入比（%）	城乡收入差距在中部六省会中的排名
2008	15732	2	118.9	3	7548	1	169.5	2	48.0	1
2009	17117	2	119.1	4	8121	1	168.9	2	47.4	1
2010	18897	1	118.6	4	9225	1	167.0	2	48.8	1
2011	21612	2	118.8	4	11050	1	167.3	2	51.1	2
2012	24246	1	118.6	4	12531	1	166.5	2	51.7	2
2013	26615	2	118.8	4	14009	1	165.3	2	52.6	2
2014	29095	1	122.9	4	15470	1	155.2	3	53.2	2
2015	31099	2	121.6	5	17125	1	157.8	3	55.1	2
2016	33214	2	122.0	5	18426	1	157.5	3	55.5	2
2017	36050	2	122.0	5	19974	1	157.0	3	55.4	2
2018	39042	1	122.5	5	21652	1	156.5	3	55.5	2
2019	42087	1	123.1	5	23536	1	155.2	3	55.9	2
2020	42887	1	123.4	5	24783	1	153.9	2	57.8	2
2021	45246	1	122.0	5	26790	1	152.8	4	59.2	2

数据来源：历年河南省统计年鉴及中部6个省会城市的市统计公报

四、固定资产投资不断增加，但增速下滑，工业投资占比下降

郑州市固定资产投资逐年增加，其占河南省的比重呈现波动上升状态，从2008年的15.5%到2021年的19.5%，增长了4个百分点（见表7）。郑州市固定资产投资增速一路下滑，2021年落到-6.2%，在中部6个省会城市中处于末位，2016年以来，除2018年外，其余年份均低于河南省固定资产投资增速（见图9）。

表7 2008—2021郑州市年固定资产投资情况

年份	固定资产投资（亿元）	占河南省比重（%）	固定资产投资增速（%）	固定资产投资增速在全省排名	固定资产投资增速在中部六省会城市排名
2008	1521.1	15.5	34.1	6	2
2009	1995.2	15.4	31.6	10	4
2010	2318.3	17.4	21.9	13	4
2011	2902.7	17.1	25.1	16	2
2012	3561.2	17.3	22.7	12	3
2013	4380.2	17.4	23.6	11	2
2014	5259.7	17.5	20.1	3	1
2015	6288.0	18.0	19.6	3	1
2016	6998.6	17.6	11.3	18	3
2017	7573.4	17.3	8.2	6	4
2018	8399.9	19.1	10.9	11	4
2019	8637.4	19.6	2.8	5	6
2020	8948.6	20.3	3.6	15	5
2021	8572.7	19.5	-6.2	—	6

数据来源：历年河南省统计年鉴，2018—2021年投资总额为根据相应年份投资增速计算所得

从不同类型投资情况看，2021年工业投资为1822.6亿元，是2008年的2.7倍，而房地产投资2021年达到3182.1亿元，是2008年的7.4倍。房地产投资自2013年开始超过工业投资，且差距逐渐拉大。房地产投资占固定资产投资的

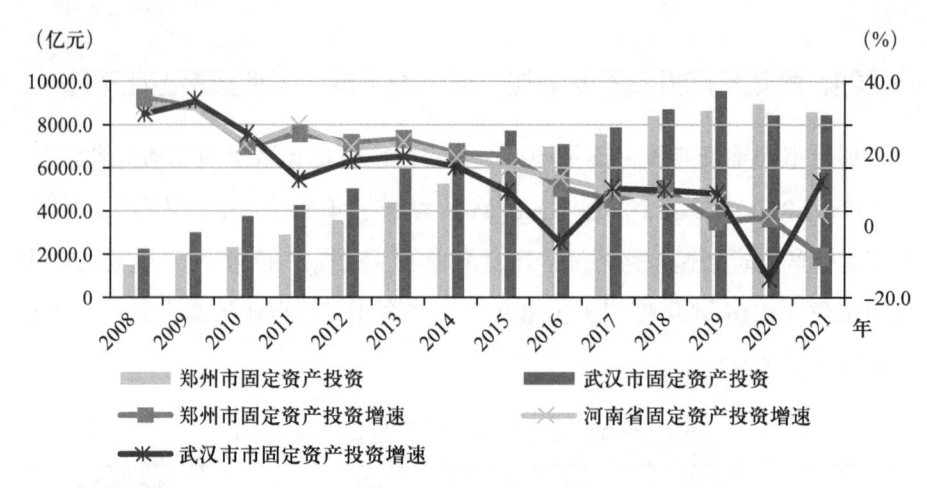

图 9 2008—2021年郑州市、武汉市固定资产投资及增速省市对比

数据来源：历年河南省统计年鉴及中部六省会城市的市统计公报，2018—2021年投资总额为根据相应年份投资增速计算所得

比重先升后降，2017年达到最大值44.4%，2021年仍为37.1%，占GDP的比重为25.1%，比2008年高出10.8个百分点。而固定资产投资占GDP的比重达到67.5%，所以，房地产投资增速在2018年断崖式下降到-3.0%，2019—2020年虽回升到2%以上，但2021年又下沉到-10%，对GDP的冲击影响非常大。

郑州市工业投资占固定资产投资的比重一路下滑，2021年为21.3%，占GDP比重仅为14.4%，其增速在2017年直接落到了-8.9%，随后回升，2020年达到20.9%，2021年又落到-3.5%（见表8）。说明郑州的工业驱动动能明显不足。

表8 2008—2021年郑州市不同类型投资情况

年份	工业投资总额（亿元）	占固定资产投资的比重（%）	工业投资增速（%）	民间投资总额（亿元）	占固定资产投资的比重（%）	民间投资增速（%）	房地产投资总额（亿元）	占固定资产投资的比重（%）	房地产投资增速（%）
2008	670.5	44.1	25.9	1120.7	73.7	42.8	430.0	28.3	43.9
2009	926.4	46.4	38.2	1477.9	74.1	31.4	513.8	25.8	18.1
2010	970.1	41.8	4.7	1716.3	74.0	16.1	775.2	33.4	50.9
2011	1157.9	39.9	34.8	2133.5	73.5	28.2	923.8	31.8	19.2
2012	1356.1	38.1	17.1	2588.2	72.7	23.0	1095.3	30.8	18.2

续表

年份	工业投资总额（亿元）	占固定资产投资的比重（%）	工业投资增速（%）	民间投资总额（亿元）	占固定资产投资的比重（%）	民间投资增速（%）	房地产投资总额（亿元）	占固定资产投资的比重（%）	房地产投资增速（%）
2013	1377.6	31.5	5.1	3165.4	72.3	22.3	1445.3	33.0	32.0
2014	1465.3	27.9	6.4	3941.1	74.9	24.5	1743.5	33.1	20.6
2015	1472.7	23.4	0.5	4509.8	71.7	14.5	2000.2	31.8	14.7
2016	1485.3	21.2	0.9	4479.3	64.0	-0.7	2779.0	39.7	38.9
2017	1353.8	17.9	-8.9	4954.1	65.4	10.6	3358.8	44.4	20.9
2018	1513.6	18.0	11.8	5058.1	60.2	2.1	3358.8	40.0	-3.0
2019	1595.3	18.5	5.4	5214.9	60.4	3.1	3452.9	40.0	2.8
2020	1928.7	21.6	20.9	5522.6	61.7	5.9	3535.7	39.5	2.4
2021	1822.6	21.3	-3.5	—	—	—	3182.1	37.1	-10.0

数据来源：历年河南省统计年鉴及郑州市统计公报，2018—2021年工业投资总额和民间投资总额为根据相应年份工业投资增速和民间投资增速计算所得

郑州市民间投资不断增加，2020年达到5522.6亿元，是2008年的4.9倍，不过增速一路下滑，2020年为5.9%。2020年，郑州市民间投资占固定资产投资的比重为61.7%，占GDP的比重为46.0%（见图10）。

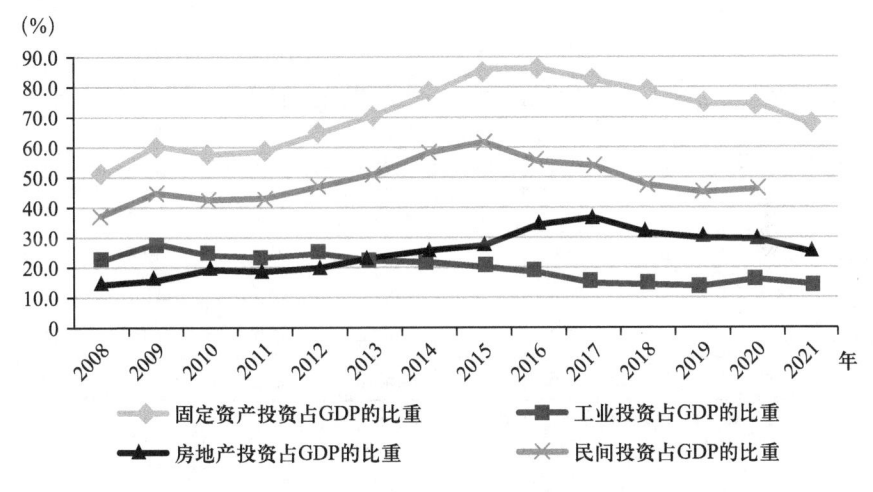

图10　2008—2021年郑州市各项投资占GDP比重

数据来源：历年河南省统计年鉴及郑州市统计公报，2018—2021年工业投资总额和民间投资总额为根据相应年份工业投资增速和民间投资增速计算所得

郑州市社会消费品零售总额总体呈现上升趋势，2020年由于受新冠疫情影响，社会消费品零售总额出现下降，2021年反弹至5389.1亿元，在中部六省会城市中排第2位，低于武汉市。2021年，郑州市社会消费品零售总额占GDP的比重为42.5%，在中部六省会城市排第3位，低于合肥和南昌。其中，批发和零售业总额占社会消费品零售总额的比重整体呈现先上升后下降趋势，2021年的占比为82.6%；住宿和餐饮业总额占社会消费品零售总额的比重整体呈现先下降后上升趋势，2021年的占比为17.4%（见表9）。

表9　2008—2021年郑州市社会消费品零售总额情况

年份	社会消费品零售总额（亿元）	在中部六省会城市中的排名	占GDP的比重（%）	占GDP的比重在中部六省会城市中的排名	其中批发和零售业（亿元）	占社会消费品零售总额的比重（%）	其中住宿和餐饮业（亿元）	占社会消费品零售总额的比重（%）
2008	1319.1	2	43.8	3	1006.5	76.3	312.6	23.7
2009	1410.7	2	42.7	3	1170.9	83.0	239.8	17.0
2010	1678.0	2	41.6	3	1407.8	83.9	270.2	16.1
2011	1987.1	2	40.1	3	1668.9	84.0	318.2	16.0
2012	2289.9	2	41.5	3	1922.7	84.0	367.2	16.0
2013	2586.4	2	41.7	3	2182.9	84.4	403.5	15.6
2014	2955.4	2	43.6	3	2499.4	84.6	456.0	15.4
2015	3294.7	2	45.1	3	2779.2	84.4	515.5	15.6
2016	3665.8	2	45.2	3	3081.3	84.1	584.5	15.9
2017	4057.2	2	44.1	3	3396.4	83.7	660.8	16.3
2018	4863.9	2	45.6	3	4024.3	82.7	839.6	17.3
2019	5324.4	2	45.9	4	4382.7	82.3	941.7	17.7
2020	5076.3	2	42.3	3	4199.4	82.7	876.9	17.3
2021	5389.1	2	42.5	3	4453.0	82.6	936.1	17.4

数据来源：历年河南省统计年鉴及中部六省会城市的市统计公报

五、需加大力度提升规上工业增加值，信息产业发展势头较好

郑州市第一产业增加值占比较低且保持下降趋势，2016年第三产业增加

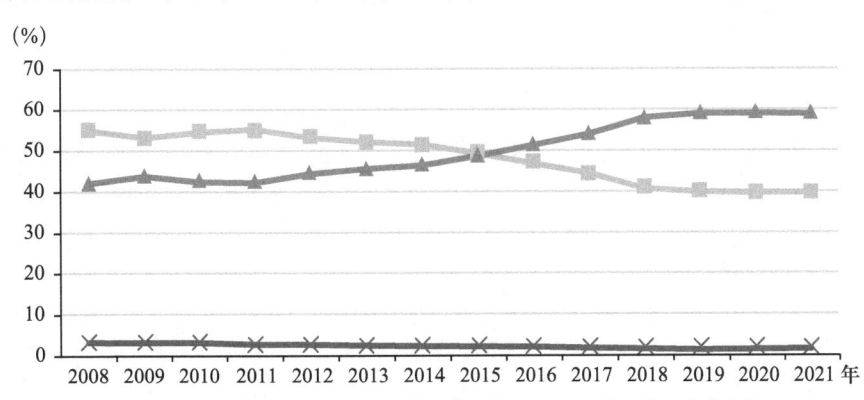

值占比超过第二产业，2021年三次产业结构为1.4∶39.7∶58.9（见图11）。

图11 2018—2021年郑州市三次产业结构
数据来源：历年河南省统计年鉴及郑州市统计公报

郑州市规上工业增加值从2008年的1459.4亿元增加到2021年的3472.9亿元，增长了大约1.4倍，但是占河南省的比重从2008年的20.0%降到2021年的14.3%，下降了5.7个百分点。在中部6个省会城市中，从2008年的第1位下降到2021年的第4位；2017年之前，郑州市的规上工业增加值与长沙不相上下，2018年被合肥超过，2021年落后于武汉、长沙和合肥；其增速在2011年、2012年、2015年、2020年和2021年高于河南省规上工业增加值增速（见表10），其余年份低于河南省规上工业增加值增速。2021年郑州市规上工业增加值增速在中部6个省会城市中降到第5位，高于长沙市。

从主要工业门类看，郑州市汽车制造业增加值从2012年的139.4亿元增长到2020年的207.1亿元，2020年出现大幅下降，增速为-13.1%。

郑州市计算机、通信和其他电子设备业增加值总体上呈现快速上升趋势，从2012年的192.9亿元到2020年的456.8亿元，增长了1.4倍，增速为13.2%。

郑州市现代食品制造业增加值从2012年的56.7亿元增长到2020年的79.4亿元，增长了40.0%。

郑州市化学原料和化学制品制造业增加值在2017—2018年出现下降，其余年份增长迅速，从2012年到2020年增长大约0.3倍，增速为12.7%。

医药制造业增加值在2012年和2013年出现下降，其余年份保持快速上

表 10 2008—2021年郑州市、武汉市和河南省规上工业增加值

年份	郑州市 规上工业增加值（亿元）	占河南省的比重（%）	占武汉市的比重（%）	在全省的排名	在中部六省会城市排名	规上工业增加值增速（%）	武汉市 在中部六省会城市排名	规上工业增加值（亿元）	规上工业增加值增速（%）	河南省 规上工业增加值（亿元）	规上工业增加值增速（%）
2008	1459.4	20.0	105.1	1	1	18.1	5	1388.0	20.3	7305.4	19.8
2009	1523.4	19.6	92.0	1	2	11.2	5	1656.2	18.5	7764.5	14.6
2010	1923.9	19.4	99.1	1	2	18.0	5	1941.3	21.7	9901.5	19.0
2011	2427.6	20.4	98.7	1	3	22.0	3	2458.8	16.0	11882.6	19.6
2012	2602.6	20.6	96.0	1	2	17.2	2	2711.5	15.2	12654.8	14.6
2013	2827.4	20.2	90.8	1	2	11.3	5	3113.3	11.7	13986.5	11.8
2014	3066.8	19.7	88.8	1	2	11.2	4	3453.4	10.9	15553.0	11.2
2015	3167.4	18.8	84.5	1	3	10.2	2	3746.9	8.5	16890.6	8.6
2016	3331.6	18.3	84.7	1	2	6.0	5	3934.2	5.0	18241.8	8.0
2017	3520.7	17.9	83.1	1	3	7.8	5	4237.6	7.7	19701.2	8.0
2018	2894.5	13.7	64.6	1	4	6.8	5	4478.7	5.7	21119.6	7.2
2019	3029.5	13.3	64.8	1	4	6.1	4	4675.7	4.4	22767.0	7.8
2020	3145.7	13.8	72.3	1	4	6.1	2	4353.1	−6.9	22858.0	0.4
2021	3472.9	14.3	69.9	1	4	10.4	5	4971.3	14.2	24298.1	5.4

数据来源：历年河南省统计年鉴及郑州市统计公报，2018—2021年规上工业增加值为根据相应年份增速计算所得

升，从2012年的25.0亿元上升到2020年的52.4亿元，增长了近1.1倍，增速为7.6%。

郑州市有色金属冶炼及压延加工业增加值快速上升趋势，从2012年的111.5亿元到2020年的226.5亿元，增长了1.0倍，增速为11.1%。

郑州市纺织业增加值在2013—2018年间大幅下降，增速连续为负值，2019年和2020年又出现大幅反弹，2020年增速为13.2%（见图12）。

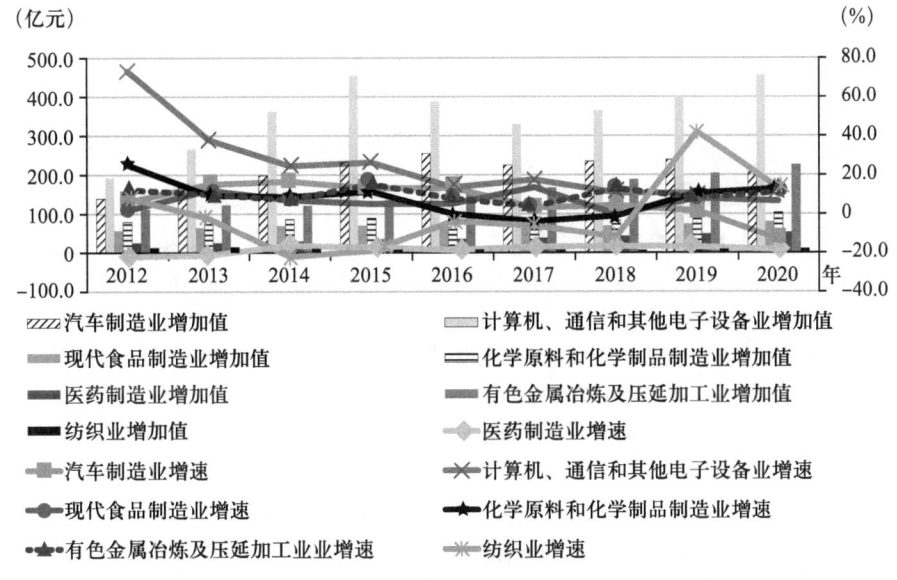

图12 2012—2020年郑州市主要工业门类增加值及增速

数据来源：历年河南省统计年鉴及郑州市统计年鉴，2018—2020年各行业增加值根据相应年份增速计算所得

从占规上工业增加值的比重看，计算机、通信和其他电子设备业增加值占比最高，处于波动上升趋势，2020年占比达到14.5%。

有色金属冶炼及压延加工业增加值占比呈现快速上涨趋势，2020年占比超过汽车制造业增加值占比，达到7.2%。

汽车制造业增加值占比总体上呈现先上升后下降趋势，2018年达到最大值8.1%，随后下降，2020年占比为6.6%。

现代食品加工业增加值占比呈现小幅上涨趋势，2020年占比达到2.5%。

医药制造业增加值占比呈现波动上升趋势，2020年占比达到1.7%。

纺织业增加值占比呈现波动下降趋势，占比较低，2020年仅为0.3%。

无论是总量还是占比，计算机、通信和其他电子设备业都独占鳌头，有色金属冶炼及压延加工业在总量和占比方面均超过汽车制造业；现代食品制造业发展平稳，医药制造业目前虽占比较低，但增长迅速；化学原料和化学制品制造业和纺织业受周期价格影响，波动较大（见图13）。

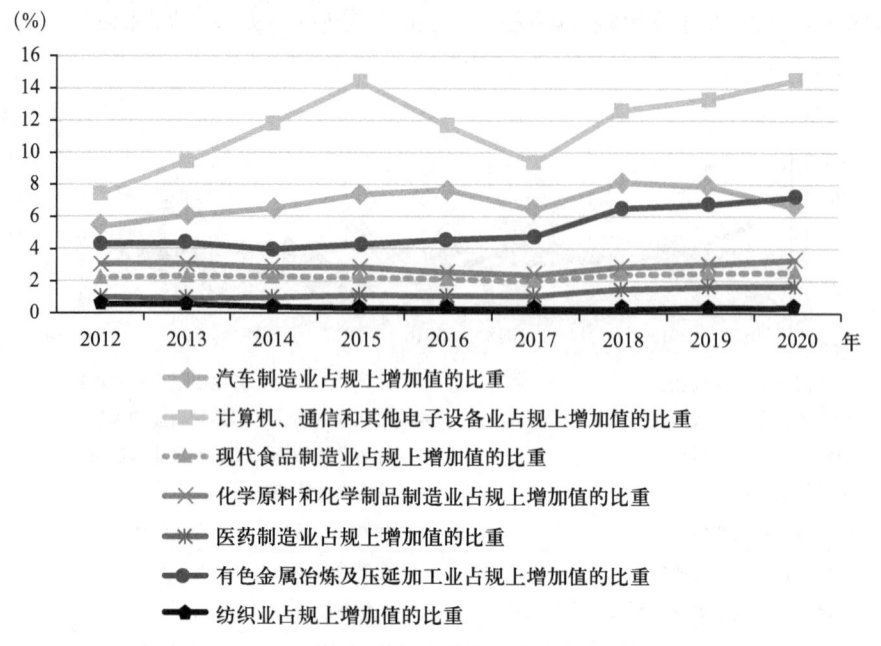

图13　2012—2020年郑州市主要工业门类增加值占规上工业增加值的比重

数据来源：历年河南省统计年鉴及郑州市统计年鉴，2018—2020年各行业增加值根据相应年份增速计算所得

郑州市服务业增加值保持较快增长，服务业增加值占GDP的比重逐年增加，2016年占比超过50%，2021年达到58.9%；占河南省的比重呈现波动上升趋势，2021年占比达到25.8%，高于同期GDP占河南省的比重；2021年的服务业增加值在中部六省会中排名第3位，低于武汉和长沙。

从增速看，服务业增加值增速保持较快增长，但在2019年之后，增速有所回落，2020年增速在全省排名第12位，2021年增速在中部6个省会城市中排名第6位；在2014年之前，服务业增加值增速低于同期GDP增速，2015年之后，除了2020年，服务业增加值增速均高于同期GDP增速（见表11）。

表11 2018-2021年郑州市第三产业发展总体情况

年份	服务业增加值（亿元）	服务业增加值占GDP的比重（%）	服务业增加值占全省的比重（%）	在全省的排名	在中部六省会的排名	服务业增加值增速（%）	增速在全省的排名	增速在中部六省会城市排名	GDP增速（%）
2008	1265.3	42.0	23.2	1	2	9.2	11	6	12.2
2009	1446.5	43.8	23.4	1	3	13.6	14	5	12.0
2010	1709.1	42.4	23.2	1	3	10.5	17	4	13.0
2011	2088.5	42.2	23.3	1	3	8.5	15	2	13.2
2012	2443.6	44.3	23.6	1	3	8.4	10	2	12.0
2013	2823.9	45.6	23.9	1	3	9.6	5	1	10.0
2014	3142.7	46.4	23.4	1	3	8.8	8	5	9.5
2015	3556.4	48.6	23.5	1	3	11.4	11	4	10.1
2016	4160.7	51.3	24.2	1	3	11.4	1	1	8.5
2017	4959.5	53.9	25.1	1	3	9.0	16	1	8.2
2018	6183.9	58.0	26.2	1	3	8.3	9	1	8.1
2019	6831.8	59.0	26.2	1	2	7.1	13	5	6.5
2020	7086.6	59.0	26.5	1	2	1.7	12	4	3.0
2021	7470.0	58.9	25.8	1	3	5.6	—	6	4.7

数据来源：历年河南省统计年鉴及中部六省会城市的市统计公报

从不同类型服务业的增加值来看，2008年排在前三的是交通运输、仓储和邮政业，批发和零售业与金融业，而2020年位于前三的是金融业、房地产业与批发和零售业。其中，房地产业和金融业平均增速最快，房地产业从2008年的104.8亿元增长到2020年的1045.5亿元，增长了近9倍；金融业从2008年的167.9亿元增长到2020年的1302.8亿元，增长了6.8倍。住宿和餐饮业平均增长速度最低（见图14）。

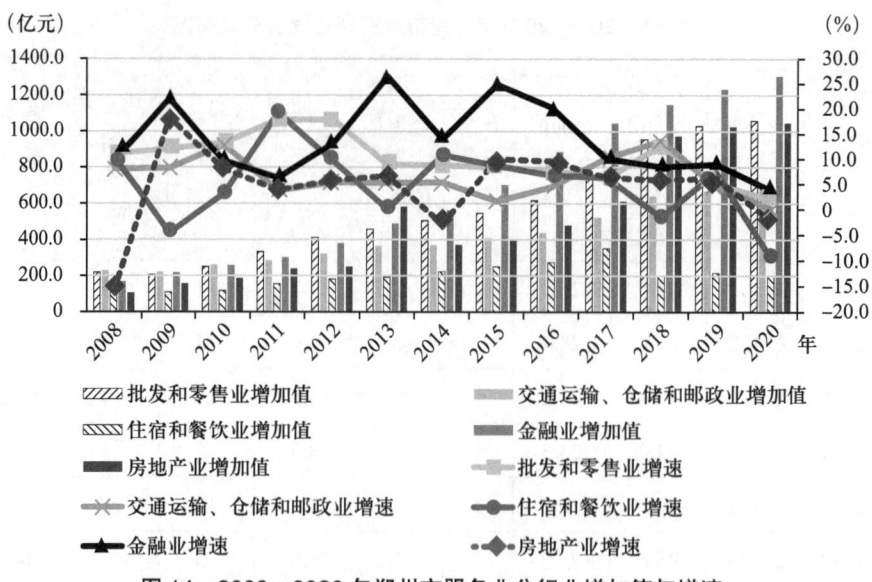

图 14 2008—2020 年郑州市服务业分行业增加值与增速

数据来源：历年郑州市统计年鉴

从分行业增加值占服务业增加值总额的比重看，金融业和房地产业占比总体上升，其他行业均为下降。2020年金融业占服务业的比重达到18.4%，房地产业占比达到14.8%，批发和零售业占比达到14.9%，交通运输、仓储和邮政业占比达到9.7%，住宿和餐饮业占比为2.9%（见图15）。

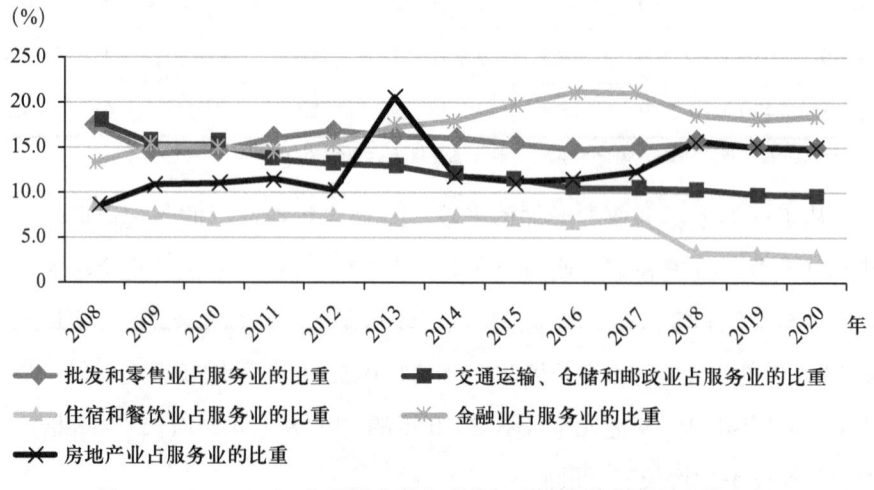

图 15 2008—2020 年郑州市服务业分行业增加值占服务业的比重

数据来源：历年郑州市统计年鉴

六、转型关键在于创新能力

郑州市 R&D 经费内部支出不断增加,从 2010 年的 54.0 亿元增长到 2020 年的 276.7 亿元,2019 年增速达到 27.8%,2020 年为 16.9%(见图 16)。2020 年郑州市 R&D 经费内部支出占全省的比重为 30.7%,占 GDP 的比重达到 2.3%,高于河南省水平,但低于全国水平(见图 17)。

图 16　2010—2020 年郑州市 R&D 经费内部支出情况

数据来源:历年河南省统计年鉴,R&D 经费内部支出增长率为根据郑州市 R&D 经费内部支出计算得出

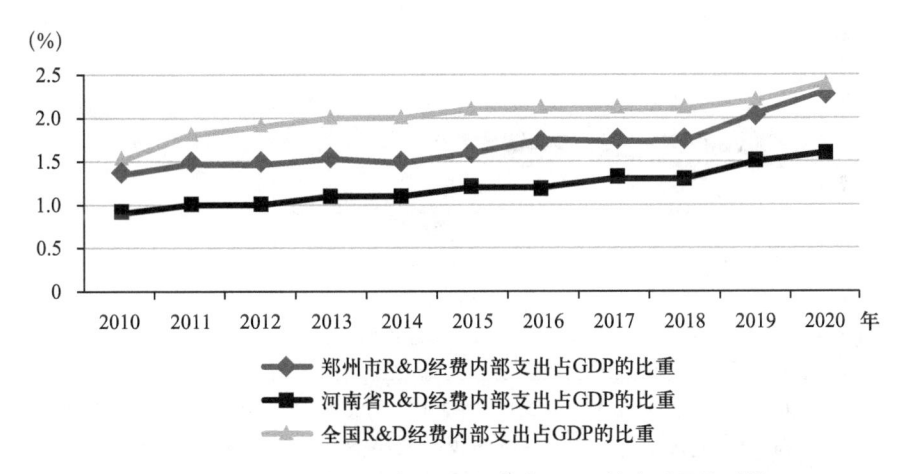

图 17　2010—2020 年郑州市 R&D 经费占 GDP 的比重及比对情况

数据来源:历年河南省统计年鉴,R&D 经费内部支出增长率为根据郑州市 R&D 经费内部支出计算得出

放在中部六省来看，2012—2020年郑州市R&D经费内部支出排第4位，在武汉、长沙和合肥之后，高于南昌和太原（见表12）；2012—2020年郑州市R&D经费内部支出占GDP的比重（研发强度）由末位提升到第4位，低于合肥、武汉和长沙，高于太原和南昌（见图18）。

表12 2012—2020年中部六省会城市经费内部支出情况

年份	郑州市R&D经费内部支出（亿元）	武汉市R&D经费内部支出（亿元）	南昌市R&D经费内部支出（亿元）	太原市R&D经费内部支出（亿元）	长沙市R&D经费内部支出（亿元）	合肥市R&D经费内部支出（亿元）	郑州市R&D经费内部支出排名
2012	80.7	126.9	—	71.0	134.4	115.9	4
2013	94.8	248.0	—	84.0	153.7	144.7	4
2014	100.5	293.4	—	86.7	171.1	160.3	4
2015	116.7	329.3	78.7	73.2	188.3	174.9	4
2016	142.0	227.1	106.6	70.3	198.7	194.8	4
2017	158.8	313.7	81.0	72.2	248.0	226.9	4
2018	185.3	360.0	89.7	78.2	265.9	256.7	4
2019	236.7	454.0	100.7	84.2	316.2	291.8	4
2020	276.7	548.1	111.8	91.1	357.5	353.5	4

数据来源：历年中部六省会城市统计年鉴

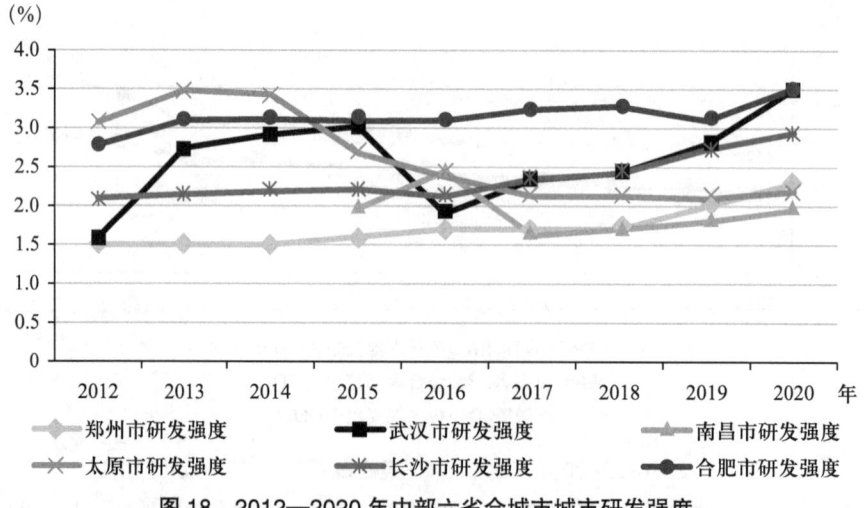

图18 2012—2020年中部六省会城市城市研发强度

数据来源：历年中部六省会城市统计年鉴

再看规上工业企业研发费用，2020年郑州市规上工业企业研发费用（R&D经费内部支出）为157.05亿元，与合肥、武汉、长沙、杭州等市依然存在较大差距；规上工业企业研发费用投入强度为1.31%，仅高于武汉0.04个百分点，与投入强度较高的合肥、杭州相差0.6个百分点（见表13）。

表13 2020年中部六省会城市规上工业企业研发费用（R&D经费）投入对比

城市	规上工业企业研发费用（亿元）	规上工业企业研发投入强度（%）
武汉	198.63	1.27
长沙	210.77	1.76
合肥	192.23	1.91
杭州	307.23	1.91
郑州	157.05	1.31

数据来源：各地市统计年鉴

从战略性新兴产业来看，尽管郑州市战略性新兴产业在"十三五"规划期间规模不断扩大，2020年，郑州市战略性新兴产业增加值同比增长12.4%，占规上工业增加值的比重达38.8%，初步形成了以新一代信息技术、新材料、新能源汽车、生物医药、高端装备制造等为先导的战略性新兴产业体系。然而，与西安、合肥和杭州相比，郑州战略性新兴产业占比仍有差距。2021年，郑州市战略性新兴产业增加值为1817.67亿元，同比增长22.1%，占规模以上工业增加值的比重为42.90%，低于杭州、西安、合肥3个城市。2021年，合肥市战略性新兴产业增加值超过两千亿元，占规上工业增加值的比重超过50%，达到52.02%，同比增长28.3%（见表14）。

表14 2021年战略性新兴产业增加值及占比比较

城市	战略性新兴产业增加值（亿元）	占规模以上工业增加值的比重（%）	战略性新兴产业增加值增速（%）
西安	898.35	49.90	27.6
合肥	2021.81	52.02	28.3
杭州	1849.10	45.10	17.6
郑州	1817.67	42.90	22.1

数据来源：总额根据历年各市统计公报增速推算而来

七、城镇化稳步推进，城乡发展协调性增强

2008年以来，郑州市户籍和常住人口都在不断增加，2021年常住人口达到1274.2万人，在中部六省会城市中排名第2位，低于武汉市。属于人口不断流入城市，2020年人口流入率达到40.3%，城镇化率不断提升，2021年城镇化率达到79.1%，高于河南省，但低于武汉市（84.56%）（见表15）。

表15　2008—2021年郑州市人口情况

年份	户籍人口（万人）	常住人口（万人）	常住人口在中部六省会城市中的排名	常住人口－户籍人口（万人）	人口流入率（%）	常住人口占全省的比重（%）	郑州市城镇化率（%）	河南省城镇化率（%）
2008	663.0	743.6	2	80.6	12.2	7.9	62.3	36.0
2009	666.0	752.1	2	86.1	12.9	7.9	63.4	37.7
2010	732.0	866.1	2	134.1	18.3	9.2	63.6	38.8
2011	735.0	885.7	2	150.7	20.5	9.4	64.8	40.5
2012	741.0	903.1	2	162.1	21.9	9.5	66.3	42.0
2013	751.0	919.1	2	168.1	22.4	9.6	67.1	43.6
2014	760.0	937.8	2	177.8	23.4	9.7	68.3	45.1
2015	770.0	956.9	2	186.9	24.3	9.9	69.7	47.0
2016	776.0	972.4	2	196.4	25.3	9.9	71.0	48.8
2017	782.0	988.1	2	206.1	26.4	10.1	72.2	50.6
2018	787.0	1013.6	2	226.6	28.8	10.3	73.4	52.2
2019	795.0	1035.2	2	240.2	30.2	10.5	74.6	54.0
2020	899.0	1261.7	1	362.7	40.3	12.7	78.4	55.4
2021	—	1274.2	2	—	—	12.9	79.1	56.5

数据来源：历年河南省统计年鉴及郑州市统计公报

综上所述，郑州市无论是经济总量还是发展质量都得到了快速提升，但近几年经济增速下滑明显，一方面说明宏观经济进入转型阶段，另一方面也说明郑州市面临着如何应对阶段转型的问题。显然，能否跟上经济发展阶段转型步伐，能否适应新阶段经济结构调整和发展方式转变的需要，是跨过经

济发展"阵痛"的关键所在。大规模的造城阶段已过去，城市的最优空间规模需要经济密度（质量）支撑，这一轮中心城市的竞争在于创新能力和制造业升级。所以，郑州市要突破困局，必须紧紧抓住创新能力的提升和制造业升级两大关键环节。

2021年5月郑州市政府印发的《郑州市"十四五"战略性新兴产业发展总体规划（2021—2025年）》（以下简称《规划》）中提出构建"153N"战略性新兴产业体系，即打造1个万亿级的新一代信息技术产业，5个千亿级的新能源汽车、生物、新材料、高端装备制造、节能环保等优势产业，3个百亿级的新能源、数字创意、相关服务业等特色产业，N个量子信息、氢能与新型储能、未来网络、类脑智能、生命健康、前沿新材料等未来产业。《规划》以前瞻30年的视野来审视和规划未来5年全市战略性新兴产业发展目标，即到2025年战略性新兴产业产值实现倍增，达到1.8万亿元，增加值占规上工业增加值的比重达到50%。

可以说，发展战略性新兴产业是实现产业结构转型升级和经济发展方式转变的重要战略部署，是培育未来经济新增长点和新动力的有效举措。

（李燕燕　赵　岩　整理数据图表）

河南省市域经济运行分析：开封篇

开封素有"八朝古都"之称，孕育了上承汉唐、下启明清的影响深远的"宋文化"，而且始终处于河南省城镇化进程中的核心位置，从中原城市群破局的郑汴一体化，到郑州大都市区的郑汴港核心区，再到写入河南省"十四五"规划中的"深入推进郑开同城化发展"，打造中原城市群一体化高质量发展引领区。可以说，开封是一个既古老又现代的城市。

一、概述

开封市现辖兰考、杞县、通许、尉氏4县，以及城乡一体化示范区、祥符区、鼓楼区、龙亭区、顺河回族区、禹王台区6区，全市总面积6118平方千米，建成区面积151平方千米，截至2021年，开封市常住人口为478万人，城镇化率52.9%。

二、经济总量不断增加，发展势头良好

从总量来看，开封市GDP由2008年的689.37亿元增长到2022年的2657.1亿元，增长了2.85倍，在全省18个市中，2020年超过焦作，由第12位前移到第11位，2022年仍保持在第11位（见表1）。

表1 2008—2021年开封市GDP及增速情况

年份	开封市GDP（亿元）	占河南省GDP的比重（%）	开封市GDP在河南省的排名	开封市GDP增速（%）	开封市GDP增速在河南省的排名
2008	689.37	3.89	13	13.1	8
2009	702.33	3.66	13	12.1	6
2010	927.16	4.09	13	12.2	9
2011	1072.42	4.07	13	12.9	8
2012	1207.05	4.17	13	11.1	9

续表

年份	开封市 GDP（亿元）	占河南省 GDP 的比重（%）	开封市 GDP 在河南省的排名	开封市 GDP 增速（%）	开封市 GDP 增速在河南省的排名
2013	1363.54	4.31	13	10.8	4
2014	1492.06	4.32	13	9.6	4
2015	1605.84	4.33	13	9.4	2
2016	1755.10	4.36	13	8.5	5
2017	1887.55	4.21	13	7.8	13
2018	2002.23	4.01	13	7.0	14
2019	2364.14	4.40	12	7.2	10
2020	2371.83	4.37	11	2.0	13
2021	2557.03	4.34	11	7.2	5
2022	2657.10	4.33	11	4.3	9

数据来源：历年河南省统计年鉴及开封市统计公报

从占比来看，开封市 GDP 占全省的比重大致在 4.01%~4.40% 之间，呈现平稳态势，2022 年占河南省 GDP 的比重为 4.33%，比 2008 年高了 0.44 个百分点。

从增速来看，开封市 GDP 运行态势基本上与河南省 GDP 增速保持一致，其中 2011—2016 年增速高于河南省水平，2021 年 GDP 增速达到 7.2%，高出河南省 0.9 个百分点，在全省排在第 5 位（见图 1）。

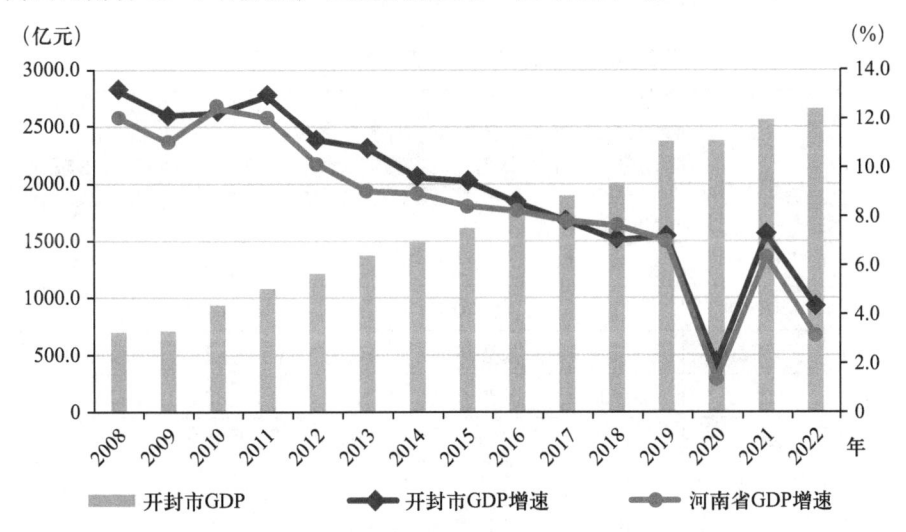

图 1 2008—2022 年开封市 GDP 及增速省市对比

数据来源：历年河南省统计年鉴及开封市统计公报

从人均情况来看，开封市人均GDP虽一直低于河南省人均GDP，但2021年为53006元，比2008年增长了2.5倍，处在全省第10位，比2008年上升了4位。开封市人均GDP占河南省的比重从2008年的79.3%提高到2021年的90.0%，差距逐渐缩小（见表2）。开封市人均GDP增速在2011—2017年间超过河南省水平，2018—2019年低于河南省水平，2020—2021年又反超河南省水平，2021年达到7.8%，超过河南省1.4个百分点（见图2）。

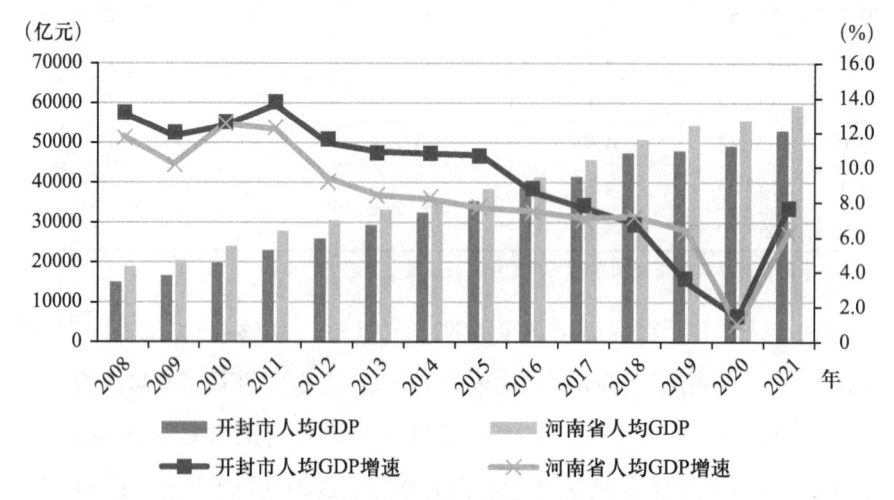

图2 2008—2021年开封市、河南省人均GDP及增速

数据来源：历年河南省统计年鉴及开封市统计公报

表2 2008—2021年开封市人均GDP及增速

年份	开封市人均GDP（元）	开封市人均GDP增速（%）	河南省人均GDP（元）	河南省人均GDP增速（%）	开封市人均GDP占河南省的比重（%）	开封市人均GDP在全省排名
2008	14975	13.1	18879	11.8	79.3	14
2009	16571	11.8	20280	10.2	81.7	13
2010	19750	12.4	23984	12.5	82.3	13
2011	22972	13.6	27901	12.2	82.3	13
2012	25922	11.4	30497	9.4	85.0	13
2013	29327	10.9	33114	8.4	88.6	13
2014	32454	10.8	35982	8.2	90.2	13
2015	35326	10.7	38338	7.7	92.1	11

续表

年份	开封市人均GDP（元）	开封市人均GDP增速（%）	河南省人均GDP（元）	河南省人均GDP增速（%）	开封市人均GDP占河南省的比重（%）	开封市人均GDP在全省排名
2016	38619	8.6	41326	7.5	93.4	11
2017	41503	7.7	45723	7.1	90.8	11
2018	47350	6.8	50714	7.2	93.4	8
2019	47931	3.4	54356	6.4	88.2	10
2020	49166	1.4	55435	0.9	88.7	10
2021	53006	7.8	59410	6.4	90.0	10

数据来源：历年河南省统计年鉴及开封市统计公报

三、税收占比提升，城乡居民人均可支配收入仍低于全省水平

再看财政收支情况。开封市一般公共预算收入从2008年的26.1亿元提高到2021年的179.3亿元，增长了5.87倍；一般公共预算支出从2008年的74.5亿元提高到2021年的456.6亿元，增长了5.13倍；2021年的收支总量均处在全省第10位。开封市税收占全省税收收入的比重由2008年的2.4%上升到2021年的4.2%（见表3）。税收占比越高，说明城市经济质量水平越高。

表3　2008—2021年开封市一般公共预算收支情况

年份	一般公共预算收入（亿元）	占全省一般公共预算收入比重（%）	在河南省内的排名	税收收入（亿元）	税收占一般公共预算收入比重（%）	占全省税收收入的比重（%）	一般公共预算支出（亿元）	在河南省内的排名	财政自给率（%）	在河南省内的排名
2008	26.1	2.6	11	18.0	68.8	2.4	74.5	13	35.1	13
2009	29.5	2.6	12	21.0	71.0	2.6	97.2	13	30.4	13
2010	37.0	2.7	12	26.5	71.6	2.6	116.4	12	31.8	13
2011	49.0	2.8	11	34.6	70.5	2.7	145.2	12	33.8	12
2012	61.9	3.0	11	44.7	72.2	3.0	171.7	12	36.1	12
2013	80.7	3.3	11	59.7	73.9	3.4	197.0	12	41.0	12

续表

年份	一般公共预算收入			税收			一般公共预算支出		财政自给率	
	一般公共预算收入（亿元）	占全省一般公共预算收入比重（%）	在河南省内的排名	税收收入（亿元）	税收占一般公共预算收入比重（%）	占全省税收收入的比重（%）	一般公共预算支出（亿元）	在河南省内的排名	财政自给率（%）	在河南省内的排名
2014	96.2	3.5	10	69.1	71.8	3.5	223.2	11	43.1	12
2015	108.3	3.6	10	75.2	69.5	3.6	264.4	10	41.0	11
2016	113.2	3.6	9	78.1	69.0	3.6	295.6	9	38.3	12
2017	122.7	3.6	9	87.1	71.0	3.7	334.7	9	36.7	12
2018	140.6	3.7	10	102.8	73.1	3.9	368.4	9	38.2	12
2019	154.9	3.8	11	113.3	73.2	4.0	424.6	9	36.5	12
2020	160.3	3.8	10	102.8	64.1	3.7	430.8	10	37.2	12
2021	179.3	4.1	10	118.9	66.3	4.2	456.6	10	39.3	12

数据来源：历年河南省统计年鉴及开封市统计公报

从税收占比来看，2008—2011年间开封市税收占一般公共预算收入的比重低于河南省税收占比，其后除2020年之外，其余年份开封市税收占比均高于河南省水平（见图3）。

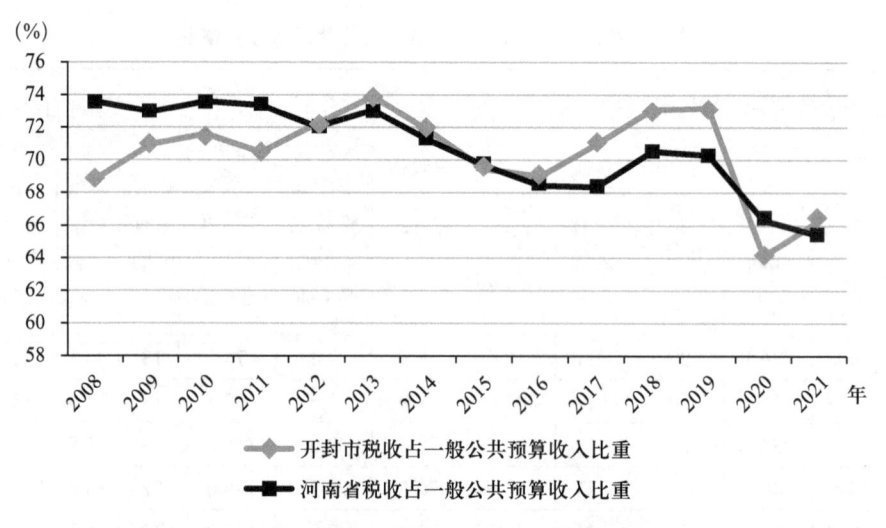

图3 2008—2021年开封市税收占比、河南省税收占比

数据来源：历年河南省统计年鉴及开封市统计公报

从财政自给率来看，开封市财政自给率低于河南省，多数年份在40%以内，但与河南省的差距总体呈缩小趋势（见图4）。

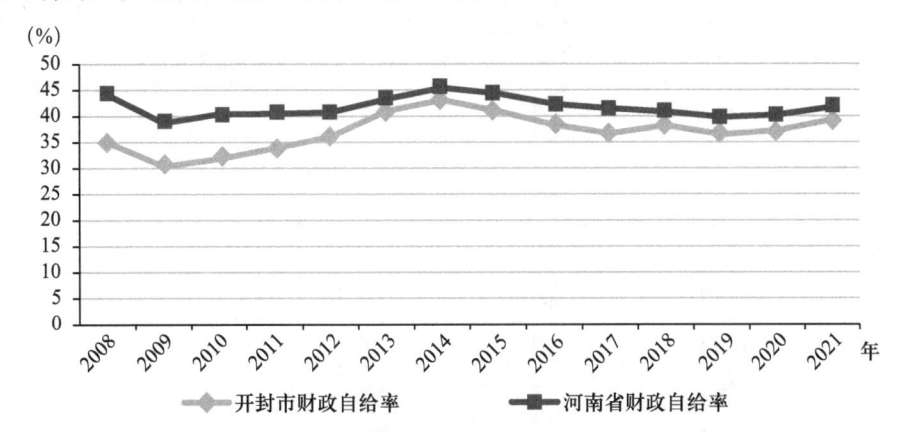

图4　2008—2021年开封市财政自给率、河南省财政自给率
数据来源：历年河南省统计年鉴及开封市统计公报

2008—2021年间，开封市金融机构年末存贷款余额总量逐年增加，存款年末余额大于贷款年末余额。在占比方面，开封市金融机构年末存款余额占河南省的比重平稳上升，年末贷款余额占河南省的比重呈现先上升后下降趋势，2021年，存款占比为3.2%，贷款占比为3.1%，存贷款占比的差距在缩小（见图5）。从存贷比来看，2021年开封市存贷比为82.6%，比2008年高27.4个百分点（见表4），说明经济体量和活跃度都有所提升。

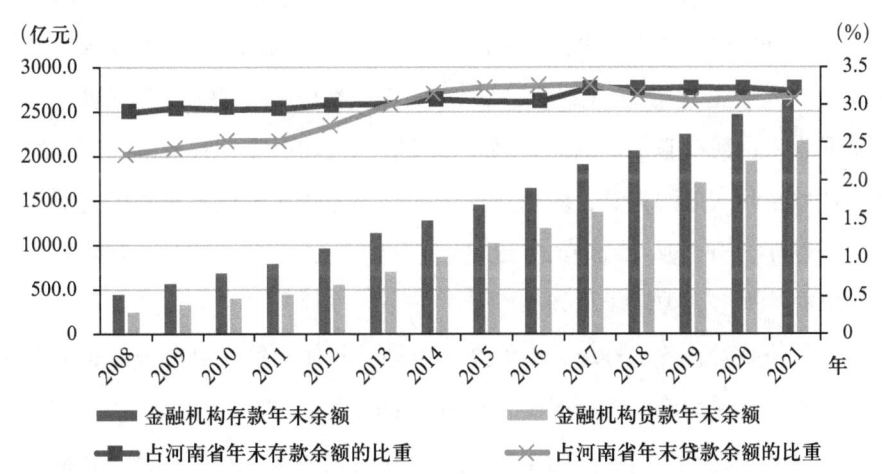

图5　2008—2021年开封市金融机构存贷款年末余额及占河南省的比重情况
数据来源：历年河南省统计年鉴及开封市统计公报

表4 2008—2021年开封市金融机构年末存贷款余额情况

年份	金融机构存款年末余额（亿元）	占河南省年末存款余额的比重（%）	金融机构贷款年末余额（亿元）	占河南省年末贷款余额的比重（%）	存贷比（%）
2008	442.7	2.9	244.6	2.4	55.2
2009	568.5	3.0	328.8	2.4	57.8
2010	681.9	2.9	402.5	2.5	59.0
2011	787.6	3.0	443.8	2.5	56.3
2012	961.2	3.0	554.3	2.7	57.7
2013	1134.3	3.0	699.4	3.0	61.7
2014	1274.1	3.1	864.4	3.2	67.8
2015	1452.2	3.1	1018.1	3.2	70.1
2016	1641.1	3.0	1188.5	3.3	72.4
2017	1904.9	3.2	1367.4	3.3	71.8
2018	2058.9	3.2	1498.8	3.1	72.8
2019	2244.1	3.2	1704.5	3.1	76.0
2020	2465.5	3.2	1943.0	3.1	78.8
2021	2626.8	3.2	2170.2	3.1	82.6

数据来源：历年河南省统计年鉴及开封市统计公报

从城乡居民人均可支配收入来看，开封市城乡居民人均可支配收入均低于全省平均水平，城镇居民人均可支配收入居全省第15位，农村居民人均可支配收入居全省第13位，但二者的占比逐年上升，其中，农村居民人均可支配收入占河南省的比重一直高于城镇居民人均可支配收入占河南省的比重。从城乡收入差距来看，农村居民人均可支配收入占城镇居民可支配收入的比重逐年上升，从2008年的38.4%上升到2021年的49.0%，但城乡收入之间仍有一半多的差距（见表5）。

从增速来看，除2009年和2017年以外，其他年份开封市城镇居民人均可支配收入增速均低于农村居民人均可支配收入（见图6）。

就城乡居民收入增速、GDP增速和财政收入增速来看，开封市城镇居民人均可支配收入增速与GDP增速基本一致，2010年之后农村居民可支配收

表 5 2008—2021年开封市居民收入情况

年份	城镇居民人均可支配收入（元）	在全省排名	占河南省的比重（%）	开封城镇居民人均可支配收入增速（%）	河南省城镇居民人均可支配收入增速（%）	农村居民人均可支配收入（元）	在全省排名	占河南省的比重（%）	农村居民人均可支配收入增速（%）	河南省农村居民人均可支配收入增速（%）	农村/城镇居民人均可支配收入（%）
2008	11342	15	85.7	15.3	8.3	4355	13	97.8	15.7	7.2	38.4
2009	12318	15	85.7	8.2	9.9	4695	13	97.7	7.8	7.5	38.1
2010	13695	15	86.0	11.2	7.2	5390	13	97.6	14.8	11.0	39.4
2011	15558	16	85.5	13.6	8.4	6492	13	98.3	20.4	12.7	41.7
2012	17545	15	85.8	12.8	9.5	7414	14	98.5	14.2	11.3	42.3
2013	19492	15	87.0	11.1	6.6	8355	13	98.6	12.7	9.5	42.9
2014	21467	15	90.7	10.1	6.8	9316	13	93.5	11.5	9.4	43.4
2015	22923	15	89.6	9.3	6.7	10304	13	94.9	9.5	7.6	45.0
2016	24596	14	90.3	7.3	4.5	11166	13	95.5	8.4	5.7	45.4
2017	26864	15	90.9	9.2	6.9	12126	13	95.3	8.6	7.5	45.1
2018	29094	15	91.3	8.3	7.8	13193	13	95.4	8.8	8.7	45.3
2019	31305	15	91.5	7.6	4.3	14473	13	95.4	9.7	6.3	46.2
2020	31868	15	91.7	1.8	-0.9	15370	13	95.4	6.2	2.8	48.2
2021	34195	15	92.2	7.3	6.7	16769	13	95.6	9.1	8.8	49.0

数据来源：历年河南省统计年鉴及开封市统计公报

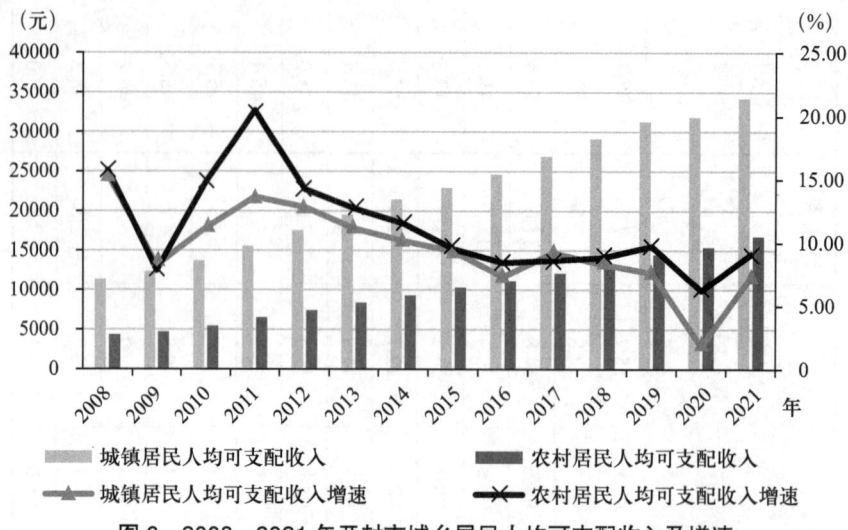

图6 2008—2021年开封市城乡居民人均可支配收入及增速
数据来源：历年河南省统计年鉴及开封市统计公报

入增速大于GDP增速（除2015年外）。财政收入增速多数年份高于城乡居民人均可支配收入增速和GDP增速，但财政收入增速很不稳定。整体来看，城乡居民可支配收入增速与GDP增速处于平衡下滑状态（见图7），说明经济下行压力还是很大，财政收入波动幅度较大，经济存在一定的脆弱性。

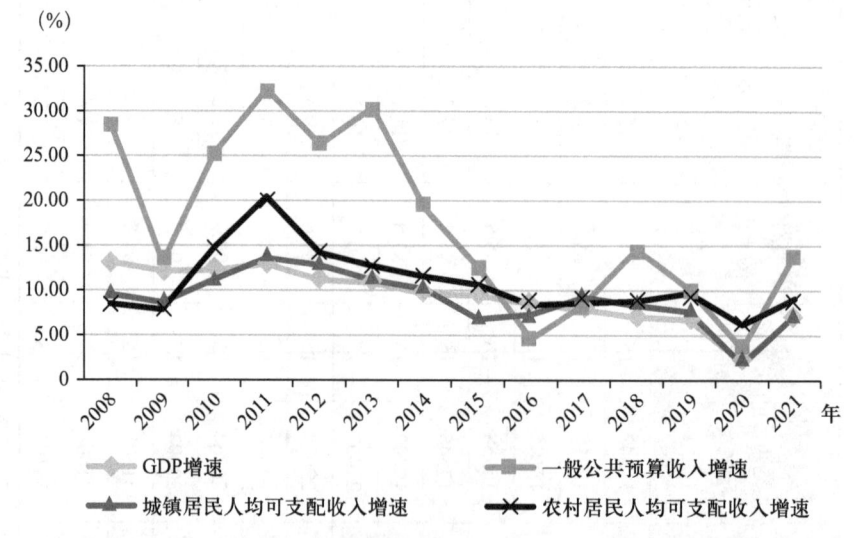

图7 2008—2021年开封市公共预算收入、GDP与城乡人均可支配收入增速
数据来源：历年河南省统计年鉴及开封市统计公报

四、投资拉动效用减弱，但仍发挥重要作用

开封市固定资产投资快速增长，2021年固定资产投资达到2331.2亿元，是2008年的10倍，在全省排第12位，增速达到13.1%，居全省第1位。但是，从图8中可以看出，开封市固定资产投资增速在2010年达到39.2%的高点，之后一路下滑，其间GDP增速不仅未出现高点，而且从2008年以来整体下滑。说明投资拉动效应明显减弱。到2018年，固定资产投资增速下滑至5.8%，低于GDP增速，之后反弹，高于GDP增速，二者的波动态势基本一致。说明在经济下行压力下，开封市经济仍依赖投资拉动。

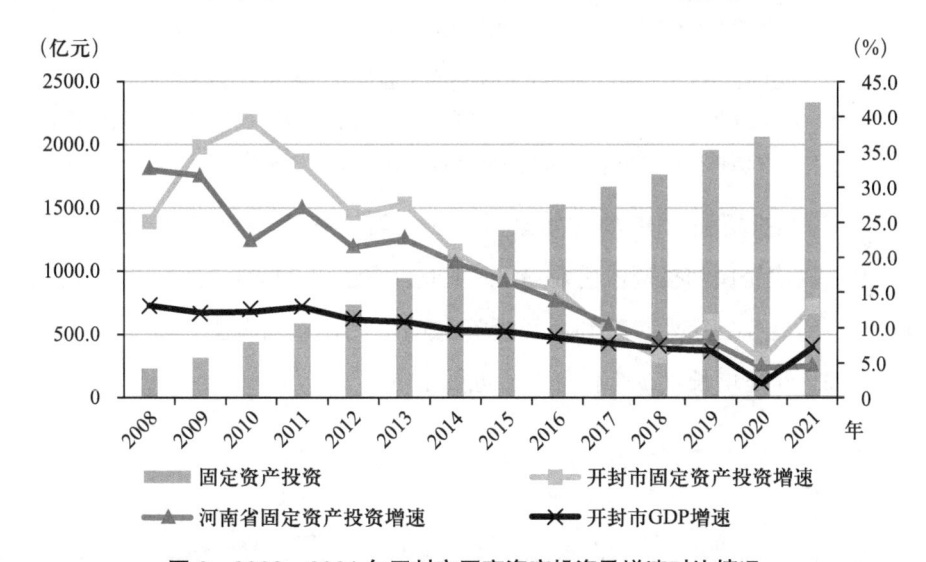

图8 2008—2021年开封市固定资产投资及增速对比情况

数据来源：历年河南省统计年鉴及开封市统计公报，2018—2021年投资总额为根据相应年份投资增速计算所得

从不同类型投资情况来看，各类投资规模不断扩大，2008—2021年间工业投资增长了5.65倍，民间投资增长了10.5倍，房地产投资增长了13.94倍；但是，工业投资、民间投资和房地产投资增速整体趋势呈下滑状态，并且均有波动，都出现了负增长现象，尤其是房地产投资增速出现大起大落，波动幅度较大，不利于经济健康发展。经过了2020年的疫情低谷，2021年增速反弹，工业投资增速达到29.9%，民间投资增速为15.8%，房地产投资

增速为8.1%（见图9）。

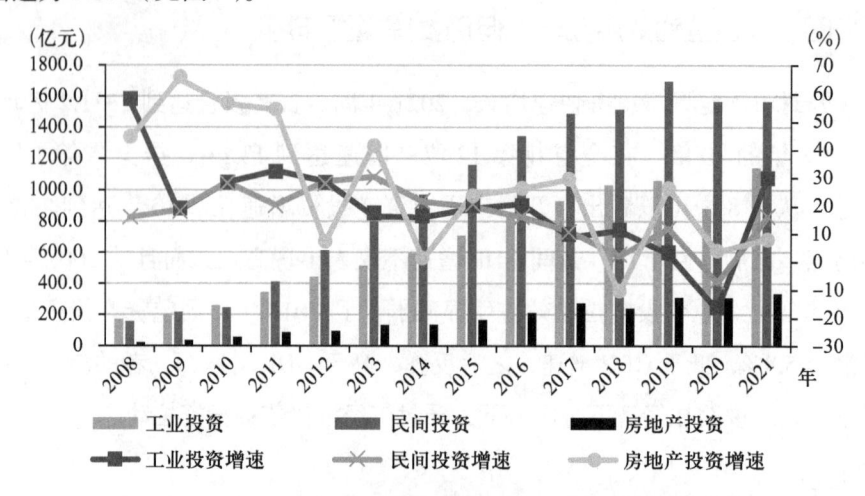

图9 2008—2021年开封市不同类型固定资产投资及增速情况

数据来源：历年河南省统计年鉴及开封市统计公报，2018—2021年工业投资总额和民间投资总额为根据相应年份工业投资增速和民间投资增速计算所得

从各类投资占GDP的比重来看，固定资产投资占比较大，2021年为91.2%，其次是民间投资占比61.3%，工业投资占比34.4%，房地产投资占比14.1%。近几年，工业投资和民间投资占GDP的比重均有所下降，但房地产投资2021年还增长了1个百分点（见图10）。

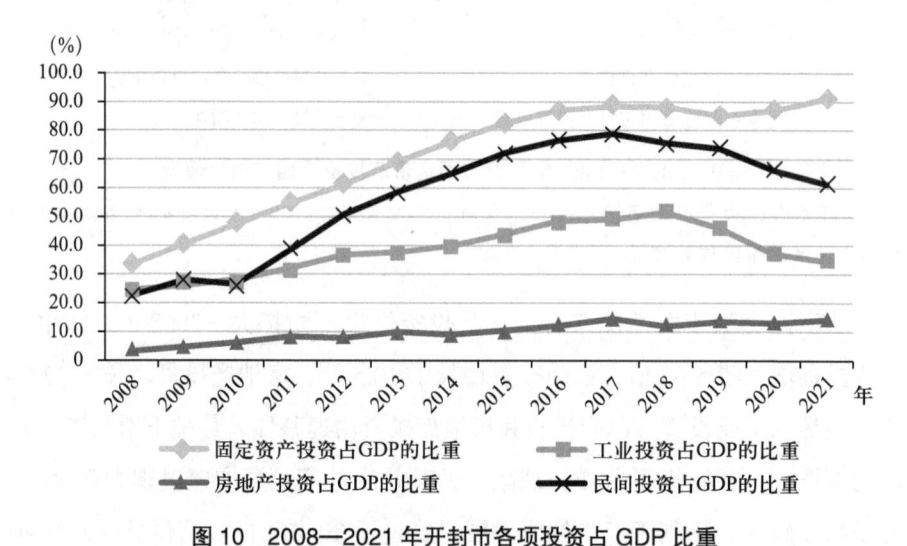

图10 2008—2021年开封市各项投资占GDP比重

数据来源：历年河南省统计年鉴及开封市统计公报

开封市社会消费品零售总额增长迅速，受新冠疫情影响，2020年下滑到999.1亿元，2021年反弹至1112.5亿元。社会消费品零售总额占GDP的比重先上升后下降，2017年达到50.1%，2021年回落到43.5%。开封市相比其他城市而言，传统消费型城市特点明显，尤其是近几年，开封坚持高质量发展，传统的住宿和餐饮业占社会消费品零售总额的比重整体呈下降趋势，2021年占比为13.1%，比2008年下降7.1个百分点（见表6）。

表6　2008—2021年开封市社会消费品零售总额情况

年份	社会消费品零售总额（亿元）	占GDP的比重（%）	其中批发和零售业（亿元）	占社会消费品零售总额的比重（%）	其中住宿和餐饮业（亿元）	占社会消费品零售总额的比重（%）
2008	266.2	37.9	208.2	78.2	53.6	20.2
2009	308.3	39.6	246.4	79.9	57.0	18.5
2010	369.6	39.9	312.5	84.6	52.1	14.1
2011	440.5	41.1	371.9	84.4	62.7	14.2
2012	510.3	42.3	431.8	84.6	71.7	14.0
2013	585.7	43.0	500.5	85.5	77.3	13.2
2014	661.9	44.4	574.5	86.8	87.4	13.2
2015	747.1	46.5	594.9	79.6	152.2	20.4
2016	841.0	47.9	733.2	87.2	107.8	12.8
2017	944.8	50.1	824.8	87.3	120.0	12.7
2018	980.6	49.0	851.3	86.8	129.3	13.2
2019	1030.6	44.8	892.2	86.6	138.4	13.4
2020	999.1	42.1	870.4	87.1	128.7	12.9
2021	1112.5	43.5	967.3	86.9	145.3	13.1

数据来源：历年河南省统计年鉴及开封市统计公报

五、第二产业占比较低，规上工业增加值增速高于河南省水平

2015年，开封市第三产业占比开始超过第二产业，三产结构由"二三一"转变为"三二一"。2021年开封市三产结构为14.9∶37.9∶47.2（见图11）。

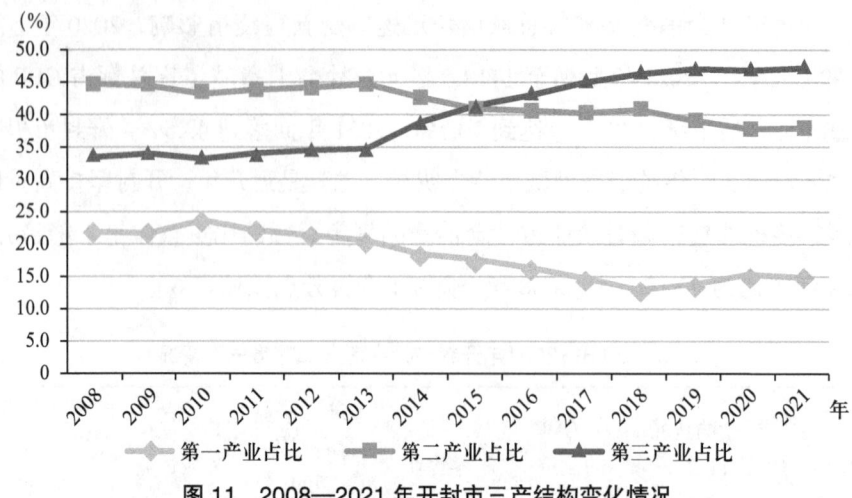

图 11　2008—2021 年开封市三产结构变化情况

数据来源：历年河南省统计年鉴及开封市统计公报

第二产业中，开封市规上工业增加值由 2008 年的 191.4 亿元增加到 2021 年的 886.4 亿元，增长了 3.63 倍，居全省第 12 位，比 2008 年提升了 4 位。就增速而言，2008—2021 年间，开封市规上工业增加值增速均高于河南省规上企业增加值增速和开封市 GDP 增速。2020 年因新冠疫情，开封市规上工业增加值增速下降到 2.9%，2021 年反弹到 8.7%，高于河南省 3.3 个百分点。不过，开封市和河南省的规上企业增加值增速一路下滑（见表 7）。规上企业是经济实力的核心支撑，下滑势头需遏制。

表 7　2008—2021 年开封市和河南省规上工业增加值

年份	开封市 规上工业增加值（亿元）	占河南省的比重（%）	在全省的排名	规上工业增加值增速（%）	GDP增速（%）	河南省 规上企业增加值（亿元）	规上企业增加值增速（%）
2008	191.4	2.6	16	20.9	13.1	7305.4	19.8
2009	217.8	2.8	16	17.8	12.1	7764.5	14.6
2010	276.3	2.8	16	21.6	12.2	9901.5	19.0
2011	330.5	2.8	15	23.6	12.9	11882.6	19.6
2012	385.0	3.0	15	17.8	11.1	12654.8	14.6
2013	460.5	3.3	14	17.2	10.8	13986.5	11.8
2014	446.4	2.9	15	13.6	9.6	15553.0	11.2
2015	491.0	2.9	15	10.1	9.4	16890.6	8.6

续表

年份	开封市 规上工业增加值（亿元）	开封市 占河南省的比重（%）	开封市 在全省的排名	开封市 规上工业增加值增速（%）	开封市 GDP增速（%）	河南省 规上企业增加值（亿元）	河南省 规上企业增加值增速（%）
2016	625.0	3.4	15	9.0	8.5	18241.8	8.0
2017	676.3	3.4	15	8.2	7.8	19701.2	8.0
2018	728.4	3.4	11	7.7	7.0	21119.6	7.2
2019	792.5	3.5	12	8.8	6.7	22767.0	7.8
2020	815.5	3.6	12	2.9	2.0	22858.0	0.4
2021	886.4	3.6	12	8.7	7.2	24298.1	5.4

数据来源：历年河南省统计年鉴及开封市统计公报

在开封市的主要工业门类中，2020年增加值排在前三位的是纺织服装业（104.0亿元）、化学原料和化学制品业（77.0亿元）以及农副产品加工业（72.8亿元）；其他行业，诸如汽车及零部件业增加值为39.0亿元，医学制造业增加值为18.2亿元，电气机械和器材制造业增加值为7.6亿元，计算机、通信和其他电子设备制造业增加值为1.1亿元。

就增速而言，2020年化学原料和化学制品业增速为23.4%，计算机、通信和其他电子设备制造业增速为21.2%，纺织业增加值增速为15.6%，农副产品加工业增加值增速为15.5%，汽车及零部件业增加值增速为-5.8%，医学制造业增加值增速为-9.8%，电气机械和器材制造业增加值增速为-25.1%（见图12）。

显然，无论规模还是增速，排在前面的仍然是传统产业，这也是开封市工业的最大问题，即结构老化。开封市本地虽然缺乏资源，但产业却仍是资源依赖型的（煤和盐），21世纪以来真正属于增量的产业是汽车及零部件制造，但产业层次及核心竞争力还有待提升，开封的高新技术产业和新兴战略产业面临短板和脆弱性。

再看服务业。开封服务业增加值由2008年的239.9亿元增长到2021年的1206.5亿元，增长了4倍。服务业增加值占GDP的比重呈平稳增长态势，服务业增加值增速在2015—2019年间快速增长，其增速明显超过GDP增速，2020年因新冠疫情影响下滑，2021年回复正常（见图13）。

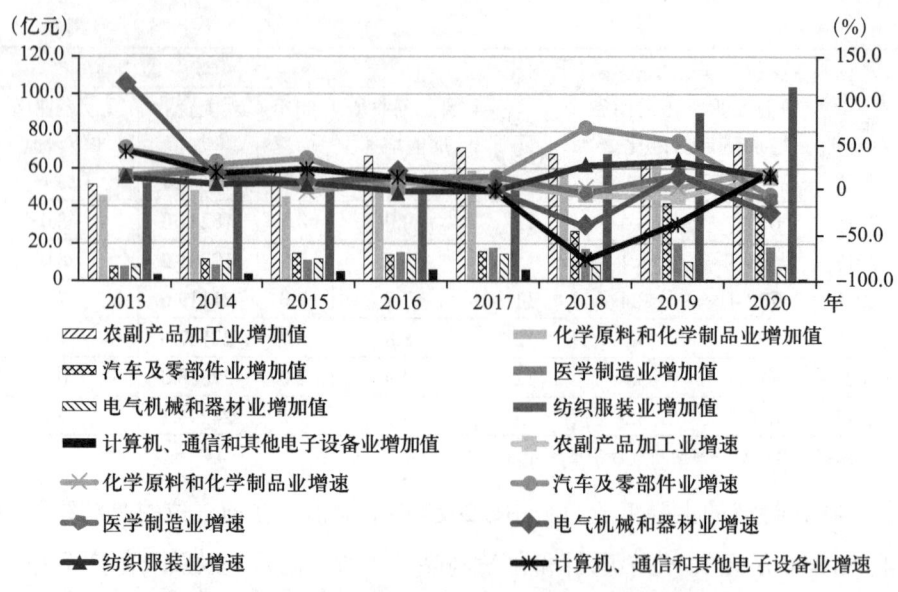

图 12　2013—2020 年开封市主要工业门类增加值及增速

数据来源：历年开封市统计年鉴，2017—2020 年主要工业门类增加值为根据相应年份工业增速计算所得

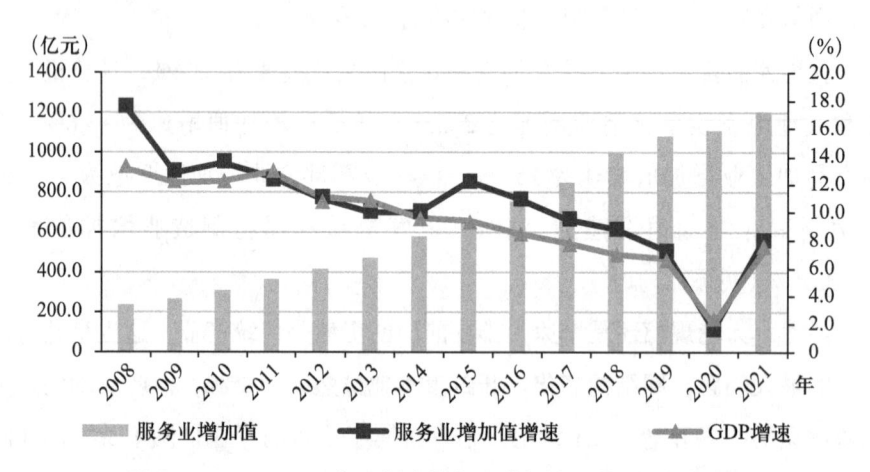

图 13　2008—2021 年开封市服务业增加值及 GDP 增速对比

数据来源：历年河南省统计年鉴及开封市统计公报

从开封市服务业分行业情况来看，2021 年增加值排在前三位的是批发和零售业（171.8 亿元）、房地产业（149.3 亿元）和金融业（98.3 亿元）。由图 14 可见，增速排前三位的是交通运输、仓储和邮政业（12.3%），住宿和餐饮业（8.8%），批发和零售业（6.8%）。

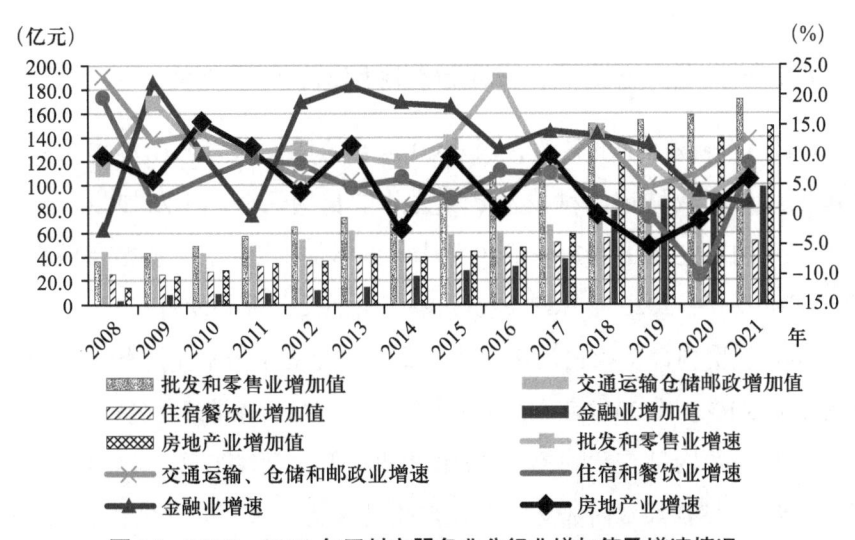

图 14　2008—2021 年开封市服务业分行业增加值及增速情况

数据来源：历年开封市统计年鉴和统计公报

旅游业是开封的特色产业，2010—2021 年开封市的旅游总收入增长了 3.06 倍，2020 年因新冠疫情防控，旅游总收入迅速下降到 334.2 亿元，增速为 -53.2%，2021 年强劲反弹到 55.9%。此外，旅游业占服务业的比重 2010—2019 年间也不断提高，2019 年占比达到 65.9%，2020 年因受新冠疫情影响，占比大幅下降到 30.1%，2021 年反弹至 43.2%（见表 8）。

表 8　2010—2021 年开封市旅游总收入、增速及占服务业增加值比重

年份	旅游总收入（亿元）	旅游总收入增速（%）	旅游总收入占服务业的比重（%）
2010	128.4	18.8	41.8
2011	155.2	20.9	42.6
2012	180.5	16.3	43.4
2013	207.8	15.1	43.9
2014	192.6	-7.3	33.2
2015	245.1	27.3	36.9
2016	398.6	62.6	52.8
2017	483.2	21.2	56.9
2018	602.2	24.6	60.3
2019	713.5	18.5	65.9
2020	334.2	-53.2	30.1
2021	521.1	55.9	43.2

数据来源：历年开封市统计年鉴和统计公报

六、研发经费占比低，要充分利用自贸区政策优势

R&D是科技活动的核心，当R&D经费的增长率高于GDP增长率，一个国家或地区或城市的科技发展实力才能长期保持和不断加强。开封市R&D经费内部支出在2010—2020年十年间增加了近3倍。多数年份增长率高于GDP增速，2020年R&D经费内部支出增长率为15.9%。

R&D经费内部支出占河南省的比重整体呈先上升后下降的趋势，2020年占比为3.1%，比2010年下降0.3个百分点，在全省排第9名。

R&D经费内部支出占GDP的比重基本低于河南省和全国水平。2020年，开封市R&D经费内部支出占GDP的比重为1.2%，低于河南省0.4个百分点，低于全国1.2个百分点（见表9）。

表9 2010—2020年开封市R&D经费内部支出情况

年份	开封市R&D经费内部支出（亿元）	占河南省的比重（%）	在河南省的排名	开封市R&D经费内部支出增长率	开封市R&D经费内部支出占GDP的比重	河南省R&D经费内部支出占GDP的比重（%）	全国R&D经费支出占GDP的比重（%）
2010	7.2	3.4	9	—	0.8	0.9	1.5
2011	10.5	4.0	9	45.8	1.0	1.0	1.8
2012	13.6	4.4	8	29.1	1.1	1.0	1.9
2013	16.4	4.6	8	20.5	1.2	1.1	2.0
2014	19.1	4.8	8	16.4	1.3	1.1	2.0
2015	17.9	4.1	8	-5.9	1.1	1.2	2.1
2016	19.0	3.9	8	6.1	1.1	1.2	2.1
2017	20.0	3.4	8	5.0	1.1	1.3	2.1
2018	20.1	3.0	10	0.5	1.0	1.3	2.1
2019	24.1	3.0	10	20.2	1.0	1.5	2.2
2020	28.0	3.1	9	15.9	1.2	1.6	2.4

数据来源：历年河南省统计年鉴，R&D经费内部支出增长率为根据开封市R&D经费内部支出计算得出

从 R&D 产出量情况来看，2010—2020 年间，开封市专利申请数和专利授权数整体呈上升趋势。从占比来看，专利申请数和专利授权数占河南省的比重呈现波动状态，2020 年占比分别为 2.1% 和 2.5%（见图 15）。

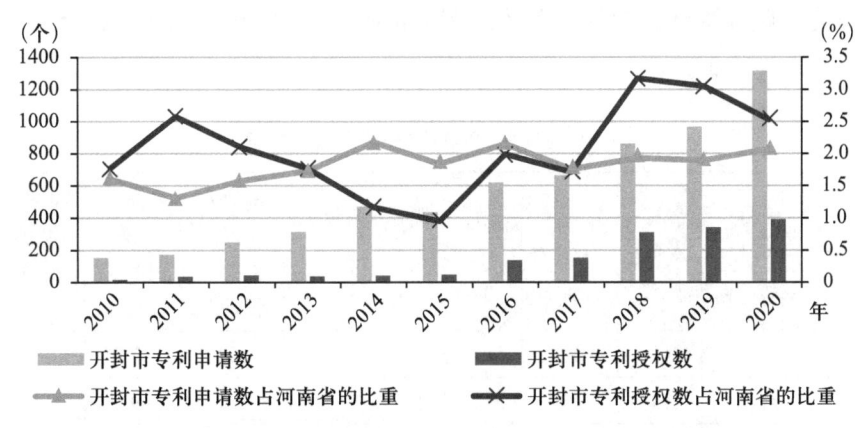

图 15　2010—2020 年开封市专利申请数和授权数及占河南省的比重
数据来源：历年河南省统计年鉴及开封市统计公报

值得注意的是，近几年开封科创中心聚集了一批科创企业，涉及心脏电生理仪器、激光驱动射线源、生物医药，以及电镜等领域的斯高研究院、启封能源、豫泰生物、锐达医药和中镜科仪等科创企业，这些企业基本已完成研发阶段，进入投产阶段，发展空间比较大。科创企业给开封市注入了活力，引导着未来发展方向。

此外，要充分利用开封综合保税区和自由贸易试验区开封片区的政策优势，最大限度地补足制约开封高质量发展的短板。开封最大的短板：一是高端要素聚集不够，创新能力不足；二是制造业结构老化，新产业、新业态稀缺，新增长点少。综合保税区和自由贸易试验区应该聚焦这两点，打造创新空间，聚集高端要素，提升创新能力，孵化支撑制造业新产业、新业态成长，这是开封形成区域核心竞争力和实现可持续发展的前提和基础。

七、吸引人才，调整人口结构，提高人口质量

开封市城镇化率在 2010—2021 年间低于全省城镇化水平，增速基本与全省保持一致。开封市常住人口逐年增加，同时伴随人口不断外流，2021

年常住人口比2020年少了5万人,2020年外流人口达81万人,人口流失率为14.4%。2021年开封城镇化率为52.9%,低于河南省3.6个百分点(见表10)。开封属于"老城市",相当多的市民都是祖祖辈辈地生活在开封城里,开封需要敞开胸怀,招天下英才,调整市民的人口结构,全方位地扩大开放,增加城市活力。

表10 2008—2021年开封市人口情况

年份	户籍人口(万人)	常住人口(万人)	常住人口在全省排名	户籍人口－常住人口(万人)	人口流失率(%)	常住人口占全省的比重(%)	开封市城镇化率(%)	河南省城镇化率(%)
2008	484	469	11	15	3.1	5.0	37.7	36.0
2009	486	471	11	15	3.1	5.0	39.6	37.7
2010	504	468	11	36	7.1	5.0	36.0	38.8
2011	506	470	11	36	7.1	5.0	37.8	40.5
2012	509	474	11	35	6.9	5.0	39.7	42.0
2013	511	476	11	35	6.9	5.0	41.1	43.6
2014	514	478	11	36	7.0	5.0	42.6	45.1
2015	517	475	11	42	8.1	4.9	44.2	47.0
2016	520	476	11	44	8.5	4.9	45.9	48.8
2017	523	477	11	46	8.8	4.9	47.4	50.6
2018	526	478	11	48	9.1	4.8	48.8	52.2
2019	528	481	11	47	8.9	4.9	50.3	54.0
2020	564	483	11	81	14.4	4.9	51.8	55.4
2021	—	478	11	—	—	4.8	52.9	56.5

数据来源:历年河南省统计年鉴及开封市统计公报

综上所述,开封市经济发展势头良好,增速较快,占比提高。同时,也要清楚地认识到,固定资产投资效用递减,特别是房地产投资波动带来的冲击,造成经济的脆弱性,以致财政收入的增速也呈较大波动。开封市第二产业占比低,制造业薄弱,传统产业增长乏力,虽然科创企业已展现势头,但新兴产业目前还无法成为支撑经济增长的动力。开封市作为郑州都市圈的核心区域城市，要借鉴苏锡常与上海的合作关系，科学合理确定功能定位，并且要长期深化推进做大新兴产业，培育形成企业家队伍。要在全力推进郑开同城化发展进程中，使开封成为郑州创新政策率先接轨地、郑州高端产业协同发展地、郑州科创资源重点辐射地、一体化交通体系枢纽地、公共服务融合共享地，全面推动开封产业加速向中高端迈进，在区域竞争中实现"换道超车"。

（李燕燕　赵　岩　整理数据图表）

河南省市域经济运行分析：洛阳篇

洛阳文化底蕴深厚，工业基础扎实，资源要素富集。郑洛新国家自主创新示范区、中国（河南）自由贸易试验区、国家高新技术产业开发区在此叠加。洛阳素有"国家历史文化名城、国家区域性中心城市、中原城市群副中心城市、丝绸之路的东方起点之一、隋唐大运河的中心"等称号。

一、概述

洛阳市现辖7县7区，2个国家级开发区、2个省级开发区，18个省级产业集聚区。总面积1.52万平方千米，中心城区面积2274平方千米，全市常住人口705.67万人，其中城镇人口458.53万人，城镇化率64.98%。

二、都市圈的发展呈多中心、网络化

放眼世界，无论是东京都市圈还是纽约都市圈，在空间扩展方面，基本上都是从"点""一极集中"向"面""多心多核"发展。国内发展水平位于全国前列的都市圈，随着一些次中心城市的崛起同样呈现出多核心的发展态势。

在2022年全国城市GDP总量排名前50位的城市中，江苏有9个（苏州、南京、无锡、南通、常州、徐州、扬州、盐城、泰州），浙江有6个（杭州、宁波、温州、绍兴、嘉兴、台州），山东有5个（青岛、济南、烟台、潍坊、临沂），广东有4个（深圳、广州、佛山、东莞），河南有郑州和洛阳，郑州排在第16位，洛阳是第45位（见表1）。江苏排在前30位的就有6个城市。

表1 2008—2022年洛阳市在全国城市GDP排序中的位次

年份	全国城市GDP排序中的位次	年份	全国城市GDP排序中的位次
2008	44	2016	51
2009	47	2017	49
2010	48	2018	48
2011	47	2019	45
2012	47	2020	45
2013	52	2021	45
2014	53	2022	45
2015	51		

数据来源：历年中国城市统计年鉴

国家发展改革委公布的《"十四五"特殊类型地区振兴发展规划》中明确提出，"支持徐州、洛阳、襄阳、长治等城市建设省域副中心城市"。徐州主动提出对标省会城市和国家中心城市，全力打造名副其实的淮海经济区中心城市。洛阳作为河南省的副中心城市，要努力进入全国前30名城市，不仅要提升洛阳的支撑力，更重要的是要改善郑州都市圈网络结构单薄的局面，增强郑州都市圈的厚度，提升郑州都市圈在全国大局中的地位和作用。

三、经济总量不断增加，但需要遏制增速及占比下滑势头

洛阳市GDP总量由2008年的1919.60亿元提高到2022年的5847.00亿元，增加2.05倍（见表2），与郑州相差7087.69亿元，与徐州相差2611亿元。人均GDP基本上与河南省同步增长（见图1）。

从增速来看，洛阳市GDP增速多数年份稍高于或与河南省GDP增速基本持平，但2021年低于全省1.5个百分点。徐州在2009年增速反超洛阳，直到2016年均高于河南省和洛阳市GDP增速，2018年有较大幅度的下降，但2021年强力反弹，达到8.7%，洛阳2021年仅为4.8%（见图2）。

表 2 2008—2022年洛阳市 GDP 及其增速情况

年份	洛阳市 GDP（亿元）	河南省 GDP（亿元）	洛阳市 GDP 占河南省 GDP 的比重（%）	洛阳市 GDP 增速（%）	河南省 GDP 增速（%）	洛阳市 GDP 增速－河南省 GDP 增速	洛阳市人均 GDP（元）	河南省人均 GDP（元）	洛阳市人均 GDP－河南省人均 GDP
2008	1919.64	17735.93	10.82	14.4	12	2.4	30080	18879	11201
2009	1825.76	19181.00	9.52	13.3	11	2.3	32314	20280	12034
2010	2320.25	22655.02	10.24	13.3	12.4	0.9	35438	23984	11454
2011	2702.76	26318.68	10.27	12.5	12	0.5	41354	28009	13345
2012	2981.12	28961.92	10.29	10.0	10.1	-0.1	45540	30820	14720
2013	3140.76	31632.5	9.93	7.2	9	-1.8	47444	33618	13826
2014	3284.57	34574.76	9.50	9.0	8.9	0.1	49417	36686	12731
2015	3469.03	37084.1	9.35	9.1	8.4	0.7	51696	39209	12487
2016	3820.11	40249.34	9.49	8.6	8.2	0.4	55860	42341	13519
2017	4290.19	44824.92	9.57	8.7	7.8	0.9	60989	46959	14030
2018	4640.78	49935.9	9.29	7.9	7.6	0.3	64296	52114	12182
2019	5034.85	53717.75	9.37	7.8	6.8	1.0	72413	56388	16025
2020	5128.36	54259.43	9.45	3.0	1.1	1.9	72872	55435	17437
2021	5447.12	58887.41	9.25	4.8	6.3	-1.5	77190	59410	17780
2022	5847.00	61345.05	9.53	3.5	3.1	0.4	—	—	—

数据来源：历年河南省统计年鉴及统计公报

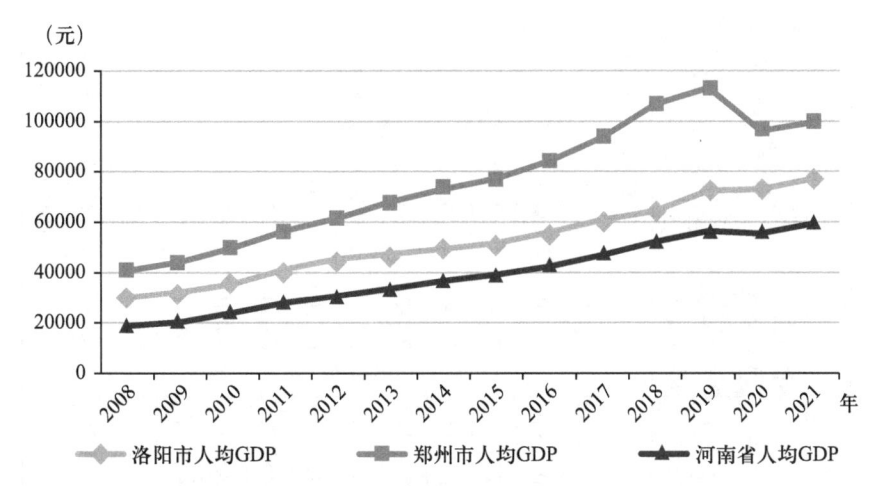

图1 2008—2021年洛阳、郑州与河南省人均GDP

数据来源：历年河南省统计年鉴及统计公报

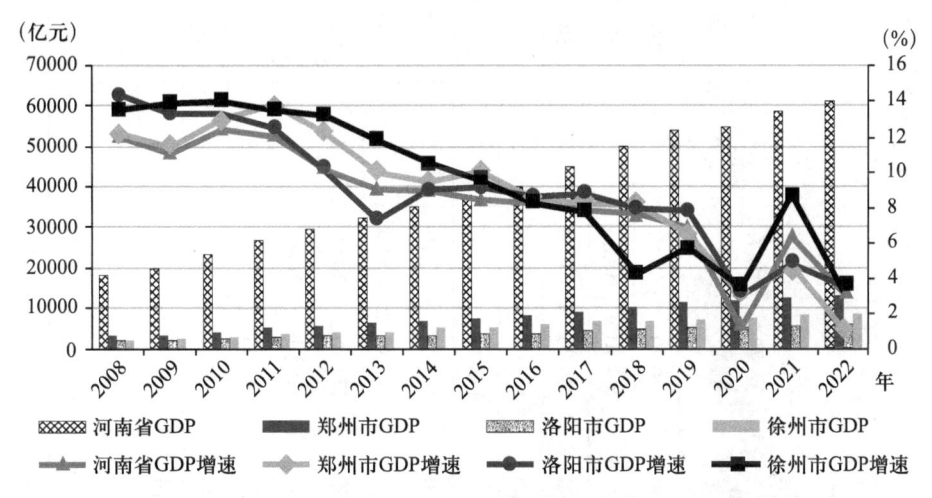

图2 2008—2022年洛阳、郑州、徐州与河南省GDP及其增速

数据来源：历年河南省统计年鉴及统计公报

从占比来看，洛阳市GDP占河南省的比重呈现平稳下滑趋势，2022年比2008年低了1.3个百分点（见图3）。可以说，在河南省经济运行中，洛阳市的表现并不抢眼。

再看财政收支。洛阳市一般公共预算收入从2008年到2021年增加了2.4倍（见表3），一般公共预算收入增速在2009年和2018年低于GDP增速，2021年和GDP增速持平（见图7）。说明进入新常态以后，洛阳经济转型升级的压力加大。

表 3　2008—2021年洛阳市一般公共预算收支情况

年份	洛阳市							河南省				
	一般公共预算收入（亿元）	税收收入（亿元）	税收占一般公共预算收入的比重（%）	一般公共预算支出（亿元）	财政自给率（%）	在河南省内的排名	一般公共预算收入（亿元）	税收收入（亿元）	税收占一般公共预算收入的比重（%）	一般公共预算支出（亿元）	财政自给率（%）
2008	116.60	87.40	75.00	170.20	68.50	3	1008.90	742.27	73.60	2281.61	44.20
2009	120.30	84.40	70.20	204.70	58.80	3	1126.06	821.50	73.00	2905.76	38.80
2010	142.00	103.50	72.90	230.80	61.50	3	1381.32	1016.55	73.60	3416.14	40.40
2011	178.30	131.20	73.60	296.90	60.10	3	1721.76	1263.10	73.40	4248.82	40.50
2012	205.30	148.50	72.30	345.10	59.50	3	2040.33	1469.57	72.00	5006.4	40.80
2013	234.00	169.10	72.30	373.15	62.70	2	2415.45	1764.71	73.10	5582.31	43.30
2014	260.26	180.10	69.20	412.99	63.00	3	2739.26	1951.46	71.20	6028.69	45.40
2015	286.69	196.43	68.50	477.76	60.00	3	3016.05	2101.17	69.70	6799.35	44.40
2016	302.66	198.40	65.60	516.91	58.60	3	3153.48	2158.45	68.40	7453.74	42.30
2017	325.93	210.70	64.70	549.35	59.30	3	3407.22	2329.31	68.40	8215.52	41.50
2018	342.66	229.39	66.90	597.47	57.40	—	3766.02	2656.65	70.50	9217.73	40.90
2019	369.78	248.27	67.10	647.57	57.10	3	4041.89	2841.34	70.30	10163.93	39.80
2020	383.89	248.57	64.80	689.03	55.70	3	4168.84	2764.73	66.30	10372.67	40.20
2021	397.90	257.90	64.80	641.70	62.00	3	4347.38	2842.52	65.40	10419.86	41.70

数据来源：历年河南省统计年鉴及统计公报

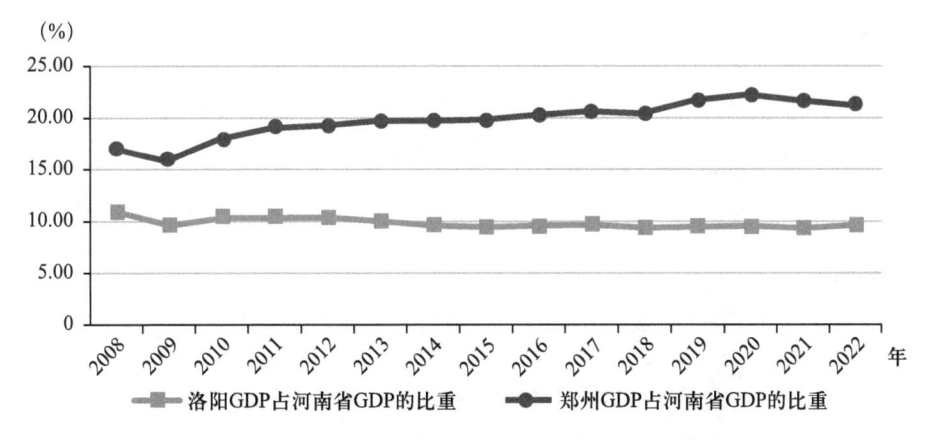

图3 2008—2022年洛阳、郑州占河南省GDP的比重

数据来源：历年河南省统计年鉴及统计公报

2008年以后，洛阳市税收占一般公共预算收入的比重除2011年、2012年与河南省税收占比基本持平外，其余年份均低于河南省，2021年二者差距缩小，是因为河南省的税收占比持续下降（见图4）。通常来讲，税收占比越高，说明城市经济质量水平越高。

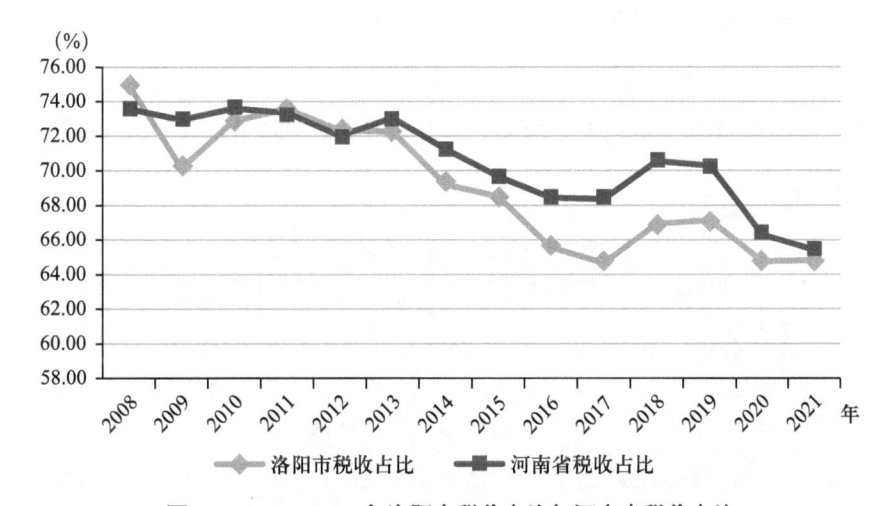

图4 2008—2021年洛阳市税收占比与河南省税收占比

数据来源：历年河南省统计年鉴及统计公报

洛阳市财政自给率高于河南省，徘徊在60%左右（见图5），在河南排名第3位，前两位是郑州和济源。

河南省市域经济运行分析报告

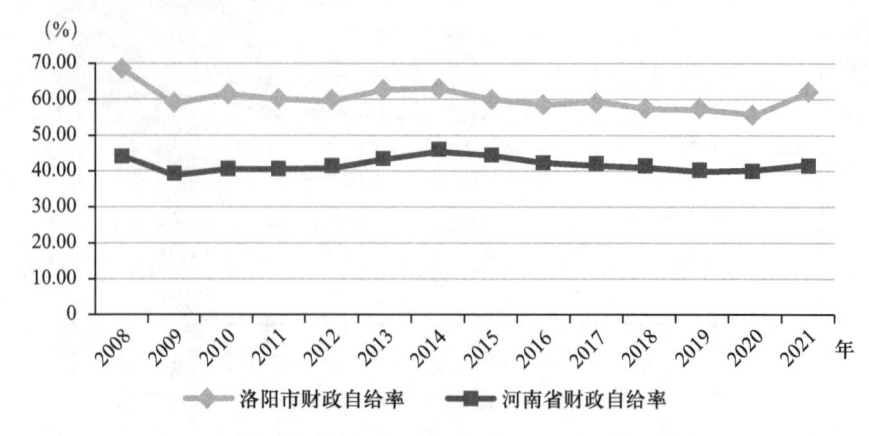

图5 2008—2021年洛阳市财政自给率与河南省财政自给率
数据来源：历年河南省统计年鉴及统计公报

表4显示，洛阳市城镇居民人均可支配收入高于河南省平均水平，尤其是近几年高出的部分增大；农村居民人均可支配收入自2014年后低于河南省平均水平。但是2009年以后，城镇居民人均可支配收入增速一直低于农村居民人均可支配收入（见图6）。城镇居民人均可支配收入增速较一般公共预算收入增速提前低于GDP增速，尤其是2016—2019年，二者均低于GDP增速，GDP增速处于持续下滑状态（见图7），说明经济下行压力还是很大，同时财政收入始终处于波动，可见经济受外部影响比较大，存在一定的脆弱性。

表4 2008—2021年洛阳市居民收入情况

年份	洛阳市 城镇居民人均可支配收入（元）	洛阳市 农村居民人均可支配收入（元）	河南省 城镇居民人均可支配收入（元）	河南省 农村居民人均可支配收入（元）	洛阳市－河南省 城镇居民人均可支配收入（元）	洛阳市－河南省 农村居民人均可支配收入（元）
2008	14672	4597	13231	4454	1441	143
2009	15949	4961	14372	4807	1577	154
2010	17639	5680	15930	5524	1709	156
2011	20163	6822	18195	6604	1968	218

续表

年份	洛阳市 城镇居民人均可支配收入（元）	洛阳市 农村居民人均可支配收入（元）	河南省 城镇居民人均可支配收入（元）	河南省 农村居民人均可支配收入（元）	洛阳市-河南省 城镇居民人均可支配收入（元）	洛阳市-河南省 农村居民人均可支配收入（元）
2012	22636	7777	20443	7525	2193	252
2013	24820	8756	22398	8475	2422	281
2014	26974	9669	23672	9966	3302	-297
2015	28686	10667	25576	10853	3110	-186
2016	30752	11457	27233	11697	3519	-240
2017	33273	12511	29558	12719	3715	-208
2018	35935	13637	31874	13831	4061	-194
2019	38630	14973	34201	15164	4429	-190
2020	39286.7	15902	34750	16108	4536	-206
2021	42076	17253	37095	17533	4981	-280

数据来源：历年河南省统计年鉴及统计公报

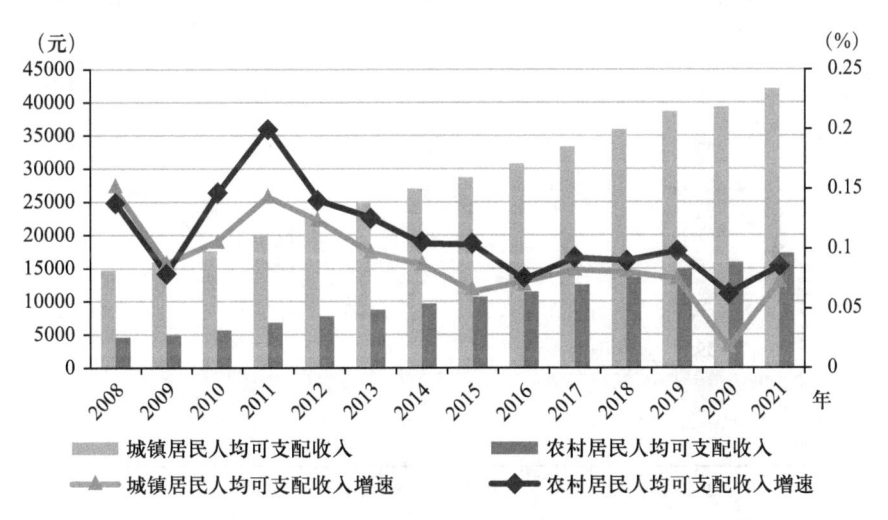

图6 2008—2021年洛阳市城乡居民人均可支配收入及增速

数据来源：历年河南省统计年鉴及统计公报

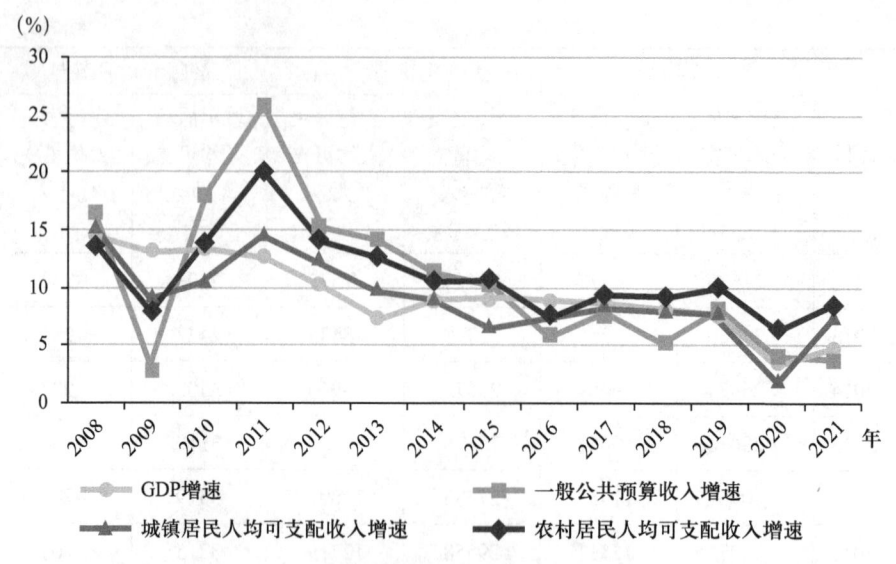

图 7　2008—2021 年洛阳市公共预算收入、GDP 与城乡人均可支配收入增速

数据来源：历年河南省统计年鉴及统计公报

四、创新驱动开始发力

R&D 活动是科技活动的核心，当 R&D 经费的增长率高于 GDP 增长率时，一个国家（地区）或城市科技发展的实力才能长期保持和不断加强。洛

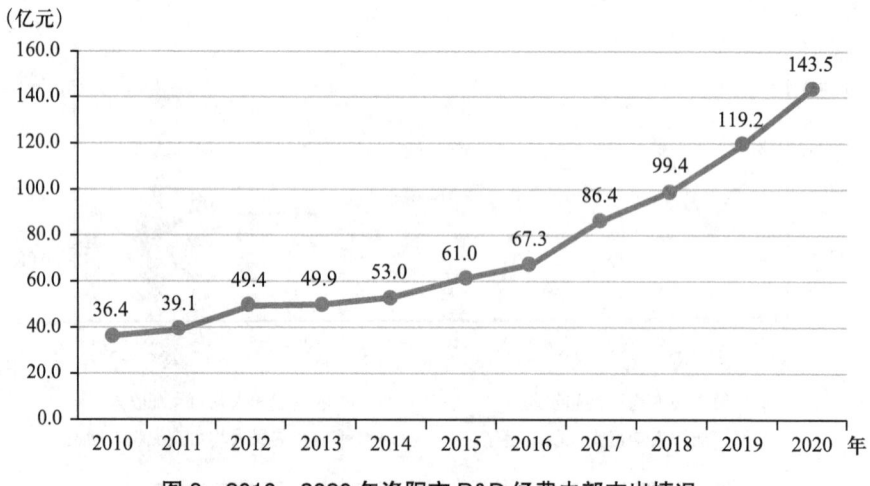

图 8　2010—2020 年洛阳市 R&D 经费内部支出情况

数据来源：历年河南省统计年鉴及统计公报

阳市 R&D 经费内部支出在 2010—2020 年间增加了近 3 倍（见图 8），占 GDP 的比重虽平缓趋升，但增长率远高于 GDP 增速（尤其是 2014 年以来），2020 年 R&D 经费的增长率为 20.3%（见图 9）。

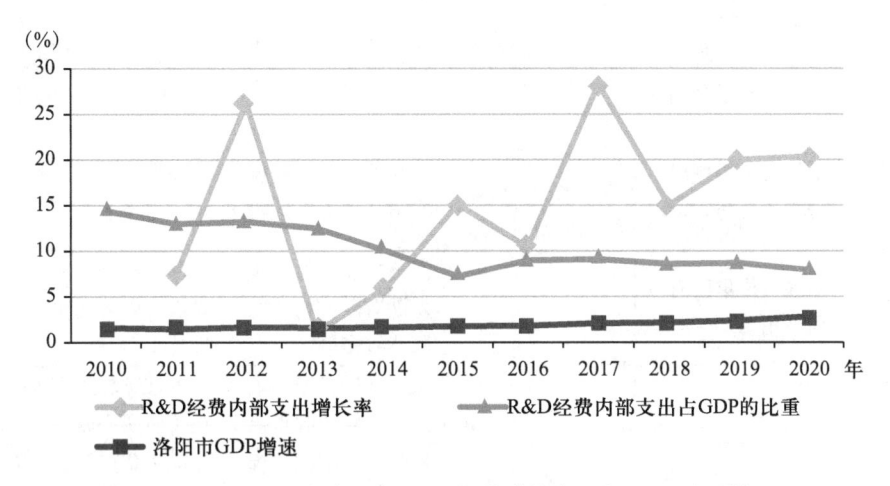

图 9　2010—2020 年洛阳市 R&D 经费增长率、占 GDP 比重情况

数据来源：历年河南省统计年鉴及统计公报

制造业是经济实力的奠基石，也是洛阳的核心优势产业。制造业单项冠军的数量在一定程度上代表了一座城市制造业的实力，它们的技术含量代表了制造业的生命力。制造业单项冠军示范企业（产品），是指长期专注于制造业某一特定细分产品市场，生产技术或工艺国际领先，单项产品市场占有率居全球前三名的企业。单项冠军代表着各自领域全球细分行业的最高水平，是制造业发展的领头雁、排头兵。

工业和信息化部与中国工业经济联合会 2016 年以来公布的"制造业单项冠军企业和单项冠军产品名单"中，徐州有 10 家入选，其中获评示范企业 5 家、产品 5 个，在全国地市级城市中名列前茅。洛阳入选 5 家，其中获评示范企业 3 家、产品 2 个（见表 5）。目前，洛阳先行布局产业研究院、中试基地、孵化器，加快建设河南省科学院成果转化基地、龙门实验室总部基地、中欧科创园总部基地，高端装备、集成电路、新材料、新能源、生物制品成为着力发展的新兴产业。2021 年，洛阳市高技术制造业增长 23.4%，占规上工业的比重为 3.4%；工业战略性新兴产业增长 7.5%，占规上工业的比重为 14.6%。

表5 洛阳、徐州入选《制造业单项冠军企业和单项冠军产品名单》

年份	洛阳市		徐州市	
	制造业单项冠军企业	单项冠军产品	制造业单项冠军企业	单项冠军产品
1	洛阳涧光特种装备股份有限公司	中航光电股份有限公司（特种连接器）	徐州徐工随车起重机有限公司（随车起重机）	徐工集团工程机械股份有限公司（压路机）
2	中信重工机械股份有限公司	洛阳钼业的钨钼金属采选、冶炼、深加工系列产品	徐州徐工筑路机械有限公司（平地机）	赛摩电气股份有限公司（电子皮带秤）
3	中国一拖集团有限公司		江苏中能硅业科技发展有限公司（太阳能级多晶硅）	江苏协鑫硅材料科技发展有限公司（多晶硅片）
4			徐工重型机械有限公司（轮式起重机）	江苏江昕轮胎有限公司（半实心轮胎）
5			徐州徐工基础工程机械有限公司（旋挖钻机）	江苏恩华药业股份有限公司（依托咪酯乳状注射液）

五、民间投资占比大，经济开放度有待提升

洛阳市固定资产投资增速超过河南省水平（见图10）。民间投资、工业投资和社会消费品零售占GDP的比重较大。2021年，民间投资占比72.7%，社

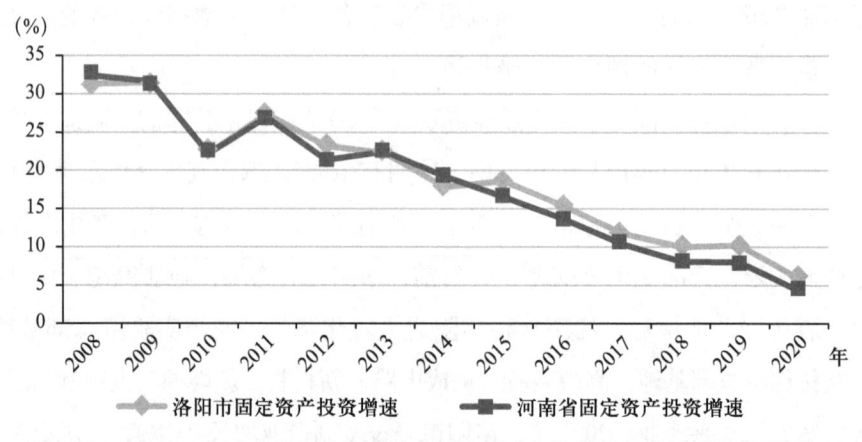

图10 2008—2020年洛阳市固定资产投资增速与河南省固定资产投资增速

数据来源：历年河南省统计年鉴及统计公报

会消费品零售总额占比42.06%，工业投资占比35.3%，房地产投资占比10.3%，进出口占比4.27%（见图11）。说明洛阳整体经济健康有活力，但经济开放度有待提升。值得注意的是，民间投资、工业投资增速处于下滑状态（见图12）。

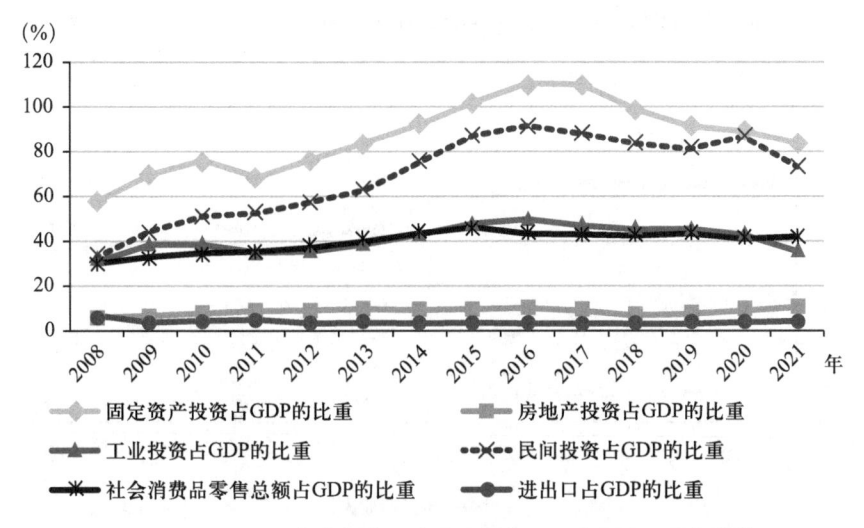

图11 2008—2021年洛阳市固定资产投资、工业投资、民间投资、房地产投资和社会消费零售总额占GDP比重

数据来源：历年河南省统计年鉴及统计公报

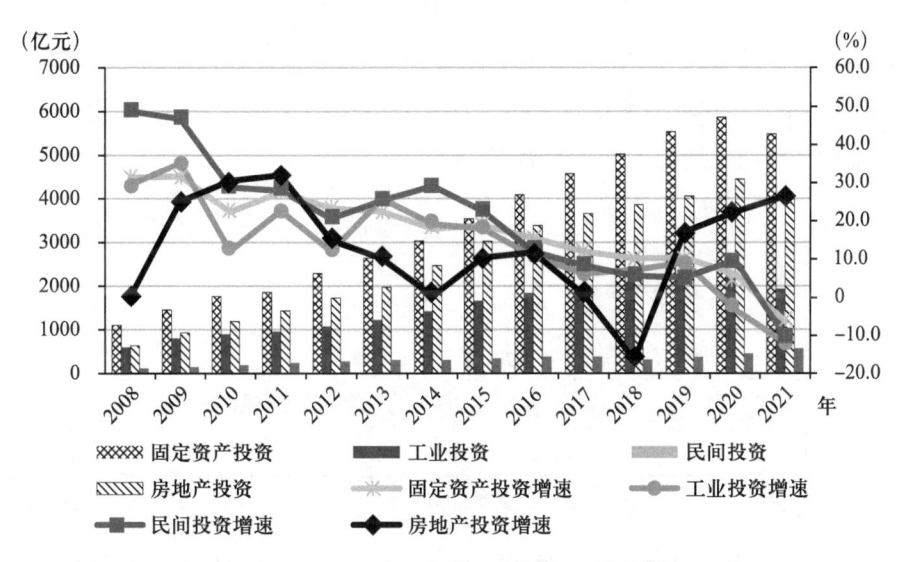

图12 2008—2021年洛阳市投资及增速情况

数据来源：历年河南省统计年鉴及统计公报

六、产业结构整体较为合理，规上工业增加值持续下滑

如图13所示，洛阳市第一产业、第二产业占比逐年下降，第三产业占比逐年增加，在2017年第三产业超过第二产业。2021年洛阳市三产结构为4.8∶43.7∶51.5，较为合理。

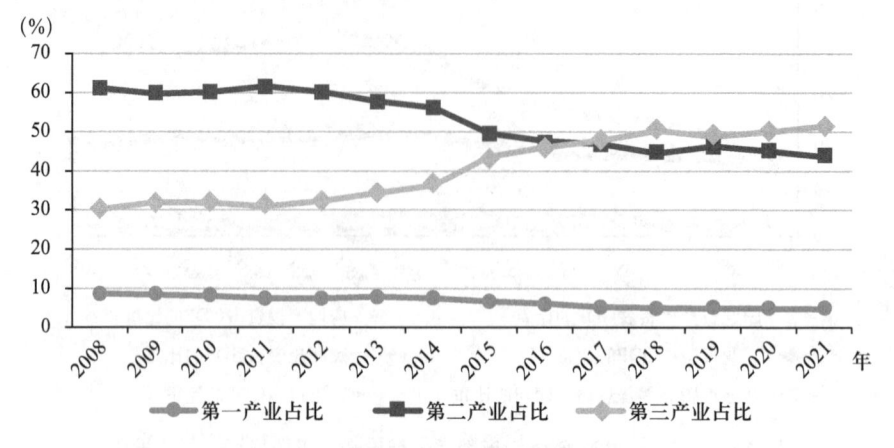

图13 2008—2021年洛阳市三产结构变化情况
数据来源：历年河南省统计年鉴及统计公报

2021年，洛阳市全部工业增加值1899.5亿元，比上年增长1.5%；规模以上工业增加值增长1.3%，河南省为5.4%，低于河南省4.1个百分点（见图14）。徐州2021年全市规上工业总产值5574.5亿元、增长23.3%，规上工业增加值同比增长13%，远高于洛阳。

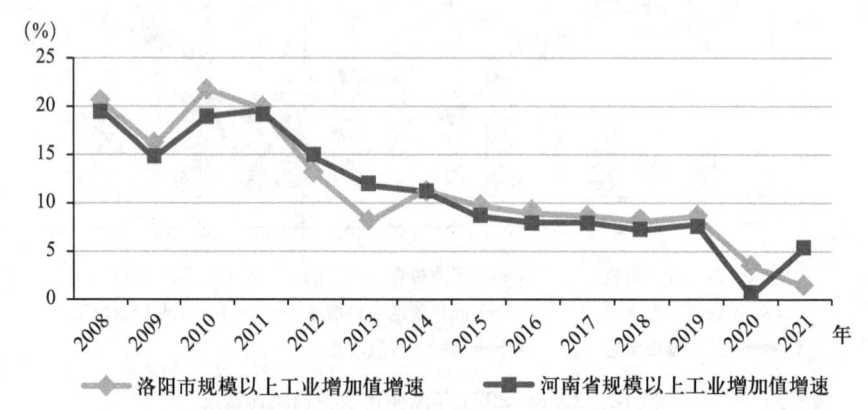

图14 2008—2021年洛阳市规上工业增加值增速与河南省规上工业增加值增速
数据来源：历年河南省统计年鉴及统计公报

再看服务业。洛阳市服务业增加值逐年攀升，占 GDP 的比重已超 50%（见图 15），增速除个别年份外，均超过 GDP 增速（见图 16）。从服务业分行业看，2013 年之前，批发和零售业与交通运输、仓储和邮政业占前两位；2014 年之后，批发和零售业、金融业、房地产业占前三位（见图 17）。说明洛阳市经济发展质量有较大提高。

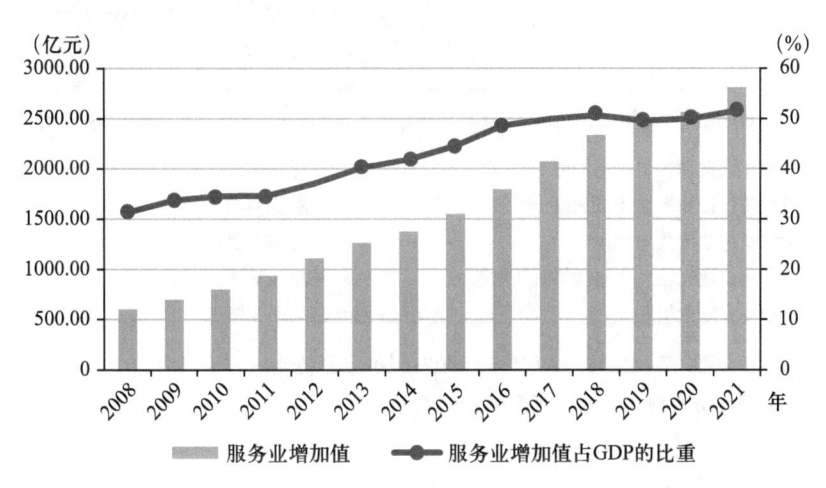

图 15　2008—2021 年洛阳市服务业增加值及占 GDP 的比重

数据来源：历年河南省统计年鉴及统计公报

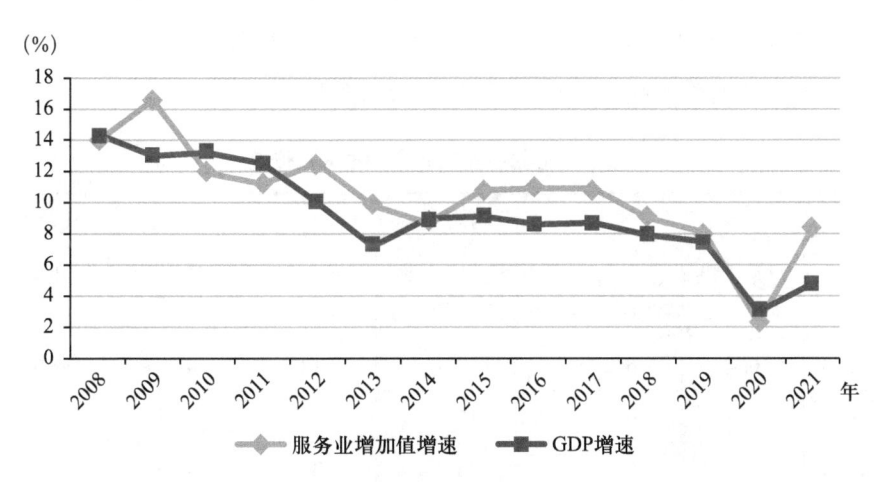

图 16　2008—2021 年洛阳市服务业增加值增速与 GDP 增速

数据来源：历年河南省统计年鉴及统计公报

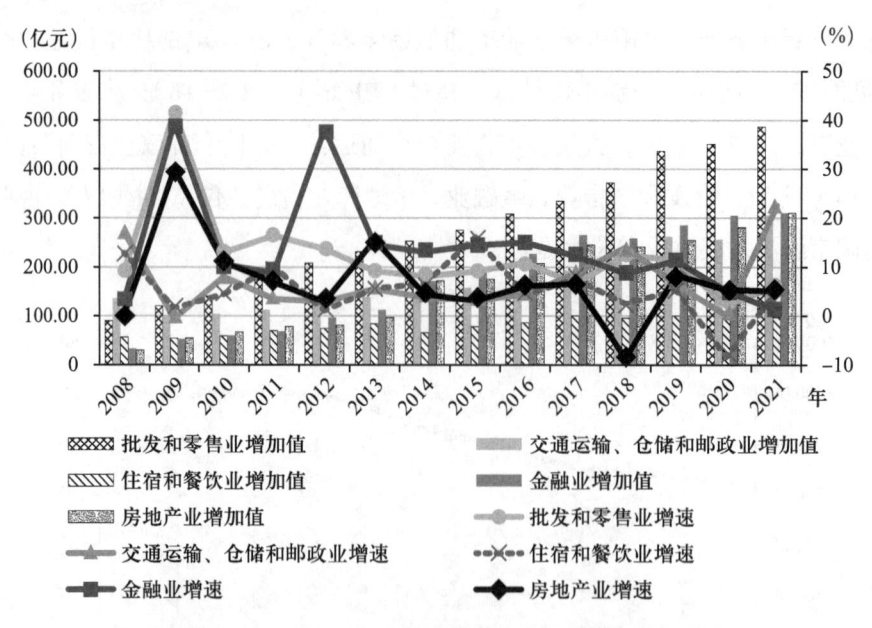

图 17 2008—2021年洛阳市服务业分行业增加值与增速

数据来源：历年河南省统计年鉴及统计公报

七、吸引人才，改变人口外流状态

2008年以来，洛阳城镇化率一直高于河南省水平。洛阳市常住人口虽逐年增加但仍有人口外流，2020年外流人口达43万人，人口外流率5.74%（见表6），这与都市圈副中心城市的地位不相符。

表6 2008—2021年洛阳市人口情况

年份	洛阳市 户籍人口（万人）	洛阳市 常住人口（万人）	户籍人口－常住人口（万人）	人口外流率（%）	城镇化率（%）	河南省 城镇化率（%）
2008	654	642	12	1.89	42.57	36.03
2009	658	642	16	2.36	44.17	37.70
2010	680	655	25	3.73	44.33	38.82
2011	685	657	28	4.09	46.13	40.47
2012	689	659	30	4.35	47.93	41.99

续表

年份	洛阳市 户籍人口（万人）	洛阳市 常住人口（万人）	洛阳市 户籍人口-常住人口（万人）	洛阳市 人口外流率（%）	洛阳市 城镇化率（%）	河南省 城镇化率（%）
2013	692	662	30	4.34	49.44	43.60
2014	696	668	28	4.02	51.00	45.05
2015	700	674	26	3.71	52.70	47.02
2016	705	688	17	2.41	54.35	48.78
2017	710	692	18	2.54	56.02	50.56
2018	714	695	19	2.62	57.57	52.24
2019	717	702	15	2.09	59.10	54.01
2020	749	706	43	5.74	64.98	55.43
2021	—	—	—	—	64.98	56.45

数据来源：历年河南省统计年鉴及统计公报

综上所述，洛阳市经济总体平稳健康，但面临的最大问题是迫切需要做大经济体量、做强经济质量，尤其是要抱着"十年磨一剑"的工匠精神，深耕细作，聚焦关键基础材料、核心零部件、高端装备，以及战略性新兴产业领域，充分发挥各项创新平台的作用，大力支持优质企业承担关键核心技术攻关任务，推动更多的洛阳制造向产业链、价值链的中高端集中，全球布局，扩大出口，提升洛阳市的综合经济实力和国际竞争力。

（李燕燕　李　甜　整理数据图表）

河南省市域经济运行分析：平顶山篇

平顶山市因煤而兴，因山得名，是我国自行勘探设计的第一个特大型煤炭基地，素有"中原煤仓"之称。平顶山依托煤炭产业，努力探索资源型城市转型创新之路。2019年，平顶山市成功入选国家产业转型升级示范区。

一、概述

平顶山市现辖2市（舞钢市、汝州市）4县（宝丰县、叶县、鲁山县、郏县）4区（新华区、卫东区、石龙区、湛河区）和1个国家级高新区、1个城乡一体化示范区，面积7882平方千米，2021年常住人口496.8万人，城镇化率54.45%。

二、总量下滑，增速反弹

从GDP总量来看，2022年平顶山市GDP比2008年增加了1.6倍多，2008年在河南省18个地市中排名第4位，之后持续下滑，2022年排在河南省第10位（见表1）。人均GDP逐年增加，但在2012年，由2011年的高于河南省1789元直接下降到低于河南省567元，并且差距逐年增加，近两年有所缓和，2021年人均GDP排在河南省第9位（见表2）。

表1　2008—2022年平顶山市GDP和人均GDP及增速排名情况

年份	平顶山市GDP在全省排名	平顶山市GDP增速在全省排名	平顶山市人均GDP在全省排名	平顶山市人均GDP增速在全省排名
2008	4	5	9	8
2009	5	17	9	17
2010	6	16	9	13
2011	7	16	8	16
2012	9	18	10	18
2013	10	18	10	18

续表

年份	平顶山市 GDP 在全省排名	平顶山市 GDP 增速在全省排名	平顶山市人均 GDP 在全省排名	平顶山市人均 GDP 增速在全省排名
2014	12	18	12	18
2015	12	15	13	15
2016	12	17	13	13
2017	12	10	13	13
2018	12	11	12	11
2019	11	4	9	10
2020	10	4	9	9
2021	10	7	9	3
2022	10	11	—	—

数据来源：历年河南省统计年鉴及统计公报

表2　2008—2022年平顶山市 GDP 及增速情况

年份	平顶山市 GDP（亿元）	河南省 GDP（亿元）	平顶山市 GDP 占河南省 GDP 的比重（%）	平顶山市 GDP 增速（%）	河南省 GDP 增速（%）	平顶山市 GDP 增速-河南省 GDP 增速	平顶山市人均 GDP（元）	河南省人均 GDP（元）	平顶山市人均 GDP-河南省人均 GDP
2008	1067.70	17735.93	6.02	13.6	12.0	1.6	21599	18879	2720
2009	1048.33	19181.00	5.47	10.0	11.0	−1.0	22872	20280	2592
2010	1310.84	22655.02	5.79	11.2	12.4	−1.2	26002	23984	2018
2011	1484.61	26318.68	5.64	11.1	12.0	−0.9	29798	28009	1789
2012	1495.80	28961.92	5.16	6.8	10.1	−3.3	30253	30820	−567
2013	1556.88	31632.50	4.92	6.6	9.0	−2.4	31521	33618	−2097
2014	1637.17	34574.76	4.74	7.3	8.9	−1.6	33016	36686	−3670
2015	1686.01	37084.10	4.55	6.5	8.4	−1.9	33991	39209	−5218
2016	1825.14	40249.34	4.53	7.7	8.2	−0.5	35200	42341	−7141
2017	1994.66	44824.92	4.45	8.0	7.8	0.2	39043	46959	−7916
2018	2135.23	49935.90	4.28	7.5	7.6	−0.1	43486	52114	−8628
2019	2372.64	53717.75	4.42	7.5	6.8	0.7	47956	56388	−8432
2020	2455.84	54259.43	4.53	3.2	1.1	2.1	49379	55435	−6056
2021	2694.16	58887.41	4.58	7.1	6.3	0.8	54122	59410	−5288
2022	2839.30	61345.05	4.63	4.1	3.1	1.0	—	—	—

数据来源：历年河南省统计年鉴及统计公报

从增速来看，平顶山市 GDP 增速在 2009—2016 年间低于河南省 GDP 增速，在 2012—2014 年更是低于全国 GDP 增速。到了 2022 年，GDP 增速反弹，高于河南省 1.0 个百分点（见图 1），排在全省第 11 位。人均 GDP 增速长期低于河南省平均水平，2021 年反弹达到 9.61%，高于河南省 3.21 个百分点（见图 2），排在全省第 3 位。

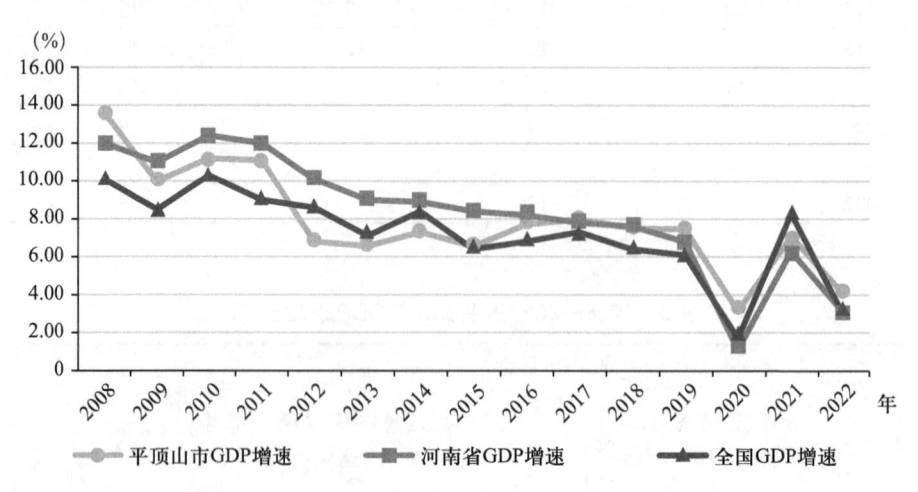

图 1　2008—2022 年平顶山市、河南省与全国 GDP 增速

数据来源：历年河南省统计年鉴及统计公报

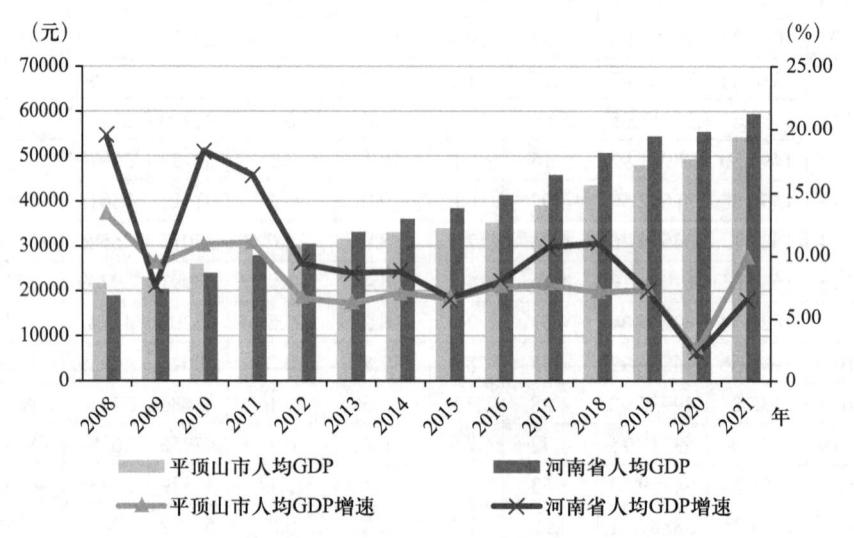

图 2　2008—2021 年平顶山市与河南省人均 GDP 及增速

数据来源：历年河南省统计年鉴及统计公报

从占比来看，平顶山市GDP占河南省的比重在2008年达到顶峰6.02%，之后持续下降，2018年后有所回升，2022年占全省GDP的比重为4.63%（见图3）。

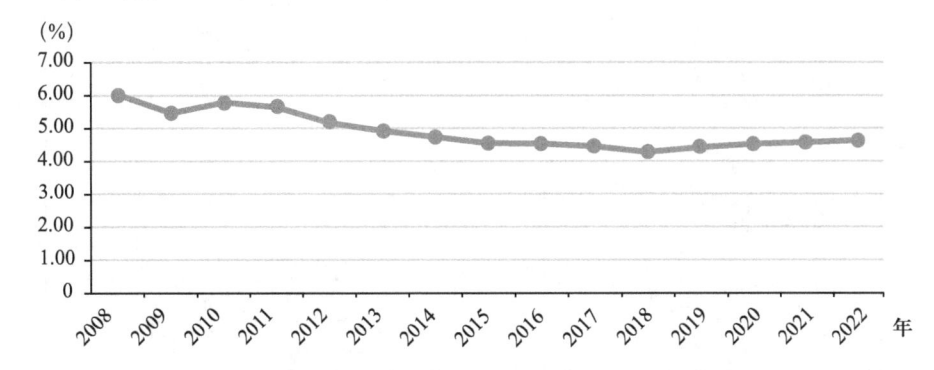

图3 2008—2022年平顶山市GDP占河南省的比重
数据来源：历年河南省统计年鉴及统计公报

从财政收支来看，平顶山市一般公共预算收入在2008—2021年由62.52亿元增加到203.21亿元，增加了2.3倍，2021年位于全省第5位（见表3）。一般公共预算收入增速2015年出现断崖式下跌（-9.82%），2016年迅速回升到5.9%，其他年份均远超GDP增速。

平顶山市税收收入整体上呈增加态势，税收占一般公共预算收入的比重总体稳定，2012—2016年占比低于河南省水平，其他年份均高于河南省占比水平（见图4）。2021年税收占比为71.27%，排在全省第5位。

图4 2008—2021年平顶山市税收占比与河南省税收占比
数据来源：历年河南省统计年鉴及统计公报

表3 2008—2021年平顶山市一般公共预算收支情况

年份	平顶山市 一般公共预算收入（亿元）	在河南省的排名	税收收入（亿元）	税收占一般公共预算收入的比重（%）	在河南省的排名	一般公共预算支出（亿元）	财政自给率（%）	在河南省的排名	河南省 一般公共预算收入（亿元）	税收收入（亿元）	税收占一般公共预算收入的比重（%）	一般公共预算支出（亿元）	财政自给率（%）
2008	62.52	3	48.9	78.2	6	102.7	60.9	4	1008.9	742.27	73.6	2281.61	44.2
2009	70.30	3	54.8	78.0	3	131.5	53.5	4	1126.06	821.5	73.0	2905.76	38.8
2010	80.58	3	61.4	76.2	6	148.6	54.2	4	1381.32	1016.55	73.6	3416.14	40.4
2011	95.30	3	70.6	74.1	11	175.2	54.4	4	1721.76	1263.1	73.4	4248.82	40.5
2012	107.36	4	74.5	69.4	13	209.7	51.2	5	2040.33	1469.57	72.0	5006.4	40.8
2013	119.70	5	84.5	70.6	14	226.5	52.8	7	2415.45	1764.71	73.1	5582.31	43.3
2014	130.72	5	89.3	68.3	14	241.5	54.1	7	2739.26	1951.46	71.2	6028.69	45.4
2015	117.88	6	81.9	69.5	9	259.4	45.4	9	3016.05	2101.17	69.7	6799.35	44.4
2016	124.46	6	83.9	67.4	13	225.9	55.1	9	3153.48	2158.45	68.4	7453.74	42.3
2017	137.50	7	98.5	71.6	7	257.4	53.4	9	3407.22	2329.31	68.4	8215.52	41.5
2018	154.40	6	113.6	73.6	6	362.6	42.6	11	3766.02	2656.65	70.5	9217.73	40.9
2019	171.39	7	124.94	72.9	6	404.81	42.3	9	4041.89	2841.34	70.3	10163.93	39.8
2020	181.17	6	123.2	68.0	10	408.08	44.4	8	4168.84	2764.73	66.3	10372.67	40.2
2021	203.21	5	144.82	71.3	5	389.37	52.2	8	4347.38	2842.52	65.4	10419.86	41.7

数据来源：历年河南省统计年鉴及统计公报

平顶山市财政自给率一直高于河南省水平，2021年高于河南省10.49个百分点（见图5）。但是，2008—2011年间在全省排名第4位，2018年排在第11名，2020年、2021年提升到第8位。

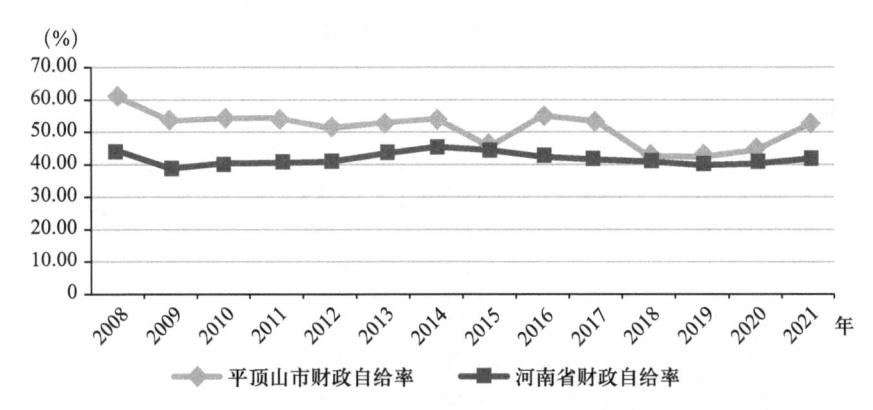

图5 2008—2021年平顶山市财政自给率与河南省财政自给率

数据来源：历年河南省统计年鉴及统计公报

从可支配收入来看，平顶山市城镇居民人均可支配收入虽逐年增加，但与全省水平之间的差额逐年减少，到2021年低于全省水平53元。农村居民人均可支配收入除了2013年高出全省水平66元以外，其他年份均低于全省水平，并且差距逐年增加（见表4），除2009年和2017年外，其他年份农村居民人均可支配收入增速还明显高于城镇居民人均可支配收入增速（见图6）。

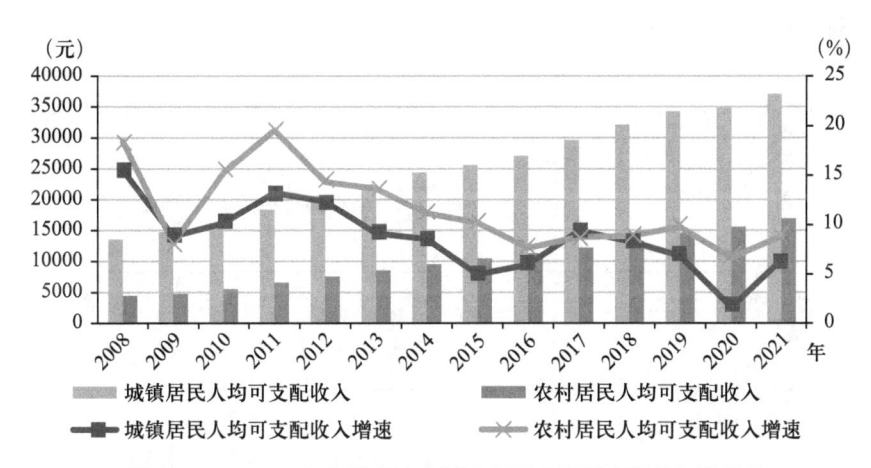

图6 2008—2021年平顶山市城乡居民人均可支配收入及增速

数据来源：历年河南省统计年鉴及统计公报

表4 2008—2021年平顶山市居民收入情况

年份	平顶山市 城镇居民人均可支配收入（元）	平顶山市 农村居民人均可支配收入（元）	河南省 城镇居民人均可支配收入（元）	河南省 农村居民人均可支配收入（元）	平顶山市-河南省 城镇居民人均可支配收入（元）	平顶山市-河南省 农村居民人均可支配收入（元）
2008	13530.7	4420.0	13231	4454	300	-34
2009	14721.3	4778.0	14372	4807	350	-29
2010	16208.2	5504.3	15930	5524	278	-19
2011	18347.7	6577.6	18195	6604	153	-26
2012	20610.1	7518.2	20443	7525	168	-7
2013	22482.0	8541.0	22398	8475	84	66
2014	24393.0	9489.0	23672	9966	721	-477
2015	25592.0	10450.0	25576	10853	16	-403
2016	27102.0	11244.0	27233	11697	-131	-453
2017	29625.0	12222.0	29558	12719	67	-497
2018	32083.9	13297.5	31874	13831	210	-533
2019	34265.6	14587.5	34201	15164	65	-576
2020	34813.8	15550.2	34750	16108	63	-558
2021	37042.0	16919.0	37095	17533	-53	-614

数据来源：历年河南省统计年鉴及统计公报

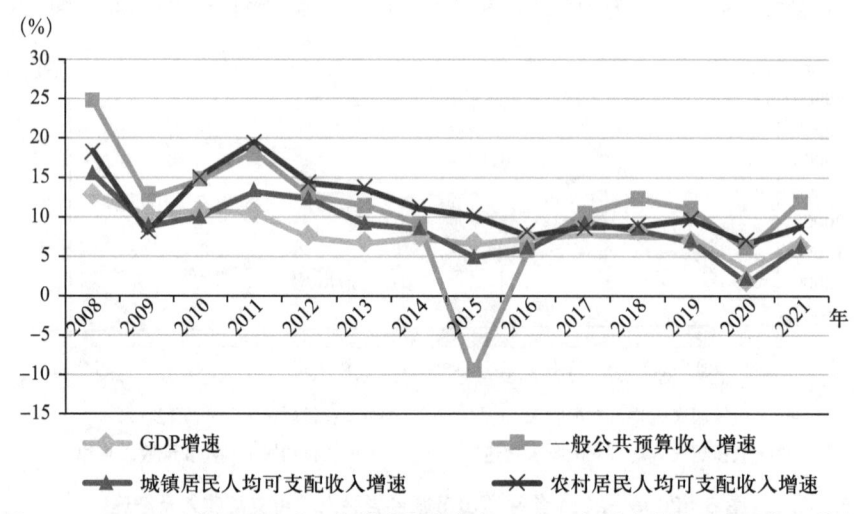

图7 2008—2021年平顶山市一般公共预算收入、GDP与城乡人均可支配收入增速

数据来源：历年河南省统计年鉴及统计公报

在图7中，平顶山市一般公共预算收入增速除2015年外，均跑赢GDP增速和城镇居民人均可支配收入增速，尤其是城镇居民人均可支配收入增速在2020年、2021年还低于GDP增速和农村居民人均可支配收入增速。城镇居民人均可支配收入直接与就业相关，就业的背后是产业，这说明平顶山市的产业偏重、偏短。

三、创新强度高于全省水平，推动煤由燃料到原料转型

"缺油、少气、煤炭资源相对丰富"的资源禀赋决定了我国以煤为主体的能源结构。但是，煤炭作为燃料显然不符合"双碳"时代的发展要求。所以，推动煤由燃料到原料转型，发展现代煤化工业就成了资源型城市转型的必然选择。

煤可谓是化工之母，煤的价值向中高端延伸，能够扩展到高铁、汽车、航空航天、船用绳缆及民用高端领域，向着"深空、深海、深地、深蓝"探索延伸，彻底颠覆人们熟知的概念——"煤是用来烧的"。

中国平煤神马集团从20世纪90年代就开始转型，过去是专一生产煤炭，然后将原煤进行洗选，洗成精煤，进行炼焦，焦炭送进钢厂炼钢，同时将产生的焦炉煤气分离出氢气、甲烷、煤焦油和苯、蒽油、洗油、萘等，这些初级产品被应用到尼龙和新能源产业链后，深加工成尼龙化纤纺织及制品、尼龙工程塑料及制品，以及针状焦、超高功率电极、合成氨、甲醇、新能源材料等（见图8）。平煤主要形成了煤基尼龙化工、碳材料、硅材料及氢能三条特色产业链，尤其是尼龙新材料产业强势崛起，成为推动平顶山经济结构优化升级的重要产业，是国家尼龙新材料高新技术产业化基地。目前，平顶山生产的工业丝、帘子布产能居世界第一；尼龙66盐、工程塑料产能居亚洲第一。

与此同时，平顶山大力引进国内外研发机构和高端研发资源，与知名高校和科研机构联合组建化纤纺织、工程塑料、聚氨酯三大研发创新平台，支持重点企业组建技术研发中心，开展关键技术攻关。

图9显示，平顶山市R&D经费内部支出平稳增加，但增长率呈现出比

较大的波动。平顶山市 R&D 经费内部支出占 GDP 的比重高于河南省水平，而二者又同时低于全国水平（见图 10）。

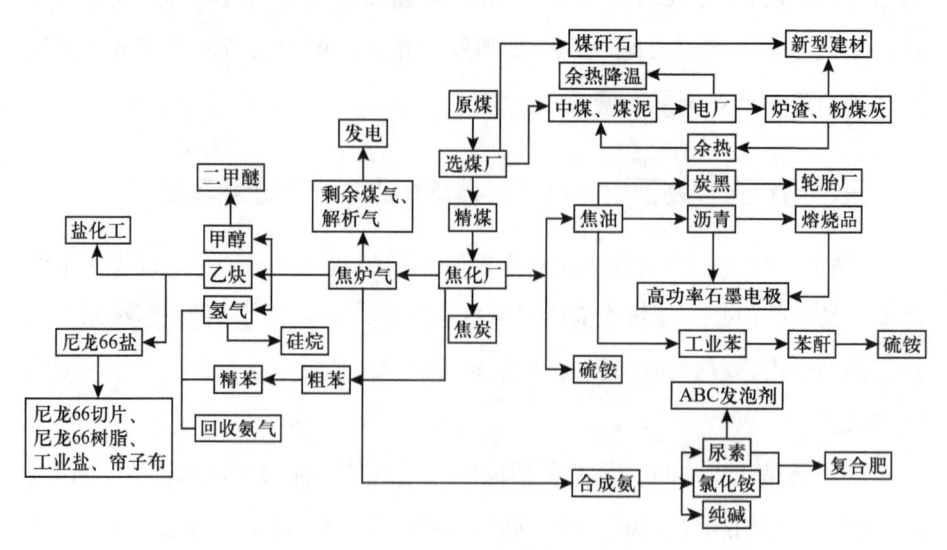

图 8　煤化工产业链基本路线图

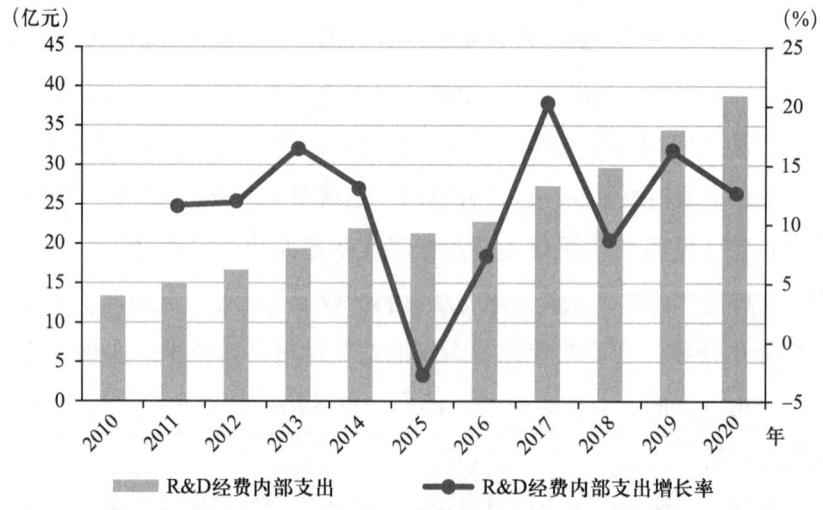

图 9　2010—2020 年平顶山市 R&D 经费内部支出及增长率

数据来源：历年河南省统计年鉴及统计公报

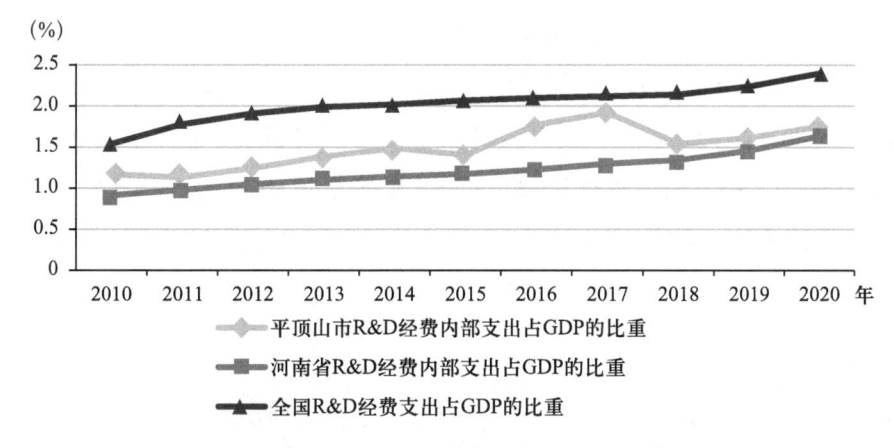

图 10　2010—2020 年平顶山市、河南省及全国 R&D 经费占 GDP 的比重
数据来源：历年河南省统计年鉴及统计公报

四、投资效率下降，消费及进出口有待提升

平顶山市固定资产投资增速总体处于下滑状态，特别是 2013 年以来直线下行，2017 年有所回升，之后仍是下滑，2021 年反弹到 12.5%，高于河南省水平 8 个百分点（见图 11）。

图 11　2011—2021 年平顶山市固定资产投资增速与河南省固定资产投资增速
数据来源：历年河南省统计年鉴及统计公报

2018 年，平顶山市工业投资增速反超固定资产投资增速和房地产投资增速（见图 12）。但是，固定资产投资占 GDP 的比重一路上升，2016 年、2017 年分别高达 121.52% 和 122.99%，而 2016 年、2017 年恰恰又是平顶山

市 GDP 占全省水平最低的两年，说明投入产出比小于 1。显然，依靠固定资产投资拉动经济增长的效率和效用在减弱，2021 年平顶山市固定资产投资占 GDP 的比重仍达到 103.88%。2021 年平顶山市工业资产投资占 GDP 的比重为 43.9%，社会消费品零售总额占 GDP 比重为 40.86%，房地产投资总量占 GDP 的比重为 6.45%，进出口占 GDP 的比重为 1.56%（见图 13）。在投资、消费、进出口三驾马车中，需要提高投资效率，提升消费能力和经济开放度。

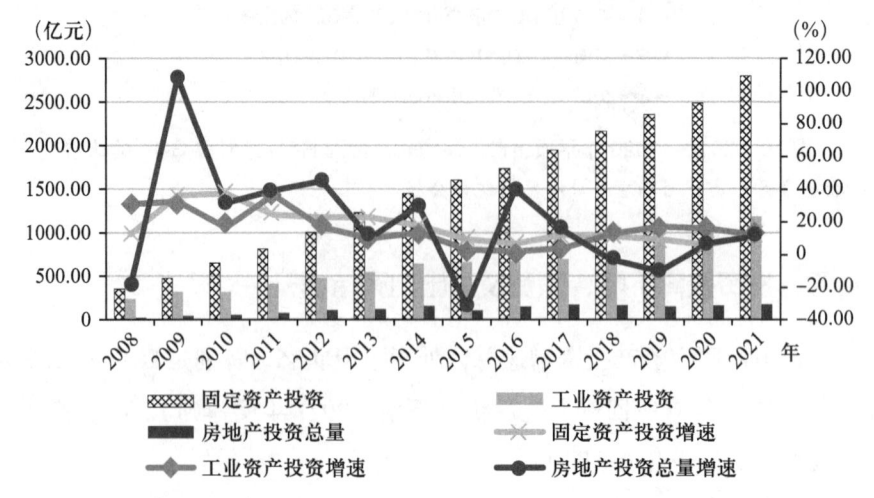

图 12　2008—2021 年平顶山市固定资产投资、工业投资、房地产投资额及增速
数据来源：历年河南省统计年鉴及统计公报

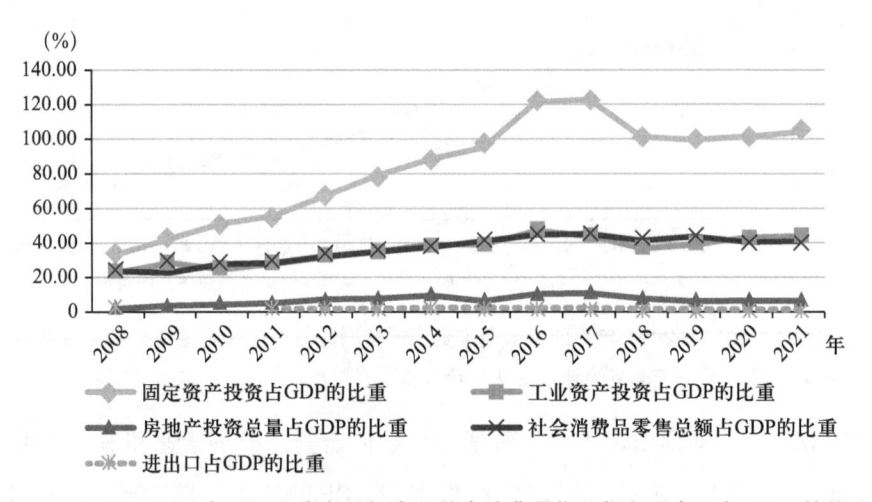

图 13　2008—2021 年平顶山市各项投资、社会消费零售总额和进出口占 GDP 的比重
数据来源：历年河南省统计年鉴及统计公报

五、产业结构调整需进一步增强后劲

2019年，平顶山市第三产业占比超过第二产业，三次产业结构由"二三一"转变为"三二一"。2021年平顶山市三产结构为8.0：44.9：47.1（见图14）。

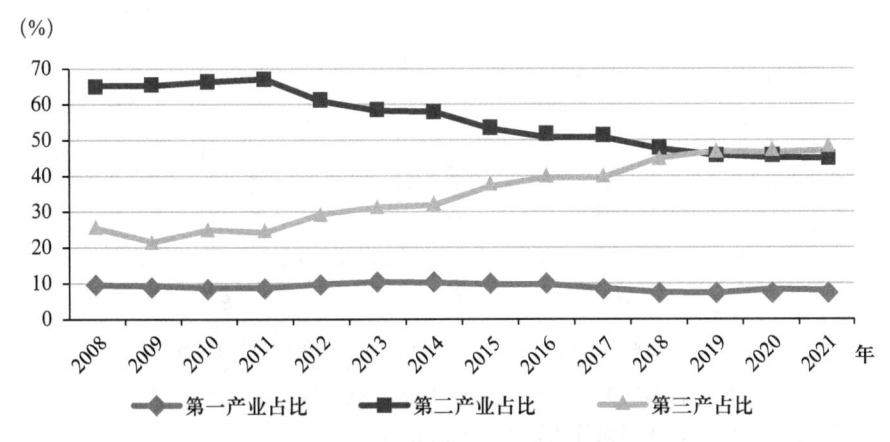

图14 2008—2021年平顶山市三产结构变化情况

数据来源：历年河南省统计年鉴及统计公报

图15显示，平顶山市规上工业增加值增速长期低于河南省增速，2017年开始反超，2021年增速为9.4%，高于河南省4个百分点。不过，增速波动比较大，这与平顶山市产业大宗商品受市场价格波动影响有关。

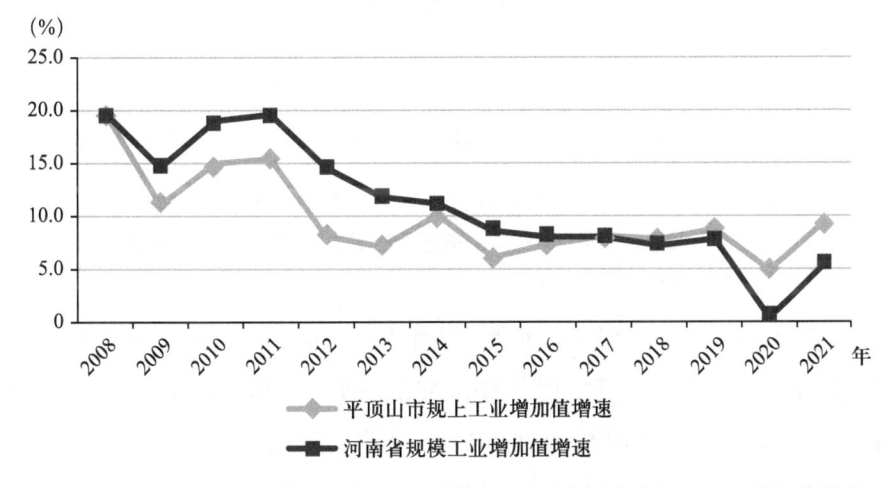

图15 2008—2021年平顶山市规上工业增加值增速与河南省规上工业增加值增速

数据来源：历年河南省统计年鉴及统计公报

平顶山市整个服务业呈上升趋势，2021年服务业增值占GDP的比重为47.1%（见图16）。除个别年份外，服务业增加值增速超过GDP增速，但波动较大（见图17）。

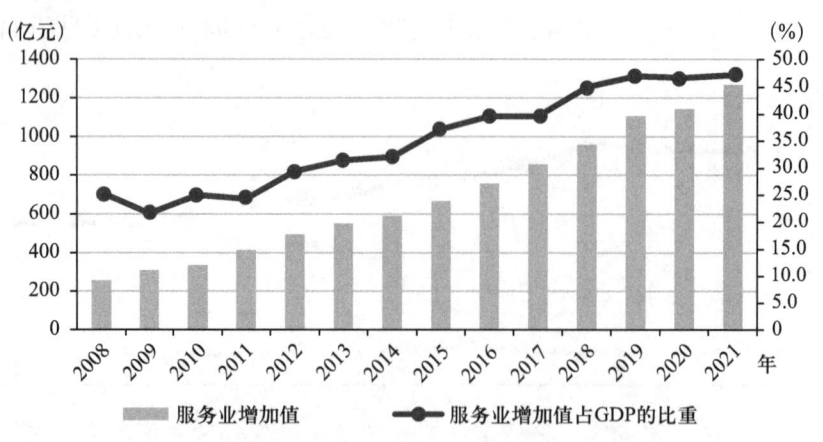

图16　2008—2021年平顶山市服务业增加值及占GDP的比重

数据来源：历年河南省统计年鉴及统计公报

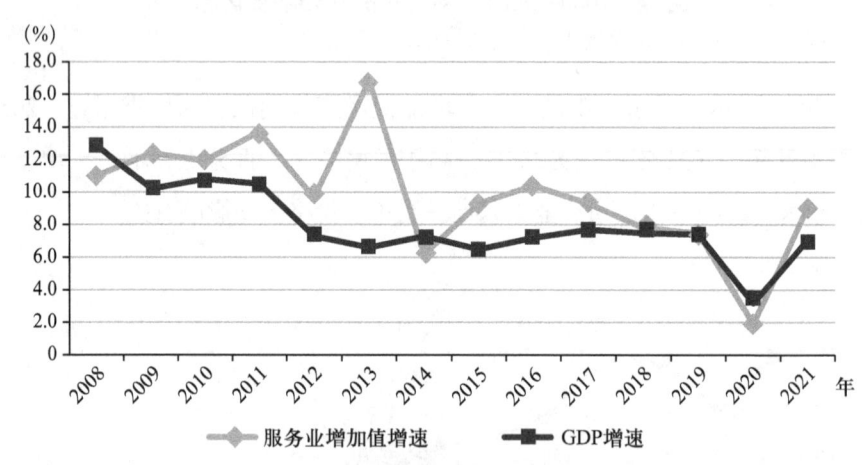

图17　2008—2021年平顶山市服务业增加值增速与GDP增速

数据来源：历年河南省统计年鉴及统计公报

分行业看，批发和零售业可谓一枝独秀，这也反映了平顶山市服务业的质量有待提高。金融业增加值在2014年跃居第二，但波动比较大。住宿和餐饮业在2018年大幅下降，2020年受新冠疫情影响，增幅为-7.53%，住宿和餐饮在一定程度上反映人口流动的活跃度。2018年以来，房地产业与交通运输、仓储和邮政业有所提升（见图18）。

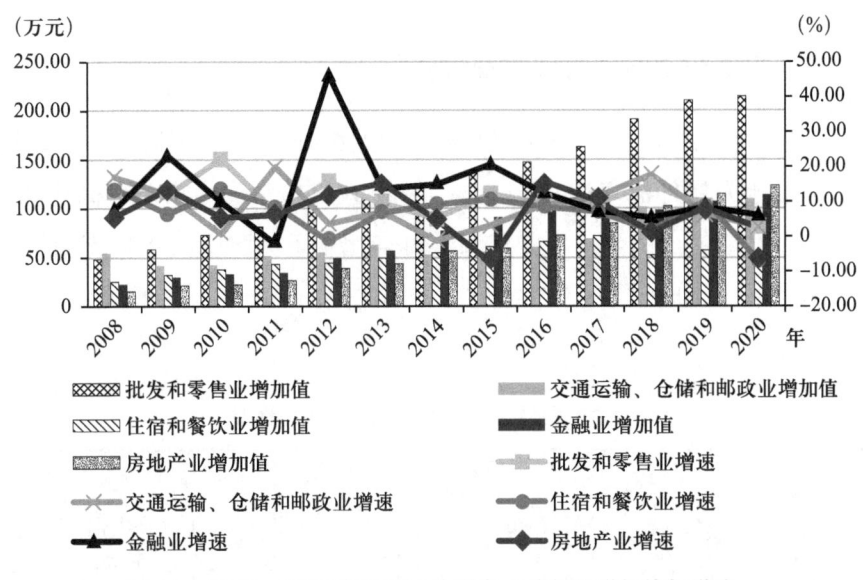

图 18　2008—2020 年平顶山市服务业分行业增加值与增速

数据来源：历年河南省统计年鉴及统计公报

从图 19 可以看出，平顶山市一产就业人数一直高于二产、三产就业人数，从 2018 年开始下降；三产就业人数整体呈平稳上升趋势，2015 年以后超过二产就业人数，2019 年以后超过一产就业人数；而二产在 2016—2020 年间低于一产和三产就业人数。这也说明资源型产业带动就业弱，尤其是近两年城镇居民人均可支配收入增速低于 GDP 增速。

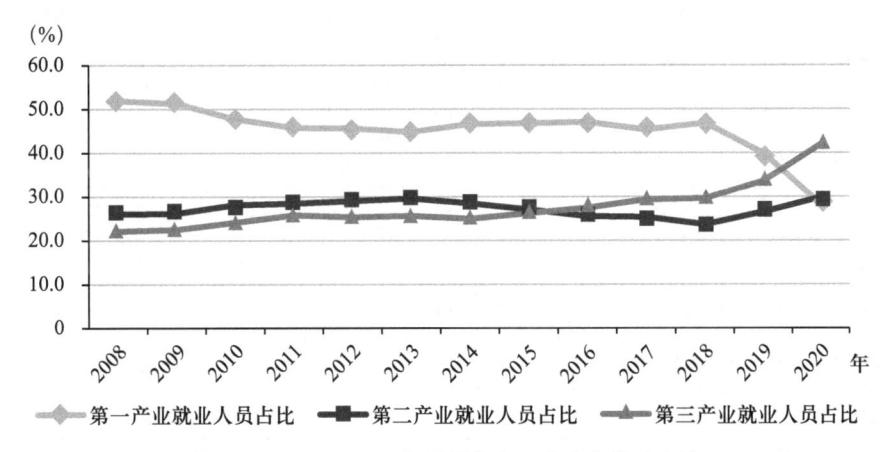

图 19　2008—2020 年平顶山市三次产业就业占比

数据来源：历年河南省统计年鉴及统计公报

六、城镇化进程仍有较大推进空间

平顶山市常住人口总体保持平稳，但始终处于人口外流逐渐增加的状态，2020年人口外流率达到12.65%，户籍人口与常住人口差额高达72万人。常住人口在2016年、2017年和2021年出现了负增长。2021年城镇化率达到54.45%，2008—2019年在全省处于第7位，2021年排名下降到第10位（见表5）。

表5 2008—2021年平顶山市人口情况

年份	户籍人口（万人）	常住人口（万人）	平顶山市常住人口在河南省的排名	户籍人口－常住人口（万人）	人口外流率（%）	城镇化率（%）	平顶山市城镇化率在河南省的排名	河南省城镇化率（%）
2008	501	487	10	14	2.82	40.20	7	36.03
2009	504	490	10	14	2.71	41.75	7	37.70
2010	528	491	10	37	7.08	41.39	7	38.82
2011	532	492	10	40	7.52	43.14	7	40.47
2012	535	493	10	42	7.85	44.97	7	41.99
2013	538	496	10	42	7.81	46.37	7	43.60
2014	541	496	10	45	8.32	47.80	7	45.05
2015	544	496	10	48	8.82	49.20	7	47.02
2016	547	489	10	58	10.56	52.50	7	48.78
2017	549	489	10	60	10.92	54.04	7	50.56
2018	553	491	10	62	11.23	53.98	7	52.24
2019	555	496	10	59	10.65	55.50	7	54.01
2020	571	499	10	72	12.65	53.42	10	55.43
2021	—	497	—	—	—	54.45	10	56.45

数据来源：历年河南省统计年鉴及统计公报

综上所述，平顶山市经济总量曾经由全省第4位下滑到第14位，2021

年排到第 10 位，可见资源型城市转型之艰难。但平顶山市要坚持将煤由燃料转为原料，推动产业结构不断由偏粗、偏短、偏重向绿色、精细、高端、智能化转变，把发展尼龙新材料产业作为资源型城市转型发展的突破口，打造中国尼龙城，构建先进制造业产业体系龙头。同时还要大力发展民营经济，夯实经济基础，做大经济规模，提高经济质量，将平顶山市建设成为河南省经济强市。

（李燕燕　李　甜　整理数据图表）

河南省市域经济运行分析：安阳篇

安阳市位于河南省最北部，是豫晋冀三省交界地区的区域性中心城市和区域性综合交通枢纽城市，是河南省重要的工业生产基地，也是中国八大古都之一、甲骨文的故乡、红旗渠精神的发祥地、国家历史文化名城。

一、概述

安阳市现下辖1个县级市（林州市）、4个县（安阳县、滑县、内黄县、汤阴县）和4个市辖区（文峰区、北关区、殷都区、龙安区），总面积7413平方千米，2021年，安阳市常住人口542万人，占河南省常住人口比重为5.49%，城镇化率为54.1%。

二、经济总量逐年递增，但占比和增速均下降

从总量来看，2022年安阳市GDP总量达2512.10亿元，同比增长2.4%，是2008年的2.4倍，在河南省排名第12位，较2008年落后6个位次。2010年，安阳市GDP在全省排第5位。

从占比来看，安阳市GDP占河南省的比重呈下降趋势，2008年最高为5.83%，2018年开始占比不足5%，最近5年占比在4.3%以下（见表1）。

表1　2008—2022年安阳市地区生产总值及增速

年份	安阳市GDP（亿元）	安阳市GDP在河南省排名	河南省GDP（亿元）	安阳市GDP占河南省的比重（%）	安阳市GDP增速（%）	河南省GDP增速（%）	安阳市GDP增速-河南省增速（%）
2008	1036.05	6	17735.93	5.83	13.1	12.0	1.10
2009	1053.08	4	19181.00	5.75	11.4	11.0	1.20
2010	1315.59	5	22655.02	5.68	13.5	12.4	0.70

续表

年份	安阳市GDP（亿元）	安阳市GDP在河南省排名	河南省GDP（亿元）	安阳市GDP占河南省的比重（%）	安阳市GDP增速（%）	河南省GDP增速（%）	安阳市GDP增速-河南省增速（%）
2011	1486.61	6	26318.68	5.50	12.2	12.0	0.10
2012	1566.90	7	28961.92	5.28	7.4	10.1	−2.60
2013	1683.65	8	31632.50	5.22	8.5	9.0	−0.50
2014	1791.81	8	34574.76	5.12	8.7	8.9	−2.50
2015	1872.35	9	37084.10	5.05	7.3	8.4	−1.06
2016	2029.85	9	40249.34	5.04	8.0	8.2	−0.20
2017	2249.85	8	44824.92	5.02	7.2	7.8	−0.60
2018	2393.22	7	49935.90	4.29	6.7	7.6	−0.90
2019	2229.29	13	53717.75	4.11	2.7	6.8	−4.30
2020	2300.48	12	54259.43	4.18	3.3	1.1	2.00
2021	2435.47	12	58887.41	4.14	5.0	6.3	−1.30
2022	2512.10	12	61345.05	4.09	2.4	3.1	−0.70

数据来源：历年河南省统计年鉴

从增速来看，2008—2011 年，安阳市 GDP 增速高于河南省 GDP 增速；2012—2019 年，GDP 增速总体放缓呈下降水平，且低于河南省 GDP 增速；2020 年后开始反弹，2022 年为 2.4%，仍低于河南省 0.7%，在河南省排在第 16 位（见图 1）。

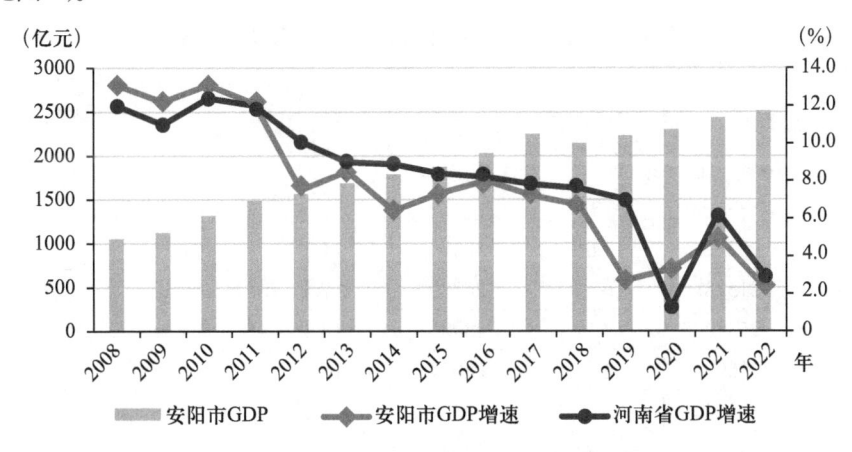

图 1　2008—2022 年安阳市 GDP 及增速对比

数据来源：历年河南省统计年鉴

安阳市人均GDP总量不断提升，增速放缓，与全省平均水平差距拉大。2021年安阳市人均GDP约4.47万元，较上年增长5.94%，是2008年的2.2倍，居河南省第15位（见表2）。从增速看，除2008年、2009年、2015年、2020年安阳市人均GDP增速超过河南省外，其余大多数年份低于河南省人均GDP水平（见图2）。与河南省人均GDP相比，从2012年开始安阳市人均GDP不及河南省平均水平，且差距逐渐拉大，2021年仅为河南省水平的75.22%。

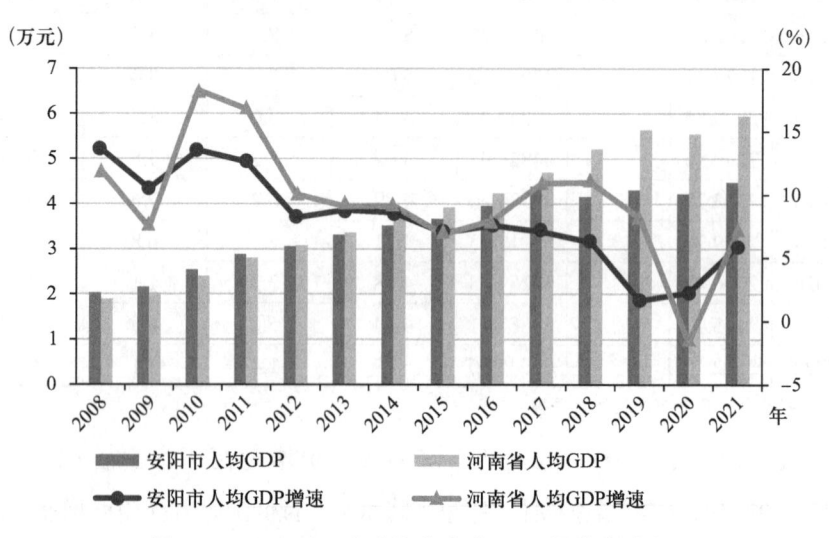

图2 2008—2021年安阳市人均GDP及增速对比

数据来源：历年河南省统计年鉴

表2 2008—2021年安阳市人均GDP及增速对比

年份	安阳市人均GDP（元）	安阳市人均GDP增速（%）	河南省人均GDP（元）	河南省人均GDP增速（%）	安阳市人均GDP占河南省的比重（%）	安阳市人均GDP在全省排名
2008	20252	13.6	18879	11.9	107.27	10
2009	21578	10.5	20280	7.4	106.40	10
2010	25330	13.5	23984	18.3	105.61	10
2011	28806	12.6	28009	16.8	102.85	10
2012	30624	8.2	30820	10.0	99.36	9
2013	33100	8.8	33618	9.1	98.46	9
2014	35210	8.6	36686	9.1	95.98	9

续表

年份	安阳市人均GDP（元）	安阳市人均GDP增速（%）	河南省人均GDP（元）	河南省人均GDP增速（%）	安阳市人均GDP占河南省的比重（%）	安阳市人均GDP在全省排名
2015	36695	7.0	39209	6.9	93.59	10
2016	39603	7.6	42341	8.0	93.53	10
2017	43846	7.1	46959	10.9	93.37	9
2018	41574	6.27	52114	11.0	79.78	13
2019	43002	1.64	56388	8.2	76.26	12
2020	42185	2.26	55435	-1.7	76.10	14
2021	44690	5.94	59410	7.2	75.22	15

数据来源：历年河南省统计年鉴

三、财政收支、税收稳定增长，居民人均可支配收入高于全省水平

从财政收支看，安阳市一般公共预算收入稳定增长，由2008年的50.6亿元增长至2021年的200.6亿元，增长了近3倍，超过GDP平均增速；尽管总额逐年上升，但其占河南省的比重先降后回升，2021年占比4.61%，位居全省第6（见表3）。2021年安阳市一般公共预算收入增速为17%，高于河南省水平12.7个百分点（见图3）；安阳市一般公共预算支出总额由2008年的不足百亿，增长至2021年的448.11亿元，居全省第10位。

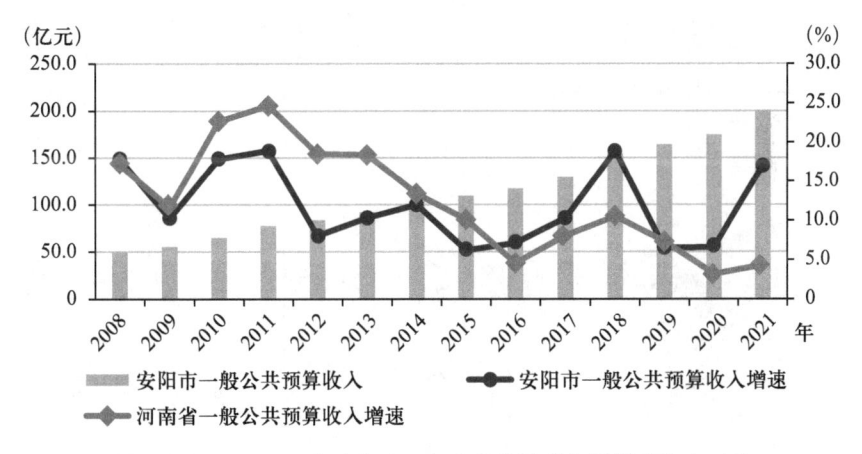

图3　2008—2021年安阳市一般公共预算收入及增速省市对比

数据来源：历年河南省统计年鉴

表 3 2008—2021年安阳市财政收支情况

年份	一般公共预算收入(亿元)	占全省一般公共预算收入的比重(%)	在河南省内排名	税收收入(亿元)	税收占一般公共预算收入的比重(%)	占全省税收入的比重(%)	税收占比在全省的排名	一般公共预算支出(亿元)	一般公共预算支出在全省排名	财政自给率(%)	在全省中排名	财政收入占GDP的比重(%)
2008	50.06	4.96	5	37.03	73.97	4.99	11	95.18	10	52.59	8	4.75
2009	55.19	4.90	6	39.73	71.99	4.83	12	121.73	10	45.34	8	4.91
2010	65.05	4.71	6	45.13	69.38	4.44	17	140.65	10	46.25	8	4.94
2011	77.36	4.49	6	53.65	69.35	4.25	17	174.54	10	44.32	9	5.20
2012	83.57	4.10	8	55.73	66.69	3.79	17	204.81	10	40.80	9	5.33
2013	92.20	3.82	8	66.59	72.22	3.78	13	216.78	10	42.53	11	5.48
2014	103.26	3.77	8	72.08	69.80	3.70	11	234.28	10	44.08	11	5.76
2015	109.64	3.64	9	77.87	71.02	3.71	6	273.57	9	40.08	12	5.86
2016	117.45	3.72	7	82.35	70.11	3.82	7	291.73	10	40.26	11	5.79
2017	129.55	3.81	7	92.93	71.73	3.99	7	316.60	10	40.92	11	5.76
2018	154.05	4.09	7	117.00	75.95	4.40	3	361.38	11	42.63	10	7.19
2019	164.06	4.06	8	121.42	74.01	4.27	3	404.52	11	40.56	10	7.36
2020	174.83	4.21	8	125.62	71.85	4.54	3	431.12	9	40.55	11	7.60
2021	200.60	4.61	6	138.30	68.94	4.87	—	448.11	10	44.76	9	8.24

数据来源：历年河南省统计年鉴

从税收情况看，2021年安阳市税收收入达138.3亿元，是2008年的3.7倍，占一般公共预算收入的比重在全省排名逐渐上升，2020年居全省第3位，较2008年提高了8个位次，2021年税收占一般公共预算收入的比重下降到68.94%（见图4）。2021年安阳市税收占全省的比重为4.87%。

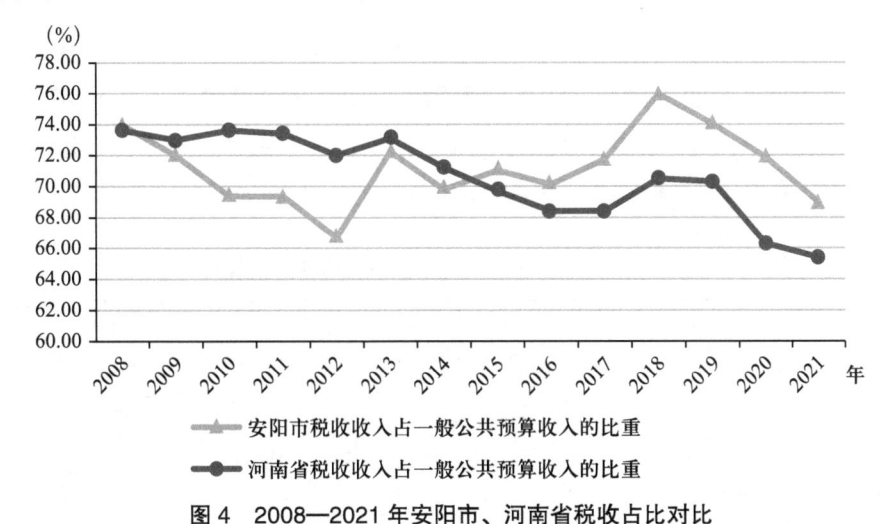

图4 2008—2021年安阳市、河南省税收占比对比

数据来源：历年《河南省统计年鉴》。

从财政自给率看，安阳市财政自给率与河南省财政自给率交叉变化，2013年之前，安阳市高于河南省水平，但二者差距逐渐缩小；2013—2017年被河南省水平超越，2018年又高于河南省水平，2021年财政自给率为44.76%，居全省第9位（见图5）。

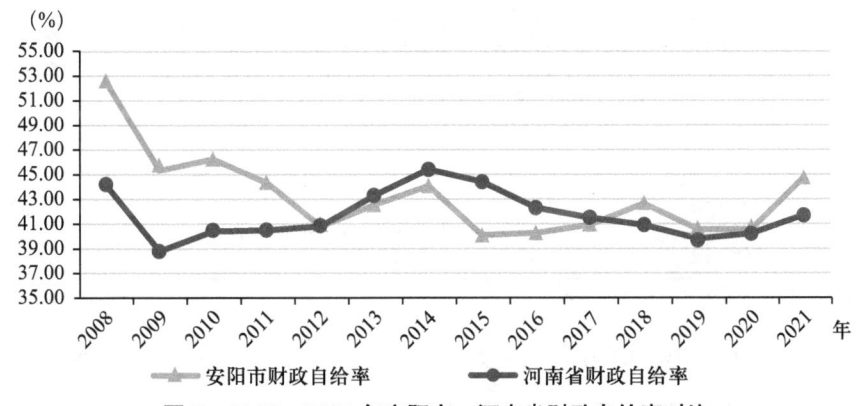

图5 2008—2021年安阳市、河南省财政自给率对比

数据来源：历年河南省统计年鉴

从金融机构年末存贷款余额看,2011年和2016年,安阳市年末存款余额分别首次超过1000亿元、2000亿元。2021年,安阳市金融机构存款余额为3652.22亿元,是2008年的4.9倍;贷款余额为2259.24亿元,是2008年的5.9倍。

2008—2021年14年间,安阳市存贷款余额逐年递增,但占河南省年末存贷款余额的比重下降,其中存款余额占比稍高于贷款余额占比,2021年存款余额占比为4.43%,高于贷款余额占比1.18个百分点。近5年存贷比稳步上升,2021年达到最高为61.86%(见表4)。

表4　2008—2021年安阳市金融机构存贷款情况

年份	金融机构存款年末余额(亿元)	占河南省年末存款余额的比重(%)	金融机构贷款年末余额(亿元)	占河南省年末贷款余额的比重(%)	存贷比(%)
2008	748.07	4.90	385.32	3.72	51.51
2009	884.39	4.61	495.16	3.68	55.99
2010	991.08	4.28	597.39	3.76	60.28
2011	1162.43	4.36	634.20	3.62	54.56
2012	1352.98	4.28	687.29	3.43	50.80
2013	1584.52	4.28	753.21	3.26	47.54
2014	1793.94	4.34	878.83	3.23	48.99
2015	1994.95	4.19	1009.61	3.21	50.61
2016	2196.54	4.07	1160.79	3.18	52.85
2017	2473.03	4.19	1300.88	3.12	52.60
2018	2701.20	4.23	1463.66	3.06	54.19
2019	2916.50	4.20	1672.01	3.00	57.33
2020	3292.20	4.31	1929.79	3.07	58.62
2021	3652.22	4.43	2259.24	3.25	61.86

数据来源:历年河南省统计年鉴

2015—2021年,安阳市居民人均可支配收入稳步增长,整体高于河南省水平,2021年达到2.7万元,同比增长7.2%,但增速低于河南省平均水平,与河南省的差额逐渐缩小(见图6)。

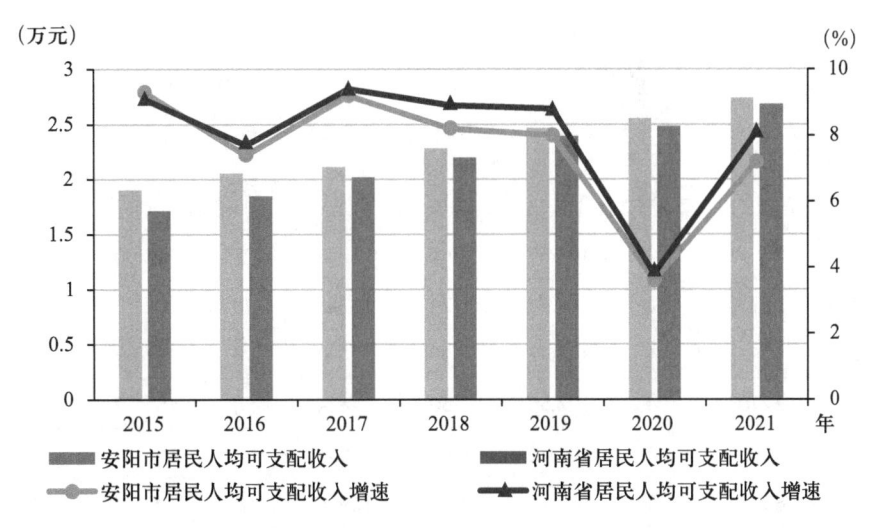

图6 2015—2021年安阳市、河南省居民人均可支配收入及增速对比

数据来源：历年河南省统计年鉴

具体来看，安阳市城乡居民人均可支配收入稳定增长，均高于河南省平均水平，不过差距逐渐缩小。2021年，安阳市城镇居民人均可支配收入达37464元，稍高于省平均水平（37095元），稳居全省第4位；农村居民人均可支配收入为18423元，高于全省水平（17533元），居全省第8位（见表5）。

表5 2008—2021年安阳市城乡居民人均可支配收入情况

年份	城镇居民 人均可支配收入（元）	在全省排名	占河南省的比重（%）	人均可支配收入增速（%）	农村居民 人均可支配收入（元）	在全省排名	占河南省的比重（%）	人均可支配收入增速（%）
2008	13637	4	103.07	8.00	5190	7	116.52	7.60
2009	14809	4	103.04	8.59	5595	7	116.39	7.80
2010	16394	4	102.91	10.70	6359	7	115.12	13.70
2011	18686	4	102.70	13.98	7586	6	125.24	19.30
2012	21042	4	102.93	12.61	8618	8	114.53	13.60
2013	23019	4	102.77	9.40	9670	8	114.10	12.21
2014	25172	4	106.34	9.35	10680	8	107.16	10.60

续表

年份	城镇居民				农村居民			
	人均可支配收入（元）	在全省排名	占河南省的比重（%）	人均可支配收入增速（%）	人均可支配收入（元）	在全省排名	占河南省的比重（%）	人均可支配收入增速（%）
2015	26513	4	103.67	7.60	12844	8	108.00	8.70
2016	28210	4	103.43	6.24	13285	8	107.93	7.80
2017	30421	4	102.92	8.00	13697	8	107.69	8.50
2018	32703	4	102.60	7.50	14834	8	107.25	8.30
2019	34959	4	102.22	6.90	16095	8	106.14	8.50
2020	35344	4	101.71	1.10	16966	8	105.33	5.60
2021	37464	4	101.00	6.00	18423	8	105.08	8.40

数据来源：历年河南省统计年鉴

再看安阳市GDP增速、财政收入增速和城乡居民人均可支配收入增速，2008—2021年多数年份GDP增速低于财政收入和城乡居民人均可支配收入增速。农村居民人均可支配收入增速高于城镇居民人均可支配收入增速，财政收入周期性波动较大（见图7）。

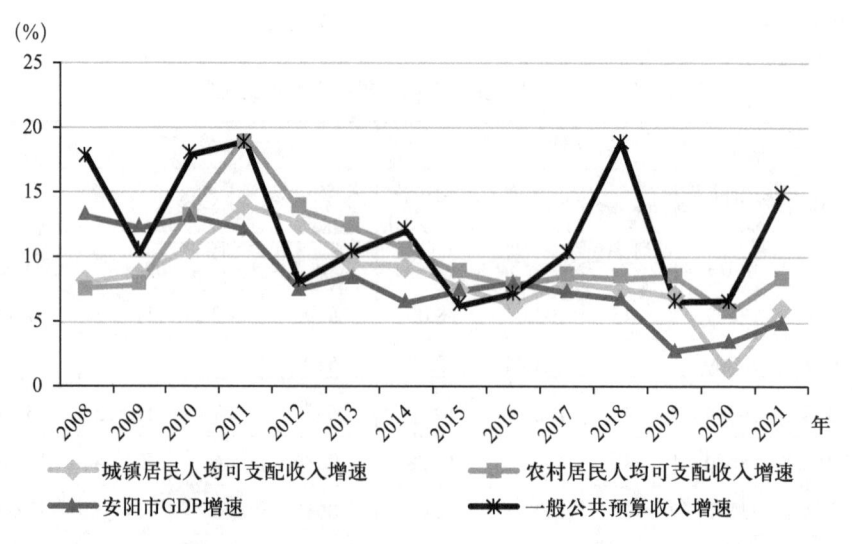

图7 2008—2021年城乡居民人均可支配收入增速、GDP增速、公共预算收入增速对比
数据来源：历年河南省统计年鉴

四、固定资产投资和工业投资连续出现负增长后有所回升

2008—2017 年，安阳市固定资产投资建设进入快速发展阶段，在全省排名稳定在第 7、第 8 位，占全省的比重在 5% 左右波动，到 2018 年，占全省的比重开始下降，低于 4%。受传统产业如冶金建材投资、煤化工投资下降的影响，2018—2019 年，安阳市固定资产投资为负增长，2018 年为 -21.20%，增速在全省排第 17 位，2019 年为 -11.5%，增速处于全省末位。2021 年，固定资产投资总额为 1714.07 亿元，较上年增长 12.60%，约为 2008 年的 3 倍。2020 年居全省第 15 位（见表 6）。

表 6 2008—2021 年安阳市固定资产投资情况

年份	安阳市固定资产投资（亿元）	安阳市固定资产投资增速（%）	占河南省固定资产投资比重（%）	固定资产投资在全省排名	河南省固定资产投资增速（%）	安阳市GDP增速（%）
2008	565.94	31.90	5.76	7	32.4	13.10
2009	740.64	30.87	5.73	7	31.6	12.20
2010	894.69	20.80	6.71	8	22.2	13.10
2011	892.40	29.70	5.27	8	27.0	12.10
2012	1080.53	21.70	5.26	8	21.4	7.50
2013	1328.62	22.96	5.27	8	22.5	8.50
2014	1609.17	21.12	5.36	8	19.2	6.40
2015	1682.43	16.30	4.81	8	16.5	7.34
2016	1901.00	13.32	4.78	7	13.7	8.00
2017	2281.29	9.95	5.20	7	10.4	7.20
2018	1797.66	-21.20	3.79	13	8.1	6.70
2019	1590.93	-11.50	3.10	15	8.0	2.70
2020	1692.75	6.40	3.17	15	4.3	3.30
2021	1714.07	12.60	3.07	—	4.5	5.00

数据来源：历年河南省统计年鉴

分不同投资类型来看，2018 年以前安阳市工业投资稳中有升，其中 2017 年达到历史最高水平为 952 亿元，受传统工业投资缩减影响，2017 年

后工业投资总额大幅下降，2017—2020年间连续负增长，2020年下降至700亿元以下，2021年又反弹为790亿元；房地产投资在2018年出现断崖式下降，降幅达41.46%，之后又迅速恢复至正增长（见表7）。

表7 2008—2021年安阳市不同投资类型固定资产投资情况

年份	工业投资（亿元）	工业投资增速（%）	占固定资产投资的比重（%）	房地产投资（亿元）	房地产投资增速（%）	占固定资产投资的比重（%）
2008	255.60	30.70	45.16	54.30	53.10	9.59
2009	385.60	50.90	52.06	74.60	38.90	10.07
2010	410.30	6.40	45.86	98.70	32.20	11.03
2011	534.30	54.60	59.87	122.90	24.80	13.77
2012	575.20	8.40	53.23	131.60	8.30	12.18
2013	699.20	21.60	52.63	153.80	10.20	11.58
2014	776.08	11.00	48.23	161.32	4.90	10.03
2015	848.70	9.40	50.44	209.20	29.70	12.43
2016	942.60	13.00	49.58	264.50	26.40	13.91
2017	952.09	−5.90	41.73	278.29	−0.50	12.20
2018	891.16	−6.40	49.57	162.90	−41.46	9.06
2019	712.03	−21.10	44.76	173.50	6.50	10.91
2020	670.74	−5.80	39.62	201.90	16.40	11.93
2021	790.80	17.90	46.14	234.40	16.10	13.68

数据来源：历年安阳市统计年鉴

从各类投资占GDP的比重来看，2017年之前，安阳市固定资产投资占GDP的比重呈上升趋势，由53.74%上升至101.4%，后又降至2021年的70.38%。2016年之前，工业投资和房地产投资占GDP的比重均表现出上升趋势，分别由2008年的24.27%、5.16%升至2016年的46.44%、13.03%。2016之后均有不同程度的下降，2021年占比分别为32.47%、9.62%（见图8）。

2008—2021年间，安阳市社会消费品零售总额不断上升，由2008年的245.80亿元增至2021年的908.00亿元，增长了近2.7倍，占GDP的比重在2019年达到最高42.81%，随后下降，2021年占比为37.28%。其中，批发

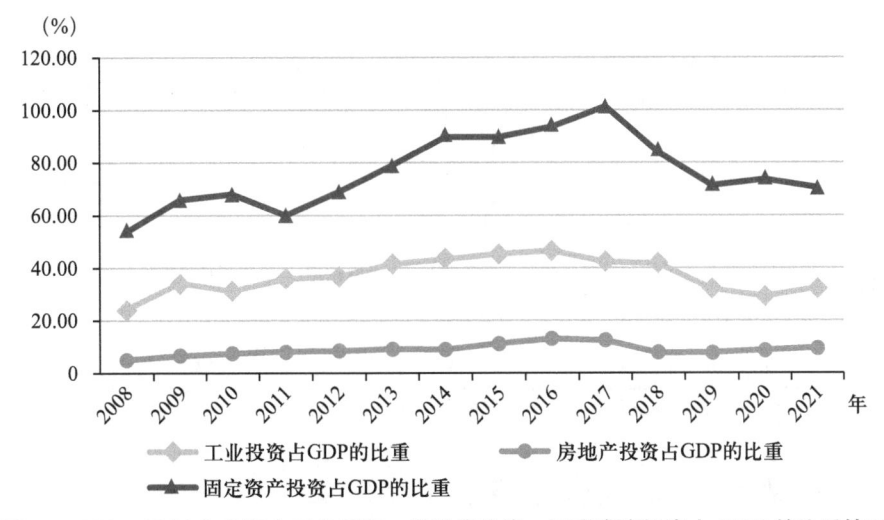

图 8 2008—2021 年安阳市工业投资、房地产投资、固定资产投资占 GDP 的比重情况

数据来源：历年安阳市统计年鉴

零售业占社会消费品零售总额的比重除 2009 年不足 80% 外，其余年份均在 80% 以上，2021 年占比 87.15%，住宿和餐饮业占社会消费品零售总额的比重近几年稳定在 12%~13% 左右（见表 8）。

表 8 2008-2021年安阳市社会消费品零售总额情况

年份	社会消费品零售总额（亿元）	占 GDP 的比重（%）	其中批发零售业（亿元）	占社会消费品零售总额的比重（%）	其中住宿和餐饮业（亿元）	占社会消费品零售总额的比重（%）
2008	245.80	23.34	200.74	81.67	50.32	20.47
2009	292.52	26.00	228.15	77.99	62.20	21.26
2010	345.30	26.25	301.22	87.23	44.11	12.77
2011	409.24	27.53	352.93	86.24	53.74	13.13
2012	469.10	29.94	407.29	86.82	61.81	13.18
2013	532.70	31.64	466.2	87.52	66.49	12.48
2014	602.24	33.61	526.62	87.44	75.62	12.56
2015	675.52	36.08	553.04	81.87	122.47	18.13
2016	662.60	32.64	575.80	86.90	97.31	14.69
2017	839.48	37.31	732.43	87.25	107.05	12.75

续表

年份	社会消费品零售总额（亿元）	占GDP的比重（%）	其中批发零售业（亿元）	占社会消费品零售总额的比重（%）	其中住宿和餐饮业（亿元）	占社会消费品零售总额的比重（%）
2018	877.71	40.98	763.56	86.99	114.15	13.01
2019	954.30	42.81	782.25	81.97	117.84	12.35
2020	856.44	37.23	749.40	87.50	107.04	12.50
2021	908.00	37.28	791.37	87.15	114.17	12.57

数据来源：历年河南省统计年鉴、安阳市统计年鉴

五、规上工业增加值及服务业占比均下降

安阳市是典型的老工业城市，第二产业在相当长的时期里担当着安阳经济发展的主引擎角色。但受制于资源、环保等因素，传统工业受到很大冲击。2019年第三产业超过第二产业，2021年三产结构为9.65∶43.72∶46.63。其中，第三产业占比为46.63%，较2008年提高了20.1个百分点；第二产业占比为43.72%，较2008年下降了17个百分点；第一产业保持在10%左右（见图9）。

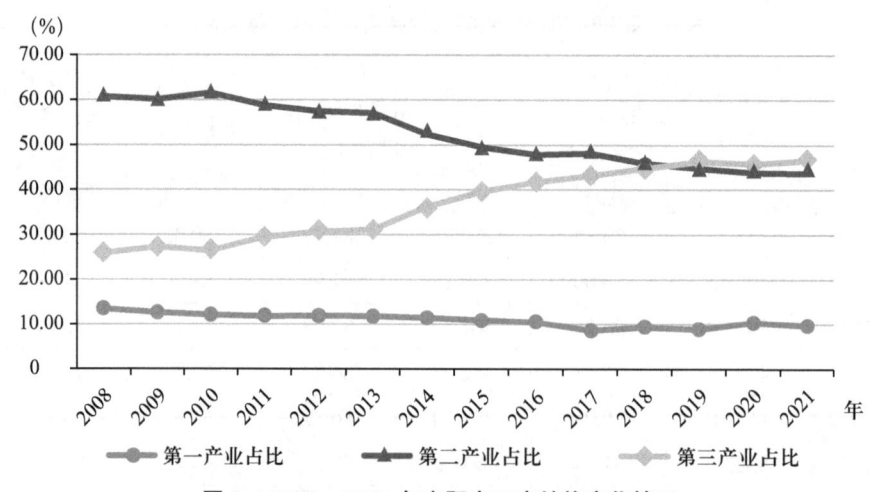

图9　2008—2021年安阳市三产结构变化情况

数据来源：历年河南省统计年鉴

从规上工业增加值及增速看，2008—2021年间，安阳市规上工业增加值总额不断增长，但占河南省规上工业增加值比重却不断下降。2021年安阳市规上

工业增加值总量达 944.98 亿元，同比增长 2.8%，较 2008 年增加 443.68 亿元，占河南省比重为 3.56%，比 2008 年下降了 3.3 个百分点（见表 9）。2015 年之前增速基本在 10% 以上（2012 年 9.5%），2015 年以后增速放缓，近 4 年增速不及 5%，与河南省增速对比，多数年份不及河南省增速水平（见图 10）。

表 9 2008—2021 年安阳市、河南省规上工业增加值对比

年份	安阳市规上工业增加值（亿元）	占河南省规上工业增加值的比重（%）	安阳市规上工业增加值增速（%）	河南省规上工业增加值（亿元）	河南省规上工业增加值增速（%）
2008	501.30	6.86	18.00	7305.39	19.8
2009	532.00	6.35	15.20	8371.98	14.6
2010	648.20	6.51	19.70	9962.65	19.0
2011	805.10	6.76	18.00	11915.33	19.6
2012	740.30	5.56	9.50	13321.34	14.6
2013	772.00	5.06	12.40	15266.26	11.8
2014	740.85	4.36	10.70	16976.08	11.2
2015	727.80	3.95	5.60	18436.02	8.6
2016	765.70	3.85	7.30	19910.90	8.0
2017	844.86	3.93	6.50	21503.78	8.0
2018	868.52	3.77	2.80	23052.05	7.2
2019	875.46	3.52	0.80	24850.11	7.8
2020	919.24	3.68	5.00	24949.51	0.4
2021	944.98	3.56	2.80	26521.33	6.3

数据来源：历年河南省统计年鉴、安阳市统计年鉴

从主要工业门类增加值及增速看，黑色金属冶炼及压延加工业属百亿级工业产业，2020 年增加值达到 222.48 亿元，增速为 10.7%，其中 2013 年增速最大，为 24.8%。其次是 50 亿以上产业，非金属矿物制品加工业和交通运输设备制造业增加值在 2020 年分别到达 76.74 亿元、60.32 亿元（见表 10）。不同行业的增加值、增速波动变化较大，但呈现一个共同特征，即 2010—2020 年间，增速整体呈下降趋势（见表 11）。2021 年全年规模以上工业中，传统产业增长 2%、战略性新兴产业增长 16.1%、高新技术产业增长 8%、高耗能工业增长 0.8%。

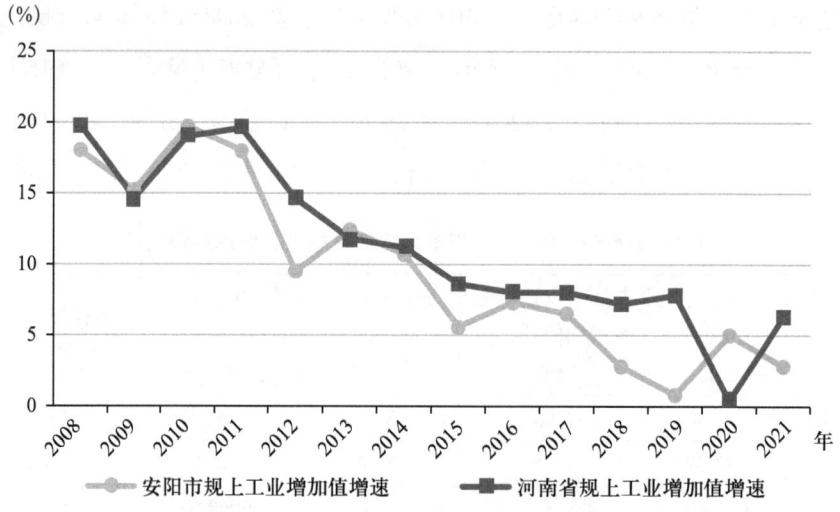

图 10　2008—2021 年安阳市、河南省规上工业增加值增速对比

数据来源：历年河南省统计年鉴、安阳市统计年鉴

表 10　2010—2020 年安阳市规上工业企业七大行业主要指标总量

年份	非金属矿物制品加工业增加值（亿元）	黑色金属冶炼及压延加工业增加值（亿元）	有色金属冶炼及压延加工业增加值（亿元）	煤炭开采和洗选业增加值（亿元）	石油加工、炼焦和核燃料加工业增加值（亿元）	化学原料及化学制品制造业增加值（亿元）	交通运输设备制造业增加值（亿元）
2010	41.94	209.73	16.39	46.06	53.47	18.52	51.44
2011	53.9	197.23	17.21	58.77	50.26	20.76	53.99
2012	60.55	179.36	21.92	46.76	39.48	22.93	62.36
2013	65.64	210.27	21.75	29.65	31.49	24.25	73.82
2014	68.79	196.89	17.81	37.68	38.23	20.76	84.63
2015	61.27	172.34	17.56	27.20	39.6	21.65	88.87
2016	63.53	161.51	19.18	30.78	38.78	26.18	83.51
2017	68.29	169.10	21.8	20.20	30.86	26.8	91.40
2018	74.71	195.31	24.18	20.58	29.35	28.81	53.74
2019	75.01	200.97	14.77	16.96	29.82	26.04	57.45
2020	76.74	222.48	16.32	18.78	25.58	20.65	60.32

数据来源：历年安阳市统计年鉴

表11　2010—2020年安阳市规上工业企业七大行业主要指标增速

年份	非金属矿物制品业增加值增速（%）	黑色金属冶炼及压延加工业增速（%）	有色金属冶炼及压延加工业增加值增速（%）	煤炭开采和洗选业增加值增速（%）	石油加工、炼焦和核燃料加工业增加值增速（%）	化学原料及化学制品制造业增加值增速（%）	交通运输设备增加值增速（%）
2010	33.0	22.0	23.0	4.0	24.0	19.0	5.4
2011	43.2	2.1	36.0	14.2	13.3	25.9	26.3
2012	13.4	4.1	42.5	−6.4	18.2	10.9	14.5
2013	11.9	24.8	9.2	−8.1	21.9	18.2	18.0
2014	16.2	4.4	−2.2	16.0	11.9	5.7	18.5
2015	−10.3	5.2	6.2	−5.8	15.9	10.2	6.9
2016	11.0	−9.7	−0.3	37.5	−8.8	27.0	21.6
2017	7.5	−10.6	−7.8	21.8	26.5	16.4	24.6
2018	9.4	15.5	10.9	1.9	−4.9	7.5	−42.2
2019	0.4	2.9	−38.9	−17.6	1.6	−9.6	6.9
2020	2.3	10.7	1.5	10.7	−14.2	−21.7	5.0

数据来源：历年安阳市统计年鉴

研发经费支出不断提高，研发强度不及全省平均水平。安阳市研发经费总额不断提升，2020年达34.43亿元，是2010年的5.3倍，研发经费占GDP的比重稳步增长，由2008年的不足0.5%增至2020年的1.5%，但总体依然低于全省和全国水平（见表12）。

表12　2010—2020年安阳市研发经费内部支出及对比情况

年份	安阳市R&D经费内部支出（亿元）	安阳市R&D经费内部支出增速（%）	安阳市R&D经费内部支出占GDP的比重（%）	河南省R&D经费内部支出占GDP的比重（%）	全国R&D经费内部支出占GDP的比重（%）
2010	6.47	—	0.49	0.90	1.50
2011	11.43	76.67	0.77	1.00	1.80
2012	12.51	9.40	0.80	1.00	1.90
2013	14.84	18.62	0.88	1.10	2.00

年份	安阳市 R&D 经费内部支出（亿元）	安阳市 R&D 经费内部支出增速（%）	安阳市 R&D 经费内部支出占 GDP 的比重（%）	河南省 R&D 经费内部支出占 GDP 的比重（%）	全国 R&D 经费内部支出占 GDP 的比重（%）
2014	17.31	16.69	0.97	1.10	2.00
2015	15.83	-8.56	0.85	1.20	2.10
2016	17.48	10.39	0.86	1.20	2.10
2017	18.65	6.70	0.83	1.30	2.10
2018	23.42	25.60	1.09	1.30	2.10
2019	29.53	26.08	1.32	1.50	2.20
2020	34.43	16.60	1.50	1.60	2.40

数据来源：历年河南省统计年鉴

再看服务业，2019年，安阳市第三产业占GDP的比重超过第二产业，2021年第三产业增加值为1135.6亿元，增速为7.8%，年均增长9.8%，占GDP的比重较2008年提高20.76个百分点，是2008年的4.17倍。

但是，第三产业增加值占河南省第三产业增加值的比重呈下降趋势，由2008年的5.00%降至2021年的3.92%，下降1.08个百分点（见表13）。从增速看，安阳市三产增加值增速不及河南省水平但整体高于GDP增速。2021年安阳市第三产业增加值增速低于河南省0.3个百分点，高于GDP增速2.8个百分点（见图11）。

表13 2008—2021年安阳市、河南省服务业发展总体情况

年份	安阳市三产增加值（亿元）	占全省的比重（%）	安阳市三产增加值增速（%）	河南省三产增加值（亿元）	河南省三产增加值增速（%）
2008	272.37	5.00	15.10	5446.72	14.34
2009	306.11	4.94	10.80	6190.77	13.66
2010	347.22	4.72	12.80	7354.38	18.80
2011	438.08	4.90	13.10	8947.84	21.67
2012	478.73	4.63	9.50	10342.21	15.58
2013	523.39	4.43	8.80	11809.92	14.19

续表

年份	安阳市三产增加值（亿元）	占全省的比重（%）	安阳市三产增加值增速（%）	河南省三产增加值（亿元）	河南省三产增加值增速（%）
2014	648.42	4.82	8.10	13446.93	13.86
2015	740.82	4.90	11.80	15120.68	12.45
2016	846.39	4.92	11.20	17198.81	13.74
2017	972.32	4.92	9.90	19745.30	14.81
2018	958.91	4.07	10.00	23586.21	19.45
2019	1032.89	3.97	5.50	26046.49	10.43
2020	1052.91	3.93	2.80	26768.01	2.77
2021	1135.60	3.92	7.80	28934.93	8.10

数据来源：历年安阳市统计年鉴

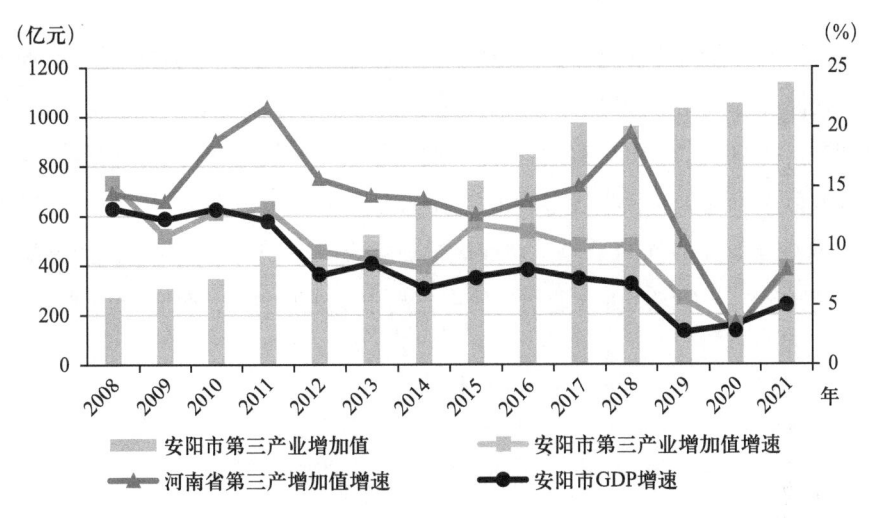

图11　2008—2021年安阳市服务业增加值及增速对比

数据来源：历年河南省统计年鉴、安阳市统计年鉴

分行业看，批发零售业增加值、住宿和餐饮业增加值及金融业增加值呈相同变化趋势，均在2017年达到最大值，2018年出现下跌后又恢复正增长态势。交通运输、仓储和邮政业及房地产业则表现出逐年增长的发展态势，且交通运输、仓储和邮政业增加值在2018年超过金融业。2021年排在前三位的是批发零售业，房地产业和交通运输、仓储邮政业（见图12）。

— 109 —

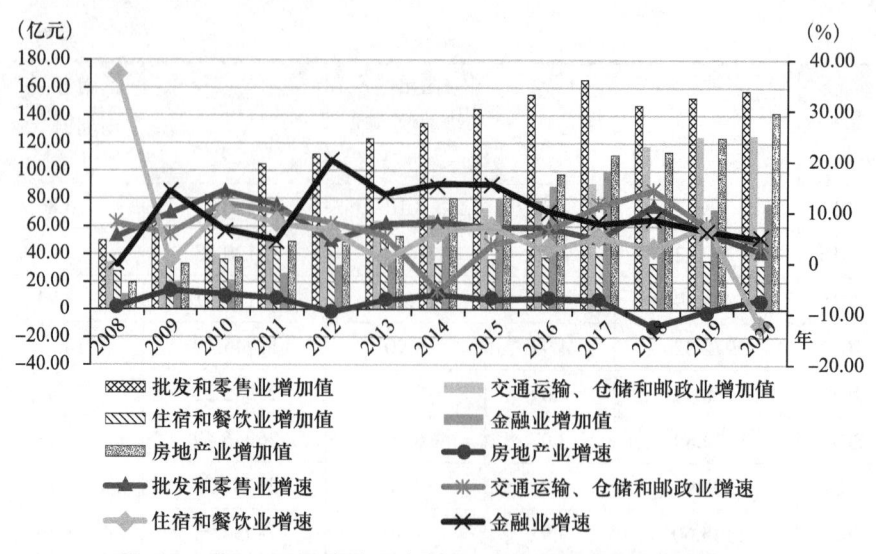

图 12　2008—2020 年安阳市服务业分行业增加值及增速情况

数据来源：历年安阳市统计年鉴

从不同行业占比情况来看，2020 年安阳市批发零售业，房地产业，交通运输、仓储和邮政业，金融业，住宿和餐饮业增加值分别占第三产业的 14.95%、13.48%、11.93%、7.29%、3.03%。其中批发零售业、住宿和餐饮业占服务业的比重整体呈下降趋势，批发零售业较 2008 年下降 3.36 个百分点，住宿和餐饮较 2008 年下降 7.03 个百分点。交通运输业和金融业变动态势相反，2018 年以后，交通运输、仓储和邮政业增加值占比高于金融业占比，房地产业则稳中有升（见图 13）。

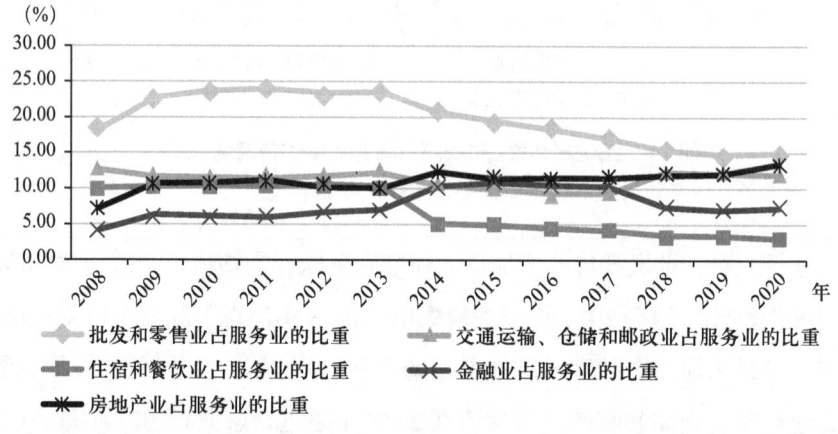

图 13　2008—2020 年安阳市服务业分行业增加值占服务业增加值总额的比重

数据来源：历年安阳市统计年鉴

六、人口外流率递增，城镇化率低于河南省水平

2008年以来，安阳市户籍人口不断增加，但人口外流率也不断增加，2020年人口外流率达到13.15%，常住人口548万人，占全省常住人口比重为5.51%。城镇化率逐年提高，由2008年的37.30%提高至2021年的54.10%，但仍低于河南省平均水平（见表14）。

表14 2008—2021年安阳市人口情况

年份	户籍人口（万人）	常住人口（万人）	常住人口全省排名	户籍人口-常住人口（万人）	人口外流率（%）	常住人口占全省的比重（%）	城镇化率（%）	在全省排名	河南省城镇化率（%）
2008	542	521	9	21	3.87	5.53	37.30	12	36.03
2009	545	522	9	23	4.22	5.50	38.90	12	37.70
2010	569	517	9	52	9.14	5.50	38.60	11	38.82
2011	571	515	9	56	9.81	5.44	40.50	11	40.47
2012	574	508	9	66	11.50	5.33	42.40	11	41.99
2013	576	509	9	67	11.63	5.32	43.80	11	43.60
2014	579	509	9	70	12.09	5.28	45.30	11	45.05
2015	582	512	9	70	12.03	5.28	46.80	11	47.02
2016	586	513	9	73	12.46	5.25	48.50	11	48.78
2017	589	513	9	76	12.90	5.22	50.20	11	50.56
2018	592	518	9	74	12.50	5.25	51.80	11	52.24
2019	595	519	9	76	12.77	5.24	53.25	11	54.01
2020	631	548	9	83	13.15	5.51	53.04	11	55.43
2021	—	542	9	—	—	5.49	54.10	11	56.45

数据来源：历年河南省统计年鉴

近5年，安阳市就业人员数呈下降趋势，特别是2020年下降了29.85%。分城乡看，乡村就业人数超过城镇就业人数，但城镇就业人数占比逐年提高，2020年基本与农村就业人员占比持平。分产业看，第一产业就业人数占比逐年下降，第二产业就业人数小幅波动，第三产业就业人

员数占比逐年提高；2020年，第一、第二、第三产业就业人员数量比为23.4∶34.5∶42.1。显然，第二产业就业人员占比相对较低，这与其偏重的产业结构有关（见表15）。

表15 2008—2020年安阳市从业人员情况

年份	从业人员数（万人）	城镇从业人员数（万人）	乡村从业人员数（万人）	城镇就业人数占比（%）	农村就业人数占比（%）	第一产业从业人员占比（%）	第二产业从业人员占比（%）	第三产业从业人员占比（%）
2008	338.34	56.70	281.64	16.76	83.24	45.3	32.8	21.9
2009	341.33	60.43	280.90	17.70	82.30	44.3	33.3	22.4
2010	346.52	64.60	281.92	18.64	81.36	43.7	32.7	23.6
2011	357.34	73.29	284.05	20.51	79.49	41.0	34.7	24.3
2012	349.75	75.93	273.82	21.71	78.29	39.6	35.1	25.3
2013	355.36	81.16	274.4	22.84	77.22	39.3	36.1	24.6
2014	358.43	85.09	273.34	23.74	76.26	43.5	33.2	23.3
2015	367.17	94.04	273.14	25.61	74.39	34.8	37.7	27.4
2016	375.82	98.07	277.75	26.09	73.91	34.4	37.3	28.3
2017	378.29	103.79	274.50	27.44	72.56	34.2	36.1	29.8
2018	360.09	104.87	255.22	29.12	70.88	31.6	35.9	32.4
2019	356.86	103.20	253.66	28.92	71.08	31.9	35.7	32.4
2020	250.35	123.23	127.12	49.22	50.78	23.4	34.5	42.1

数据来源：历年河南省统计年鉴

综上所述，安阳市作为典型的工业城市，钢铁、煤化工、冶金制造等产业比重较大，在产能过剩、环保管控的双重挤压下，部分企业停产、限产，对经济发展的支撑带动作用明显减弱。因此，必须加大创新力度，围绕钢铁、煤化工、纺织服装等传统产业，强力推进绿色化、智能化、技术改造，调整产业结构，延伸产业链条，加快行业资源整合。要大力抓好新能源汽车及零部件、高端装备制造、精品钢及深加工、文化旅游四大千亿级主导产业的发展，提升产业层次，提高技术含量，加快经济转型升级步伐。

（李燕燕　徐　涛　整理数据图表）

河南省市域经济运行分析：鹤壁篇

鹤壁市位于河南省北部，太行山东麓向华北平原过渡地带，因相传"仙鹤栖于南山峭壁"而得名。鹤壁市是一座以煤建市的资源型城市，以产业为基，加快创新转型发展。鹤壁市已被确定为省级产业转型升级示范区。

一、概述

鹤壁市现辖浚县、淇县和淇滨区、山城区、鹤山区，总面积2182平方千米，比深圳略大。截至2021年年底，全市常住人口157.20万人，是河南省除济源市之外人口最少的地市，城镇化率为61.71%。

二、经济体量较小，增速下滑

从总量来看，2008—2022年鹤壁市GDP从342.35亿元增长至1107.04亿元，增长了2.2倍。2021年GDP总量首次突破千亿元，为1064.64亿元，居全省第17位。2008—2021年间人均GDP总体超过河南省人均GDP，2019年排在全省第5位，其余年份均为第7位（见表1）。人均GDP从2008年的23110万元提升至2021年的67986元，提高了近2倍（见表2）。

表1 2008—2022年鹤壁市GDP总量在全省排名

年份	鹤壁市GDP总量在全省的排名	鹤壁市GDP增速在全省的排名	鹤壁市人均GDP在全省的排名
2008	17	6	7
2009	17	3	7
2010	17	6	7
2011	17	8	7
2012	17	10	7
2013	17	1	7

续表

年份	鹤壁市GDP总量在全省的排名	鹤壁市GDP增速在全省的排名	鹤壁市人均GDP在全省的排名
2014	17	1	7
2015	17	13	7
2016	17	16	7
2017	17	5	7
2018	17	17	7
2019	17	11	5
2020	17	14	7
2021	17	8	7
2022	17	9	—

表2 2008—2022年鹤壁市历年GDP及增速情况

年份	鹤壁市GDP（亿元）	河南省GDP（亿元）	鹤壁市GDP占河南省GDP的比重（%）	鹤壁市GDP增速（%）	河南省GDP增速（%）	鹤壁市增速－河南省GDP增速（%）	鹤壁市人均GDP（元）	河南省人均GDP（元）	鹤壁市人均GDP占河南省人均GDP的比重（%）
2008	342.35	18068.47	1.93	13.5	12.0	1.5	23110	18879	122.41
2009	377.52	19547.60	1.71	12.8	11.0	1.8	25370	20280	125.10
2010	427.74	23157.64	1.89	13.4	12.4	1.0	28531	23984	118.96
2011	510.93	27007.46	1.90	12.9	12.0	0.9	31763	28009	113.40
2012	553.35	29681.79	1.88	10.9	10.1	0.8	34456	30820	111.80
2013	622.12	32278.04	1.97	12.5	9.0	3.5	38919	33618	115.77
2014	682.20	35026.99	1.97	10.1	8.9	1.2	42550	36686	115.98
2015	713.23	37084.20	1.93	8.0	8.4	−0.4	44678	39209	113.95
2016	769.41	40249.23	1.92	7.9	8.2	−0.3	47940	42341	113.22
2017	832.59	44824.92	1.85	8.2	7.8	0.4	51168	46959	108.96
2018	861.90	49935.90	1.73	5.9	7.6	−1.7	56718	52114	108.83
2019	988.69	54259.20	1.84	7.1	7.0	0.3	69678	56388	123.57
2020	980.97	54997.07	1.81	2.0	1.3	0.9	62736	55435	113.17
2021	1064.64	58887.41	1.81	6.7	6.3	0.4	67986	59410	114.44
2022	1107.04	61345.05	1.80	4.3	3.1	1.2	—	—	—

数据来源：历年河南省统计年鉴及统计公报

从增速看，除个别年份外，鹤壁市 GDP 增速均超过河南省 GDP 增速。2022 年，鹤壁市 GDP 增速为 4.3%，高于河南省 1.2 个百分点（见图 1），但整体增速下滑，排位上下波动幅度比较大，从 2008 年的全省第 6 位变为 2022 年的全省第 9 位。鹤壁市人均 GDP 增速与河南省人均 GDP 增速高低相错运行，2021 年人均 GDP 增速为 7.2%，与河南省人均 GDP 增速基本持平（见图 2）。

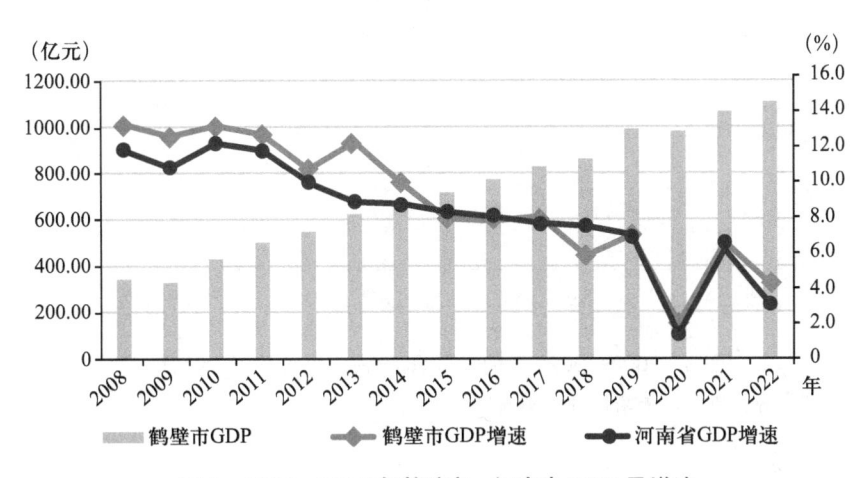

图 1　2008—2022 年鹤壁市、河南省 GDP 及增速

数据来源：历年河南省统计年鉴及统计公报

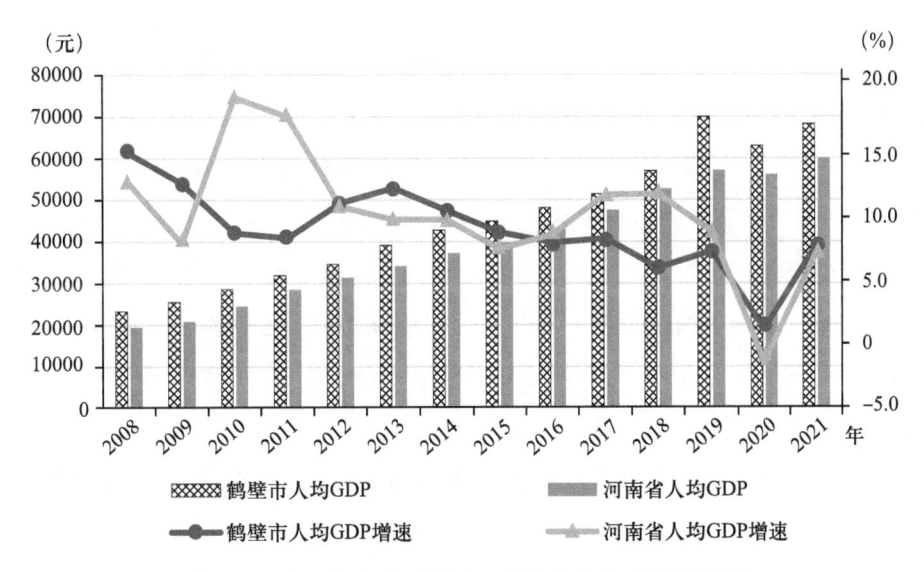

图 2　2008—2021 年鹤壁市、河南省人均 GDP 及增速

数据来源：历年河南省统计年鉴及统计公报

从占比看，鹤壁市 GDP 占河南省 GDP 的比重一直处于 2% 以下，其中 2014 年占比最高，为 1.97%，随后一直下滑到 2018 年的 1.73%。之后有所反弹，2022 年为 1.80%（见图 3）。

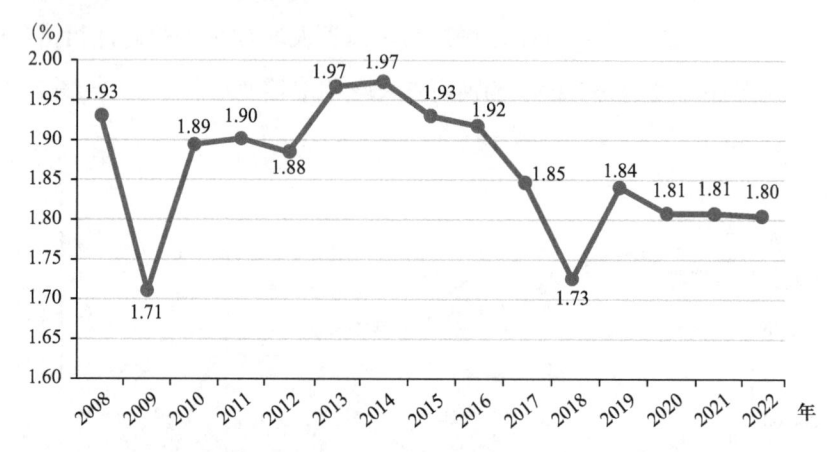

图 3　2008—2022 年鹤壁市 GDP 占河南省 GDP 的比重

数据来源：历年河南省统计年鉴及统计公报

三、财政自给率高于全省水平，城镇居民人均可支配收入低于全省水平

从预算收支来看，2008—2021 年，鹤壁市一般公共预算收入逐年增加，2021 年为 73.69 亿元，是 2008 年的 4.6 倍，在全省排名第 17 位，济源排第 18 位。一般公共预算支出同样大幅增加，2021 年达到 170.06 亿元，是 2008 年的 5.2 倍，在全省排名与预算收入一样，为第 17 位。

从增速看，一般公共预算收入增速和税收增速运行状况大体一致，2020 年税收收入增速下滑幅度较大。一般公共预算支出增速整体波动相对较大，2019 年以来，一般公共预算支出增速超过一般公共预算收入和税收收入增速（见图 4）。

税收占比方面，鹤壁市税收占一般公共预算收入的比重呈波动下降趋势，其中 2010 年占比最高，为 72.29%；2021 年占比最低，为 60.2%，居全省末位。除 2018 年稍高于河南省平均水平外，其余年份鹤壁市税收收入占比水平均不及河南省（见图 5）。

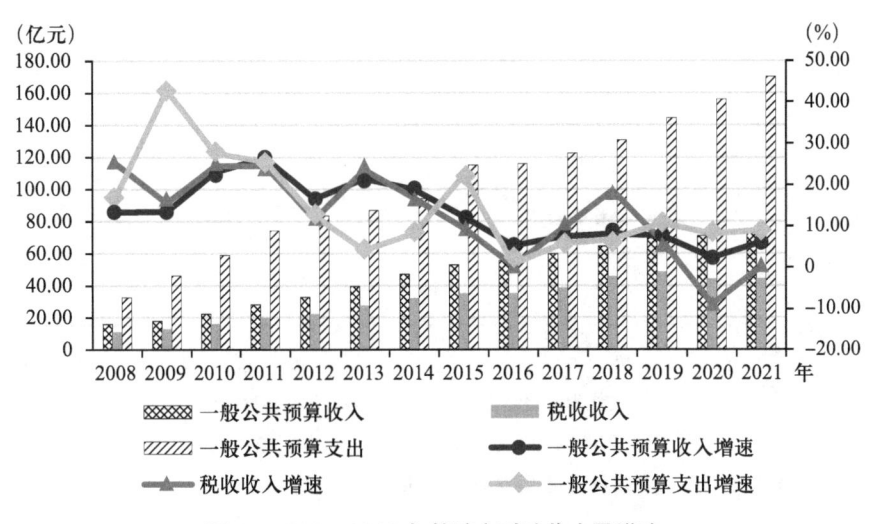

图 4　2008—2021 年鹤壁市财政收支及增速

数据来源：历年河南省统计年鉴及统计公报

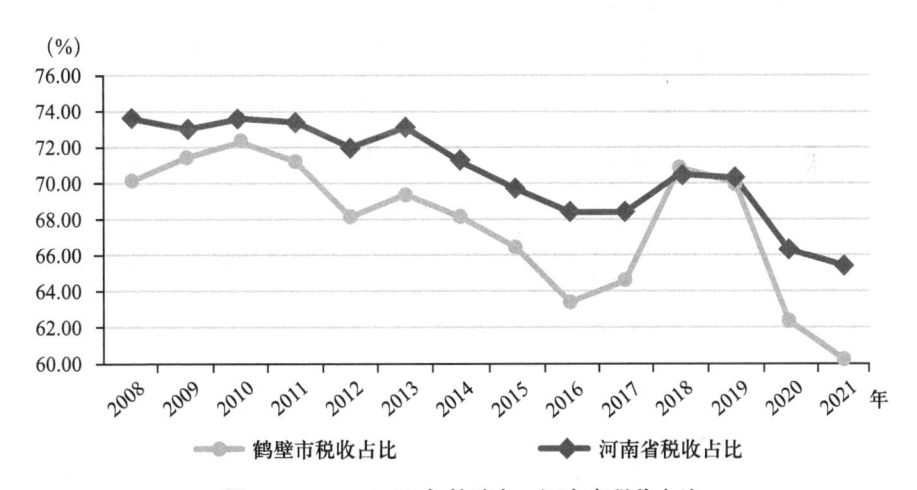

图 5　2008—2021 年鹤壁市、河南省税收占比

数据来源：历年河南省统计年鉴及统计公报

从财政自给率来看，2013 年以来，鹤壁市财政自给率均高于河南省财政自给率，2018 年高出部分最大，为 8.53 个百分点，之后下滑。2021 年为 43.33%，仍高出河南省 1.61 个百分点（见图 6），在全省的排名由 2020 年的第 7 位降到第 10 位。

在城乡人均可支配收入方面，2008—2021 年，鹤壁市城镇居民人均可支配收入均不及河南省水平。2021 年，鹤壁市城镇居民人均可支配收入约

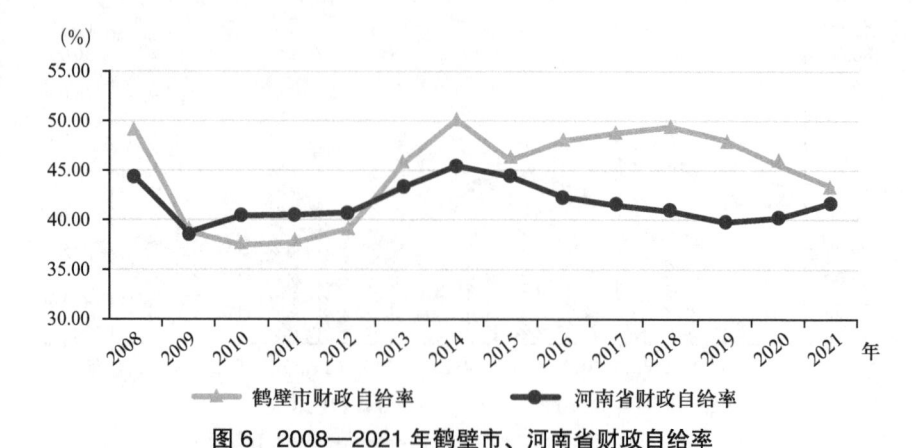

图6　2008—2021年鹤壁市、河南省财政自给率

数据来源：历年河南省统计年鉴及统计公报

为3.59万元，在全省的排名由2008年第10位降至第12位。农村居民人均可支配收入远超河南省水平，2021年鹤壁市农村居民人均可支配收入约为2.13万元，2021年全省农村居民人均可支配收入超过2万元的地市有：郑州、许昌、济源、鹤壁。2016年以前，鹤壁市一般公共预算收入增速超过GDP增速和城乡居民人均可支配收入增速，2016—2021年一般公共预算收入增速总体上低于城乡居民人均可支配收入增速。而2008—2021年间，城镇居民人均可支配收入平均增速低于GDP增速，农村居民人均可支配收入增速高于GDP增速（见图7）。

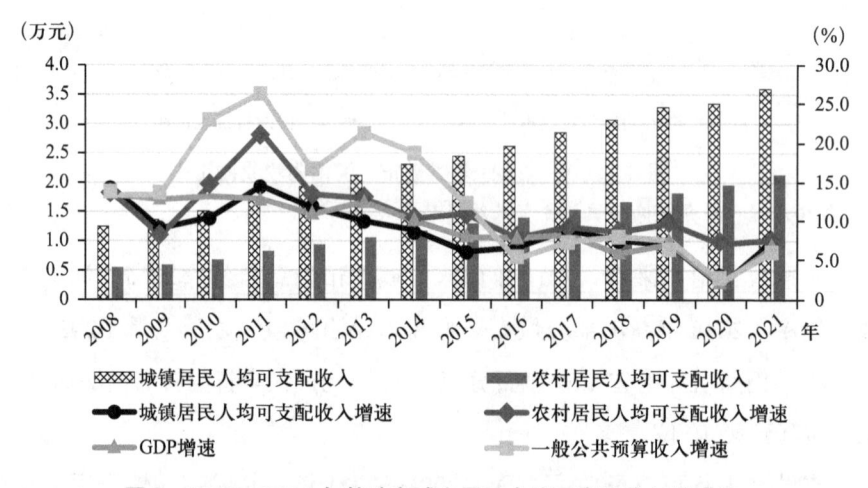

图7　2008—2021年鹤壁市城乡居民人均可支配收入及增速

数据来源：历年河南省统计年鉴及统计公报

四、工业投资增速强劲，消费能力较弱

2008—2021年间，鹤壁市固定资产投资总额逐年增加，其中2019年突破1000亿元，2021年为1301.02亿元，约为2008年的7.2倍。2014年后，除2018年略低于河南省外，其余年份鹤壁市固定资产投资增速均超过河南省固定资产投资增速。2010年以后，鹤壁市固定资产投资增速均超过GDP增速，投资边际效用递减（见图8）。

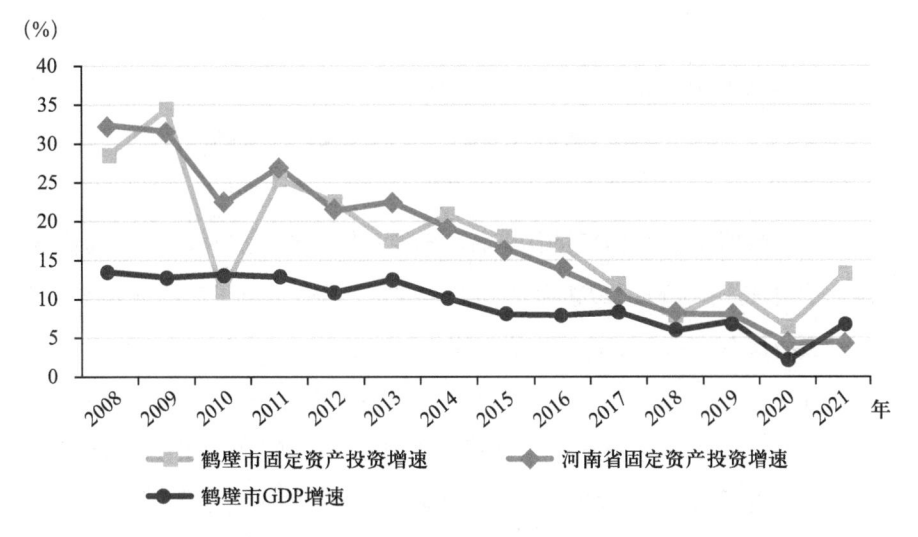

图8 2008—2021年鹤壁市与河南省固定资产投资增速
数据来源：历年河南省统计年鉴及统计公报

鹤壁市工业投资和民间投资的走势相对一致，但工业投资的波动幅度较大。2012年以来，除2017年、2018年和2020年外，工业投资增速均高于固定资产投资增速。受新冠疫情影响，2020年工业投资、房地产投资和民间投资增速均为负数，2021年又都反弹为正增长，2021年工业投资增速达到22.6%，说明鹤壁市的工业发展势头良好（见图9）。

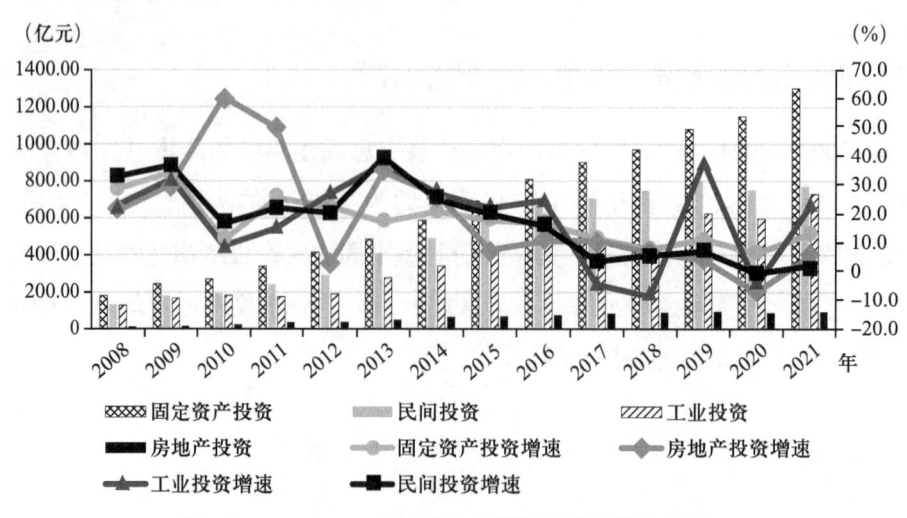

图9 2008—2021年鹤壁市不同类型投资及增速情况

数据来源：历年河南省统计年鉴及统计公报

从各类投资总额占GDP的比重看，鹤壁市固定资产投资占GDP的比重从2016年开始超过100%，2021年达到122.20%。其中，民间投资占比72.18%，工业投资占比60.73%，房地产投资占比相对比较低，为8.61%，进出口占比为5.22%。说明鹤壁市实体经济发展良好。2021年，社会消费品零售总额占GDP的比重为29.87%，未超过30%，消费占比虽逐年增加，但鹤壁市是河南省内体量比较小的城市，从煤炭工业起步，消费拉动能力一直较弱（见图10）。

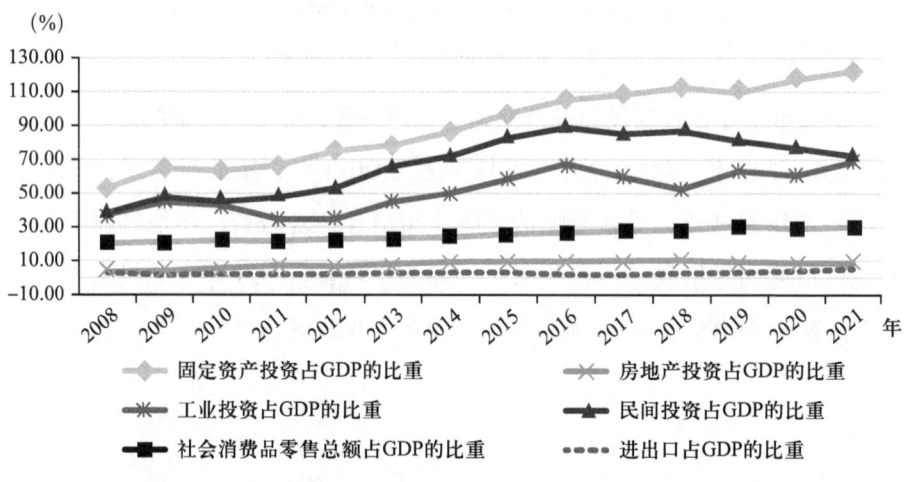

图10 2008—2021年鹤壁市不同类型投资占GDP的比重

数据来源：历年河南省统计年鉴及统计公报

五、科技创新提升制造业竞争力

2008—2021年，鹤壁市产业结构整体表现为第一产业和第二产业占比下降，第三产业占比上升的发展趋势。2021年，鹤壁市三产结构为6.81∶57.85∶35.33（见图11），是河南省18市中第二产业居主导地位的极少的几个市之一，这也是鹤壁的立市之本。

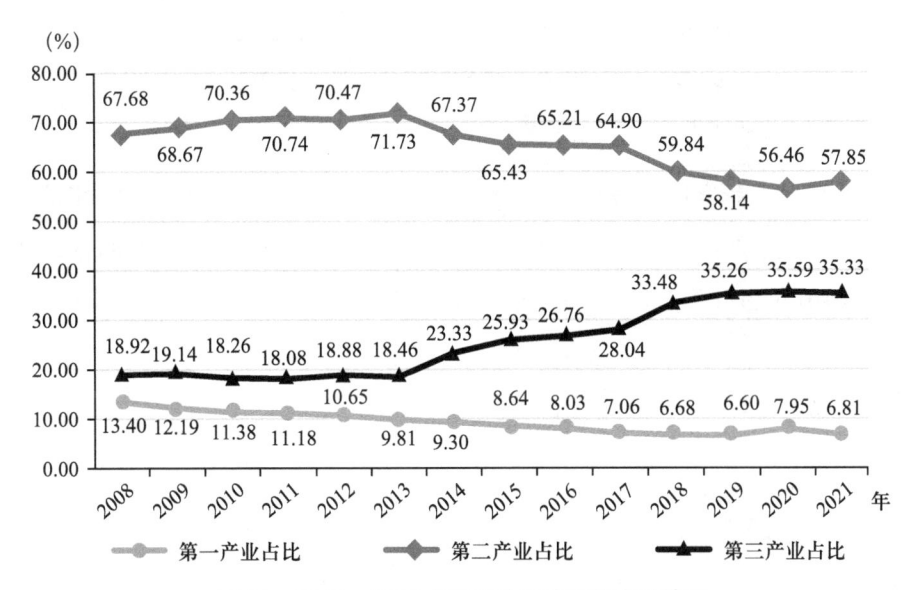

图11 2008—2021年鹤壁市三产结构变化情况

数据来源：历年河南省统计年鉴及统计公报

鹤壁市的第一产业较为发达，下辖的浚县、淇县均是农业大县，农业现代化水平处于全国领先水平，也是全国整市建制国家现代农业示范区、全国首批农业农村信息化示范基地、全国农业综合标准化示范市等。

从规上工业企业数来看，2008—2021年间，鹤壁市规上工业企业数呈现波动变化趋势。2013年后，规上工业企业数在河南省的占比总体呈下降趋势。2020年，鹤壁市规上工业企业数为399家，占全省的比重为2.04%（见图12），居全省第16位，超过三门峡（2.02%）和济源（1.14%）。

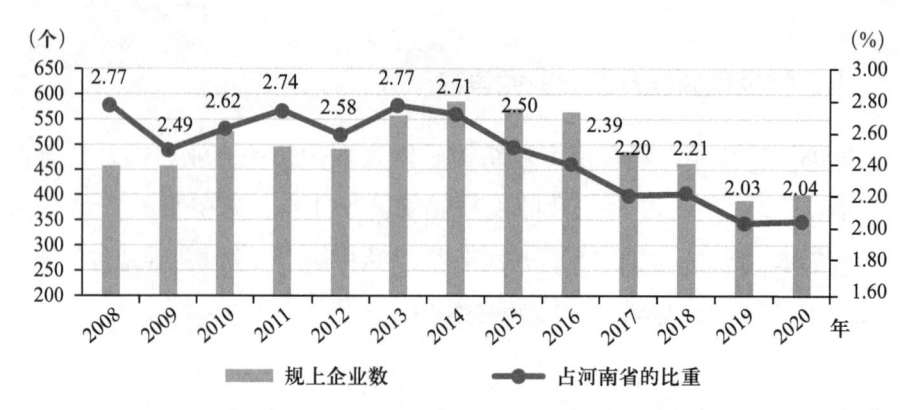

图12　2008—2020年鹤壁市规上企业数及占河南省的比重

数据来源：历年中国城市统计年鉴

从规上工业增加值增速上看，除2010—2012年、2015年、2018年鹤壁市规上工业增加值增速不及河南省水平外，其余年份均超过河南省水平，特别是2020年超过河南省4个百分点（见图13）。

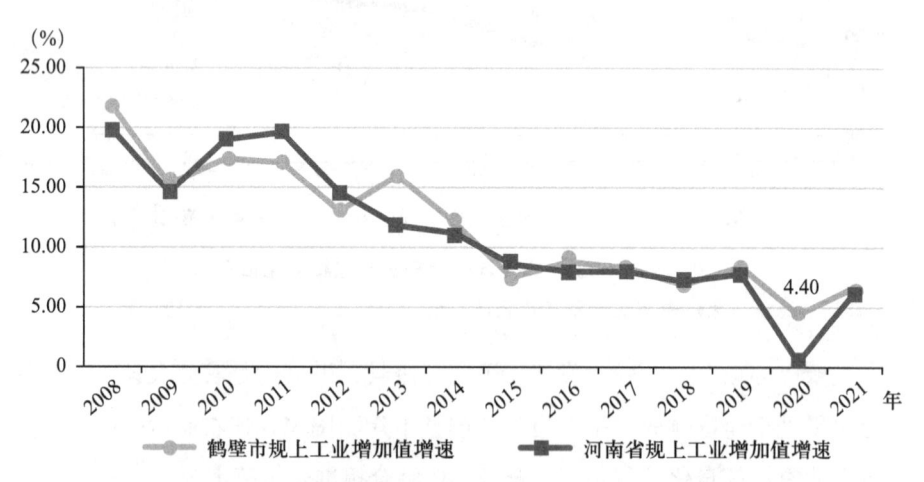

图13　2008—2021年鹤壁市、河南省规上工业增加值增速对比

数据来源：历年河南省统计年鉴及统计公报

鹤壁市紧抓新兴产业发展机遇，推动制造业向价值链中高端延伸，涌现出一批优秀企业，例如生产望远镜核心部件反射面面板的海能达鹤壁天海电子信息系统有限公司，成为全球最大PLC型光分路器芯片供货商的河南仕佳光子科技股份有限公司（被评为全国制造业单项冠军企业），以及率先掌

握安全气囊丝生产技术的中维化纤股份有限公司等。此外，鹤壁市的金属镁新材料还应用于磁浮列车、智能手机、航空航天及导弹领域。

2013—2020年，鹤壁市R&D经费内部支出逐年增加，2020年为8.61亿元，相较于2010年，提升了3.6倍（见图14）。

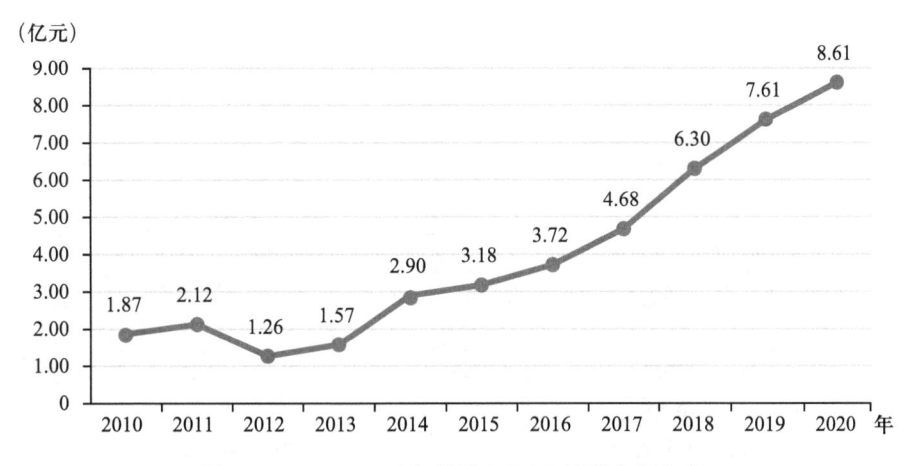

图14　2010—2020年鹤壁市R&D经费内部支出

数据来源：历年河南省统计年鉴及统计公报

2013年后，鹤壁市R&D经费内部支出增速高于GDP增速。研发经费支出占GDP的比重整体较低，一直低于1%（见图15）。

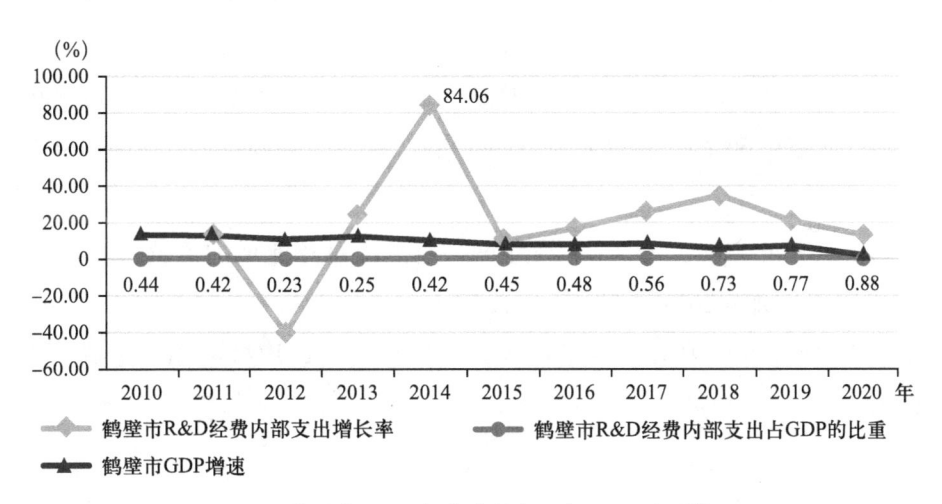

图15　鹤壁市R&D经费增长率、占GDP比重情况

数据来源：历年河南省统计年鉴及统计

从 R&D 产出情况来看，2020 年鹤壁市专利申请数为 610 个，高于济源市（598 个），居全省第 17 位，占全省的比重为 0.96%；专利授权数为 33 个，占全省的比重为 0.21%，专利申请通过率为 5.4%；发表科技论文数为 482 篇，占全省的比重为 0.68%（见图 16）。

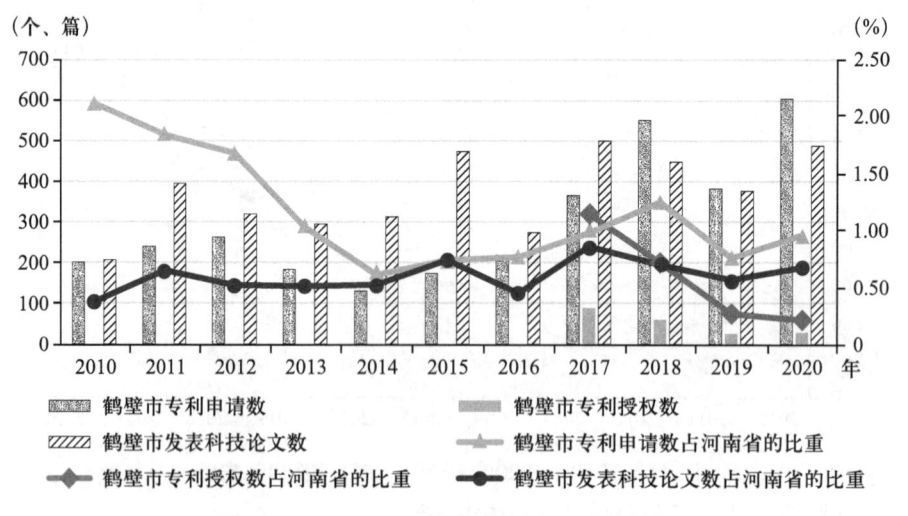

图 16　2010—2020 年鹤壁市 R&D 产出情况

数据来源：历年河南省统计年鉴及统计公报

分行业看，2021 年鹤壁市采矿业下降 24.4%，电力、热力、燃气及水的生产和供应业下降 40.8%，制造业增长 19.6%。从主导产业看，2021 年鹤壁市电子电器产业下降 11.2%，绿色食品产业下降 4.8%，现代化工及功能性新材料产业增长 66.2%，镁基新材料产业增长 59.4%，高新技术产业增加值增长 9.2%。

在服务业方面，2008—2021 年间，鹤壁市服务业增加值及占 GDP 的比重逐年增加，2019—2021 年，服务业占比在 35% 左右（见图 17）。从增速看，2015—2021 年，鹤壁市服务业增加值增速均超过 GDP 增速（见图 18）。

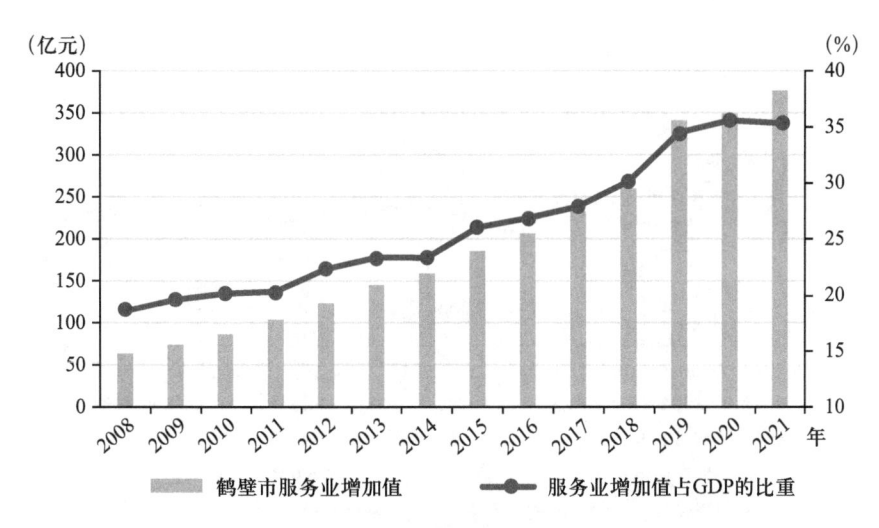

图 17　2008—2021 年鹤壁市服务业增加值及占 GDP 的比重

数据来源：历年河南省统计年鉴及统计公报

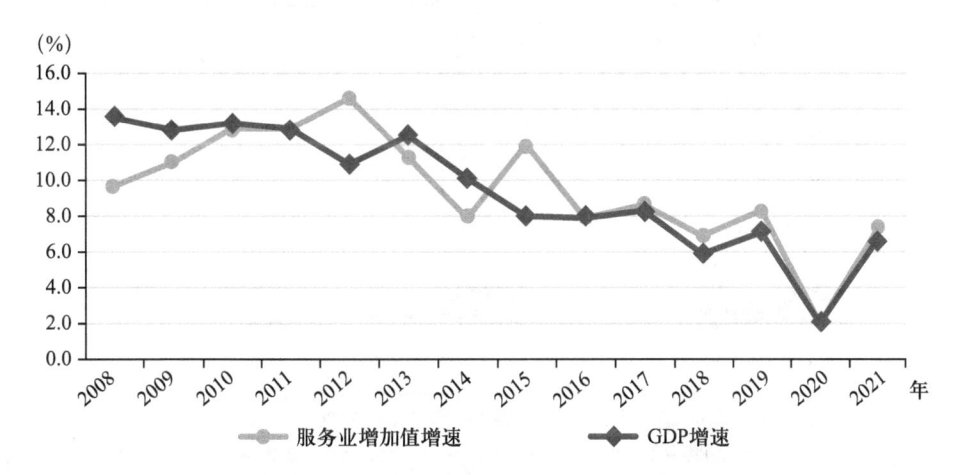

图 18　鹤壁市服务业增加值增速与 GDP 增速

数据来源：历年河南省统计年鉴及统计公报

服务业分行业来看，各类型服务业增加值总额不断提升，其中交通运输、仓储和邮政业增速自 2013 年后迅速增长，其中 2017—2018 年增长最快，增速最高为 11.68%（见图 19）。

从占比上看，2015—2021 年，交通运输、仓储和邮政业占整个服务业增加值的比重最大，这与鹤壁市物流业的强力发展相关。但是，批发和零售业占比与住宿和餐饮业占比呈下降状态（见图 20）。

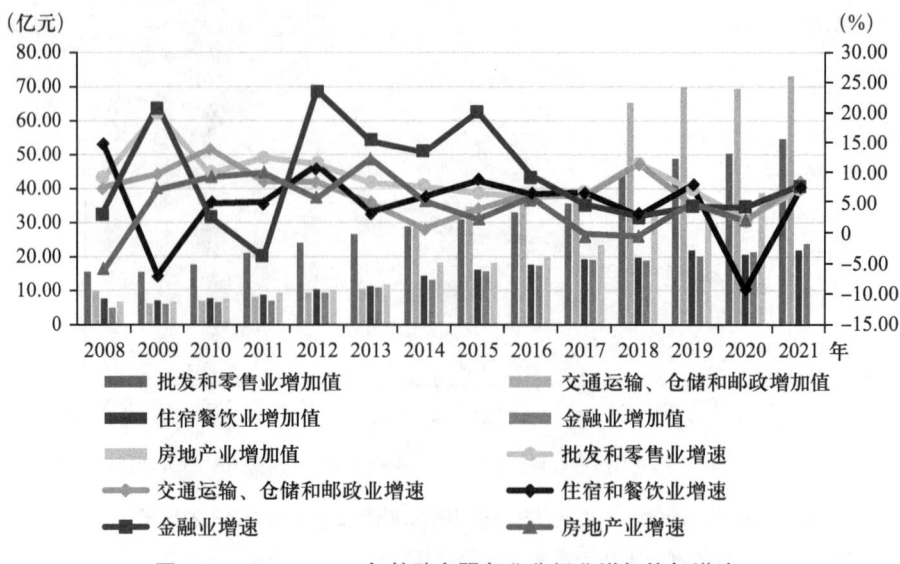

图 19　2008—2021 年鹤壁市服务业分行业增加值与增速

数据来源：历年河南省统计年鉴及统计公报

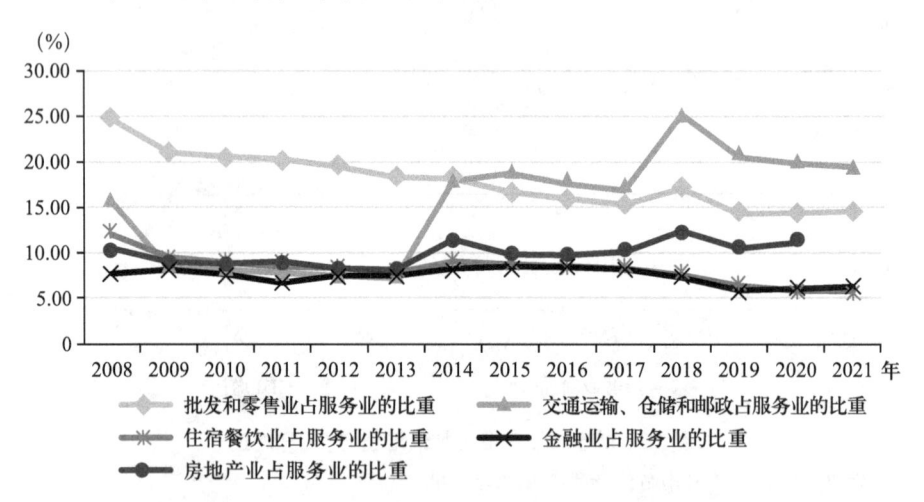

图 20　2008—2021 年鹤壁市服务业分行业增加值占服务业增加值总额的比重

数据来源：历年河南省统计年鉴及统计公报

六、常住人口稳定，城镇化率居全省前列

值得注意的是，长期以来，鹤壁市常住人口比较稳定，2008—2019 年间户籍人口与常住人口差额在 1~4 万人之间，外流人口并不高。但 2020 年人口外流率为 8.19%，这与鹤壁市抓住产业转型机遇，工业投资强劲，大力

发展制造业，就业充分有关，并且农村居民人均可支配收入远超河南省水平，排在全省前列。2021年年底，全市常住人口157万人，其中城镇常住人口97万人，乡村常住人口60万人。2021年的城镇化率为61.71%，高出全省水平5.26个百分点，排全省第5位（见表3）。

表3　2008—2021年鹤壁市人口情况

年份	户籍人口（万人）	常住人口（万人）	常住人口在全省排名	户籍人口-常住人口（万人）	人口外流率（%）	城镇化率（%）	城镇化率在全省排名	河南省城镇化率（%）
2008	146	143	17	3	1.90	47.80	2	36.03
2009	146	144	17	2	1.67	49.60	2	37.70
2010	159	157	17	2	1.26	48.00	3	38.82
2011	159	158	17	1	0.86	49.80	3	40.47
2012	160	159	17	1	0.80	51.60	3	41.99
2013	161	160	17	1	0.73	52.80	3	43.60
2014	162	160	17	2	1.30	54.10	3	45.05
2015	163	161	17	2	1.24	55.70	3	47.02
2016	164	161	17	3	1.82	57.20	3	48.78
2017	165	162	17	3	1.79	58.80	3	50.56
2018	166	163	17	3	1.81	60.10	3	52.24
2019	167	163	17	4	2.40	61.31	3	54.01
2020	171	157	17	14	8.19	60.98	5	55.43
2021	—	157	17	—	—	61.71	5	56.45

数据来源：历年河南省统计年鉴及统计公报

综上所述，鹤壁市经济体量较小，总体发展较为稳定，特别是鹤壁市通过开放招商，注重招头部、引链条、育生态，推动"天海系""仕佳系""中维系"等链式布局、集群发展，推动制造业向产业链中高端延伸。鹤壁作为一个传统资源型的小城市，很难以规模体量取胜，要依靠科技创新冲出重围，围绕企业，把创新摆在发展的逻辑起点和核心位置，集聚创新资源，优化创新生态，努力打造"科创中国"鹤壁样板。

（李燕燕　徐涛　整理数据图表）

河南省市域经济运行分析：新乡篇

新乡是中原城市群核心城市及河南重要的经济大市，也是豫北的经济、教育、交通中心，是郑洛新国家自主创新示范区的重要支撑。

一、概述

新乡市现辖12个县（市、区）、1个城乡一体化示范区、2个国家级开发区，总面积8249平方千米。截至2021年，全市总人口620万人，常住人口617.1万人，其中城镇常住人口360.3万人，农村常住人口256.8万人，城镇化率为58.39%。

二、经济平稳快速发展，人均GDP长期低于全省水平

从GDP总量来看，新乡市GDP总量从2008年的949.49亿元增长至2022年的3463.98亿元，增长了2.65倍，2010年、2016年、2020年分别首次突破1000亿元、2000亿元、3000亿元（见表1）。

表1　2008—2022年新乡市历年GDP及增速情况

年份	新乡市GDP（亿元）	河南省GDP（亿元）	新乡市GDP占河南省GDP的比重（%）	新乡市GDP增速（%）	河南省GDP增速（%）	新乡市GDP增速-河南省GDP增速（%）	新乡市人均GDP（元）	河南省人均GDP（元）	新乡市人均GDP-河南省人均GDP（元）
2008	949.49	18068.47	5.35	13.9	12.0	1.9	16188	18879	-2691
2009	902.96	19547.60	4.71	12.4	11.0	1.4	17992	20280	-2288
2010	1189.94	23157.64	5.25	14.6	12.4	2.2	21196	23984	-2788

续表

年份	新乡市GDP（亿元）	河南省GDP（亿元）	新乡市GDP占河南省GDP的比重（%）	新乡市GDP增速（%）	河南省GDP增速（%）	新乡市GDP增速-河南省GDP增速（%）	新乡市人均GDP（元）	河南省人均GDP（元）	新乡市人均GDP-河南省人均GDP（元）
2011	1489.41	27007.46	5.66	14.7	12.0	2.7	26198	28009	-1811
2012	1619.77	29681.79	5.59	11.4	10.1	1.3	28598	30820	-2222
2013	1766.10	32278.04	5.58	9.5	9.0	0.5	31138	33618	-2480
2014	1917.81	35026.99	5.55	9.3	8.9	0.4	33696	36686	-2990
2015	1975.03	37084.20	5.33	6.1	8.4	-2.3	34562	39209	-4647
2016	2166.97	40249.23	5.38	8.3	8.2	0.1	37805	42341	-4536
2017	2357.76	44824.92	5.26	8.1	7.8	0.3	40962	46959	-5997
2018	2526.55	49935.90	5.06	7.1	7.6	-0.5	46209	52114	-5905
2019	2918.18	54259.20	5.43	7.0	6.8	0.2	46570	56388	-9818
2020	3014.51	54997.07	5.56	3.2	1.1	2.1	48229	55435	-7206
2021	3232.53	58887.41	5.49	6.6	6.3	0.3	52028	59410	-7382
2022	3463.98	61345.05	5.65	5.3	3.1	2.2	—	—	—

数据来源：历年河南省统计年鉴及新乡市统计年鉴

2021年，新乡市GDP为3232.53亿元，较上年增长6.6%，高于全省水平0.3个百分点，居全省第6位，排名与上年持平，较2008年提升3位（见表2）。

表2 2008—2021年新乡市GDP总量、人均GDP在全省排名

年份	GDP总量在全省的排位	人均GDP在全省的排位	年份	GDP总量在全省的排位	人均GDP在全省的排位
2008	9	12	2016	6	12
2009	9	12	2017	6	12
2010	9	12	2018	6	10
2011	5	11	2019	6	11
2012	5	11	2020	6	11
2013	6	12	2021	6	11
2014	6	11	2022	6	—
2015	6	12			

数据来源：历年河南省统计年鉴

人均 GDP 方面，新乡市人均 GDP 从 2008 年的 16188 元增至 2021 年的 52028 元，增长了 2.2 倍，在全省排第 11 位；长期低于全省水平，2019 年相差最大，约 1 万元，2011 年最接近全省平均水平，但仍有 1811 元的差距。

从增速来看，2011 年新乡市 GDP 增速最快，为 14.6%；受新冠疫情的影响，2020 年增速最低为 3.2%，2021 年增速恢复至正常水平 6.6%，居河南省第 9 位。除 2015 年和 2018 年增速低于河南省水平外，其余年份均超过河南省 GDP 增速（见图 1）。而人均 GDP 增速多数年份低于全省水平，2021 年新乡市人均 GDP 增速基本与河南省持平（见图 2）。

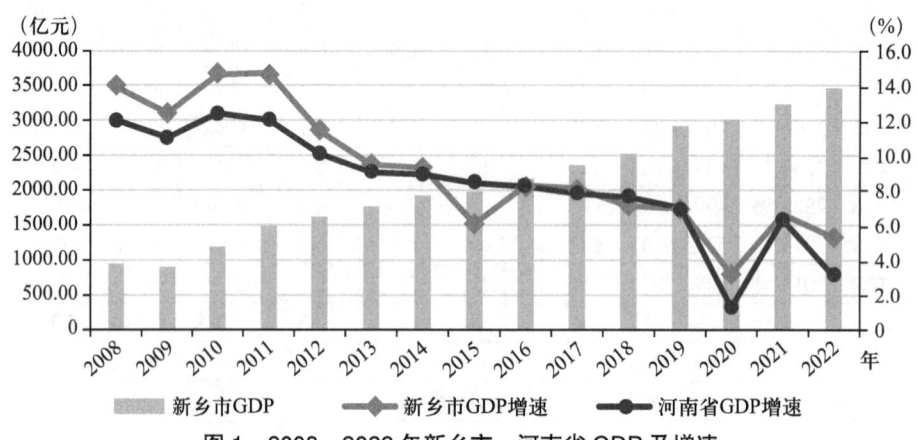

图 1　2008—2022 年新乡市、河南省 GDP 及增速

数据来源：历年河南省统计年鉴

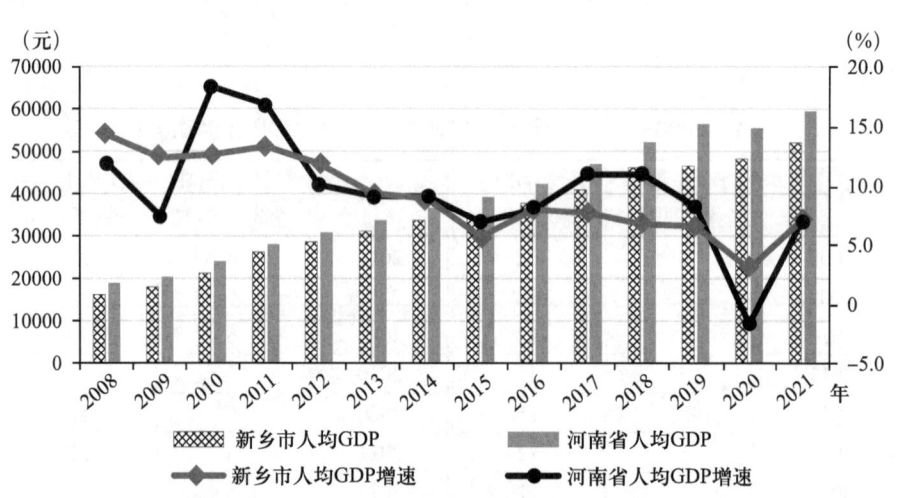

图 2　2008—2021 年新乡市、河南省人均 GDP 及增速

数据来源：历年河南省统计年鉴

从占比情况看，2008—2021 年新乡市 GDP 占河南省的比重比较稳定，在 4.71%~5.66% 之间波动，其中 2011 年占比最大为 5.66%，2021 年占比为 5.49%（见图 3），居全省第 6 位。

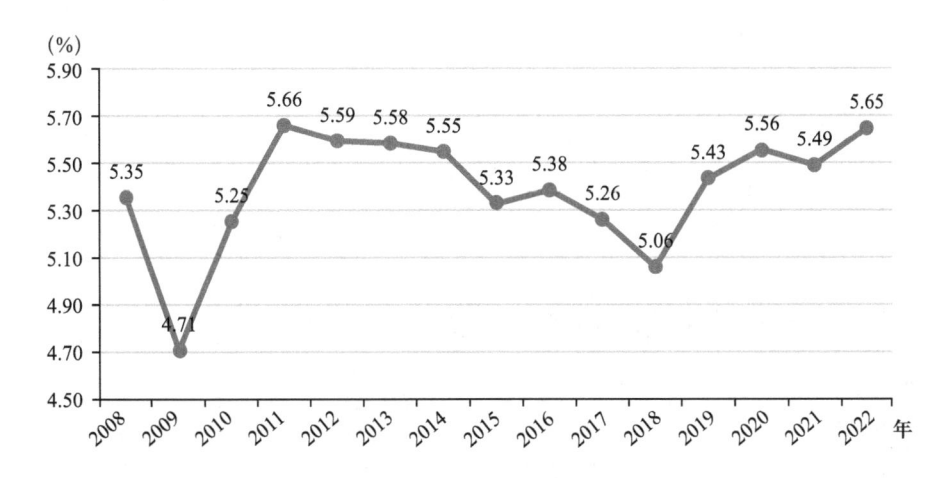

图 3　2008—2022 年新乡市 GDP 占河南省的比重

数据来源：历年河南省统计年鉴

三、预算收入全省排名靠前，税收质量逐年提高

从财政收支来看，新乡市一般公共预算收入从 2008 年的 48.77 亿元增至 2021 年的 208.28 亿元，增长了 3.3 倍（见表 3），2021 年同比增长了 9.7%，高出全省水平 5.4 个百分点，排全省第 4 名。一般公共预算支出逐年增加，从 2008 年的 99.23 亿元增至 2021 年的 506.70 亿元，增加了 4.1 倍，2021 年较上年增长 7.1%，高出全省水平 6.6 个百分点，排名全省第 8。

从税收收入占比来看，除 2014 年（69.45%）、2016 年（68.75%）外，其余年份均在 70% 以上。2015 年起，新乡市税收占比一直高于河南省水平，2021 年更是高出河南省 6.2 个百分点（见图 4），在河南省的排名也是不断上升，从 2008 年的第 14 位提升至 2021 年的第 5 位（见图 5）。

新乡市财政自给率除 2021 年略低于河南省水平外，其余年份均高出河南省财政自给率水平。2021 年新乡市财政自给率为 41.11%，居全省第 11 位（见图 6）。

表 3　2008—2021 年新乡市一般公共预算收支情况

年份	新乡市 一般公共预算收入（亿元）	税收收入（亿元）	税收占一般公共预算收入的比重（%）	一般公共预算支出（亿元）	财政自给率（%）	财政自给率省内排名	河南省 一般公共预算收入（亿元）	税收收入（亿元）	税收占一般公共预算收入的比重（%）	一般公共预算支出（亿元）	财政自给率（%）
2008	48.77	34.38	70.49	99.23	49.15	9	1008.90	742.27	73.60	2281.61	44.20
2009	55.89	39.93	71.44	131.58	42.47	9	1126.06	821.50	73.00	2905.76	38.80
2010	70.46	51.65	73.30	159.53	44.17	9	1381.32	1016.55	73.60	3416.14	40.40
2011	90.73	67.49	74.39	201.32	45.07	8	1721.76	1263.10	73.40	4248.82	40.50
2012	108.35	78.52	72.47	241.50	44.86	8	2040.33	1469.57	72.00	5006.4	40.80
2013	129.51	95.23	73.53	267.76	48.37	8	2415.45	1764.71	73.10	5582.31	43.30
2014	139.13	96.63	69.45	279.51	49.78	9	2739.26	1951.46	71.20	6028.69	45.40
2015	144.57	101.76	70.39	310.95	46.49	7	3016.05	2101.17	69.70	6799.35	44.40
2016	148.06	101.79	68.75	325.71	45.46	8	3153.48	2158.45	68.40	7453.74	42.30
2017	159.05	112.43	70.69	368.26	43.19	10	3407.22	2329.31	68.40	8215.52	41.50
2018	172.66	125.66	72.78	403.87	42.76	9	3766.02	2656.65	70.50	9217.73	40.90
2019	187.21	133.88	71.51	464.7	40.29	11	4041.89	2841.34	70.30	10163.93	39.80
2020	194.03	137.84	71.04	473.22	41.00	10	4168.84	2764.73	66.30	10372.67	40.20
2021	208.28	149.12	71.60	506.70	41.11	11	4347.38	2842.52	65.40	10419.86	41.70

数据来源：历年河南省统计年鉴

河南省市域经济运行分析：新乡篇

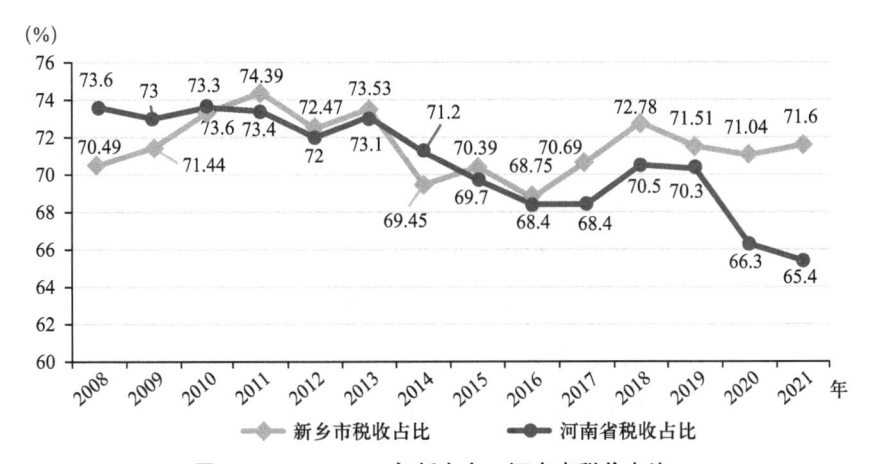

图4　2008—2021年新乡市、河南省税收占比

数据来源：历年河南省统计年鉴

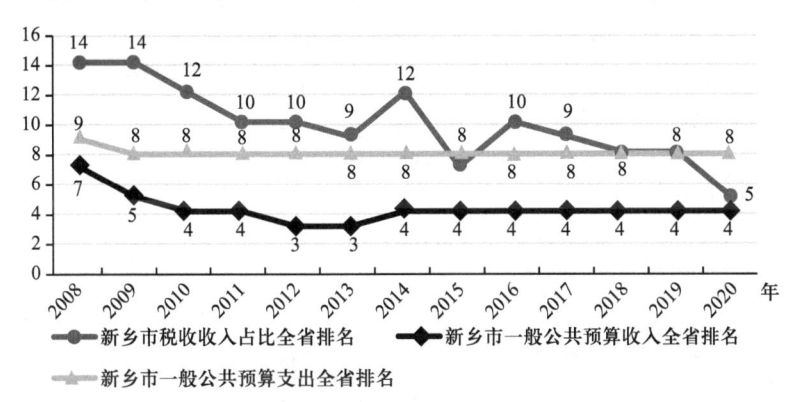

图5　2008—2021年新乡市预算收支、税收占比全省排名

数据来源：历年河南省统计年鉴

图6　2008—2021年新乡市、河南省财政自给率

数据来源：历年河南省统计年鉴

四、城镇居民人均可支配收入低于全省水平

2008—2021年，新乡市城乡居民人均可支配收入稳定增长，城镇居民人均可支配收入在2018年突破30000元，2021年城镇居民人均可支配收入为36245元，是2008年的2.79倍。农村居民人均可支配收入在2014年突破万元，2021年农村居民人均可支配收入18921元，是2008年的3.76倍。但是，除2014年外，其余年份新乡市城镇居民人均可支配收入均不及河南省水平，且两者差值逐年拉大。而农村居民人均可支配收入高于河南省平均水平（见表4）。

表4　2008—2021年新乡市居民收入情况

年份	新乡市 城镇居民人均可支配收入（元）	新乡市 农村居民人均可支配收入（元）	河南省 城镇居民人均可支配收入（元）	河南省 农村居民人均可支配收入（元）	新乡市-河南省 城镇居民人均可支配收入（元）	新乡市-河南省 农村居民人均可支配收入（元）
2008	13000	5038	13231	4454	-231	584
2009	14170	5431	14372	4807	-202	624
2010	15752	6241	15930	5524	-178	717
2011	17988	7532	18195	6604	-207	928
2012	20159	8647	20443	7525	-284	1122
2013	22105	9728	22398	8475	-293	1253
2014	23983	10730	23672	9966	311	764
2015	25349	11772	25576	10853	-227	919
2016	26892	12679	27233	11697	-341	982
2017	29071	13769	29558	12719	-487	1050
2018	31309	14939	31874	13831	-565	1108
2019	33626	16344	34201	15164	-575	1180
2020	34097	17471	34750	16108	-653	1363
2021	36245	18921	37095	17533	-849	1388

数据来源：历年河南省统计年鉴

从增速来看，城镇居民人均可支配收入增速基本与GDP增速保持一致，2009年以来，除2016年农村居民人均可支配收入增速低于GDP增速外，其余年份农村居民人均可支配收入增速均超过GDP增速（见图7）。

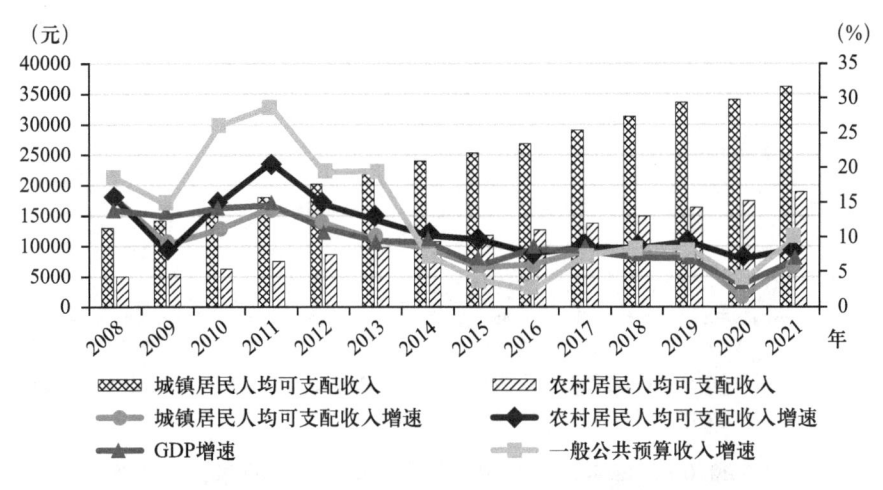

图 7 2008—2021 年新乡市城乡居民人均可支配收入及增速

数据来源：历年河南省统计年鉴

五、创新助力新乡高质量发展

近年来，新乡市创建了国家（新乡）新型电池及材料高新技术产业化基地、国家火炬计划新乡生物特色产业基地、国家（新乡）制冷高新技术产业化基地、长垣起重机械特色产业基地和国家级专利技术展示交易中心、国家（新乡）知识产权维权援助中心、国家（新乡）知识产权保护中心等。研发经费支出逐年递增，2020 年达到 66.91 亿元，是 2010 年的近 5 倍（见图 8）。但研发经费支出占 GDP 的比重一直较低（见图 9）。

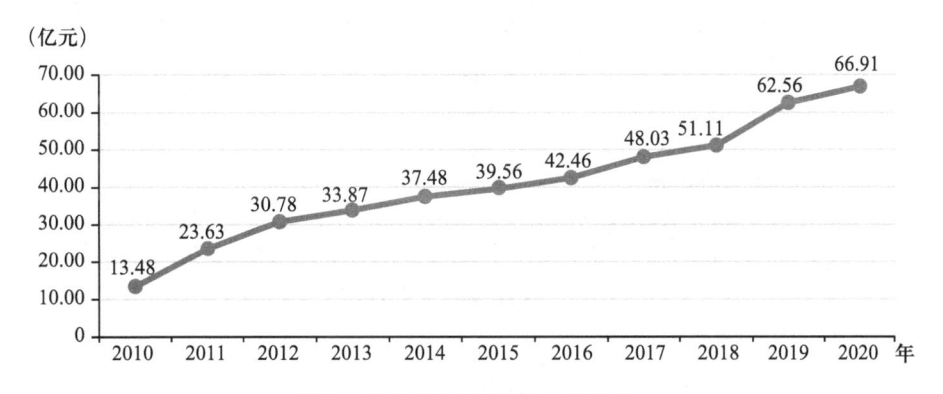

图 8 新乡市 R&D 经费内部支出

数据来源：历年新乡市统计年鉴

— 135 —

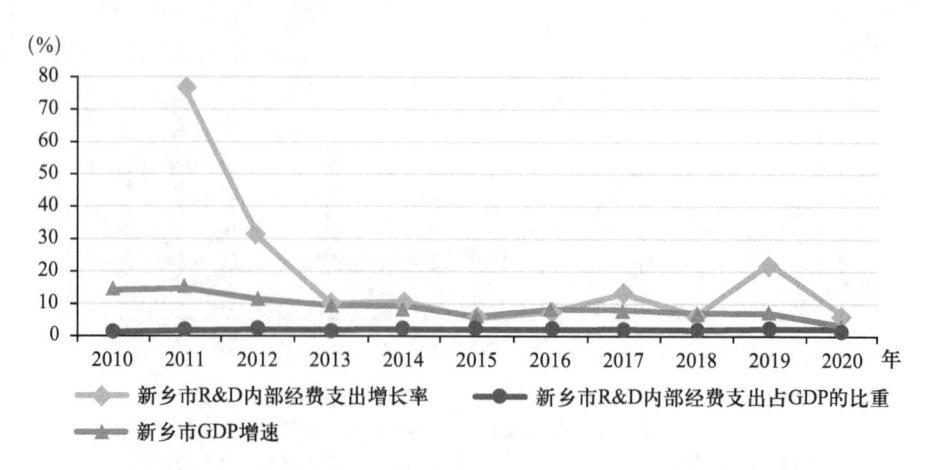

图9　2010—2020年新乡市R&D经费增长率、占GDP的比重情况

数据来源：历年新乡市统计年鉴

从R&D产出量情况来看，2010—2020年间，新乡市专利申请数和科技论文发表数均处于全省前三位，且专利申请数和授权数整体呈上升趋势，发表科技论文数波动下降。从占比上看，专利申请数、专利授权数和发表科技论文数近3年占全省的比例均表现出下降趋势（见图10）。

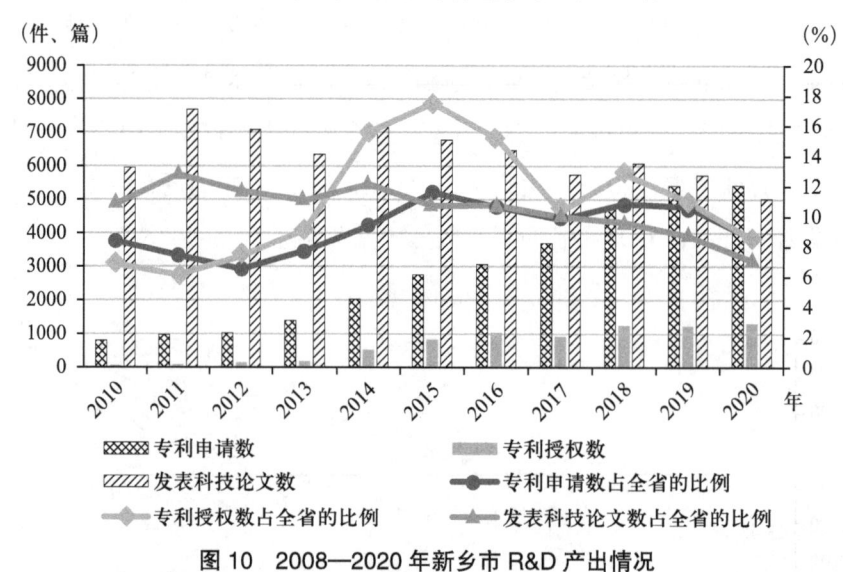

图10　2008—2020年新乡市R&D产出情况

数据来源：历年河南省统计年鉴

新型电池与新能源汽车、生物医药与医疗器械、电子信息战略性新兴产业占规上工业企业增加值的比重逐年上升，2018年为8.6%，2021年升至

23.0%。战略性新兴产业的增速，除 2019 年略低于规上工业增加值增速外，其余年份均远超规上工业增加值增速（见图 11），从总量和增速上看，新乡市近年在科技创新方面成效显著。

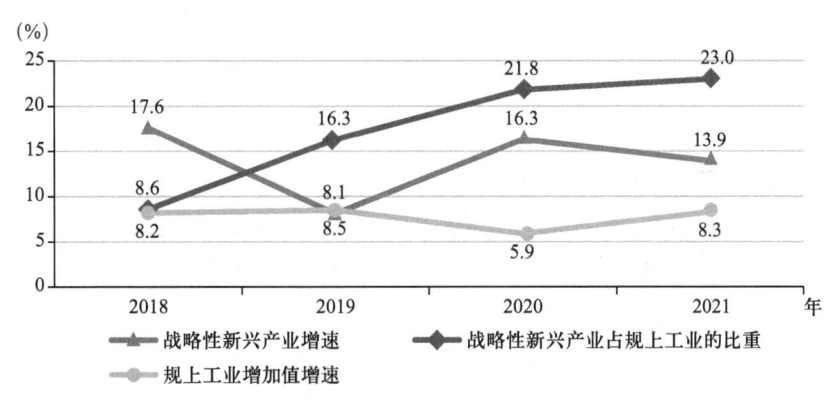

图 11 2018—2021 年新乡市战略性新兴产业发展情况
数据来源：历年新乡市统计年鉴

六、各类投资波动比较大

新乡市固定资产投资 2015 年、2016 年断崖式下滑，2017 年回升，开始高于河南省固定资产投资增速。2021 年，新乡市固定资产投资总额为 3230.92 亿元，比上年增长 12.1%，高出河南省 7.6 个百分点（见图 12）。

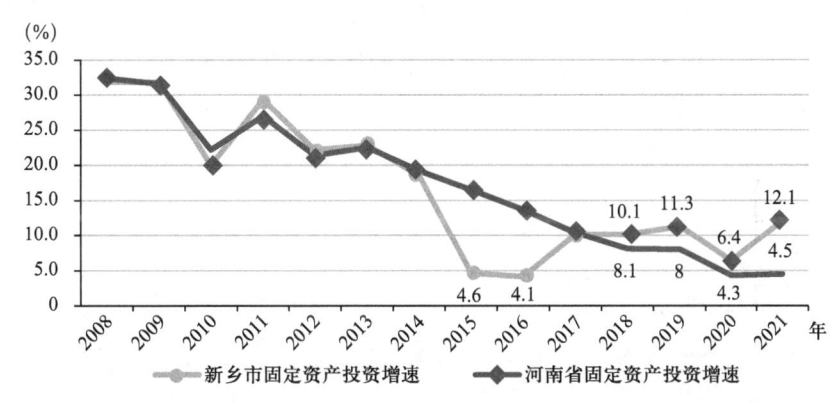

图 12 2008—2021 年新乡市固定资产投资增速与河南省固定资产投资增速
数据来源：历年新乡市统计年鉴

新乡市工业投资和民间投资，除 2016 年为负增长外，其余年份均为正增长，其中工业投资增速在 2019 年较低为 1.5%，2020 年又回弹至 6.5%，2021

年为 23.2%。民间投资增速在 2016 年为负增长，2021 年达到 15.7%。房地产投资增速受投资政策和环境影响，波动较大，2016 年增速最快（38.5%），而这一年恰恰是工业投资和民间投资为负增长的年份，随后又大幅度下滑，2018 年以后有所回调，2021 年房地产投资增速为 3.1%（见图 13）。

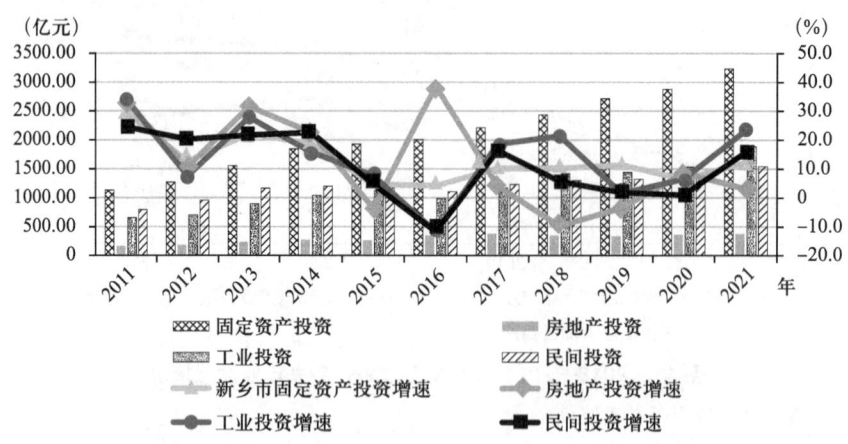

图 13 2011—2021 年新乡市不同类型投资及增速情况

数据来源：历年新乡市统计年鉴

从各类投资占 GDP 的比重来看，新乡市固定资产投资占 GDP 的比重稳步上升，2021 年为 99.98%。工业投资占比从 2018 年超过民间投资，2021 年占比为 58.44%。民间投资占比平缓下滑，2021 年占到 47.74%。房地产占比先升后降，2021 年占 11.47%。但是，社会消费品零售总额占比整体上有所下降，2021 年占到 32.69%，说明新乡消费拉动作用有待提升。2021 年进出口占比为 3.62%（见图 14）。

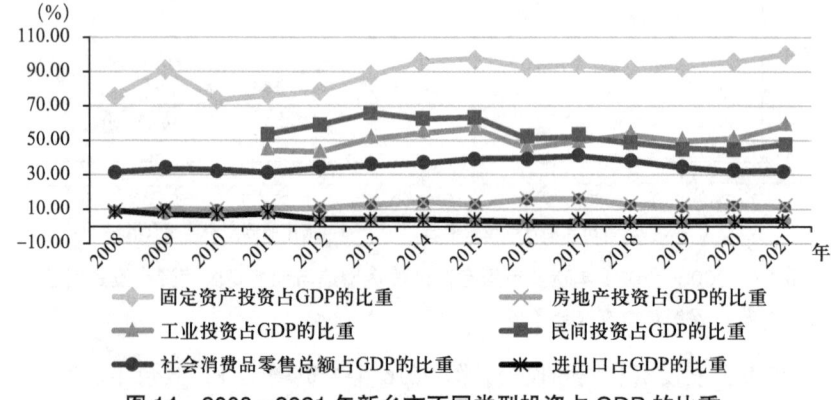

图 14 2008—2021 年新乡市不同类型投资占 GDP 的比重

数据来源：历年新乡市统计年鉴

七、工业增加值增速高于全省水平，制造业工业增加值增速高于 GDP 增速

2008 年以来，在很长一段时间内，第二产业在新乡市的经济发展中都起到主导作用。2020 年之前，第二产业占 GDP 的比重均保持在 45% 以上，2020 年第三产业增加值占 GDP 的比重首次超过第二产业。2021 年三产结构为 9.05∶44.62∶46.33（见图 15）。

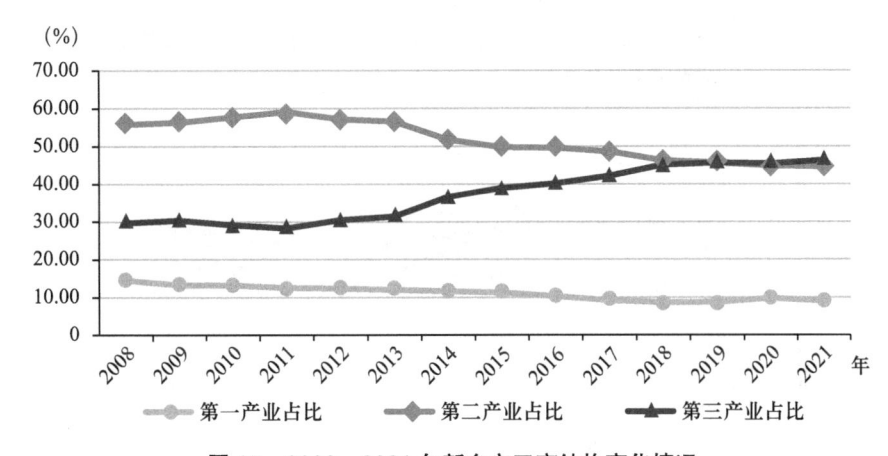

图 15 2008—2021 年新乡市三产结构变化情况

数据来源：历年新乡市统计年鉴

从规上工业增加值增速来看，新乡市规上工业增加值增速保持与全省相同的变化趋势，除 2014 年和 2015 年外，其余年份均高于全省水平。2021 年规上工业增加值增长 8.3%，高于全省 2 个百分点（见图 16）。

分门类看，总体上制造业增速均超过采矿业与电力、热力及水生产和供应业，且制造业工业增加值增速高于 GDP 增速（见图 17）。

从制造业细分看，通用设备制造业占规上工业增加值的比重最大，远超过其他产业，且占比稳定在 17% 以上，其余类型制造业占比均不足 10%（见图 18）。从增速上看，汽车制造业近三年均为负增长（见图 19）。

细分规模以上工业发现，在 2019 年，新乡市战略性新兴产业、高技术产业增速较 2018 年均有所放缓，但 2020 年有反弹，2021 年又有所下降。其中高技术产业近两年增速均保持在 20% 以上，2020 年为 28.6%，2021 年

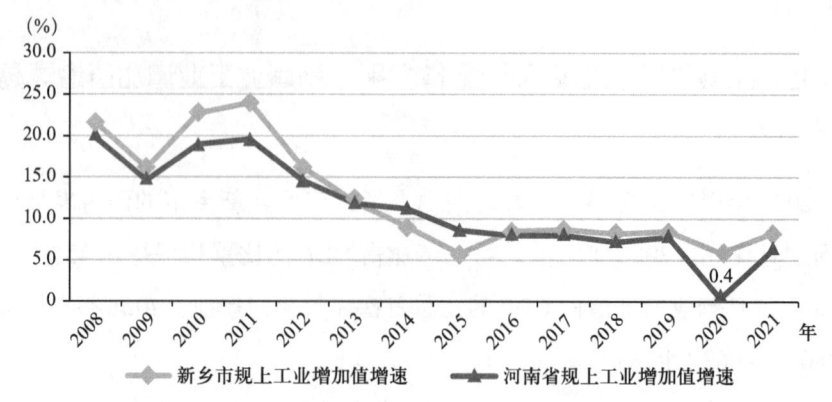

图16 2008—2021年新乡市、河南省规上工业增加值增速对比

数据来源：历年新乡市统计年鉴

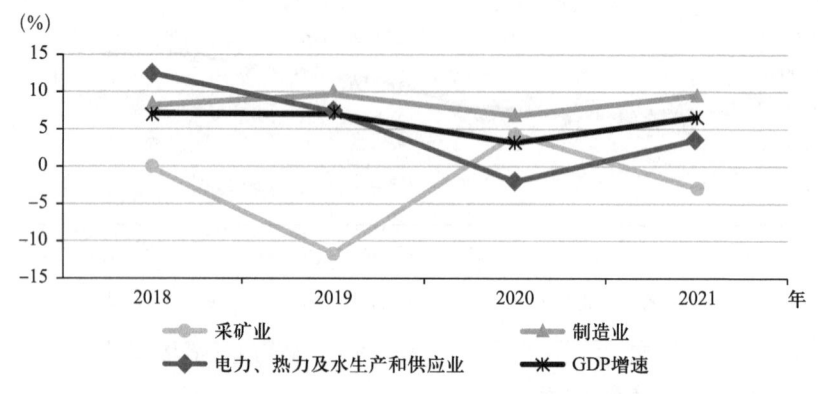

图17 2018—2021年新乡市分门类规上工业增加值增速对比

数据来源：历年新乡市统计年鉴

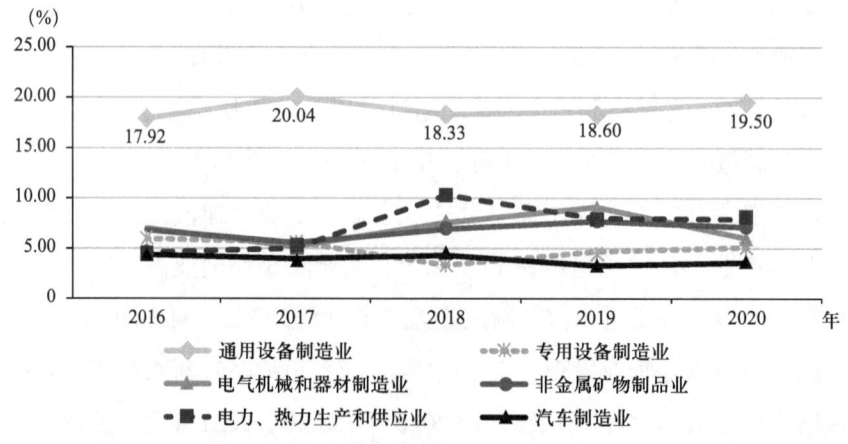

图18 2016—2020年新乡市年主要制造业增加值占规上工业增加值的比重

数据来源：历年新乡市统计年鉴

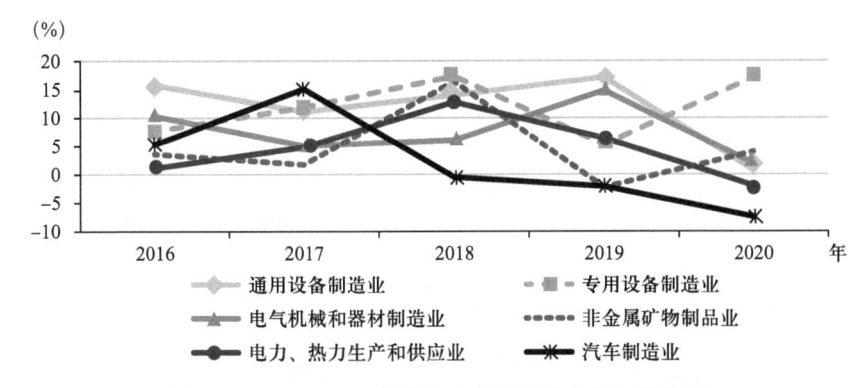

图 19 2016—2020 年新乡市主要制造业增加值增速

数据来源：历年新乡市统计年鉴

为 23.7%。战略性新兴产业增速也在 10% 以上；相反，高耗能工业①增速在 10% 以下且逐年下降（见图 20）。

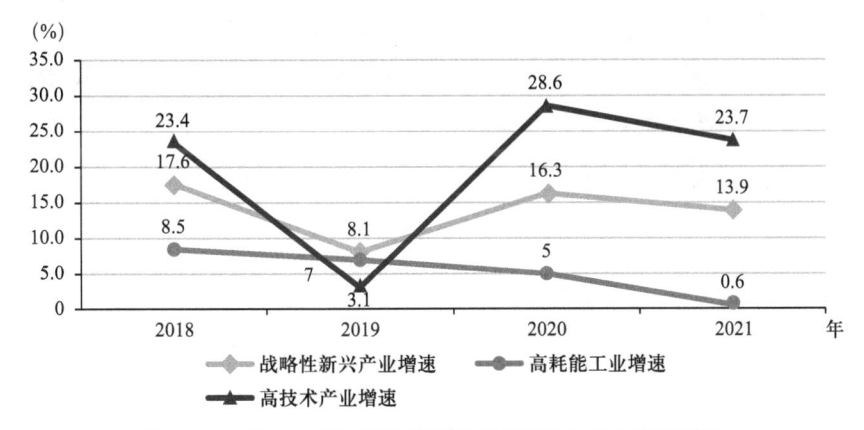

图 20 2018—2021 年新乡市不同类型规上工业增速对比

数据来源：历年新乡市统计年鉴

从占比情况看，尽管高耗能工业增速逐年下降，但其占规上工业增加值总额的比重却较为稳定，2018—2021 年均保持在 30% 以上，其次是战略性新兴产业和高技术产业，后两者占比逐年提升（见图 21）。

新乡市服务业增加值总量不断提高，增速渐趋放缓。2018 年新乡市服

---

① 目前，在统计上高能耗行业主要包括以下 6 个行业：电力热力的生产和供应业、石油加工炼焦及核燃料加工业、化学原料及化学制品制造业、有色金属冶炼及压延加工业、黑色金属冶炼及压延加工业、非金属矿物制品业。

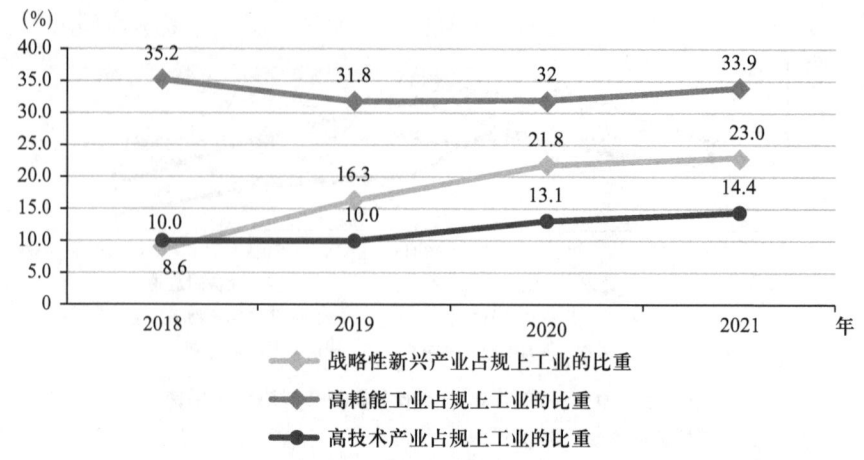

图 21 2018—2021 年新乡市不同类型规上工业增加值占规上工业增加值总额的比重
数据来源：历年新乡市统计年鉴

务业增加值超过 1000 亿元，2021 年服务业增加值达到 1497.58 亿元。2016 年占 GDP 的比重突破 40%，2021 年发展到 46.33%（见图 22）。近年来，除 2020 年受新冠疫情影响外，其余年份显示出增速逐渐放缓趋势，2020 年为 2.2%，2021 年反弹至 9.4%，反超 GDP 增速 2.8 个百分点（见图 23）。

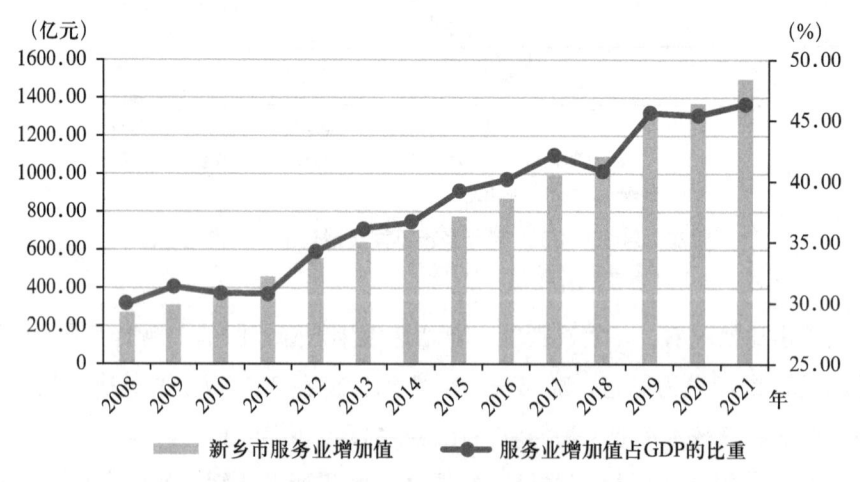

图 22 2008—2021 年新乡市服务业增加值及占 GDP 的比重
数据来源：历年新乡市统计年鉴

分不同类型服务业看，2018 年交通运输、仓储和邮政业占比明显增加，2021 年超过了房地产、批发零售和金融业占比。2021 年排前三位的交通运

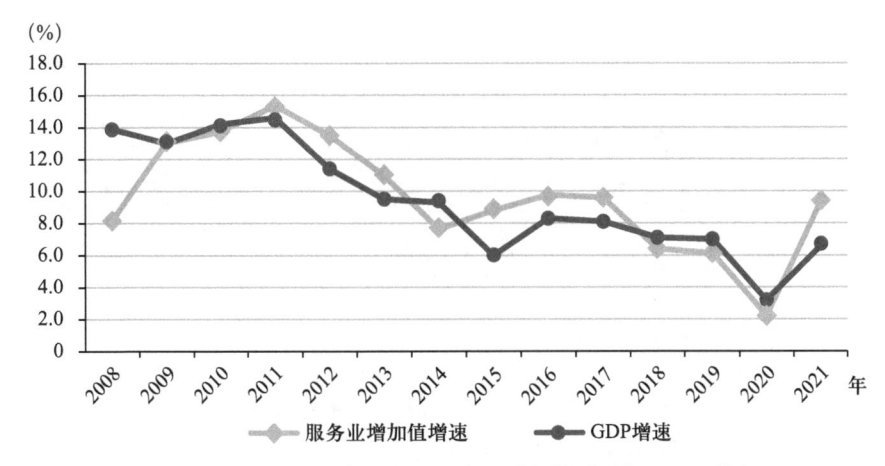

图23 2008—2021年新乡市服务业增加值增速与GDP增速

数据来源：历年新乡市统计年鉴

输、仓储和邮政业，批发和零售业及房地产业占比分别是15.72%、14.56%、14%，住宿和餐饮业占比最低，仅为2.85%（见图24）。从增速来看，各类服务业增速整体呈现波浪形，2021年交通运输、仓储和邮政业增速最高，为19.3%（见图25）。

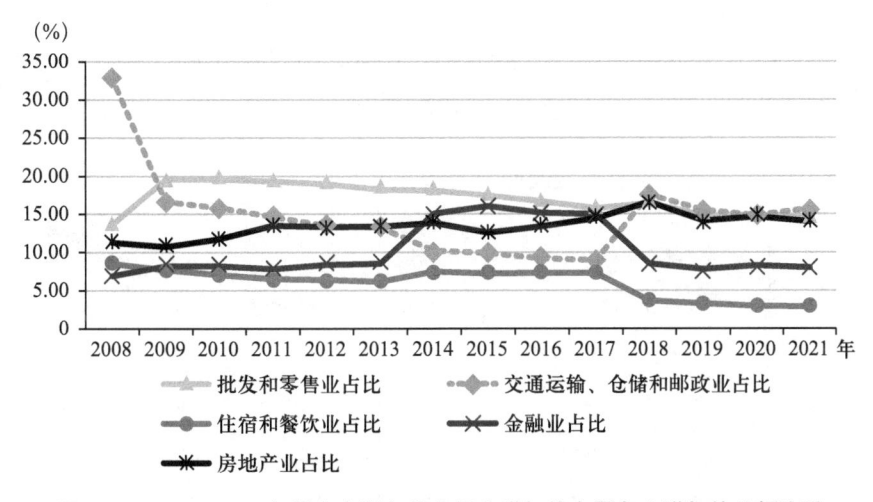

图24 2008—2021年新乡市服务业分行业增加值占服务业增加值总额比重

数据来源：历年新乡市统计年鉴

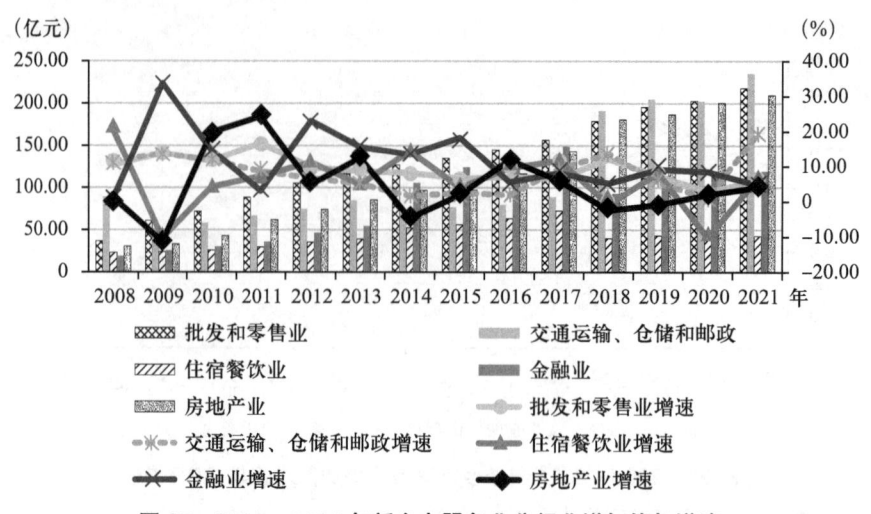

图 25 2008—2021 年新乡市服务业分行业增加值与增速

数据来源：历年新乡市统计年鉴

八、城镇化率高于全省水平

2008年以来，新乡市城镇化进程显著加快，常住人口数量平稳增加，城镇化率均高于河南省平均水平，2016年城镇化率突破50%，2021年为58.39%，高于全省水平近2个百分点。同时，人口流失率也在不断增加，2020年达到6.15%，2021年却大幅下降到0.48%（见表5）。

表5 2008—2021年新乡市人口情况

年份	新乡市 户籍人口（万人）	新乡市 常住人口（万人）	新乡市 户籍人口－常住人口（万人）	新乡市 人口流失率（%）	新乡市 城镇化率（%）	河南省 城镇化率（%）
2008	561	551	10	1.78	39.20	36.03
2009	563	552	11	1.95	41.00	37.70
2010	586	571	15	2.56	41.10	38.82
2011	593	566	27	4.55	42.90	40.47
2012	597	567	30	5.03	44.70	41.99
2013	600	568	32	5.33	46.10	43.60

续表

| 年份 | 新乡市 ||||| 河南省 |
------	户籍人口（万人）	常住人口（万人）	户籍人口-常住人口（万人）	人口流失率（%）	城镇化率（%）	城镇化率（%）
2014	604	571	33	5.46	47.6	45.05
2015	607	572	35	5.77	49.00	47.02
2016	611	574	37	6.06	50.40	48.78
2017	614	577	37	6.03	52.00	50.56
2018	617	579	38	6.16	53.40	52.24
2019	620	581	39	6.29	54.91	54.01
2020	667	626	41	6.15	57.58	55.43
2021	620	617	3	0.48	58.39	56.45

综上所述，新乡市在GDP总量及增速，财政收支、税收、制造业、创新投入等方面表现良好，总体排名全省靠前。但仍存在各类投资波动，不够稳定，消费占比低，城镇居民人均可支配收入低于全省水平等问题。特别是新乡作为郑洛新国家自主创新示范区的主要片区，创新主体地位不突出、科技创新资源缺乏、科技成果转移转化率不高等。因此，需要加大创新创业政策力度，营造环境，以企业为抓手，联动创新要素，尽快做大制造业体量，壮大中小企业生产群体规模，打造郑洛新国家自主创新示范区高地。

（李燕燕　徐　涛　整理数据图表）

河南省市域经济运行分析：焦作篇

焦作是河南省唯一的郑州、洛阳都市圈"双圈"叠合城市，是郑州大都市区门户城市、中原城市群和豫晋交界地区的区域性中心城市。

一、概述

焦作市下辖解放区、中站区、马村区、山阳区、修武县、博爱县、武陟县、温县、沁阳市、孟州市6县（市）、4区和1个城乡一体化示范区，面积4071平方千米。2021年，焦作市常住人口352万人，城镇化率为63.73%，居全省第4位，前3位分别是：郑州、济源、洛阳。

二、经济总量

从GDP总量来看，2008年焦作市GDP总量便突破千亿元[①]，2016年突破两千亿元。2022年GDP总量为2234.80亿元，居全省第13位，相比2008年在全省的位次下降了6位（见表1）。2008—2021年间，焦作市人均GDP总体上高于河南省人均GDP水平，但二者的差距逐渐缩小，2009年超出54.62%，到2021年仅高出2.16%。2021年焦作市人均GDP为60692元，是2008年29128元的2倍多（见表2），居全省第8位。

表1　2008—2022年焦作市GDP总量在全省排名

年份	焦作市GDP总量在全省排名	焦作市GDP增速在全省排名	焦作市人均GDP在全省排名
2008	7	11	5
2009	7	12	5

[①] 2008年河南省GDP总量超千亿元的城市有：郑州（3003.99亿元）、洛阳（1919.60亿元）、南阳（1636.43亿元）、许昌（1062.05亿元）、平顶山（1048.33亿元）、安阳（1036亿元）、焦作（1031.59亿元）。

续表

年份	焦作市 GDP 总量在全省排名	焦作市 GDP 增速在全省排名	焦作市人均 GDP 在全省排名
2010	7	11	4
2011	8	5	5
2012	8	8	5
2013	7	5	4
2014	7	14	4
2015	7	12	4
2016	7	10	3
2017	7	15	3
2018	10	16	3
2019	8	1	3
2020	13	18	8
2021	13	17	8
2022	13	13	—

数据来源：历年河南省统计年鉴

表 2　2008—2022年焦作市历年 GDP 及增速情况

年份	焦作市 GDP（亿元）	河南省 GDP（亿元）	焦作市 GDP 占河南省 GDP 的比重（%）	焦作市 GDP 增速（%）	河南省 GDP 增速（%）	焦作市增速-河南省 GDP 增速	焦作市人均 GDP（元）	河南省人均 GDP（元）	焦作市人均 GDP/河南省人均 GDP（%）
2008	1031.59	17735.93	5.82	12.6	12.0	0.6	29128	18879	154.29
2009	990.36	19181.00	5.16	11.3	11.0	0.3	31356	20280	154.62
2010	1245.93	22655.02	5.50	11.9	12.4	−0.5	35767	23984	149.13
2011	1442.62	26318.68	5.48	13.4	12.0	1.4	40810	28009	145.70
2012	1551.35	28961.92	5.36	11.2	10.1	1.1	44029	30820	142.86
2013	1707.36	31632.50	5.40	10.7	9.0	1.7	48545	33618	144.40
2014	1844.31	34574.76	5.33	8.8	8.9	−0.1	52421	36686	142.89
2015	1926.08	37084.10	5.19	8.7	8.4	0.3	54590	39209	139.23
2016	2095.08	40249.34	5.21	8.3	8.2	0.1	59183	42341	139.78
2017	2280.10	44824.92	5.09	7.4	7.8	−0.4	64173	46959	136.66
2018	2371.50	49935.90	4.75	6.3	7.6	−1.3	69972	52114	134.27
2019	2761.11	53717.75	5.14	8.0	6.8	1.2	76828	56388	136.25
2020	2123.60	54259.43	3.91	−20.6	1.1	−21.7	60384	55435	108.93
2021	2136.84	58887.41	3.63	4.4	6.3	−1.9	60692	59410	102.16
2022	2234.80	61345.05	3.64	3.3	3.1	0.2	—	—	—

数据来源：历年河南省统计年鉴及焦作市统计公报

从增速看，2017年以后，除2019年高出河南省1.2个百分点、2022年与河南省持平外，其余年份焦作市GDP增速均不及河南省GDP增速。2020年焦作市GDP增速为–20.6%，2022年为3.3%（见图1）。同样，2017—2021年焦作市人均GDP增速也都低于全省水平，2021年焦作市人均GDP增速为0.5%，河南省为7.17%（见图2）。

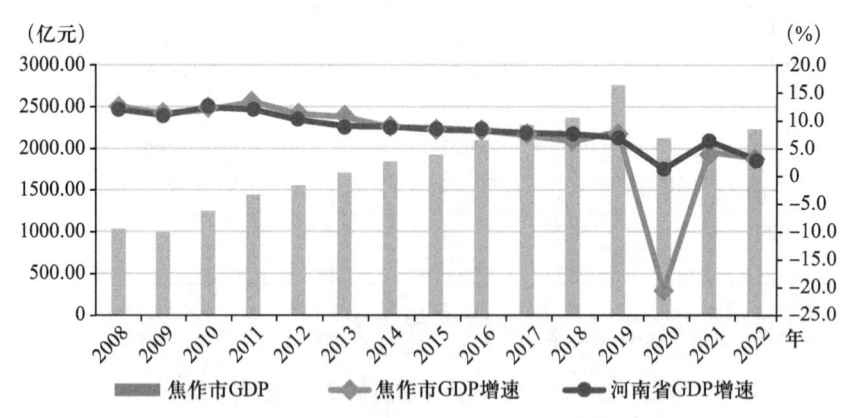

图1 2008—2022年焦作市、河南省GDP及增速

数据来源：历年河南省统计年鉴及焦作市统计公报

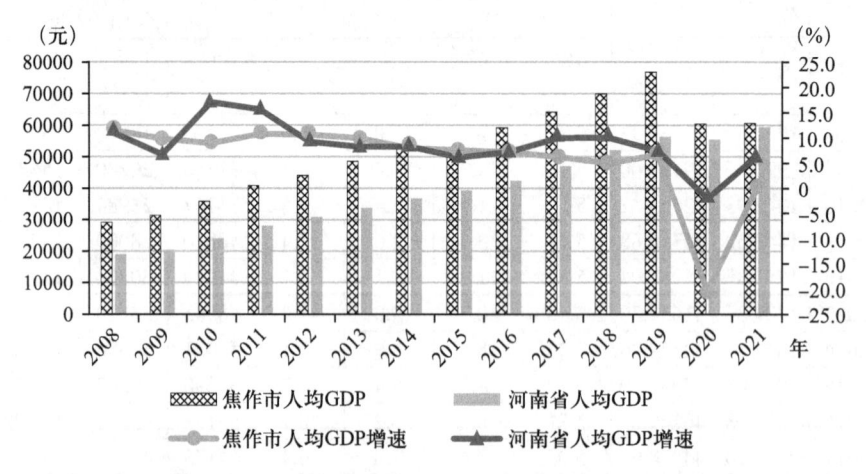

图2 2008—2021年焦作市、河南省人均GDP及增速

数据来源：历年河南省统计年鉴及焦作市统计公报

从占比来看，2008—2022年间，焦作市GDP在全省占比呈下降趋势，2008年占比最高（5.71%），降到2021年的3.63%（见图3）。

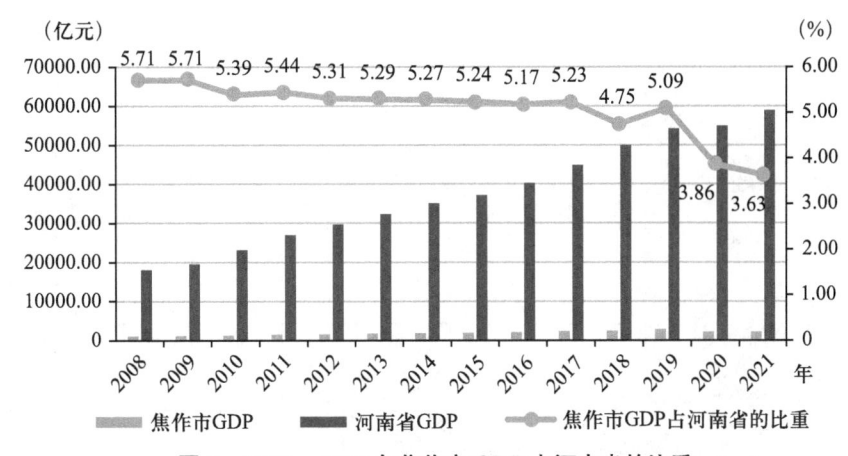

图 3　2008—2021 年焦作市 GDP 占河南省的比重

数据来源：历年河南省统计年鉴及焦作市统计公报

三、财政收支与居民可支配收入

从财政收支来看，焦作市一般公共预算收入总额逐年增加，从 2008 年的 49.18 亿元增至 2021 年的 160.72 亿元，增长了 2.3 倍。2021 年，焦作市一般预算收入总额在全省排第 11 位，相较 2008 年下降了 5 位。2021 年焦作市一般公共预算支出总额为 304.91 亿元，较上年稍有下降，是 2008 年的 3.75 倍，由 2008 年的全省第 11 位下降到第 14 位，高于漯河、三门峡、鹤壁和济源（见表 3）。

税收占比方面，2008—2021 年间，焦作市税收占比均低于河南省税收占

图 4　2008—2021 年焦作市、河南省税收占比

数据来源：历年河南省统计年鉴及焦作市统计公报

表3 2008—2021年焦作市一般公共预算收支情况

年份	一般公共预算收入（亿元）	占全省一般公共预算收入的比重（%）	一般公共预算收入在全省排名	税收收入（亿元）	税收占一般公共预算收入的比重（%）	占全省税收收入的比重（%）	税收占比在全省的排序	一般公共预算支出（亿元）	一般公共预算支出在全省排名	财政自给率（%）	财政自给率在河南省内的排名
2008	49.18	4.87	6	35.99	73.18	4.85	13	81.25	11	60.53	5
2009	54.42	4.83	7	39.30	72.22	4.13	11	103.50	11	52.58	5
2010	63.34	4.59	7	45.74	72.21	4.50	15	121.55	11	52.11	6
2011	74.51	4.33	7	52.14	69.98	4.13	16	144.80	13	51.46	5
2012	85.13	4.17	7	55.57	65.28	3.78	18	165.97	13	51.29	4
2013	97.34	4.03	7	64.80	66.57	3.67	18	183.14	13	53.15	5
2014	105.57	3.85	7	68.86	65.23	3.53	17	192.48	13	54.85	6
2015	115.11	3.82	7	75.15	65.29	3.58	18	209.32	14	54.99	5
2016	124.18	3.94	6	78.94	63.57	3.66	16	217.82	14	57.01	4
2017	133.79	3.93	6	86.17	64.41	3.70	17	239.54	14	55.85	4
2018	145.50	3.86	9	102.27	70.29	3.85	14	269.30	14	54.03	4
2019	156.47	3.87	10	109.59	70.04	3.86	14	297.57	14	52.58	4
2020	158.53	3.80	11	99.33	62.66	3.59	16	321.23	14	49.35	6
2021	160.72	3.86	11	104.14	64.80	3.67	16	304.91	14	52.71	4

数据来源：历年河南省统计年鉴及焦作市统计公报

比水平，2008年税收占比最高（为73.18%），2021年占比降到64.80%（见图4）。税收占比在全省的位次从2008年的第13位变为2021年的第16位，下降了3位（见图5）。

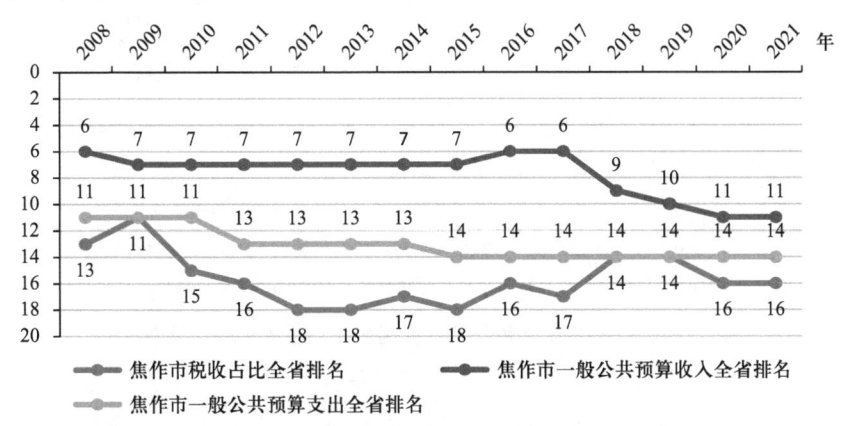

图5 2008—2021年焦作市预算收支、税收占比全省排名

数据来源：历年河南省统计年鉴及焦作统计公报

焦作市财政自给率总体高于河南省财政自给率水平，2021年焦作市财政自给率为52.71%，比全省高出10.99个百分点，居全省第4位（见图6），前三位分别为郑州（75.36%）、济源（72.47%）、洛阳（62.01%）。

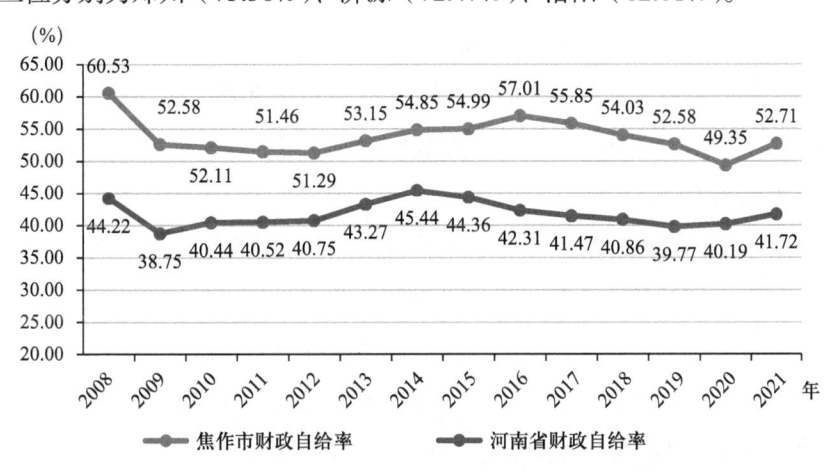

图6 2008—2021年焦作市、河南省财政自给率

数据来源：历年河南省统计年鉴及焦作市统计公报

2008—2021年，焦作市城乡居民人均可支配收入稳定增长，城镇居民人居可支配收入在2018年突破3万元，农村居民人均可支配收入在2020年突破2万元（见图7）。2021年，焦作市城镇居民人均可支配收入为36290

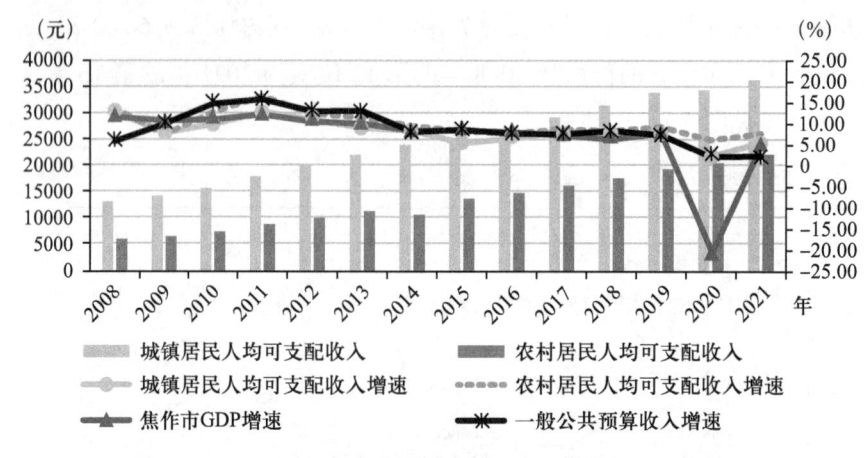

图7 2008—2021年焦作市城乡居民人均可支配收入及增速

数据来源：历年河南省统计年鉴及焦作统计公报

元，同比增长5.4%，相比2008年增长了1.7倍，收入总量居全省第8位；农村居民人均可支配收入为22180元，同比增长7.9%，是2008年的3.6倍，收入总量居全省第3位。

与河南省相比，除2014年外，焦作市城镇居民人均可支配收入稍高于河南省水平，其余年份均不及河南省水平；农村居民人均可支配收入总体上远超全省水平，但二者之间的差距在逐渐缩小。除2020年特殊年份外，一般公共预算收入增速和城乡居民人均可支配收入增速及GDP增速基本一致，2021年城乡居民人均可支配收入增速高于GDP增速，GDP增速又高于一般公共预算收入增速。

2008—2021年间，焦作市金融机构年末存贷款余额总量逐年增加，存款年末余额大于贷款年末余额，且二者之间的差距呈扩大趋势。在占比上，焦作市金融机构年末存贷款余额占河南省的比重整体上均在下降，2021年存款占比为3.0%，贷款占比为2.6%，除2012—2014年焦作市贷款余额占比超过存款余额占比外，其余年份存款余额占比均高于贷款余额占比，近两年存贷款余额占比的差距也在变大（见图8）。

由焦作市委、市政府主导建立的企业融资平台助力焦作市企业发展，截至2022年6月17日，在焦作市注册认证的企业有5496户，其中排前三位的县区有解放区（853户）、武陟县（702户）、山阳区（674户），共放款资金1422.00

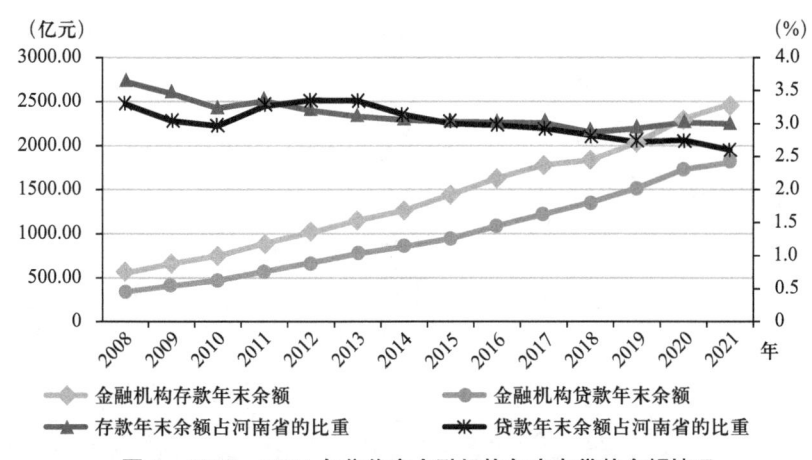

图 8　2008—2021 年焦作市金融机构年末存贷款余额情况

数据来源：历年河南省统计年鉴及焦作市统计公报

亿元。从划分对应产业来看，制造业需求金额为 1023.92 亿元，占比最大为 69.45%，其次是电力、热力、燃气及水生产和供应业（185 亿元）、批发和零售业（111 亿元）、房地产业（33 亿元），占比分别为 12.56%、7.51%、2.23%（见图 9）。

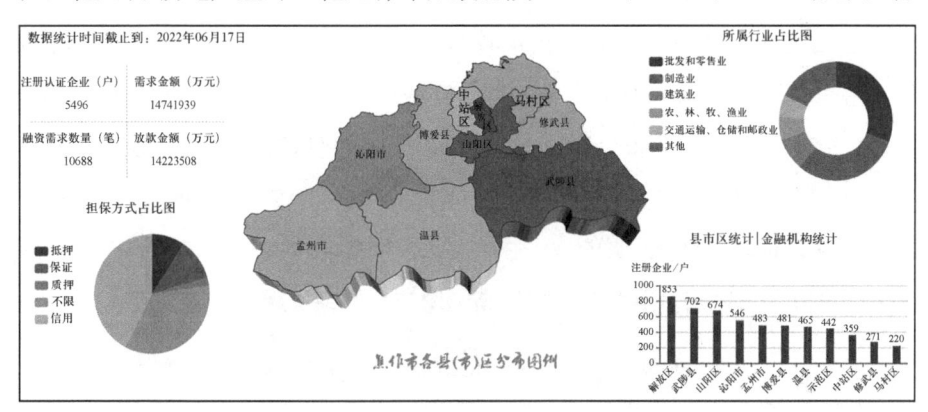

图 9　融资平台助力焦作市企业发展情况

图表来源：焦作市科技局网站（https://jf.jzjrw.gov.cn/web/index）

四、投资与消费

2021 年，焦作市固定资产总额为 2247.46 亿元，是 2008 年的 3.6 倍。从增速来看，2018 年和 2020 年，焦作市固定资产投资下降幅度较大，2018 年较上年下降了 13.8%，2020 年较上年下降了 12.4%。除 2018 年外，其余年

— 153 —

份焦作市固定资产投资增速高于 GDP 增速，且二者之间的差距逐渐缩小，增速基本一致（见图 10）。

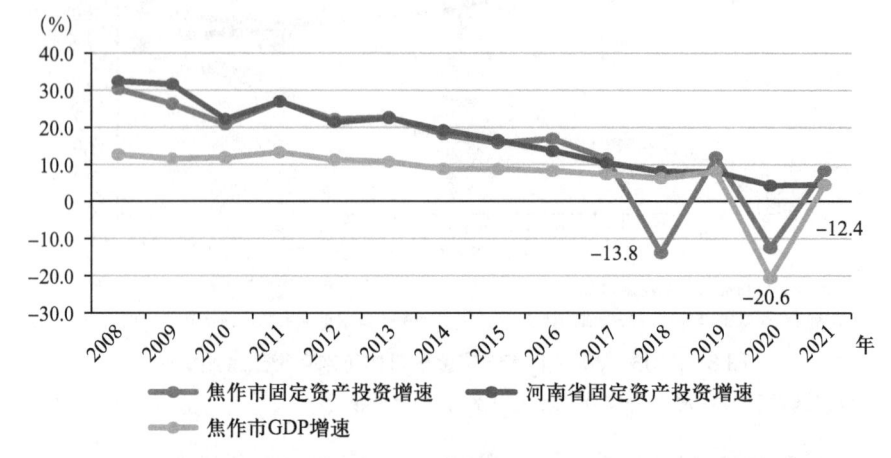

图 10　2008—2021 年焦作市固定资产投资增速与河南省固定资产投资增速

数据来源：历年河南省统计年鉴及焦作市统计公报

从不同类型投资额及增速情况来看，2018 年焦作市房地产投资和工业投资增速出现较大下滑，房地产投资较 2017 年下降了 10.1 个百分点，之后两年一直呈负增长状态，2021 年房地产投资增速反弹至正增长，增速为 16.8%。2018—2021 年间，工业投资增速呈"过山车"式起伏变化，波动较大，2018 年较 2017 年下降近 1/2，2019 年反弹，增速为 10.3%，2020 年增速为 –18.6%，2021 年恢复正增长状态，增速为 2.3%。若不考虑 2018—2020 年民间投资数据缺失，可以看出民间投资总额不断提高，增速总体呈放缓趋势（见表 4）。

表 4　2008—2021 年焦作市不同类型投资额及增速情况

年份	固定资产投资（亿元）	固定资产投资增速（%）	房地产投资（亿元）	房地产投资增速（%）	工业投资（亿元）	工业投资增速（%）	民间投资（亿元）	民间投资增速（%）
2008	630.10	28.2	49.52	35.9	338.33	28.0	435.96	34.3
2009	803.60	26.3	62.50	12.5	453.30	34.1	589.73	33.4
2010	970.82	20.8	72.29	15.7	557.58	22.9	695.72	18.1
2011	914.32	26.9	71.62	–0.9	570.83	25.4	771.31	29.6
2012	1120.21	22.2	71.09	–4.1	779.63	36.8	965.28	24.6
2013	1374.04	22.7	117.00	64.6	944.58	21.2	1178.97	22.1

续表

年份	固定资产投资（亿元）	固定资产投资增速（%）	房地产投资（亿元）	房地产投资增速（%）	工业投资（亿元）	工业投资增速（%）	民间投资（亿元）	民间投资增速（%）
2014	1624.12	18.2	117.25	0.2	1081.2	14.5	1422.50	20.7
2015	1879.95	15.8	98.90	−15.6	1308.69	21.5	1470.33	22.3
2016	2198.01	16.9	112.60	13.8	1489.59	13.8	1950.16	12.1
2017	2453.77	11.6	117.67	4.5	1569.85	5.5	2198.32	12.7
2018	2115.15	−13.8	105.76	−10.1	801.64	−48.9	—	—
2019	2368.97	12.0	105.40	−0.3	1068.41	10.3	—	8.5
2020	2075.22	−12.4	105.30	−0.1	1178.46	−18.6	—	—
2021	2247.46	8.3	122.98	16.8	959.27	2.3	—	6.1

数据来源：历年河南省统计年鉴及焦作市统计公报

注：2018—2021年工业投资额绝对量依据增速计算而得；2018—2021年民间投资部分数据缺失。

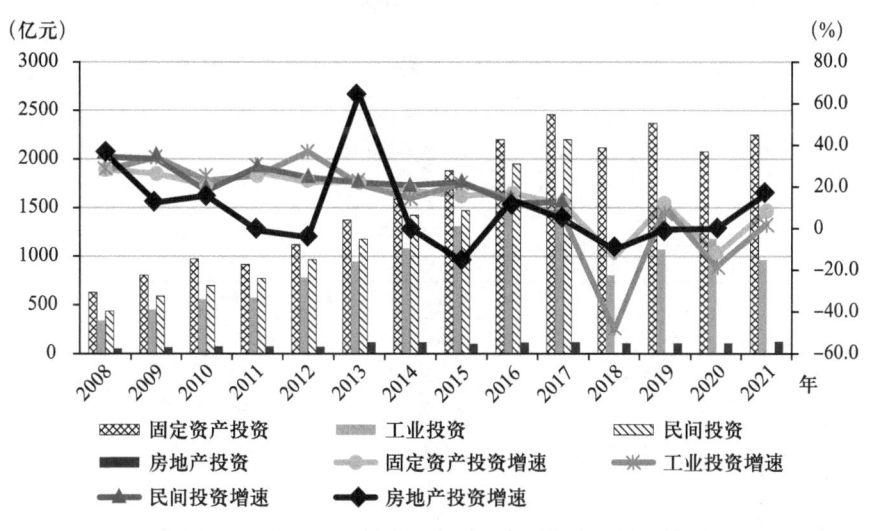

图11 2008—2021年焦作市不同类型投资及增速情况

数据来源：历年河南省统计年鉴及焦作市统计公报

从各类型投资总额占GDP的比重看，2016年、2017年和2021年，焦作市固定资产投资占GDP的比重超过百分之百，2021年为105.17%。2021年房地产投资占GDP的比重为5.75%，2008—2021年间，房地产投资占比基本稳定。根据可查数据，工业投资占比在2008—2016年间逐年上升，2016年达到71.52%，随后回落，特别是2018年、2019年两年下降幅度比较大（见图12），落到30%多，2020年反弹回升为55.49%，2021年又降至44.89%。而民间投资占比持续上升，2017年达到93.83%（见表5）。

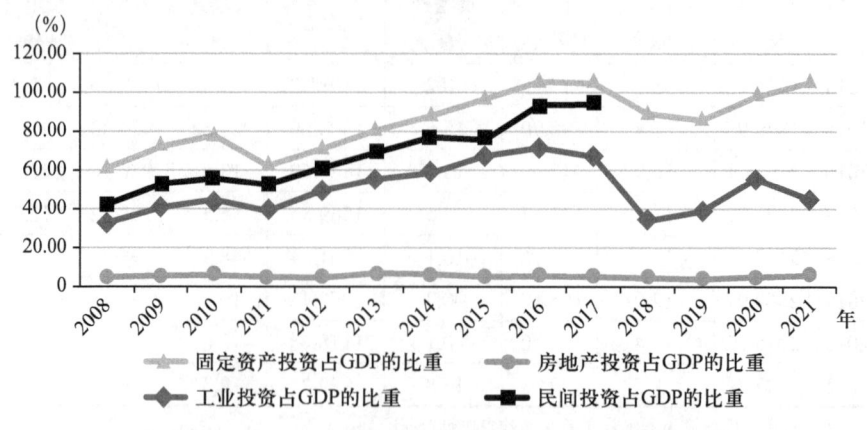

图12 2008—2021年焦作市不同类型投资占GDP的比重

数据来源：历年河南省统计年鉴及焦作市统计公报

表5 2008—2021年焦作市各类型投资总额占GDP的比重

年份	固定资产投资占GDP比重（%）	房地产投资占GDP比重（%）	工业投资占GDP比重（%）	民间投资占GDP比重（%）
2008	61.08	4.80	32.80	42.26
2009	72.01	5.60	40.62	52.85
2010	77.81	5.79	44.69	55.76
2011	62.22	4.87	38.85	52.49
2012	71.06	4.51	49.46	61.24
2013	80.48	6.85	55.32	69.05
2014	87.97	6.35	58.56	77.05
2015	96.74	5.09	67.34	75.66
2016	105.54	5.41	71.52	93.64
2017	104.74	5.02	67.01	93.83
2018	89.19	4.46	33.80	—
2019	85.80	3.82	38.70	—
2020	97.72	4.96	55.49	—
2021	105.17	5.75	44.89	—

数据来源：历年河南省统计年鉴及焦作市统计公报

2020年之前，焦作市社会消费品零售总额逐年增加，受新冠疫情影响，2020年稍有下滑，为813.39亿元，2021年又反弹至863.30亿元，占GDP的比重逐年增加，由2008年的22.13%提升至2021年的40.40%，说明焦作居民的消费购买力在提高，拉动效应提升。2011年，进出口总额达到最高，为165.84亿元，占GDP的比重最大，为11.29%，之后占比开始下降，到2019年占比最低，为5.51%，2020—2021年逐渐回升，2021年占比为7.93%，是2014年以来的最高水平（见图8）。

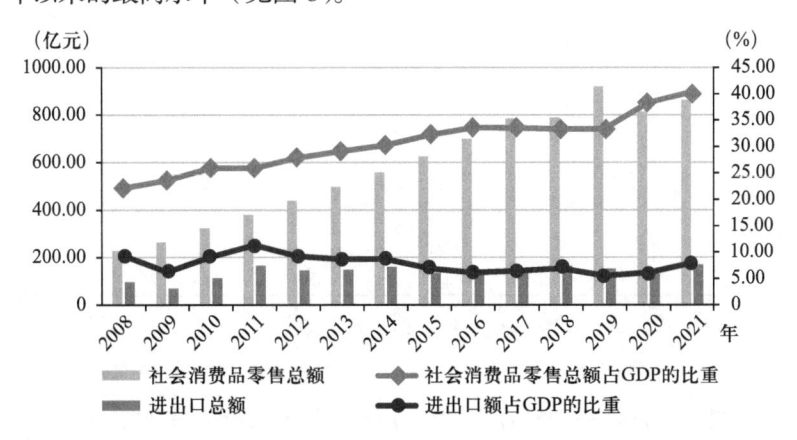

图13 2008—2021年焦作市社会消费品零售总额、进出口总额及占GDP的比重

数据来源：历年河南省统计年鉴及焦作市统计公报

五、产业发展

2021年，焦作市三产结构为6.6∶40.1∶53.3，2020年第三产业超过第二产业，第三产业占比首次超过50%，第二产业占比首次下降至50%以下，第一产业占比总体稳定下降，保持在10%以下，最高为2008年的8.38%，最低为2018年的5.52%（见图14）。

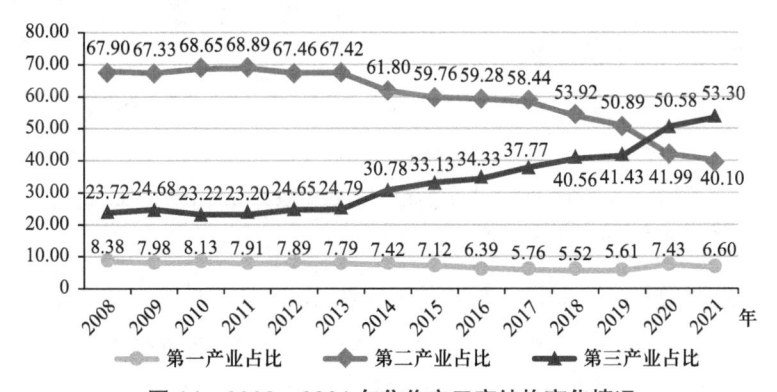

图14 2008—2021年焦作市三产结构变化情况

数据来源：历年河南省统计年鉴及焦作市统计公报

从规上工业增加值增速上看，焦作市规上工业增加值增速变化趋势与河南省总体保持一致，2020年焦作市规上工业增加值增速大幅下降，下降了43.00%，2021年反弹至4.10%（见图15）。

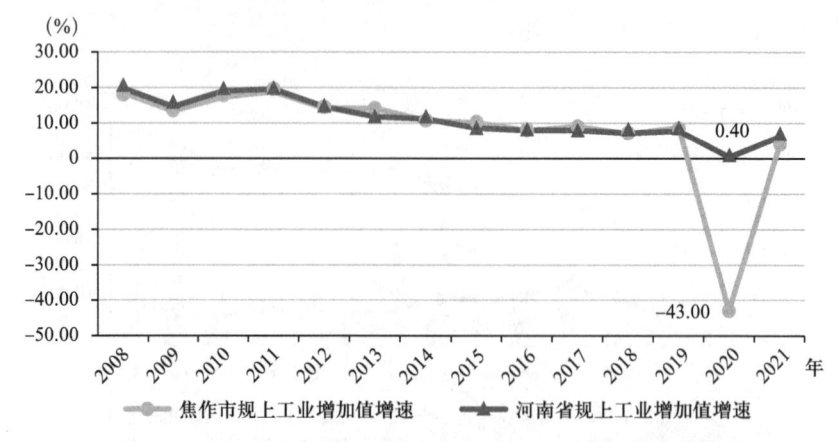

图15　2008—2021年焦作市、河南省规上工业增加值增速对比

数据来源：历年河南省统计年鉴及焦作市统计公报

从规上工业企业数来看，除2008年和2020年外，其余年份焦作市规上工业企业数均在千家以上，2020年规上企业数为848家，较2019年减少了254家，在全省占比为4.33%，居全省第12位，较2008年下降4位（见图16）。

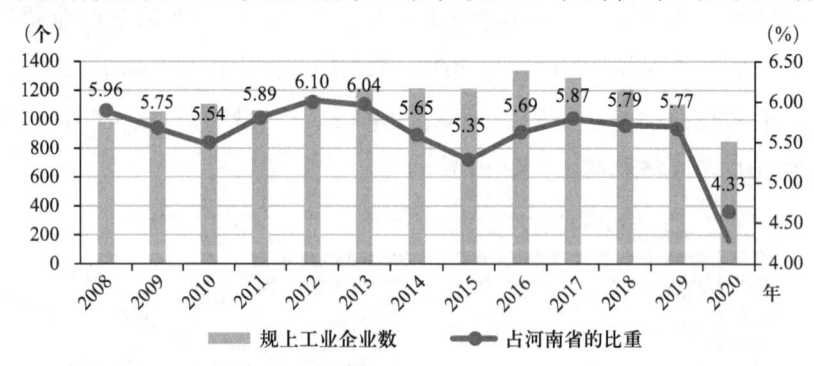

图16　2008—2021年焦作市规上企业数及占河南省的比重

数据来源：历年中国城市统计年鉴

从制造业细分情况来看，各类型制造业工业增加值总额不断增加，2019年排前三位的是非金属矿物制造业（212.44亿元）、专用设备制造业（150.93亿元）和通用设备制造业（138.93亿元）（见表6）。同时，专用设备制造业增加值增速和通用设备制造业增加值增速表现强劲，分别为52.7%和43.5%（见图17）。

表6 2015—2019年不同制造业工业增加值

年份	化学原料和化学制品制造业	通用设备制造业	橡胶和塑料制品业	专用设备制造业	电气机械和器材制造业	汽车制造业	有色金属冶炼和压延加工业	非金属矿物制品业
2015	80.95	68.98	79.41	65.93	50.48	55.30	36.54	170.00
2016	92.12	77.53	85.84	71.93	52.10	66.14	36.21	190.57
2017	99.77	92.03	87.22	86.17	47.62	76.26	39.47	210.96
2018	110.44	96.82	82.24	98.84	59.19	83.50	44.84	225.52
2019	119.72	138.93	91.78	150.93	59.90	87.09	44.84	212.44

数据来源：历年焦作市统计年鉴

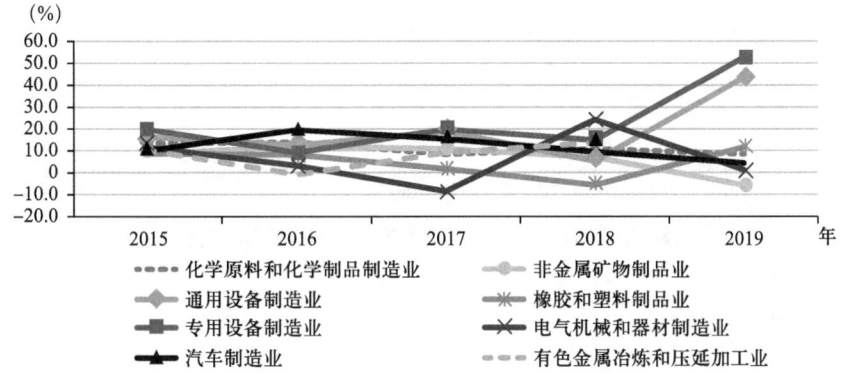

图17 2015—2019年焦作市不同制造业工业增加值增速

数据来源：历年焦作市统计年鉴

分产业类型看，2015—2019年间，焦作市高技术产业和六大高耗能产业增速都表现出先下降后上升的趋势，高技术产业2016年触底反弹，高耗能产业2017年触底反弹，总体上高技术产业增速高于高耗能行业增速（见图18）。

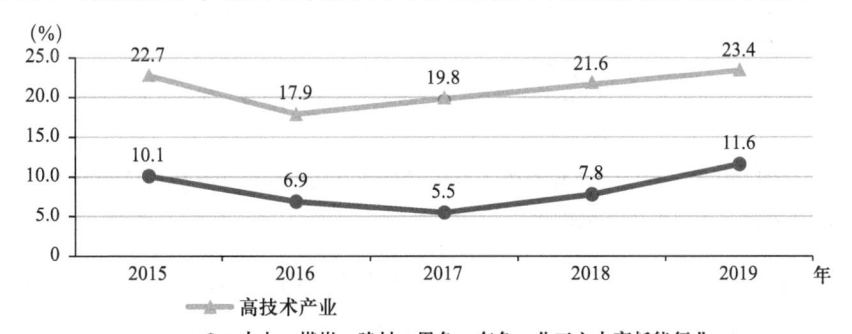

图18 2015—2019年焦作市主导产业工业增加值增速

数据来源：历年焦作市统计年鉴及焦作市统计公报

2010—2019 年间，焦作市 R&D 经费总额逐年递增，2020 年较 2019 年下降了 5.36 亿元，为 40.55 亿元，是 2010 年的 3.75 倍（见图 19）。R&D 内部经费支出占 GDP 的比重总体呈上升趋势，2020 年比重为 1.91%，高于河南省 0.27 个百分点，处于全省第 5 位。2017 年以来，除了 2019 年外，其余年份焦作市 R&D 内部经费支出增速均高于 GDP 增速（见图 20）。

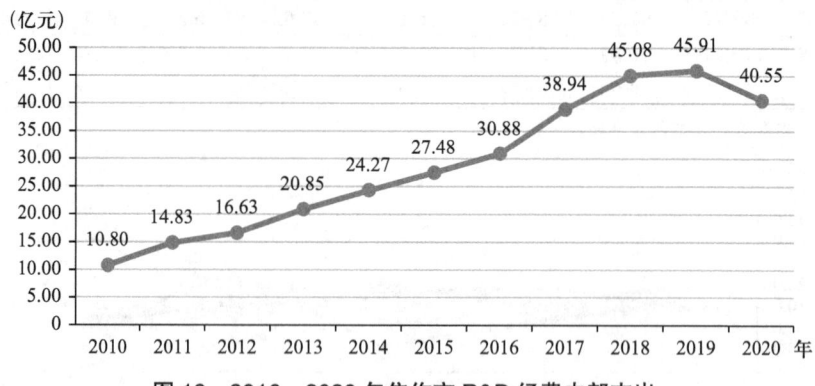

图 19 2010—2020 年焦作市 R&D 经费内部支出

数据来源：历年河南省统计年鉴及焦作统计公报

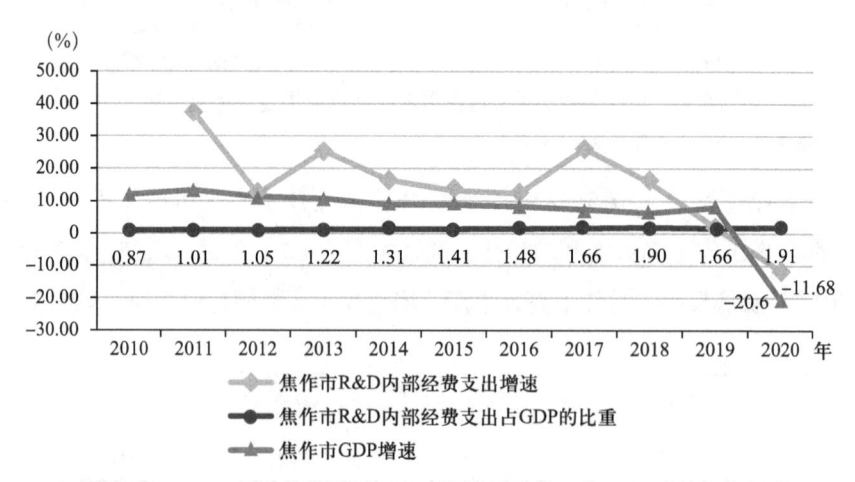

图 20 2010—2020 年焦作市 R&D 经费增长率、占 GDP 的比重情况

数据来源：历年河南省统计年鉴

从 R&D 产出情况看，2020 年焦作市专利申请数为 3586 个，占河南省的比重为 5.65%，居全省第 5 位；专利授权数 995 个，是 2008 年的 14 倍，占河南省的比重为 6.44%，授权通过率 27.74%；发表科技论文 3197 篇，占

全省的比重为4.48%（见图21），居全省第5位。

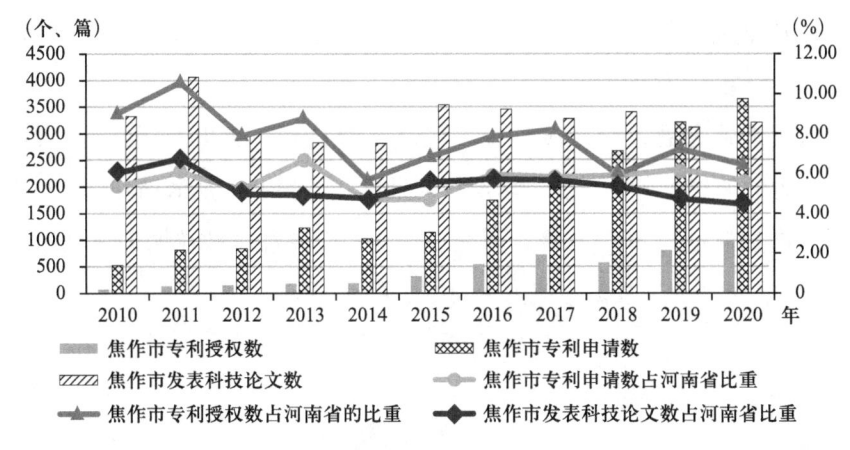

图21　2010—2020年焦作市R&D产出情况

数据来源：历年河南省统计年鉴

焦作市服务业增加值总额不断提升，2019年突破千亿元，2021年为1138.77亿元，是2008年的4.5倍。总体来看，服务业增加值占GDP的比重呈上升趋势，2020年突破50%，超过第二产业。服务业增加值增速变动趋势基本与GDP变动趋势保持一致。受新冠疫情影响，2020年服务业增加值首次出现负增长，增速为-2.9%（见图22），2021年反弹至5.7%。

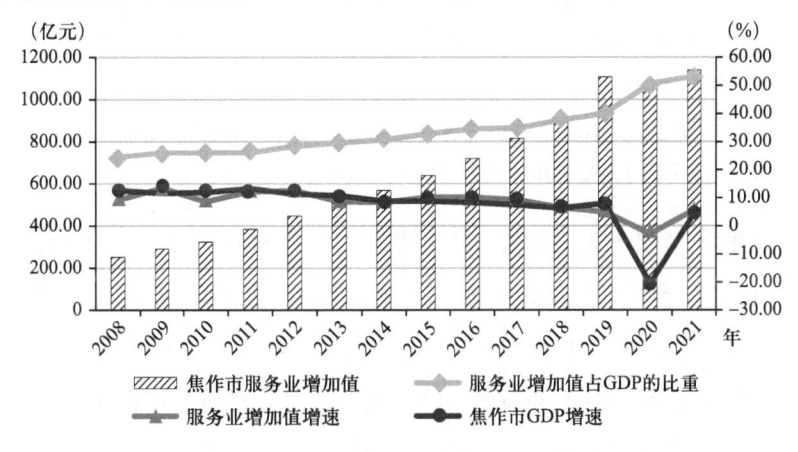

图22　2008—2021年焦作市服务业增加值及占GDP的比重

数据来源：历年河南省统计年鉴及焦作市统计公报

分行业来看，焦作市各类型服务业增加值总额不断提升，其中交通运输、仓储和邮政业增加值于2014年突破百亿，2019年突破两百亿，2020年为207.35亿元；批发和零售业增加值于2012年突破百亿，2020年增加值为159.93亿元，较上年下降5.92%；房地产业增加值于2019年突破百亿，2020年为105.27亿元。

但就增速来看，整体波动较大且呈下滑状态。2020年增速为负的是：住宿和餐饮业增加值增速为–18.47%，批发和零售业增加值增速为–5.92%，房地产增加值增速为–3.04%。而交通运输、仓储和邮政业增加值增速也仅为2.68%，金融业增加值增速为4.78%（见图23）。

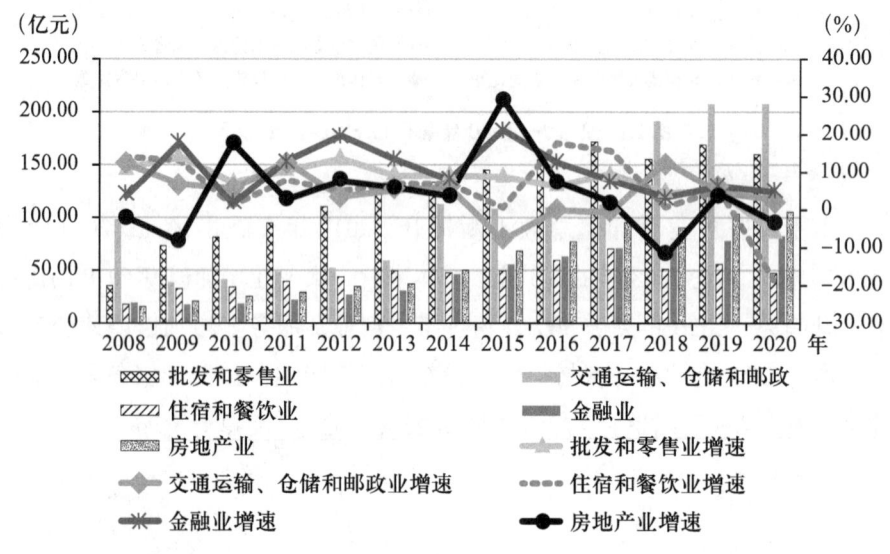

图23 2008—2020年焦作市服务业分行业增加值与增速

数据来源：历年河南省统计年鉴和焦作市统计年鉴

从不同类型服务业增加值占服务业增加值总额的比重看，自2009年起，焦作市批发和零售业占服务业增加值总额的比重逐年下降，2020年占比为14.89%，基本与2008年持平，其中占比最高年份为2009年，达25.10%；交通运输、仓储和邮政服务业，以及房地产业、金融业、住宿和餐饮服务业2020年占比分别为19.30%、9.80%、7.69%、4.41%（见图24）。

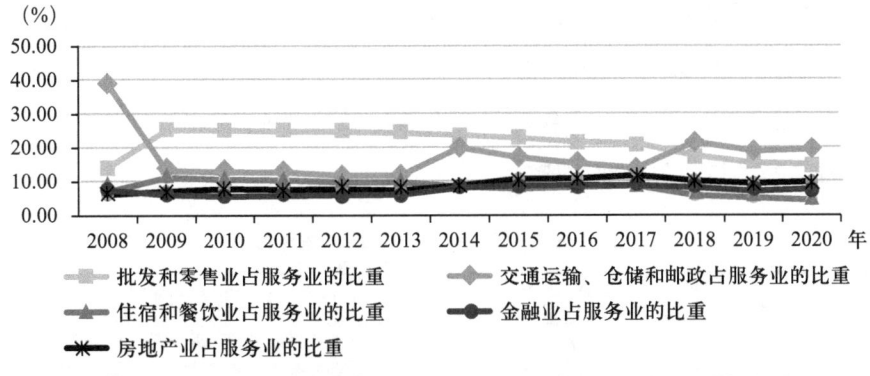

图 24　2008—2020 年服务业分行业增加值占服务业增加值总额比重

数据来源：历年河南省统计年鉴

六、人口、就业及城镇化

2021 年焦作市全市常住人口 352 万人，较 2008 年增长了 11 万人，居全省第 14 位，2020 年人口外流率达到最高为 5.63%，2021 年城镇化率为 63.7%，高出全省 7.25 个百分点，居全省第 4 位，城镇化率高于全省水平（见表 7）。

表 7　2008—2021 年焦作市人口情况

年份	户籍人口（万人）	常住人口（万人）	常住人口在全省排名	户籍人口-常住人口（万人）	人口外流率（%）	城镇化率（%）	城镇化率在全省排名	河南省城镇化率（%）
2008	347	341	14	6	1.63	45.3	4	36.03
2009	348	342	14	6	1.76	47.0	4	37.70
2010	362	354	14	8	2.21	47.1	4	38.82
2011	364	353	14	11	3.03	48.8	4	40.47
2012	366	352	14	14	3.77	50.7	4	41.99
2013	367	351	14	16	4.26	52.0	4	43.60
2014	369	352	14	17	4.48	53.2	4	45.05
2015	371	353	14	18	4.76	54.9	4	47.02
2016	373	355	14	18	4.83	56.5	4	48.78
2017	376	356	14	20	5.20	58.0	4	50.56
2018	377	359	14	18	4.77	59.4	4	52.24
2019	378	360	14	18	4.76	60.9	4	54.01
2020	373	352	14	21	5.63	63.0	4	55.43
2021	—	352	14	—	—	63.7	4	56.45

数据来源：历年河南省统计年鉴

2020年焦作市就业总人数为160.92万人，较2019年下降31.6%，其中城镇人就业人数92.18万人，占比57.28%；乡村就业人数68.74万人，占比42.7%（见表8）。总体上，乡村就业人数比城镇就业人数多，但2020年城镇就业人数超过乡村就业人数。

表8　2008—2020年焦作市历年就业情况

年份	就业总人数（万人）	城镇就业（万人）	乡村就业（万人）	第一产业就业占比（%）	第二产业就业占比（%）	第三产业就业占比（%）
2008	204.51	61.62	142.89	40.6	32.2	27.1
2009	209.66	65.52	144.14	38.8	33.5	27.7
2010	210.14	64.43	145.71	38.5	33.3	28.2
2011	223.24	76.71	146.54	35.8	35.2	29.0
2012	234.58	86.75	147.83	33.3	37.1	29.5
2013	232.94	85.04	149.90	32.6	39.7	27.7
2014	232.96	74.03	149.41	33.8	38.0	28.2
2015	245.80	95.94	149.86	31.0	39.7	29.3
2016	250.13	101.90	148.23	30.3	39.7	30.1
2017	255.30	107.39	147.91	29.6	39.4	30.9
2018	238.46	93.46	145.00	29.3	37.5	33.2
2019	235.23	95.53	139.70	28.7	37.5	33.8
2020	160.92	92.18	68.74	14.9	35.7	49.4

数据来源：历年河南省统计年鉴

2008—2020年间，就业人数在三次产业间的占比变化表现为：第一产业就业人数占比逐渐减少，第二产业就业人数占比先增加后减少，第三产业就业人数占比逐渐增加。特别是2020年，第一产业就业人数占比大幅下降，由2019年的28.7%降至14.9%，第三产业就业人数占比大幅增加，由2019年的33.8%增至49.4%（见图25）。

综上所述，焦作市各经济运行指标近两年均有所下滑，其中GDP总量由2008年的全省第7位变为2021年第13位，下滑6个位次；GDP增速由全省第12位变为最后一位；人均GDP由全省第5位变为第8位；一般公共

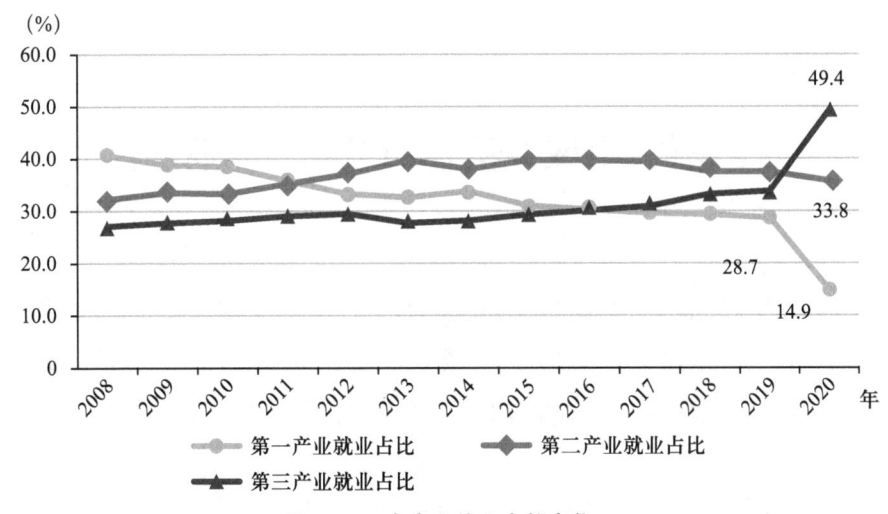

图 25　三次产业就业人数变化

数据来源：历年河南省统计年鉴

预算收入由全省第 6 位变为第 11 位；税收收入由全省第 13 位变为第 16 位；一般公共预算支出由全省第 11 位变为第 14 位。

但财政自给率优于全省水平，居全省前列，2021 年为全省第 4 位；城乡居民可支配收入较高，特别是农村人口可支配收入远高于全省水平，稳居全省第 3 位。

从产业结构来看，工业仍然是焦作市社会经济发展的主要力量，2020 年焦作市第二产业占比依然为 42%。从焦作市工业整体布局来看，主要是依靠化工、煤炭、机械等，所以必须调整工业产业结构，削减高污染、高耗能工业，加大科技投入、整合有优势的工业产业，扶持高新技术产业，提高工业产品的附加值，进一步做大做强。

（李燕燕　徐　涛　整理数据图表）

河南省市域经济运行分析：濮阳篇

濮阳因位于濮水（黄河与济水的支流，后因黄河泛滥淤没）之北而得名，是中国古代文明的重要发祥地之一。濮阳市是河南的东北门户，也是重要的石油化工基地、石油机械装备制造基地、中部家具之都和羽绒及服饰加工基地。

一、概述

濮阳市现辖濮阳县、清丰县、南乐县、范县、台前县和华龙区5县、1区，设有1个国家级经济开发区、1个工业园区和1个城乡一体化示范区。总面积4188平方千米，2021年全市常住人口374.4万人，城镇化率为51.01%。

二、经济总量稳定增长，占比下降

从经济总量来看，2008—2022年间，濮阳市GDP保持稳定增长，2013年突破1000亿元，2022年为1889.53亿元，与2008年相比增长了1.87倍，GDP总量在全省排名与2008年相同，均为第14位。人均GDP方面，从2018年后，与河南省的平均水平差距逐年拉大，且2019—2021年濮阳市人均GDP不足河南省人均GDP的80%（见表1）。

从增速看，2008—2021年，除2010年、2018年濮阳市GDP增速低于河南省增速，其余年份均超过河南省增速。2022年较上年增长4.9%，高出河南省1.8个百分点（见图1），位于全省第5位。濮阳市人均GDP增速走势与河南省人均GDP增速走势基本一致（见图2）。

从濮阳市GDP占河南省的比重看，2008年占比最高，为3.71%，2017年出现明显的拐点，从3.54%一路下滑到2019年的2.94%，近两年有所恢复，2022年为3.08%（见图3），居全省第14位。

表1 2008—2022年濮阳市历年GDP及增速情况

年份	濮阳市GDP（亿元）	河南省GDP（亿元）	濮阳市GDP占河南省GDP的比重（%）	濮阳市GDP增速（%）	河南省GDP增速（%）	濮阳市增速－河南省GDP增速（%）	濮阳市人均GDP（元）	河南省人均GDP（元）	濮阳市人均GDP-河南省人均GDP（%）
2008	657.28	17735.93	3.71	13.0	12.0	1.0	18077	18879	95.75
2009	632.69	19181.00	3.30	11.0	11.0	0.0	18855	20280	92.97
2010	775.40	22655.02	3.42	11.4	12.4	−1.0	21787	23984	90.84
2011	897.34	26318.68	3.41	12.4	12.0	0.4	25066	28009	89.49
2012	989.70	28961.92	3.42	12.1	10.1	2.0	27654	30820	89.73
2013	1130.48	31632.50	3.57	12.0	9.0	3.0	31483	33618	93.65
2014	1253.61	34574.76	3.63	10.0	8.9	1.1	34895	36686	95.12
2015	1328.34	37084.10	3.58	9.4	8.4	1.0	36842	39209	93.96
2016	1449.56	40249.34	3.60	8.7	8.2	0.5	40059	42341	94.61
2017	1585.47	44824.92	3.54	8.0	7.8	0.2	43638	46959	92.93
2018	1654.47	49935.90	3.31	5.8	7.6	−1.8	45644	52114	87.58
2019	1581.49	53717.75	2.94	6.8	6.8	0.0	42146	56388	74.74
2020	1649.99	54259.43	3.04	3.0	1.1	1.9	43908	55435	79.21
2021	1771.54	58887.41	3.01	8.4	6.3	2.1	46964	59410	79.05
2022	1889.53	61345.05	3.08	4.9	3.1	1.8	—	—	—

数据来源：历年河南省统计年鉴及濮阳市统计公报

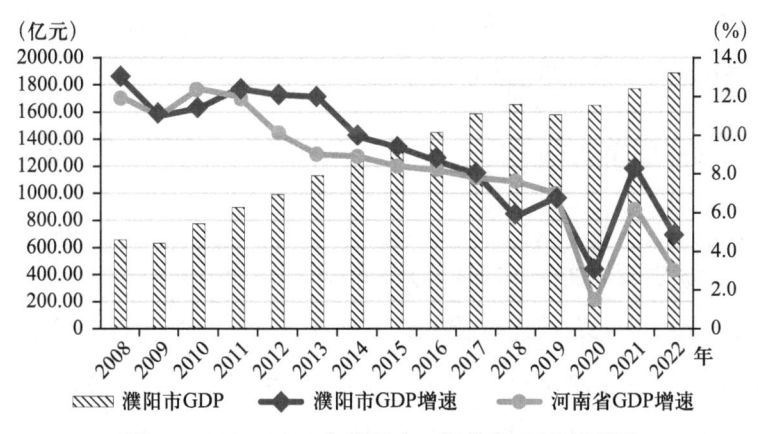

图1 2008—2022年濮阳市、河南省GDP及增速

数据来源：历年河南省统计年鉴及濮阳市统计公报

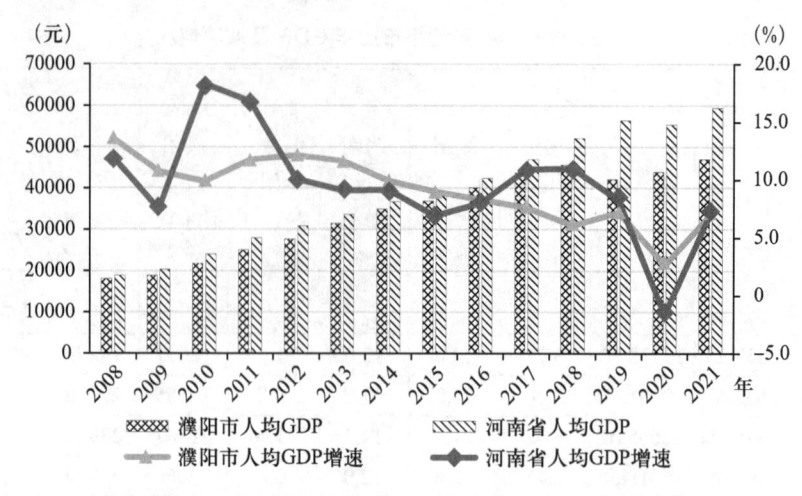

图2　2008—2021年濮阳市、河南省人均GDP及增速

数据来源：历年河南省统计年鉴及濮阳市统计公报

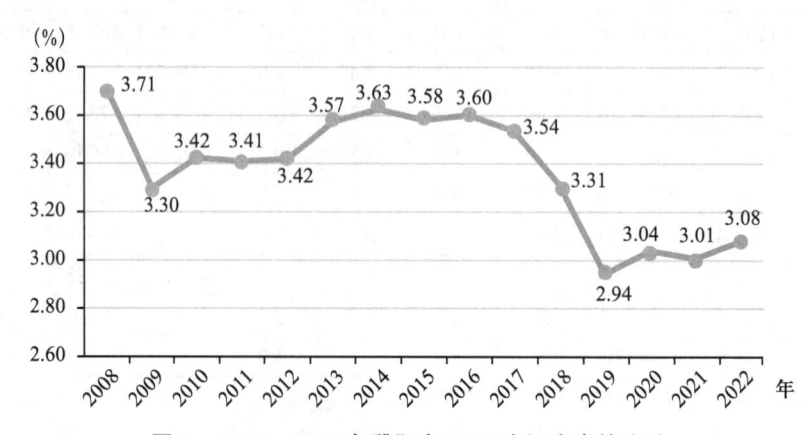

图3　2008—2022年濮阳市GDP占河南省的比重

数据来源：历年河南省统计年鉴

三、财政自给率低于全省水平，城乡居民人均可支配收入均低于全省平均水平

从财政收支看，2008—2021年间，濮阳市一般公共预算收入逐年增加，2021年为112.7亿元，同比增长11%，是2008年的4.45倍，在全省排名由2008年的第14位变为2021年的第16位，下降2个位次。一般公共预算支出同样大幅增加，2021年达到358.65亿元，同比增长0.6%，是2008年的5.6倍，2021年全省排名第13位（见图4）。

从增速看,在近5年一般公共预算收支与税收收入的增速对比中,除2021年,一般公共预算支出增速低于一般公共预算收入增速和税收收入增速外,其余年份前者均超过后两者,而税收收入增速在三者的比较中是最低的(见图4)。

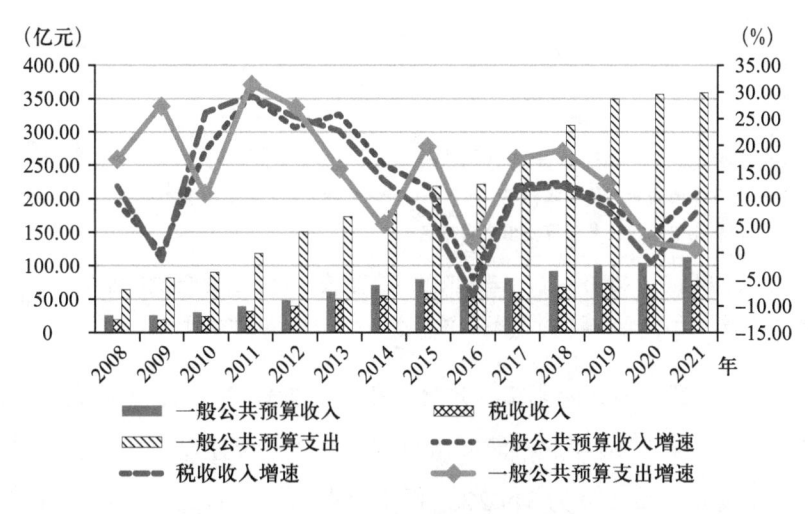

图4 2008—2021年濮阳市财政收支及增速

数据来源:历年河南省统计年鉴及濮阳市统计年鉴、统计公报

从税收占比看,2021年濮阳市税收收入77.14亿元,增长7.4%,2008—2021年间,濮阳市税收收入占一般公共预算收入的比重均高于全省水平,2012年达到81.90%,居全省第1位,随后逐年下降,2021年为68.46%(见图5),2020年在全省位于第6位(见图6)。

图5 2008—2021年濮阳市、河南省税收占比

数据来源:历年河南省统计年鉴及濮阳市统计年鉴、统计公报

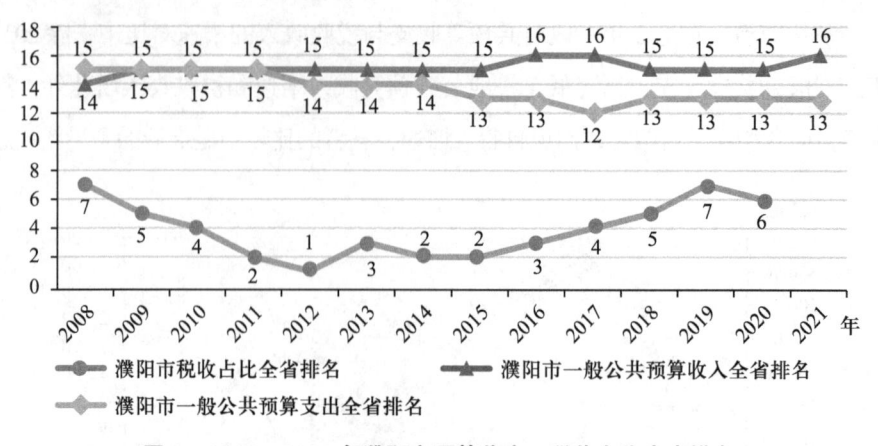

图 6 2008—2021 年濮阳市预算收支、税收占比全省排名

数据来源：历年河南省统计年鉴及濮阳市统计年鉴、统计公报

从财政自给率看，濮阳市财政自给率走势与全省一致，但长期低于河南省水平，并且从 2014 年起，濮阳市财政自给率下降速度更快，说明濮阳市财政压力较大。2021 年为 31.42%，低于全省 10.3 个百分点，在全省排在第 14 位（见图 7）。

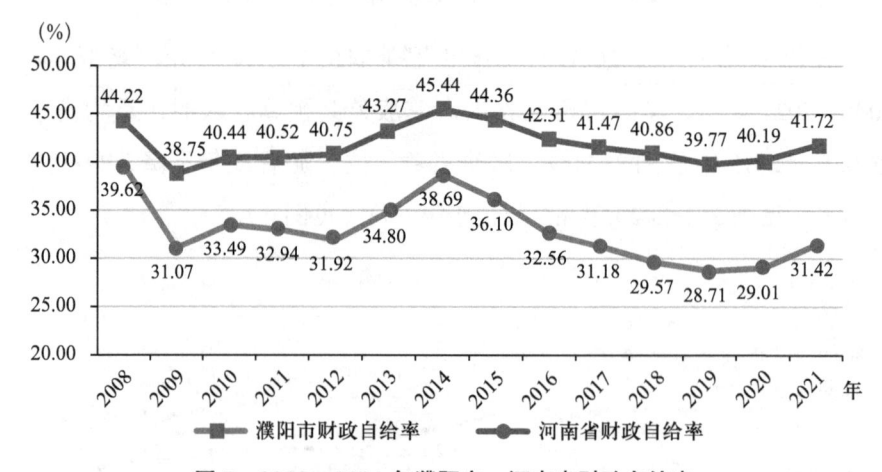

图 7 2008—2021 年濮阳市、河南省财政自给率

数据来源：历年河南省统计年鉴及濮阳市统计年鉴、统计公报

从城乡居民收入来看，2021 年，濮阳市城镇居民人均可支配收入 35998 元，同比增长 7.0%，是 2008 年的 2.8 倍，其中，除 2014 年超过河南省之外，其余年份均不及河南省水平。2021 年在全省排第 11 位，较 2008 年掉落

2位。2021年农村居民人均可支配收入16488元，同比增长10.8%，是2008年的4倍，整体低于河南省水平，2021年居全省第15位，与2008年保持相同位次（见表2）。

表2 2008—2021年濮阳市、河南省居民收入情况

年份	濮阳市 城镇居民人均可支配收入（元）	在全省排位	农村居民人均可支配收入（元）	在全省排位	河南省 城镇居民人均可支配收入（元）	农村居民人均可支配收入（元）	濮阳市/河南省 城镇占比（%）	农村占比（%）
2008	12731	9	4065	15	13231	4454	96.22	91.27
2009	13737	9	4411	15	14372	4807	95.58	91.76
2010	15138	10	5077	15	15930	5524	95.03	91.91
2011	17228	12	6082	15	18195	6604	94.69	92.10
2012	19511	11	6945	15	20443	7525	95.44	92.00
2013	21571	11	7904	15	22398	8475	96.31	93.26
2014	23767	9	8828	15	23672	9966	100.40	88.58
2015	24928	11	9790	15	25576	10853	97.47	90.21
2016	26482	12	10622	15	27233	11697	97.24	90.81
2017	28823	12	11652	15	29558	12719	97.51	91.61
2018	31042	11	12654	15	31874	13831	97.39	91.49
2019	33277	11	13894	15	34201	15164	97.30	91.62
2020	33643	11	14881	15	34750	16108	96.81	92.38
2021	35998	11	16488	15	37095	17533	97.04	94.04

数据来源：历年河南省统计年鉴及濮阳市统计年鉴、统计公报

从增速看，2021年城乡居民人均可支配收入24747元，增长9.6%，增速居全省第1位。城镇居民人均可支配收入增速与GDP增速高低相间运行，农村居民人均可支配收入超过GDP增速。2021年GDP增速超过城镇居民人均可支配收入增速（见图8）。

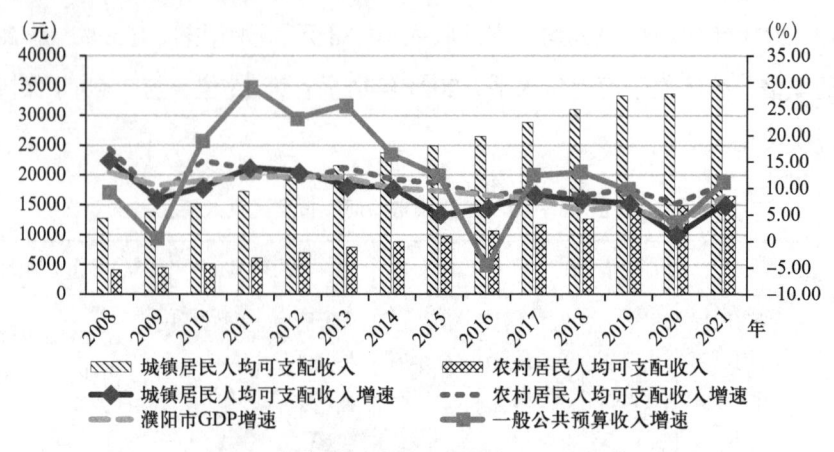

图 8　2008—2021 年濮阳市城乡居民人均可支配收入及增速

数据来源：历年濮阳市统计年鉴、统计公报

四、工业投资波动过大，需继续加大创新力度

2008—2021 年间，濮阳市固定资产投资总额逐年增加，其中 2014 年突破 1000 亿元，2021 年为 2161.11 亿元，相比 2008 年增长了 6.2 倍。固定资产投资增速与全省相比，除了 2008—2009 年、2014 年、2018—2019 年外，其余年份濮阳市固定资产增速均超过全省水平，2021 年增速为 10.5%，高于全省 6 个百分点（见图 9）。

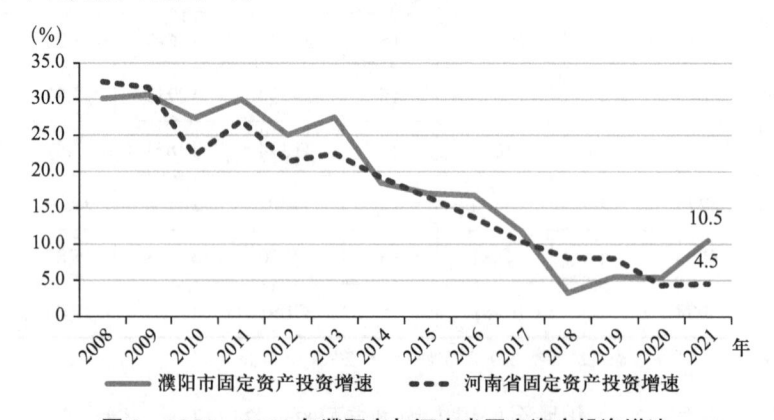

图 9　2008—2021 年濮阳市与河南省固定资产投资增速

数据来源：历年河南省统计年鉴及濮阳市统计年鉴、统计公报

工业投资出现较大波动，2017 年濮阳市工业投资增速断崖式下降到 3.8%，随后 2018—2019 年进入负增长，2020 年回升到 0.8%，2021 年迅速

反弹到 24.6%，居全省第 5 位。而民间投资增速与工业投资增速大致彼此相对错配波动，民间投资增速在 2018 年达到 11.9%，2019 年为 4.4%，2020 年为负增长，2021 年为 7.5%，低于工业投资增速。房地产投资增速从 2016 年远超其他投资，但 2021 年转为负增长，增速下降 6.1%（见图 10）。

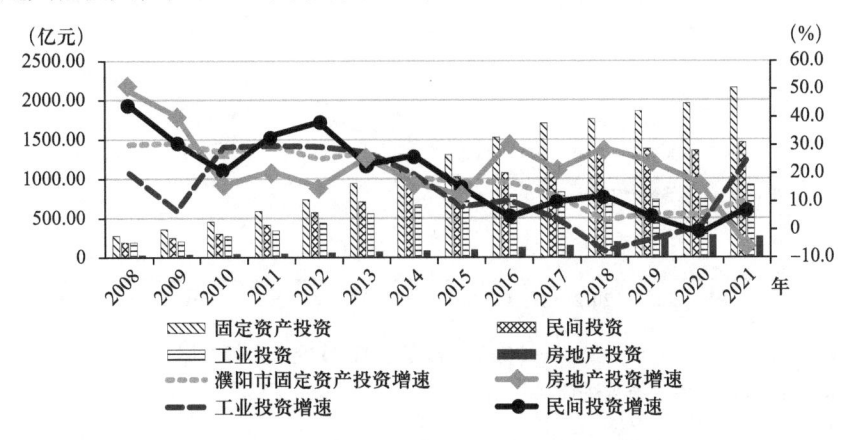

图 10　2008—2021 年濮阳市不同类型投资及增速情况

数据来源：历年濮阳市统计年鉴、统计公报

从占比看，濮阳市民间投资占 GDP 的比重较高，2019—2021 年占比均在 80% 以上。2021 年，民间投资占比达到 82.51%，随后的工业投资占比为 52.2%、房地产投资占比为 14.85%，进出口占比为 6.76%，而社会消费品零售总额占比仅次于工业投资占比，达到 40.79%（见图 11）。

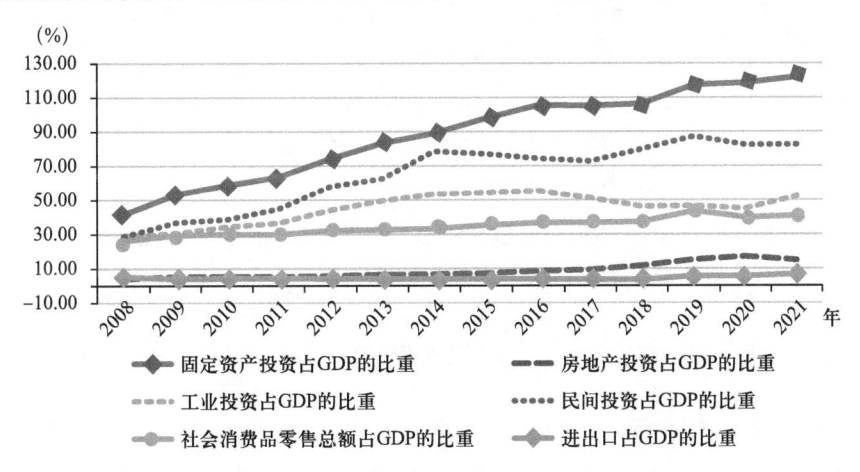

图 11　2008—2021 年濮阳市不同类型投资占 GDP 的比重

数据来源：历年濮阳市统计年鉴、统计公报

2010—2020年间，濮阳市R&D经费内部支出总额整体呈上升趋势，2018年出现下滑，之后又恢复正增长，2020年为19.29亿元（见图12）。研发经费占GDP的比重整体提升，2020年占比最高，达到1.17%（见图13），低于河南省0.47个百分点。

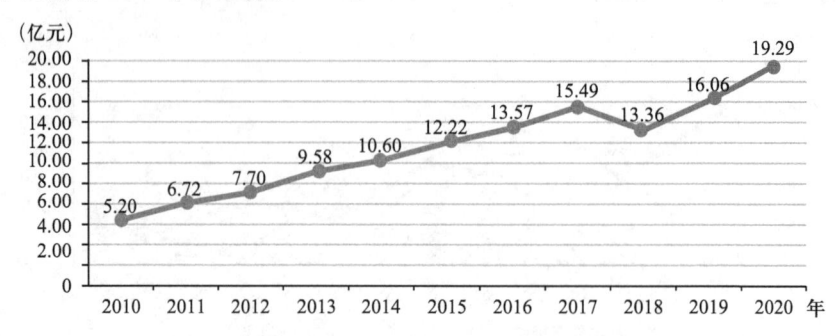

图12 2010—2020年濮阳市R&D经费内部支出

数据来源：历年河南省统计年鉴

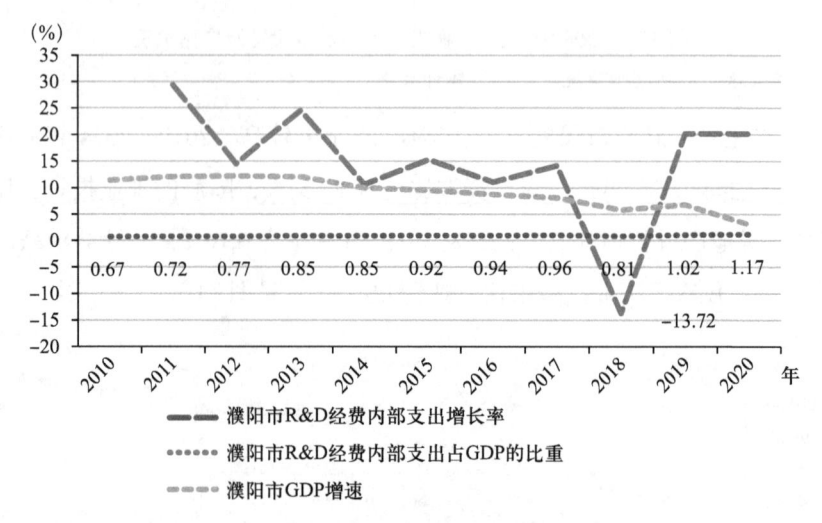

图13 2010—2020年濮阳市R&D经费增长率、占GDP比重情况

数据来源：历年河南省统计年鉴、濮阳市统计年鉴

五、第二产业占比小，亟须做大做优

在产业结构方面，2008—2021年间，出现了两次较为明显的变动，第一次是2013—2014年，第二产业下降较为迅速，由66.18%下降为57.89%，下降了8.29个百分点；第三产业增长较为明显，由20.68%增

至29.70%，提高了约9个百分点。第二次是2018—2019年，第三产业超过第二产业。三产结构由2008年的14.30∶67.21∶18.50变化为2021年的11.83∶37.40∶50.76（见图14）。第二产业占比下降幅度比较大，直接影响濮阳市的经济实力和质量。

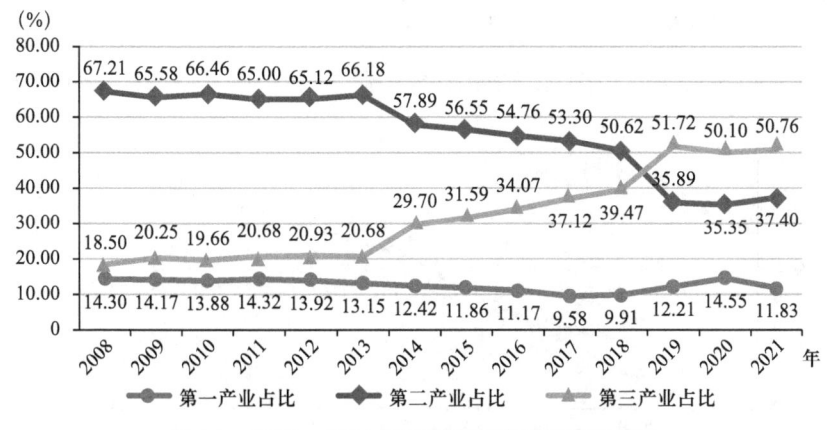

图14　2008—2021年濮阳市三产结构变化情况

数据来源：历年河南省统计年鉴

从规上工业增加值看，2008—2011年，濮阳市规上工业增加值增速不及河南省水平，2011年之后除2018年外，其余年份濮阳市规上工业增加值增速均高于河南省水平。2018年下降主要是因为化学原料及化学制品制造业、农副食品加工业、非金属矿物制品业的工业增加值出现大幅下降。2021年，濮阳市规模以上工业增加值比上年增长10.0%，高出河南省规上工业增加值增速3.7个百分点（见图15），居全省第4位。

图15　2008—2021年濮阳市、河南省规上工业增加值增速对比

数据来源：历年河南省统计年鉴及濮阳市统计年鉴、统计公报

特别是高技术制造业增长较为迅猛，增速由2019年的-39.0%快速反弹为2021年的102.7%，其次是战略性新兴产业，由2019年的-12.8%反弹为2021年的28.6%，高耗能工业也由2020年的3.2%增长为2021年的10.2%（见图16）。然而，从占比情况看，恰好相反，在上述三个产业类型中，增速最快的高技术制造业增加值占规上工业增加值总额的比重最低，仅为3.7%；战略性新兴产业居中，为13.7%；增速第三的高耗能工业占比最高，为35.5%（见图17）。

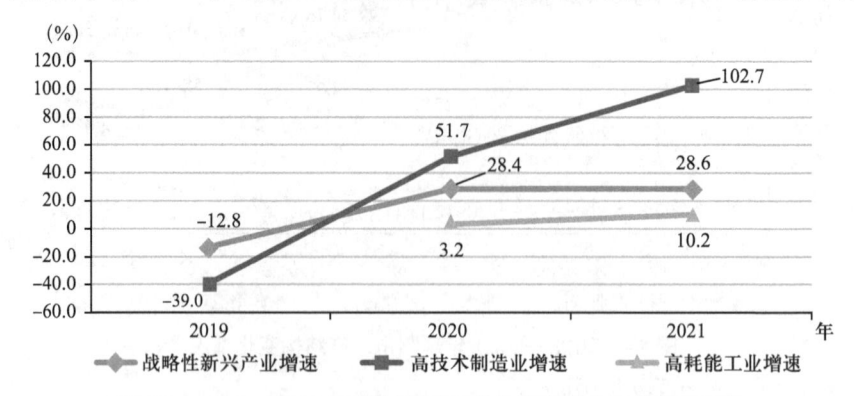

图16　2019—2021年濮阳市不同产业类型规上工业增速对比
数据来源：历年濮阳市统计公报

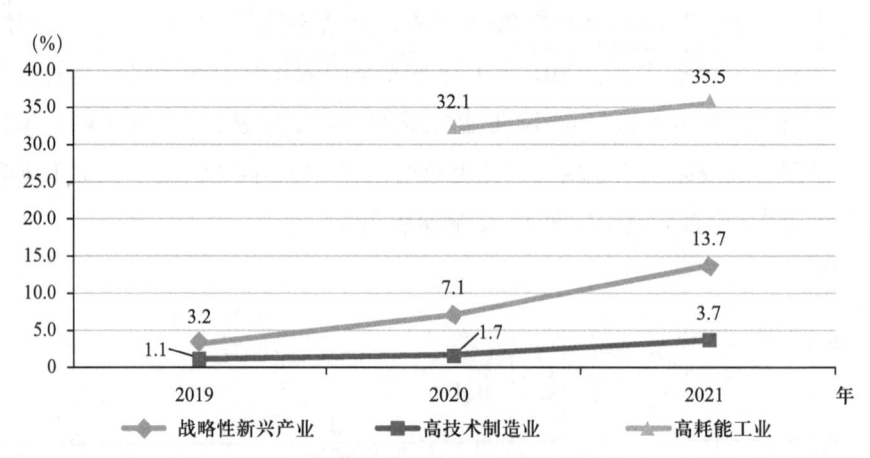

图17　2019—2021年濮阳市不同产业类型规上工业增加值占规上工业增加值总额的比重
数据来源：历年濮阳市统计公报

濮阳市致力于做优做强"三大三专"产业，三大主导产业是化工、装备制造和食品加工；三专产业是现代家居、羽绒及服饰加工和生物基材料。根据2019—2021年的数据，在全部规上工业企业中，三大主导产业在2019—

2020年占比高达69.0%，2021年回落到66.9%，然而增速却不高，2020年只有2.2%，2021年为5.4%。而三专特色产业增速在2021年明显提高，达到66.6%，占比份额逐年提升，但不高（见表3）。

表3 2019—2021年濮阳市分主导产业、特色产业工业增加值增速及占比

年份	三大主导产业		三专特色产业	
	三大主导产业增速（%）	占规模以上工业的比重（%）	三专特色产业增速（%）	占规模以上工业的比重（%）
2019	5.9	69.0	-3.8	3.9
2020	2.2	69.0	4.7	4.2
2021	5.4	66.9	66.6	5.8

数据来源：历年濮阳市统计公报

从服务业来看，2008—2021年间，濮阳市服务业增加值总量不断提升，服务业增加值占GDP的比重不断提高，2019年占比超过50%，达到最高51.72%，之后均保持在50%以上（见图18）。2015—2021年间，除2020年外，其余年份服务业增加值增速均超过GDP增速（见图19）。

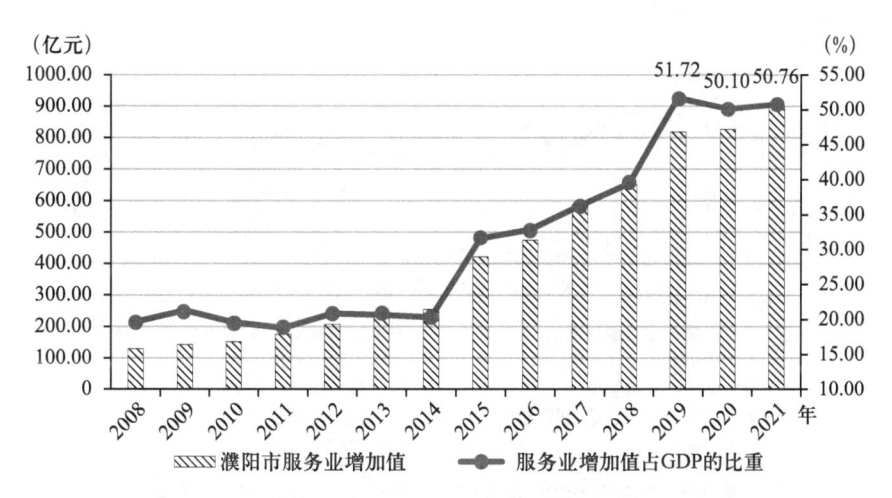

图18 2008—2021年濮阳市服务业增加值及占GDP的比重

数据来源：历年河南省统计年鉴

从不同类型服务业看，2018年濮阳市批发和零售业及交通运输、仓储和邮政业较上一年份出现较大幅度的增长，其余类型服务业增加值总额保持稳定增长。受新冠疫情影响，住宿和餐饮业在2020年为负增长（-11.93%）。

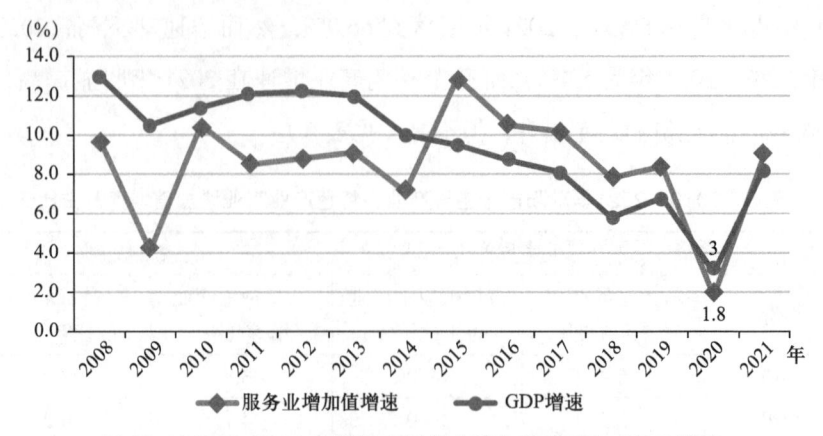

图 19 2008—2021 年濮阳市服务业增加值增速与 GDP 增速

数据来源：历年河南省统计年鉴

2021年，交通运输、仓储和邮政业增加值141.88亿元，增长21.9%；批发和零售业增加值135.13亿元，比上年增长6.5%；住宿和餐饮业增加值41.37亿元，增长8.4%；金融业增加值71.22亿元，增长3.8%；房地产业增加值98.71亿元，增长6.5%（见图20）。

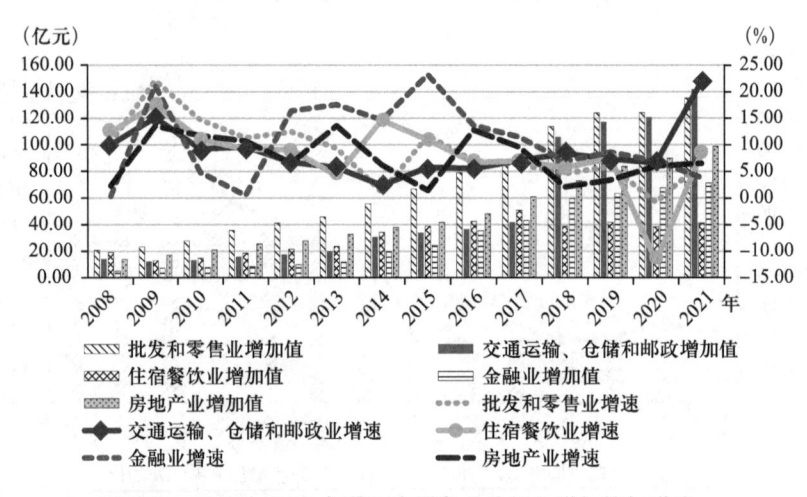

图 20 2008—2021 年濮阳市服务业分行业增加值与增速

数据来源：历年河南省统计年鉴

2021年，从不同类型服务业增加值占服务业增加值总额的比重看，交通运输、仓储和邮政业（15.78%）以及批发和零售业的占比（15.03%）靠前，其次是房地产业（10%左右）和金融业（8%左右），住宿和餐饮业占比

（4.6%）最低且逐年下降（见图21）。

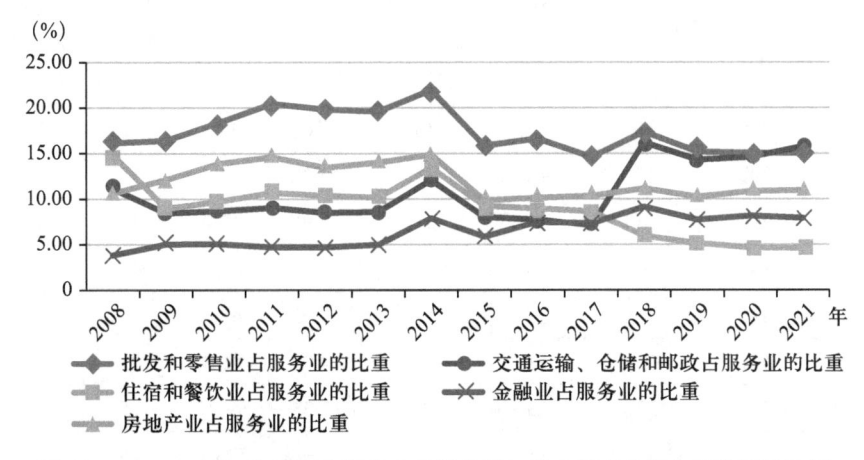

图 21 2008—2021年濮阳市服务业分行业增加值占服务业增加值总额的比重
数据来源：历年河南省统计年鉴

六、常住人口稳中有升，城镇化率低于全省水平

2008年以来，濮阳市常住人口稳中有升，2021年年底，全市常住人口约374万人，占全省的比重为3.78%，居全省第13位，其中城镇常住人口190.98万人，乡村常住人口183.42万人。人口外流率不断升高，城镇化率为51.01%，居全省第15位，低于全省5.44个百分点（见表4），但较2020年提高1.04个百分点，增幅居全省第1位。

表4 2008—2021年濮阳市人口情况

年份	户籍人口（万人）	常住人口（万人）	常住人口在全省排名	户籍人口-常住人口（万人）	人口外流率（%）	城镇化率（%）	城镇化率在全省排名	河南省城镇化率（%）
2008	363	350	13	13	3.67	33.8	14	36.03
2009	365	352	13	13	3.61	35.4	14	37.70
2010	382	360	13	22	5.76	31.5	15	38.82
2011	384	356	13	28	7.25	33.4	15	40.47
2012	386	360	13	26	6.72	35.2	15	41.99
2013	388	358	13	30	7.71	36.7	15	43.6

续表

年份	户籍人口（万人）	常住人口（万人）	常住人口在全省排名	户籍人口-常住人口（万人）	人口外流率（%）	城镇化率（%）	城镇化率在全省排名	河南省城镇化率（%）
2014	390	360	13	30	7.68	38.5	15	45.05
2015	392	361	13	31	7.88	40.4	15	47.02
2016	394	363	13	31	7.97	42.0	15	48.78
2017	397	364	13	33	8.28	43.7	15	50.56
2018	399	361	13	38	9.52	45.3	15	52.24
2019	401	361	13	40	9.98	46.8	15	54.01
2020	435	377	13	58	13.33	49.97	15	55.43
2021	—	374	13	—	—	51.01	15	56.45

综上所述，濮阳因石油建市，但随着油气资源优势逐渐弱化，继续依赖资源消耗与低成本要素投入、依赖投资拉动与产能扩张，已不能可持续发展，面临资源枯竭、产业链单一、协同性差等问题。从上文数据分析得知，濮阳市高耗能工业占比仍然居高不下，且增速较低，而高技术制造业占比较低，同时，三大主导产业的增速也不高。这就直接导致第二产业的规模和质量难以支撑濮阳经济的持续高质量发展。在化工新材料领域寻求突破，以高技术含量、高附加值再造新的经济增长点，是濮阳经济转型的主要着力点。同时，要围绕上市企业，拉长产业链，形成产业生态，并争取更多的公司上市。此外，要立足资源，发挥腹地市场等优势，做大做强劳动密集型产业集群，在国内进一步扩大市场，形成品牌。

（李燕燕　徐　涛　整理数据图表）

河南省市域经济运行分析：许昌篇

许昌，是一个素有民营经济最具活力的"金字招牌"的城市，是全国重要先进制造业基地、汉魏历史文化名城。同时也是中原城市群核心城市、中原经济区交通和物流枢纽城市。

一、概述

许昌市现辖2区、2市（县级）、2县，即魏都区、建安区、禹州市、长葛市、鄢陵县和襄城县，设有一个国家城乡融合发展试验区、一个国家级开发区。全市总面积4996平方千米，2021年常住人口为438.2万人，城镇化率为54.6%。

二、经济总量不断增加，但增速下降

从总量来看，许昌市GDP总量从2008年的1062.05亿元增加到2022年3746.80亿元，增长了近2.6倍，在河南省排第4位（见表1）。

从占比来看，许昌市GDP占河南省的比重逐年上升，2022年占比达到6.11%，比2008年提高0.12个百分点。

从增速来看，2008—2020年间，许昌市GDP增速始终高于河南省GDP增速，但是到了2022年，增速为2.3%，低于河南省增速0.8个百分点（见图1），在全省排在第17位。

人均GDP快速增长，由2008年的23924元增加到2021年的83415元，增长了近2.5倍，尤其是2020—2021年，居全省第3位，仅次于郑州市和济源市。人均GDP一直高于全省水平，且差值在不断扩大。2008年许昌市人均GDP占河南省的比重为126.7%，2021年扩大到140.4%（见表2）。不过，2008—2020年间增速虽呈下降态势，但均超过河南省增速水平，到2021年，增速为 5.3%，低于全省 1.1 个百分点（见图 2）。也就是说，2021 年无论是 GDP 总量还是人均 GDP，增速均下降。

表 1　2008—2022 年许昌市 GDP 及增速情况

年份	许昌市 GDP（亿元）	占河南省 GDP 的比重（%）	许昌市 GDP 在河南省的排名	许昌市 GDP 增速（%）	许昌市 GDP 增速在河南省的排名
2008	1062.05	5.99	5	12.6	11
2009	1028.71	5.36	6	12.5	4
2010	1316.49	5.81	4	13.6	4
2011	1588.74	6.04	4	15.2	1
2012	1716.19	5.93	4	12.2	1
2013	1903.31	6.02	4	10.6	6
2014	2087.23	6.04	4	9.3	6
2015	2171.16	5.85	4	9.0	5
2016	2377.71	5.91	4	8.9	1
2017	2632.92	5.87	4	8.7	1
2018	2830.62	5.67	4	8.6	2
2019	3395.68	6.32	4	7.1	11
2020	3449.23	6.36	4	2.7	10
2021	3655.42	6.21	4	5.5	13
2022	3746.80	6.11	4	2.3	17

数据来源：历年河南省统计年鉴及许昌市统计公报

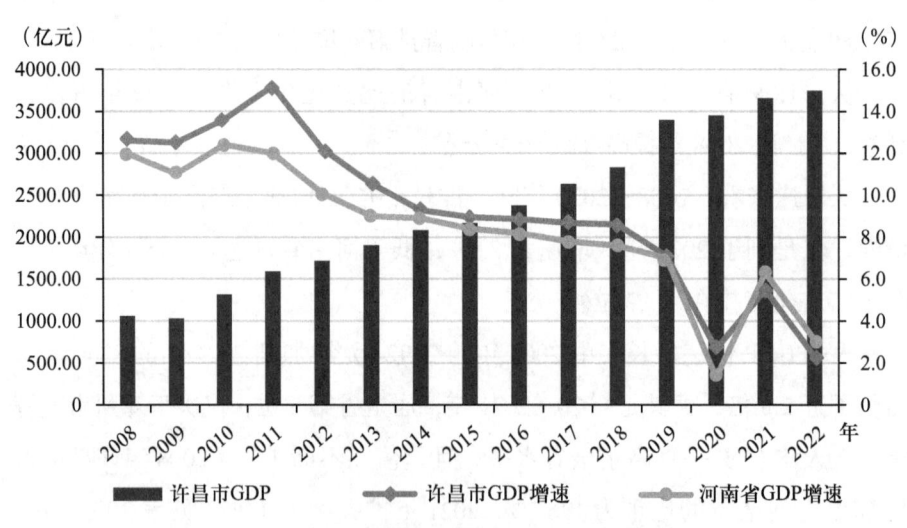

图 1　2008—2022 年许昌市地区生产总值及增速省市对比

数据来源：历年河南省统计年鉴及许昌市统计公报

表2 2008—2021年许昌市人均地区生产总值及增速

年份	许昌市人均GDP（元）	许昌市人均GDP增速（%）	河南省人均GDP（元）	河南省人均GDP增速（%）	许昌市人均GDP占河南省的比重（%）	许昌市人均GDP在全省排名
2008	23924	12.2	18879	11.8	126.7	6
2009	26227	12.2	20280	10.2	129.3	6
2010	30536	13.6	23984	12.5	127.3	6
2011	36924	15.4	28009	12.2	131.8	6
2012	39947	12.4	30820	9.4	129.6	6
2013	44297	10.5	33618	8.4	131.8	6
2014	48471	9.1	36686	8.2	132.1	6
2015	50162	8.4	39209	7.7	127.9	6
2016	54522	8.0	42341	7.5	128.8	6
2017	59911	7.8	46959	7.1	127.6	6
2018	63988	7.9	52114	7.2	122.8	6
2019	65123	6.3	56388	6.4	115.5	7
2020	78875	2.3	55435	0.9	142.3	3
2021	83415	5.3	59410	6.4	140.4	3

数据来源：历年河南省统计年鉴及许昌市统计公报

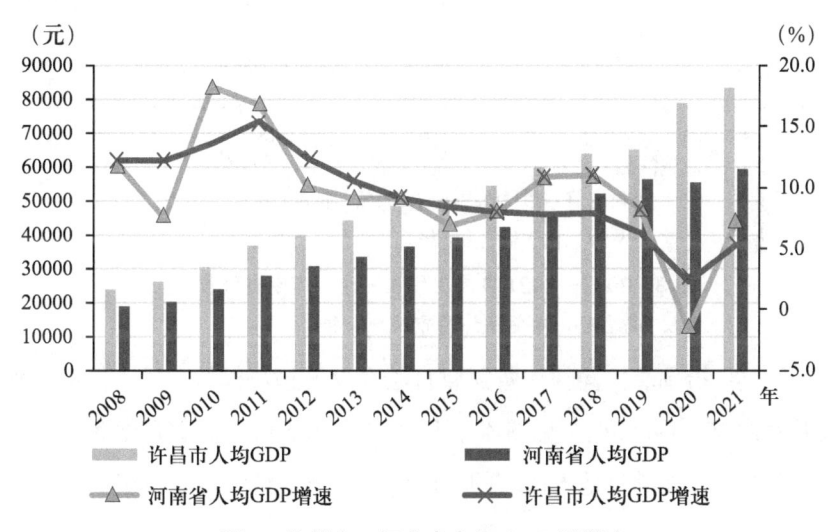

图2 许昌市、河南省人均GDP及增速

数据来源：历年河南省统计年鉴及许昌市统计公报

三、财政收入及居民人均可支配收入平稳增长，但税收占比呈下降趋势

从财政收支看，许昌市一般公共预算收入逐年提升，由2008年的41.6亿元增长到2021年189.1亿元，增加了3.5倍，居全省第5位，比2008年提前了3名。2021年一般公共预算支出360.4亿元，比2020年稍有下降，增速为-1.0%，居全省第12位（见表3）。

再看税收情况，2021年许昌市税收收入126.8亿元，是2008年的3.9倍，但是税收占一般公共预算收入的比重总体上处于下降状态，从2008年的78.4%到2021年的67.1%，下降11.3个百分点，税收占一般公共预算收入的比重大多数年份高于河南省水平，但2019—2020年两年低于河南省水平（见图3）。同时，税收收入占全省税收比重基本保持在4.5%左右。

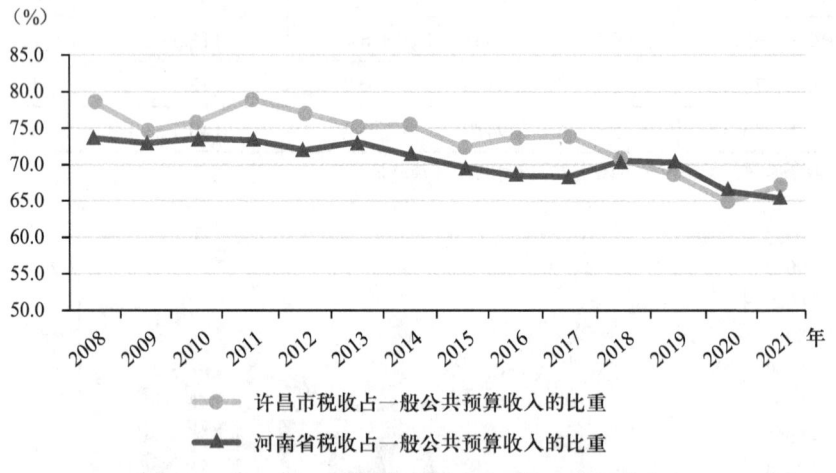

图3　2008—2021许昌市税收占比、河南省税收占比

数据来源：历年河南省统计年鉴及许昌市统计公报

从财政自给率看，与河南省财政自给率发展趋势保持一致，但高出河南省水平大约10个百分点（见图4），居于全省第5位。财政自给率较高，财政收入能够较好地满足地方政府的一般公共支出，经济自主性较高。

表3 2008—2021年许昌市一般公共预算收支情况

年份	一般公共预算收入（亿元）	占全省一般公共预算收入的比重（%）	在河南省内的排名	税收收入（亿元）	税收占一般公共预算收入比重（%）	占全省税收收入的比重（%）	在河南省内的排名	一般公共预算支出（亿元）	在河南省内的排名	财政自给率（%）	在河南省内的排名
2008	41.6	4.1	8	32.6	78.4	4.4	5	76.6	12	54.3	7
2009	47.1	4.2	8	35.1	74.6	4.3	7	100.3	12	47.0	7
2010	57.5	4.2	8	43.7	76.0	4.3	8	117.2	11	49.0	7
2011	74.2	4.3	8	58.6	78.9	4.6	4	150.3	11	49.3	6
2012	90.4	4.4	6	69.7	77.1	4.7	4	178.4	11	50.7	6
2013	108.5	4.5	6	81.6	75.2	4.6	5	202.6	12	53.6	4
2014	125.2	4.6	6	94.4	75.4	4.8	4	221.2	12	56.6	4
2015	138.6	4.6	5	100.3	72.4	4.8	5	249.6	11	55.5	4
2016	131.9	4.2	5	97.2	73.7	4.5	4	265.1	11	49.8	6
2017	145.3	4.3	5	107.4	73.9	4.6	5	286.4	12	50.7	6
2018	166.1	4.4	5	117.5	70.7	4.4	10	318.8	12	52.1	5
2019	179.9	4.4	5	123.4	68.6	4.3	17	362.4	12	49.6	5
2020	181.8	4.4	5	118.0	64.9	4.3	12	364.0	12	49.9	4
2021	189.1	4.3	5	126.8	67.1	4.5	—	360.4	12	52.5	5

数据来源：历年河南省统计年鉴及许昌市统计公报

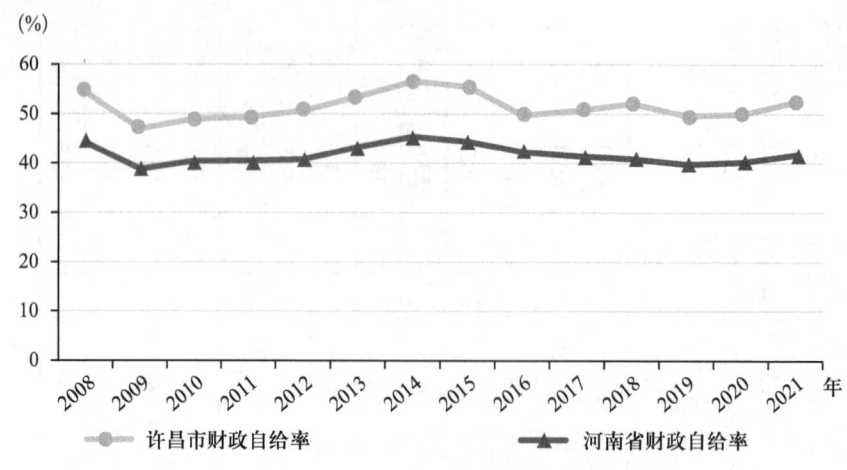

图 4　2008—2021年许昌市、河南省财政自给率

数据来源：历年河南省统计年鉴及许昌市统计公报

从金融业来看，2021年许昌市金融机构存款年末余额2934.8亿元，同比增长5.8%；2008—2021年间，许昌市年末存款余额占全省年末存款余额的比重保持平稳。2021年金融机构贷款年末余额2460.5亿元，同比增长10.2%；2008—2021年间，许昌市年末贷款余额占全省年末贷款余额的比重先升后降，稍有起伏（见图5）。不过，2021年存贷比为83.8%，存贷比稳步上升，说明许昌经济总体平稳，保持一定的活跃度。

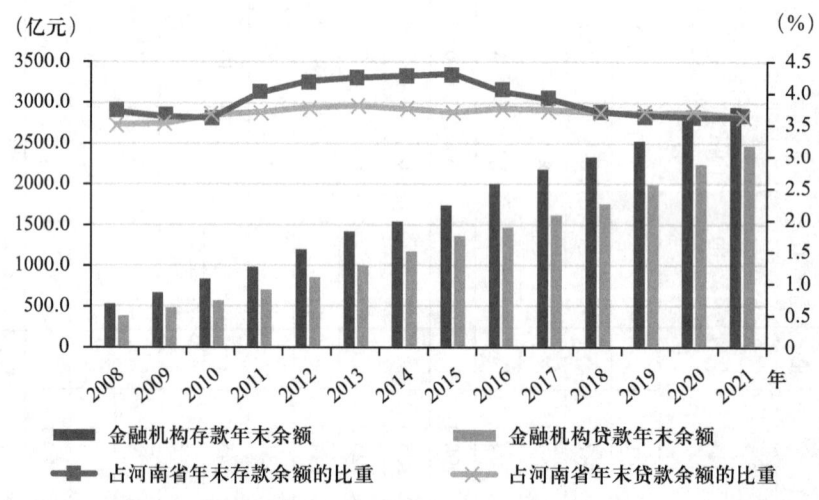

图 5　2008—2021年许昌市金融机构存贷款年末余额及占河南省的比重情况

数据来源：历年河南省统计年鉴及许昌市统计公报

从居民家庭人均可支配收入看，2015—2021年间，许昌市居民人均可支配收入大于河南省居民可支配收入，增速基本与河南省水平持平，2016年和2021年两年分别低于河南省增速0.1个和0.3个百分点，其余年份稍高于河南省水平（见图6）。2021年全市居民人均可支配收入29028元，居全省第6位。

图6 2015—2021年许昌市居民人均可支配收入及省市对比

数据来源：历年河南省统计年鉴及许昌市统计公报

从居民家庭人均消费支出来看，除2017—2018年外，其余年份许昌市居民家庭人均消费支出总额均高于河南省平均水平，2021年居民家庭人均消费支出同样位居全省第6位。但是，增速在2015—2018年间都低于河南省水平，2019—2020年两年高于河南省水平，2021年增速与河南省保持一样，都是13.9%（见图7）。

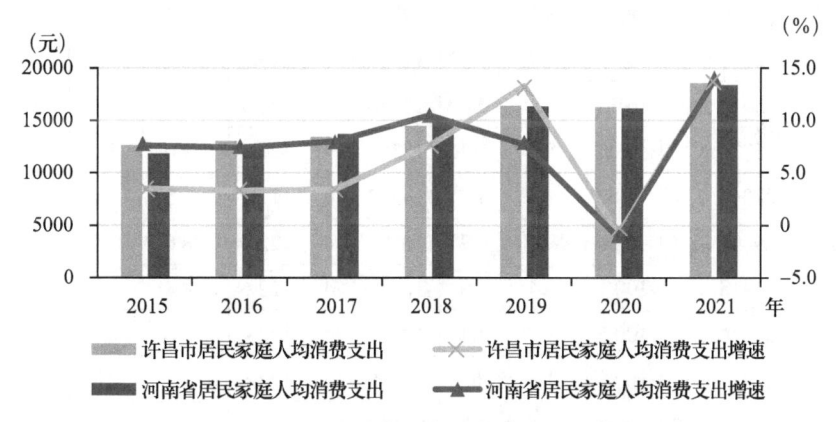

图7 2015—2021年许昌市居民家庭人均消费支出情况

数据来源：历年河南省统计年鉴及许昌统计公报

从城乡居民人均可支配收入来看，城镇居民人均可支配收入长期低于河南省水平，2018年以来，与全省水平基本保持一致，2021年居全省第5位；农村居民人均可支配收入一直高于全省水平，占比也一直高于城镇居民占比，并且农村居民人均可支配收入占城镇居民可支配收入的比重逐年上升，从2008年的44.9%提高到2021年的57.7%，差距不断缩小，2021年居全省第3位。而且，除2008、2009和2017年以外，其他年份城镇居民人均可支配收入增速均低于农村居民人均可支配收入（见表4）。

表4 2008—2021年许昌市居民收入情况

年份	许昌市城镇居民人均可支配收入（元）	在全省排名	占河南省的比重（%）	许昌市城镇居民人均可支配收入增速（%）	河南省城镇居民人均可支配收入增速（%）	许昌市农村居民人均可支配收入（元）	在全省排名	占河南省的比重（%）	许昌市农村居民人均可支配收入增速（%）	河南省农村居民人均可支配收入增速（%）	农村/城镇居民人均可支配收入（%）
2008	13000	11	98.3	10.0	8.3	5840	4	131.1	8.3	7.2	44.9
2009	14170	11	98.6	10.3	9.9	6302	4	131.1	7.0	7.5	44.5
2010	15752	9	98.9	8.2	7.2	7197	4	130.3	10.6	11.0	45.7
2011	17988	9	98.9	9.8	8.4	8651	4	131.0	15.0	12.7	48.1
2012	20159	9	98.6	9.3	9.5	9819	5	130.5	11.2	11.3	48.7
2013	22105	9	98.7	10.3	6.6	11007	4	129.9	12.1	9.5	49.8
2014	23980	10	101.3	9.4	6.8	12140	3	121.8	10.3	9.4	50.6
2015	25225	9	98.6	8.8	6.7	13355	4	123.1	9.0	7.6	52.9
2016	27016	7	99.2	7.1	4.5	14357	4	122.7	7.5	5.7	53.1
2017	29445	7	99.6	9.0	6.9	15591	4	122.6	8.6	7.5	52.9
2018	31918	6	100.1	8.4	7.8	16963	4	122.6	8.8	8.7	53.1
2019	34376	5	100.5	7.7	4.3	18558	4	122.5	9.4	6.3	54.0
2020	34926	5	100.5	1.6	−0.9	19708	4	122.4	6.2	2.8	56.4
2021	37196	5	100.3	6.5	6.7	21462	3	122.4	8.9	8.8	57.7

数据来源：历年河南省统计年鉴及许昌市统计公报

从城乡居民人均可支配收入增速、GDP 增速和一般公共预算收入增速来看，城镇居民人均可支配收入增速与 GDP 增速基本一致，2010 年之后农村居民可支配收入增速大于 GDP 增速。一般公共预算收入增速多数年份均高于城乡居民人均可支配收入增速和 GDP 增速（见图 8）。不过，三者增速均呈下滑状态，财政收入波动较大，说明经济受到周期波动和企业经营状况的影响。

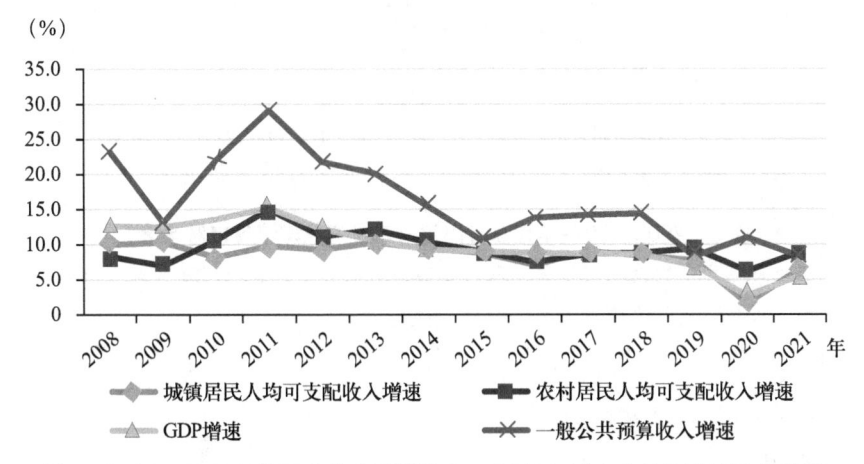

图 8　2008—2021年许昌市公共预算收入、GDP 与城乡人均可支配收入增速
数据来源：历年河南省统计年鉴及许昌市统计公报

四、投资增速持续下降，且各类投资波动大

许昌市固定资产投资逐年增加，2021 年达到 3197 亿元，是 2008 年的 7.5 倍，但增速一路下滑，特别是从 2018 年的 10.2% 直接下降到 2019 年的 5.2%，2020 年更是落到 1.7%，排在全省第 16 名，2021 年反弹到 7.1%（见图 9）。在长期投资拉动下，面对经济下行压力，固定资产投资增速虽高于 GDP 增速，但效用明显递减，然而，一旦固定资产投资增速降到一定程度，对 GDP 往下拉的冲击则会更大。

从不同类型投资情况看，2016 年以前，许昌市各类投资平稳增长，2017—2018 年工业投资和民间投资均大幅下滑，2018 年工业投资增速直接跌到 –19.6%，随后反弹，2021 年为 20.7%。民间投资增速更是在 2020—2021 年为负，分别为 –4.9% 和 –0.7%。而房地产投资增速在 2018 年达到高点，为 55.8%，随后迅速下滑，2020—2021 年增速为负，分别为 –7.7% 和 –4.9%（见图 10）。

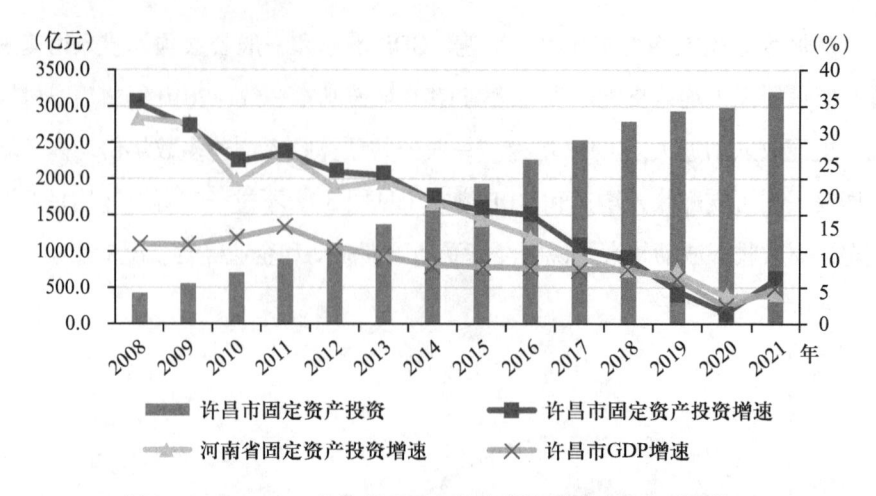

图 9 2008—2021 年许昌市固定资产投资及增速省市对比情况

数据来源：历年河南省统计年鉴及许昌市统计公报，2018—2021 年投资总额为根据相应年份投资增速计算所得

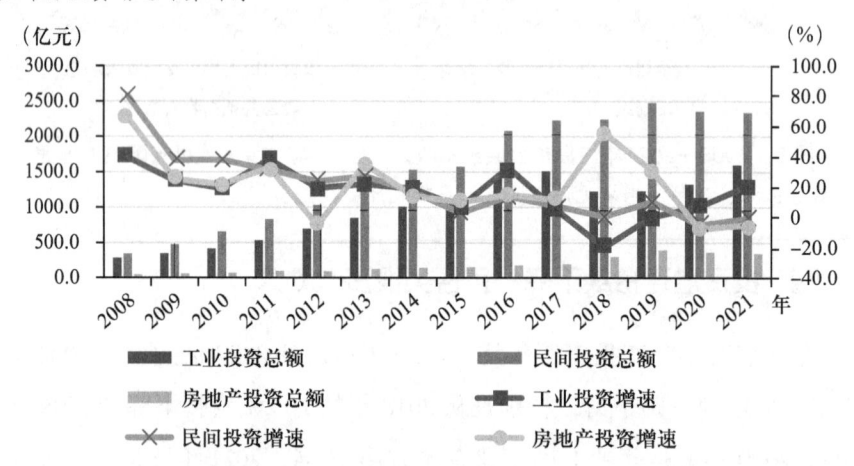

图 10 2008—2021 年许昌市不同类型固定资产投资及增速情况

数据来源：历年河南省统计年鉴及许昌市统计公报，2018—2021 年工业投资总额和民间投资总额为根据相应年份工业投资增速和民间投资增速计算所得

从各项投资占 GDP 的比重看，许昌市固定资产投资占比逐年提升，从 2008 年的 41.3% 提高到 2021 年的 87.5%；工业投资占比呈现先上升后下降的趋势，2016 年占比最高，达到 61.0%，随后下降，2021 年占比 43.6%；民间投资占比呈现先上升后下降的趋势，2016 年占比最高，达到 88.3%，随后下降，2021 年为 64.1%；房地产投资占比逐年提高，2021 年占比达到 9.5%，比 2008 年高 5.0 个百分点（见图 11）。

图 11　2008—2021 年许昌市各项投资占 GDP 的比重

数据来源：历年河南省统计年鉴及许昌市统计公报

许昌市社会消费品零售总额总体呈现上升趋势，2021 年增长到 1331.0 亿元，是 2008 年的 5.2 倍。社会消费品总额占 GDP 的比重虽稍有波动，但整体呈现上升趋势，2021 年占比为 36.4%。其中批发和零售业占社会消费品零售总额的比重整体呈上升趋势，2021 年占比为 81.4%，比 2008 年上升 3.4 个百分点。住宿和餐饮业占社会消费品零售总额的比重整体呈下降趋势，2021 年占比为 18.6%，比 2008 年下降 2.4 个百分点（见表 5）。

表 5　2008—2021 年许昌市社会消费品零售总额情况

年份	社会消费品零售总额（亿元）	占 GDP 的比重（%）	其中批发和零售业（亿元）	占社会消费品零售总额的比重（%）	其中住宿和餐饮业（亿元）	占社会消费品零售总额的比重（%）
2008	255.9	24.9	199.6	78.0	53.7	21.0
2009	297.0	26.3	228.6	77.0	63.8	21.5
2010	354.0	26.9	287.2	81.1	62.2	17.6
2011	420.5	26.5	341.2	81.1	73.7	17.5
2012	488.9	28.5	396.7	81.2	85.7	17.5
2013	556.6	29.2	453.8	81.5	95.4	17.1
2014	627.2	30.0	519.9	82.9	107.3	17.1
2015	707.2	32.6	567.7	80.3	139.5	19.7
2016	794.3	33.8	652.2	82.1	142.1	17.9

续表

年份	社会消费品零售总额（亿元）	占GDP的比重（%）	其中批发和零售业（亿元）	占社会消费品零售总额的比重（%）	其中住宿和餐饮业（亿元）	占社会消费品零售总额的比重（%）
2017	891.3	33.9	731.4	82.1	159.9	17.9
2018	873.8	30.9	702.8	80.4	171.0	19.6
2019	1271.7	37.7	1019.8	80.2	251.8	19.8
2020	1219.4	35.4	991.7	81.3	227.7	18.7
2021	1331.0	36.4	1083.8	81.4	247.2	18.6

数据来源：历年河南省统计年鉴及许昌市统计公报

从前述可知，2021年许昌市固定资产投资占GDP的比重为87.5%，社会消费品零售总额相对占比较小，在此情况下，固定资产投资持续下滑，势必影响经济增长。

五、规上工业企业增加值增速高于河南省水平，但传统产业占比仍较大

整体来讲，许昌市三次产业结构的发展趋势为第一产业和第二产业占比不断下降，第三产业占比不断上升。但第二产业一直是许昌的立市之本，2021年三次产业结构为5.0∶52.3∶42.7（见图12）。

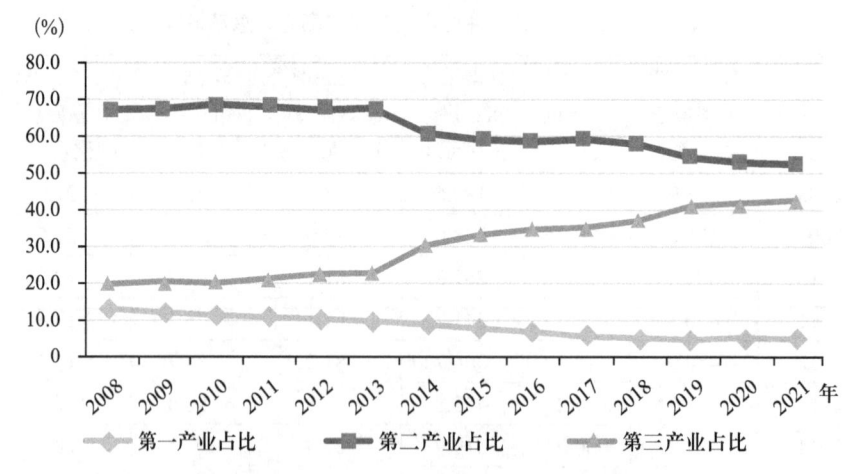

图12 2008—2021年许昌市三产结构变化情况

数据来源：历年河南省统计年鉴及许昌市统计公报

许昌市规上工业增加值由 2008 年的 487.2 亿元增加到 2021 年的 1901.5 亿元，增长了 2.9 倍，其增速在 2009—2021 年间均高于河南省规上工业增加值增速，2021 年为 6.6%，高于河南省 1.2 个百分点。不过，许昌市和河南省的规上工业增加值增速发展轨迹一致，一路下滑（见图 13）。

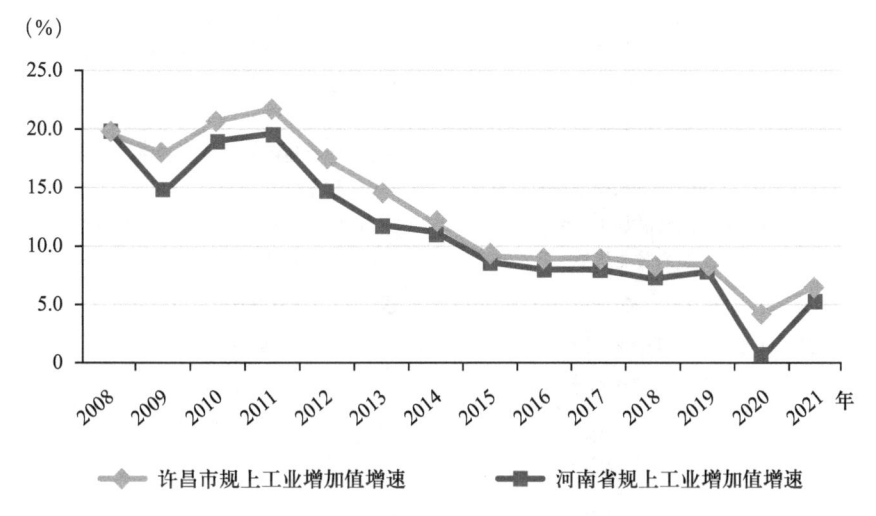

图 13 2008—021 年许昌市与河南省规上工业增加值增速

数据来源：历年河南省统计年鉴及许昌市统计公报，2018—2021 年工业增加值根据相应年份增速计算所得

从主要工业门类看，许昌市装备制造业、非金属矿物制品业、电气机械和器材制造业、烟草制品业的增加值位居前列，均在百亿元之上。增速虽在 2020 年都有下滑，但 2021 年均反弹，都在 11% 以上。另外，农副食品加工业增速在 2013—2018 年保持快速增长，但在 2019 和 2020 年两年出现较大下降，2019 年甚至下降 62.4%，2020 年下降 14.3%（见图 14）。从占比来看，同样是装备制造业、非金属矿物制品业、电气机械和器材制造业位居前列，并呈增长态势，尤其是 2021 年，装备制造业占比达 32.3%（见图 15）。

发制品产业是许昌的特色产业，许昌市有发制品生产企业 280 多家，相关从业人员达 30 万人，拥有 3000 多种假发产品，远销 120 多个国家和地区，许昌市已成为世界最大的发制品集散地和出口基地。2021 年发制品出口达到 151.6 亿元，占出口总额的比重在 71.3%（见图 16）。

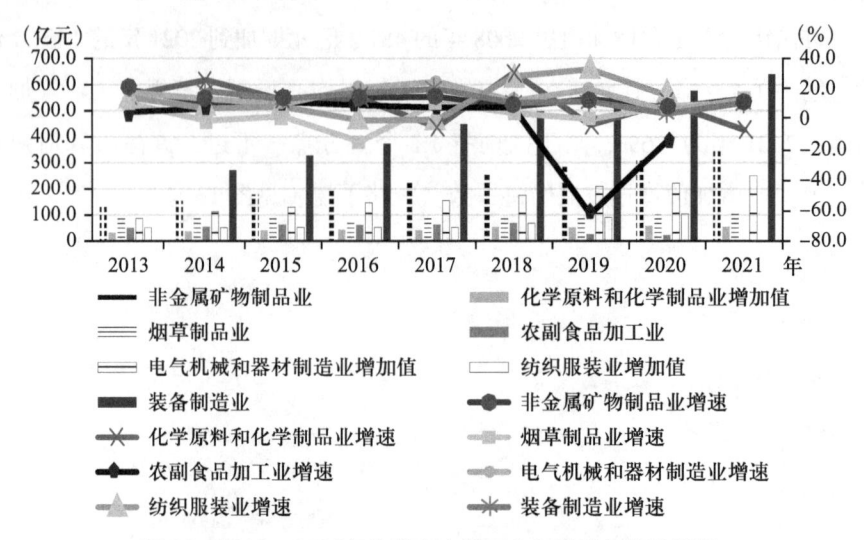

图 14 2013—2021年许昌市主要工业门类增加值及增速

数据来源：历年河南省统计年鉴及许昌统计年鉴和统计公报，2018—2021 年各行业增加值根据相应年份增速计算所得

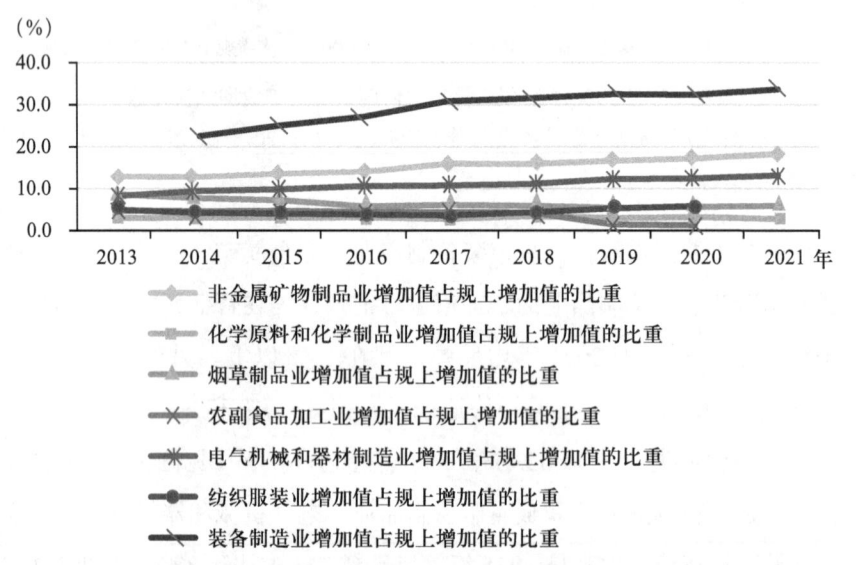

图 15 2013—2021年许昌市主要工业门类增加值占规上工业增加值比重

数据来源：历年河南省统计年鉴及许昌统计年鉴和统计公报，2018—2021 年各行业增加值根据相应年份增速计算所得

从主要工业门类发展增速及占规上工业增加值比重看，高技术产业和高成长产业增长迅速，2021年增速分别达到31.7%和12.8%。但是，高技术产

业占规上工业增加值的比重仅为5.1%，高成长产业占比39.9%。而传统支柱产业和高耗能产业增加值增速处于下降状态，2021年分别为1.9%和2.8%，但占比分别高达52.6%和44.8%（见图17）。

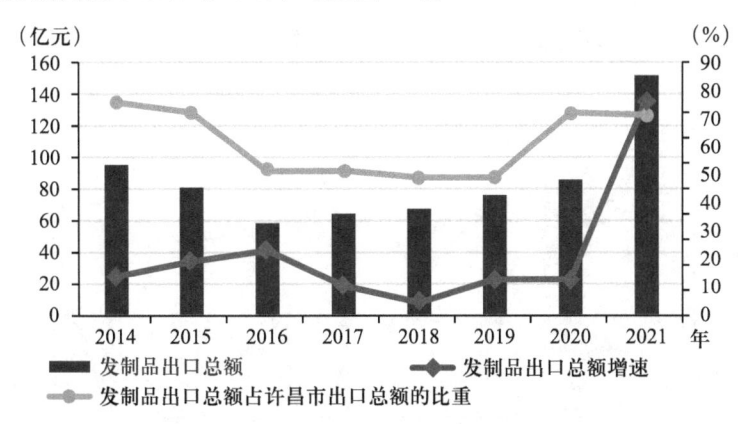

图16 2014—2021年许昌市发制品出口总额、增速及占出口总额的比重

数据来源：历年许昌市统计公报

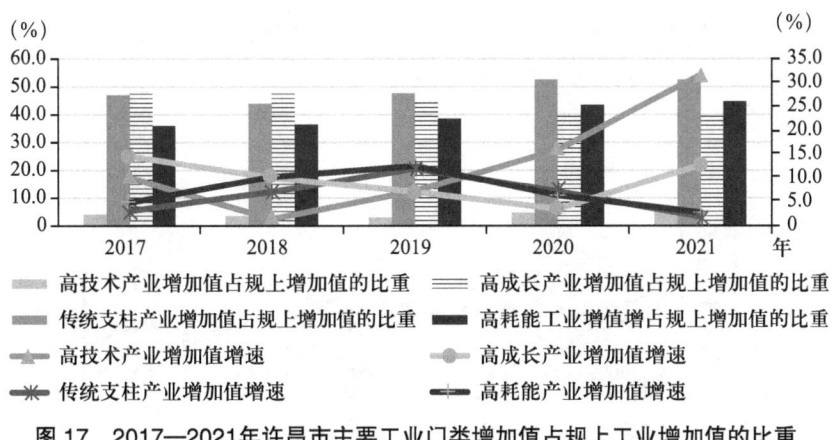

图17 2017—2021年许昌市主要工业门类增加值占规上工业增加值的比重

数据来源：历年许昌市统计公报

从服务业看，许昌市服务业发展迅速，服务业增加值从2008年的204.6亿元增长到2021年的1560.6亿元，增长了6.6倍，占GDP的比重逐年上升，2021年达到42.7%，2015年之后，除2020年之外，服务业增加值增速高于同期GDP的增速，2021年服务业增加值增速为7%，居全省第4位（见图18）。

从不同类型服务业看，2008年，交通运输、仓储和邮政业，批发和零售业与住宿和餐饮业居前三位；2020年，批发和零售业、房地产业，以及交通运输、仓储和邮政业成为前三位。其中，房地产业在2018年超过住宿和餐饮业，2009年批发和零售业超过交通运输、仓储和邮政业，一路上升，2020年达到234.7亿元，成为增加值最大的行业。就增速而言，除住宿和餐饮业在2020年下降9.5%，其他各类服务业在近5年表现基本平稳（见图19）。

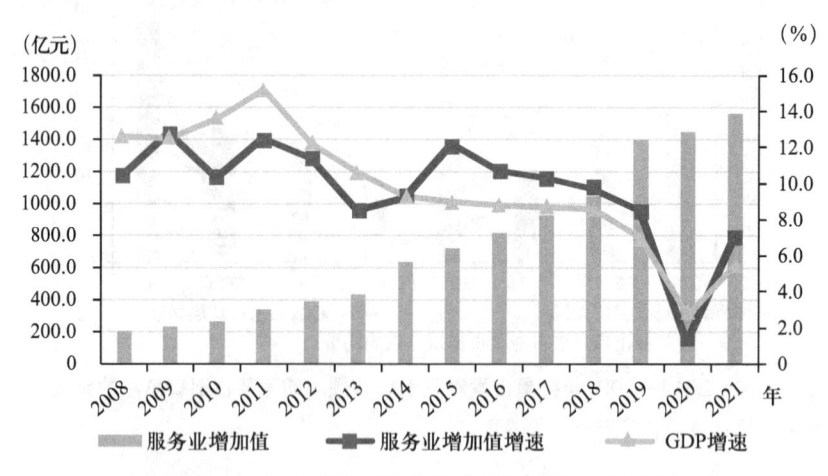

图18 2008—2021年许昌市服务业增加值及占GDP的比重

数据来源：历年许昌市统计年鉴和统计公报

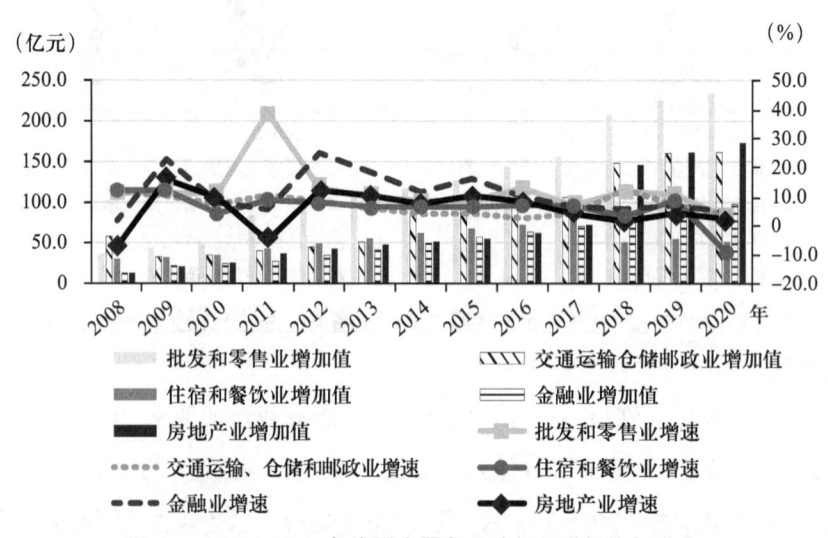

图19 2008—2020年许昌市服务业分行业增加值与增速

数据来源：历年许昌市统计年鉴

从行业增加值占服务业增加值总额的比重看，批发和零售业占比呈现先上升后下降的趋势，2020年占比达到16.2%；房地产业占比呈现波动上升趋势，2020年占比达到12.0%，比2008年提高5.8个百分点；交通运输、仓储和邮政业占比呈现波动下降趋势，2020年占比达到11.2%；金融业占比变化大不，2020年占比达到6.8%；住宿和餐饮业占比呈下降趋势，从2008年占比14.8%降到2020年的3.5%，下降11.3个百分点。可以看出，各类服务业增加值占比除了房地产业增加外，其他行业虽有下滑，但基本保持平稳（见图20）。

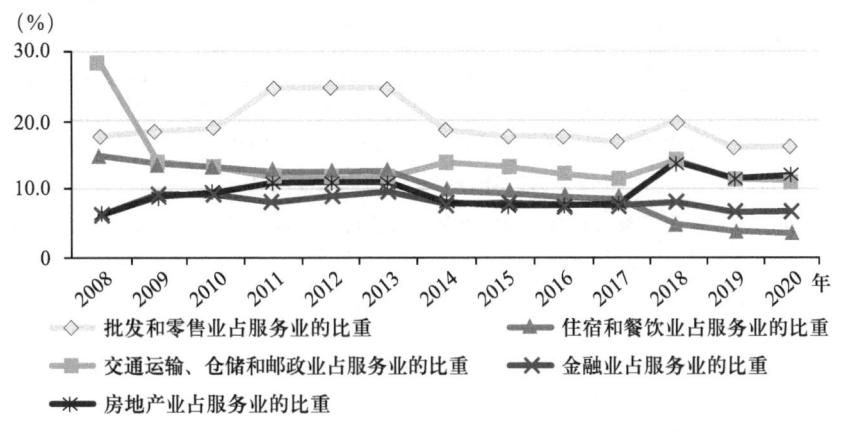

图20 2008—2020年许昌市服务业分行业增加值占服务业增加值的比重
数据来源：历年许昌市统计年鉴

六、近年R&D经费内部支出增速及占GDP的比重均有下降

许昌R&D经费内部支出不断提升，2020年为52.6亿元，是2010年的3.3倍，在全省排第4名，前3位是郑州、洛阳和新乡。但在2019年增速大幅下滑（见图21）。2010—2019年间R&D经费内部支出占GDP的比重高于河南省水平，2020年低于河南省0.1个百分点。许昌市和河南省的R&D经费支出占GDP的比重长期以来均低于全国水平（见图22）。

从专利申请授权情况来看，许昌市专利申请数在2018年之前不断上升，2019年出现大幅下降，2020年又上升，占河南省专利申请数的比重呈现先上升后下降的趋势，2020年占河南省专利申请数的比重为3.9%；专利授权数在 2017 年出现大幅下降，占河南省专利授权数的比重呈现波动下降趋势，2020 年出现大幅上升，占比达到 2.6%（见图 23）。

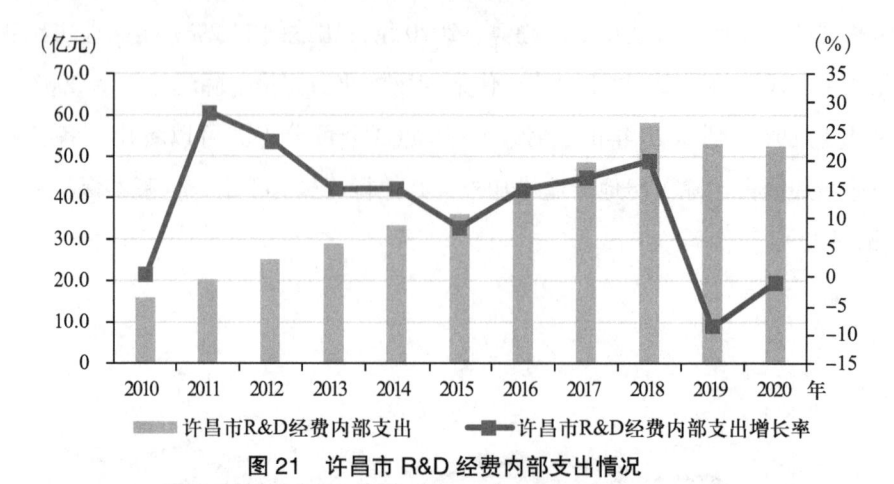

图 21　许昌市 R&D 经费内部支出情况

数据来源：历年河南省统计年鉴，R&D 经费内部支出增长率为根据许昌市 R&D 经费内部支出计算得出

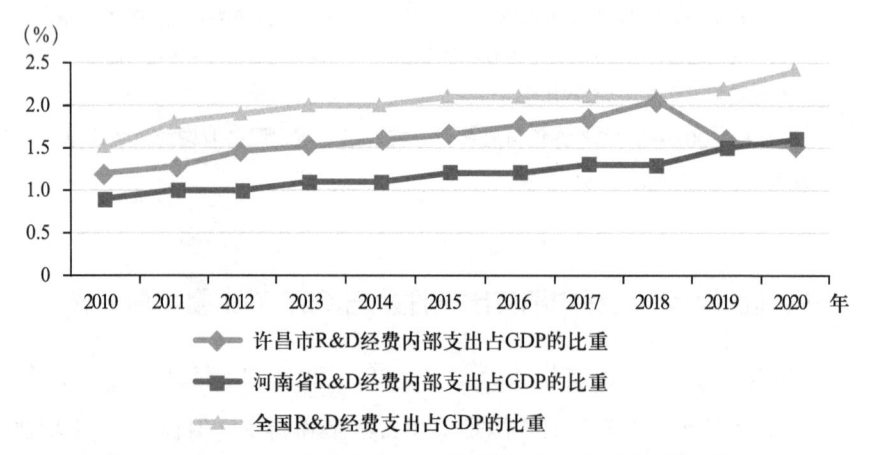

图 22　2010—2020 年许昌市 R&D 经费占 GDP 的比重及比对情况

数据来源：历年河南省统计年鉴，R&D 经费内部支出增长率为根据许昌市 R&D 经费内部支出计算得出

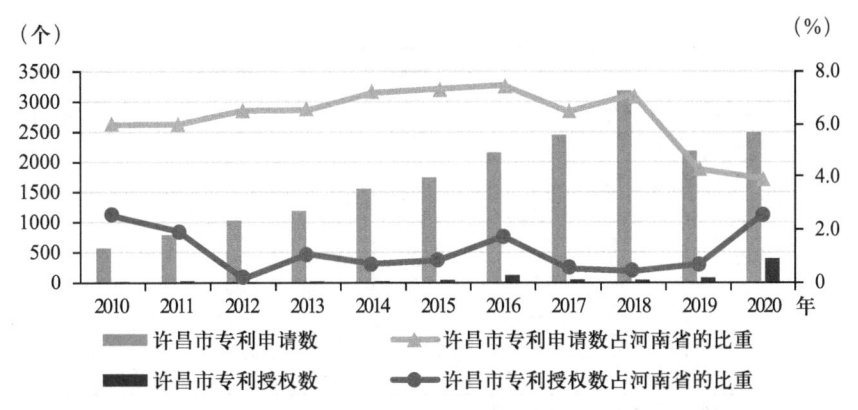

图 23 2010—2020年许昌市专利申请数和授权数及占河南省比重
数据来源：历年河南省统计年鉴

七、城镇化率低于河南省水平

2008年以来，许昌市户籍人口和常住人口逐年提升，同时也伴随人口外流，2008—2020年间，许昌市的人口外流持续增加，2020年人口流失率达到14.5%，常住人口占全省的比重基本平稳，2014年以来一直保持在4.4%。城镇化率在2008—2011年间高于河南省水平，2012年持平，2013—2021年低于河南省城镇化率水平（见表6）。

表6 许昌市人口情况

年份	户籍人口（万人）	常住人口（万人）	常住人口在全省排名	户籍人口－常住人口（万人）	人口流失率（%）	常住人口占全省的比重（%）	许昌市城镇化率（%）	河南省城镇化率（%）
2008	456	431	12	25	5.6	4.6	37.5	36.0
2009	458	431	12	27	6.0	4.5	39.3	37.7
2010	469	431	12	38	8.1	4.6	39.1	38.8
2011	479	429	12	50	10.5	4.5	40.7	40.5
2012	483	428	12	55	11.4	4.5	42.0	42.0
2013	485	429	12	56	11.5	4.5	43.3	43.6
2014	487	429	12	58	11.9	4.4	44.6	45.1
2015	490	428	12	62	12.7	4.4	46.4	47.0
2016	493	429	12	64	13.0	4.4	48.0	48.8

续表

年份	户籍人口（万人）	常住人口（万人）	常住人口在全省排名	户籍人口-常住人口（万人）	人口流失率（%）	常住人口占全省的比重（%）	许昌市城镇化率（%）	河南省城镇化率（%）
2017	496	430	12	66	13.3	4.4	49.7	50.6
2018	498	436	12	62	12.4	4.4	51.0	52.2
2019	500	436	12	64	12.8	4.4	52.3	54.0
2020	512	438	12	74	14.5	4.4	53.6	55.4
2021	—	438	12	—	—	4.4	54.6	56.5

数据来源：历年河南省统计年鉴及许昌市统计公报

综上所述，在经济下行压力下，许昌市经济表现总体平稳。"远学徐州近学许昌"，尤其是进入21世纪以来，许昌市抓住了上一轮投资驱动和传统制造业快速增长的机遇窗口，以超硬材料、输变电装备、食品、钢铝再生资源等主导产业的快速发展，使许昌成为中原大地的一颗"明星"。进入高质量发展阶段以后，在由创新引领和内需驱动的新一轮经济增长中，许昌同样感受到经济结构升级带来的"阵痛"，其主导产业的龙头企业往往是一家独大，没有形成产业链配套的企业群，尤其是缺少中间型的企业群体，一旦龙头企业带动能力有不同程度的减弱，则没有企业能够跟进支撑整个产业。加之新的龙头企业尚未形成，宏观经济下行，导致工业投资、民间投资增速出现明显下滑，直接冲击经济增长。此外，还面临着土地资源约束、环境资源约束加剧，产业发展空间严重受限等问题。

许昌市要顺应产业发展趋势，加大创新力度，实施政研企联合创新行动，提振信心，围绕装备制造、新一代信息技术、5G应用、硅碳新材料、阻燃材料等领域，建设一批新型研发机构，支持骨干企业组建产业技术创新战略联盟，全力推动结构升级，促使动能转换，做大做强行业龙头、骨干企业，积极培育更多的上市公司，以龙头企业、骨干企业、上市公司延伸产业链，形成大量配套企业聚集的群居产业生态，高质量打造全国重要先进制造业基地。

（李燕燕　赵　岩　整理数据图表）

河南省市域经济运行分析：漯河篇

20世纪八九十年代，漯河在河南省内率先成为全国经济体制改革试点市，称为内陆特区，留下了鲜明的改革开放的时代烙印。漯河地处中原腹地，产业特色明显，2005年被中国食品工业协会命名为全国首家"中国食品名城"。

一、概述

漯河市现辖临颍、舞阳两县，郾城、源汇、召陵三区，总面积2617平方千米，2021年全市常住人口237.2万人，人口密度为每平方千米906人，其中城镇人口132.5万人，城镇化率55.86%。

二、经济总量不断增加，增速十分亮眼

从GDP总量来看，2008—2022年漯河市GDP从550.26亿元增加到1812.90亿元，增长了2.29倍（见表1），属于省内经济体量比较小的城市，长期稳定在全省排第16位，仅高于鹤壁和济源，但在2019年超过三门峡，排名第15位。

从GDP增速来看，漯河市GDP增速在2008—2015年均维持在9%以上，在2010年达到最高峰14.7%，2020年受新冠疫情影响有较大的下滑，2021年强力反弹到9.1%，在河南省18个市中排名第一位，2008—2021年平均增速为9.6%。除去2016年增速8.1%略低于河南省8.2%外，其他年份均高于全省GDP增速（见图1）。

漯河市人均GDP在2019年有较大增幅，2018年低于全省人均GDP（-3622元），到2019年反超了2802元，2020年超过焦作和鹤壁，居全省第6位，2021年增加到72560元，为全省的1.22倍。漯河市人均GDP增速同样在2019年反弹，超出全省14.78个百分点（见图2）。

从占比来看，漯河市GDP占全省的比重从2008年的3.06%一路下滑到2018年的2.57%。2019年开始回升，2021年上升至2.92%（见图3）。

表1 2008—2022年漯河市GDP及增速情况

年份	漯河市GDP（亿元）	河南省GDP（亿元）	漯河市GDP占河南省GDP的比重（%）	漯河市GDP增速（%）	河南省GDP增速（%）	漯河市GDP增速-河南省GDP增速	漯河市人均GDP（元）	河南省人均GDP（元）	漯河市人均GDP-河南省人均GDP（元）
2008	550.26	17735.93	3.10	13.4	12.0	1.4	22237	19406	2831
2009	541.68	19181.00	2.82	11.3	11.0	0.3	23696	20477	3219
2010	680.49	22655.02	3.00	14.7	12.4	2.3	26807	21073	5734
2011	751.70	26318.68	2.86	13.2	12.0	1.2	29478	28716	762
2012	797.12	28961.92	2.75	12.1	10.1	2.0	31211	31753	-542
2013	861.54	31632.50	2.72	9.4	9.0	0.4	33568	34186	-618
2014	941.16	34574.76	2.72	9.1	8.9	0.2	36796	37116	-320
2015	992.59	37084.10	2.68	9.0	8.4	0.6	37987	39222	-1235
2016	1081.93	40249.34	2.69	8.1	8.2	-0.2	40986	42247	-1261
2017	1165.04	44824.92	2.60	8.2	7.8	0.3	44089	47130	-3041
2018	1236.66	49935.90	2.48	7.7	7.6	0.1	46530	50152	-3622
2019	1578.44	53717.75	2.94	7.5	6.8	0.8	59190	56388	2802
2020	1573.88	54259.43	2.90	1.5	1.1	0.4	66479	55435	11044
2021	1721.08	58887.41	2.92	9.1	6.3	2.8	72560	59410	13150
2022	1812.90	61345.05	2.96	5.2	3.1	2.1	—	—	—

数据来源：历年河南省统计年鉴及统计公报

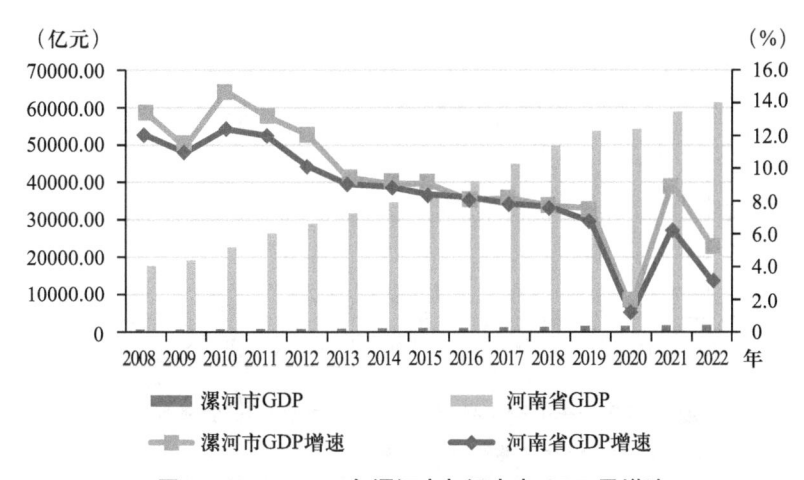

图 1 2008—2022年漯河市与河南省GDP及增速

数据来源：历年河南省统计年鉴及统计公报

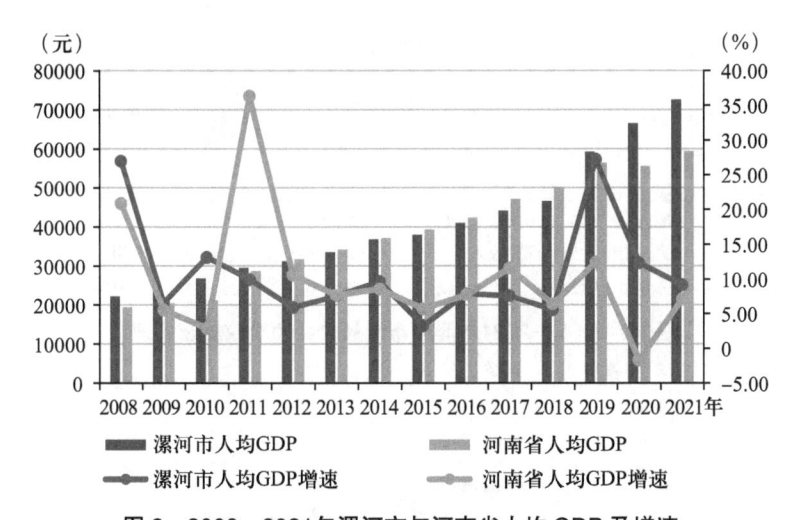

图 2 2008—2021年漯河市与河南省人均GDP及增速

数据来源：历年河南省统计年鉴及统计公报

再看财政收支。漯河市一般公共预算收入由2008年的19.2亿元增加到2021年114.5亿元，增加了近5倍（见表2），增速远高于GDP平均增速。2021年一般公共预算收入增速达到13.82%（见图4）。

漯河市税收占一般公共预算收入的比重整体呈下降趋势，2021年为73.80%，处在全省第二位，仅低于济源75.93%，各年份均高于河南省的税收占比（见图5），说明漯河市经济质量比较好。

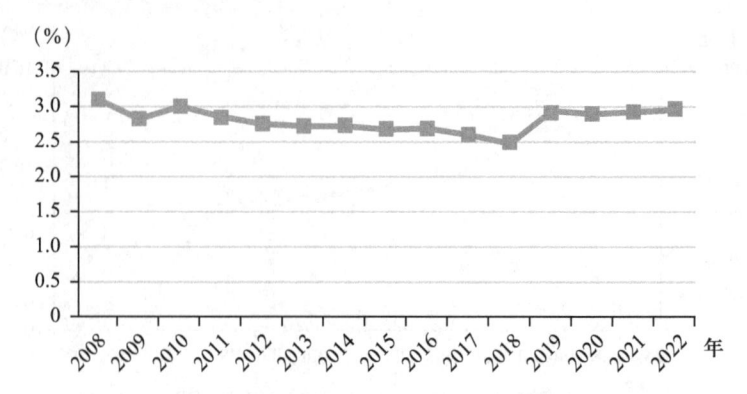

图 3 2008—2021年漯河市 GDP 占河南省 GDP 的比重

数据来源：历年河南省统计年鉴及统计公报

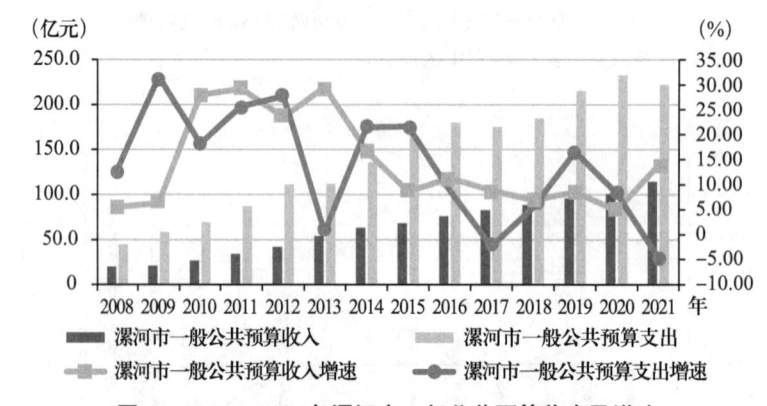

图 4 2008—2021年漯河市一般公共预算收支及增速

数据来源：历年河南省统计年鉴及统计公报

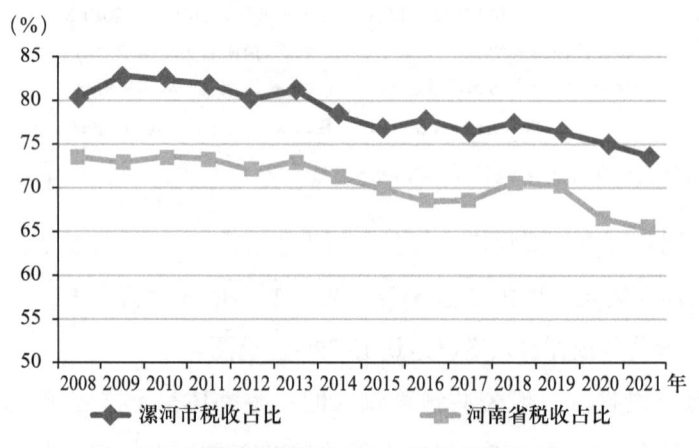

图 5 漯河市税收占比与河南省税收占比

数据来源：历年河南省统计年鉴及统计公报

表 2 2008—2021年漯河市一般公共预算收支情况

年份	漯河市 一般公共预算收入（亿元）	税收收入（亿元）	税收占一般公共预算收入的比重（%）	一般公共预算支出（亿元）	财政自给率（%）	在河南省内的排名	河南省 一般公共预算收入（亿元）	税收收入（亿元）	税收占一般公共预算收入的比重（%）	一般公共预算支出（亿元）	财政自给率
2008	19.2	15.42	80.31	44.6	43.05	11	1008.9	742.27	73.60	2281.61	44.20
2009	20.4	16.9	82.84	58.7	34.75	11	1126.06	821.5	73.00	2905.76	38.80
2010	26.1	21.49	82.34	69.3	37.66	11	1381.32	1016.55	73.60	3416.14	40.40
2011	33.7	27.6	81.90	87.1	38.69	10	1721.76	1263.1	73.40	4248.82	40.50
2012	41.6	33.35	80.17	111.2	37.41	11	2040.33	1469.57	72.00	5006.4	40.80
2013	53.9	43.74	81.15	111.7	48.25	10	2415.45	1764.71	73.10	5582.31	43.30
2014	62.9	49.22	78.25	135.6	46.39	10	2739.26	1951.46	71.20	6028.69	45.40
2015	68.3	52.41	76.73	164.8	41.44	10	3016.05	2101.17	69.70	6799.35	44.40
2016	76	59.2	77.89	179.3	42.39	10	3153.48	2158.45	68.40	7453.74	42.30
2017	82.7	63.1	76.30	175.1	47.23	8	3407.22	2329.31	68.40	8215.52	41.50
2018	88.4	68.5	77.49	184.6	47.89	8	3766.02	2656.65	70.50	9217.73	40.90
2019	95.9	73.3	76.43	215.1	44.58	8	4041.89	2841.34	70.30	10163.93	39.80
2020	100.6	75.7	75.25	233	43.18	9	4168.84	2764.73	66.30	10372.67	40.20
2021	114.5	84.5	73.80	222.2	51.53	8	4347.38	2842.52	65.40	10419.86	41.70

数据来源：历年河南省统计年鉴及统计公报

漯河市财政自给率在全省位于中等水平，2016年以后持续超过全省水平。2021年漯河市财政自给率为51.53%（见图6），高于商丘的34.18%、驻马店30.05%、周口23.38%和信阳21.64%，在豫中南五市中排名第一。

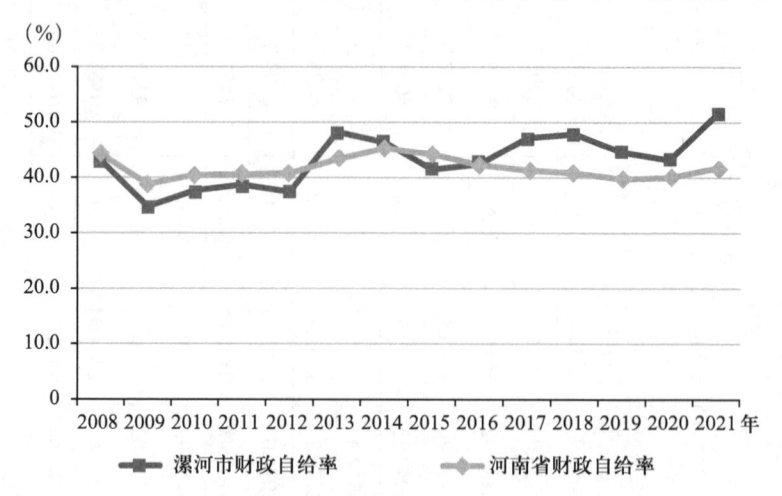

图6　漯河市财政自给率与河南省财政自给率

数据来源：历年河南省统计年鉴及统计公报

漯河市城镇居民人均可支配收入低于全省水平，2008—2021年平均增速为9.24%，总量差距不断缩小；而农村居民可支配收入高于全省平均水平，且2008—2021年平均增速为11.16%，超出部分也在不断增大（见表3）。但是自2010年以后，城镇居民人均可支配收入增速一直低于农村居民人均可支配收入增速，可能与漯河市产业多是劳动密集型，附加值低有关（见图7）。

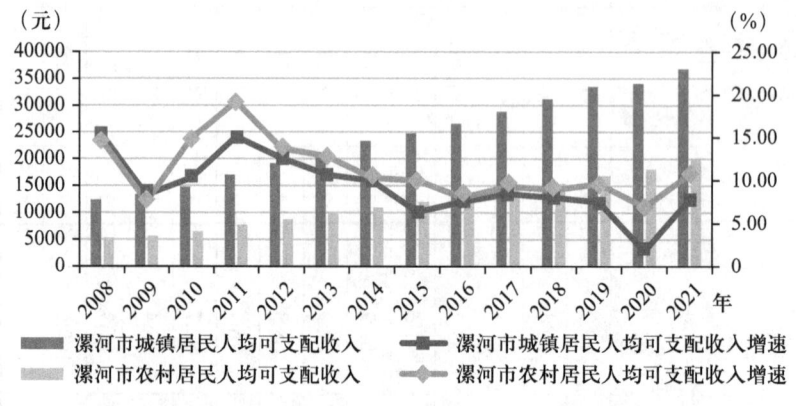

图7　2008—2021年漯河市城乡居民人均可支配收入及增速

数据来源：历年河南省统计年鉴及统计公报

表 3　2008—2021年漯河市居民收入情况

年份	漯河市 城镇居民人均可支配收入（元）	漯河市 农村居民人均可支配收入（元）	河南省 城镇居民人均可支配收入（元）	河南省 农村居民人均可支配收入（元）	漯河市-河南省 城镇居民人均可支配收入（元）	漯河市-河南省 农村居民人均可支配收入（元）
2008	12364	5230	13231	4454	-867	776
2009	13390	5622	14372	4807	-982	815
2010	14769	6460	15930	5524	-1161	936
2011	16998	7700	18195	6604	-1197	1096
2012	19136	8755	20443	7525	-1307	1230
2013	21174	9876	22398	8475	-1224	1401
2014	23281	10893	24391	9416	-1110	1477
2015	24755	11980	25576	10853	-821	1127
2016	26618	12938	27233	11697	-616	1241
2017	28859	14142	29558	12719	-699	1423
2018	31168	15400	31874	13831	-706	1569
2019	33505	16878	34201	15164	-696	1714
2020	34108	18042	34750	16108	-642	1934
2021	36769	19973	37095	17533	-326	2440

数据来源：历年河南省统计年鉴及统计公报

如图8所示，2015年之前，漯河市一般公共预算收入增速远高于GDP增速和城乡居民可支配收入增速，2015年之后基本同步，说明漯河市在政府、企业和居民三者之间收入分配较为合理，经济协同发展。

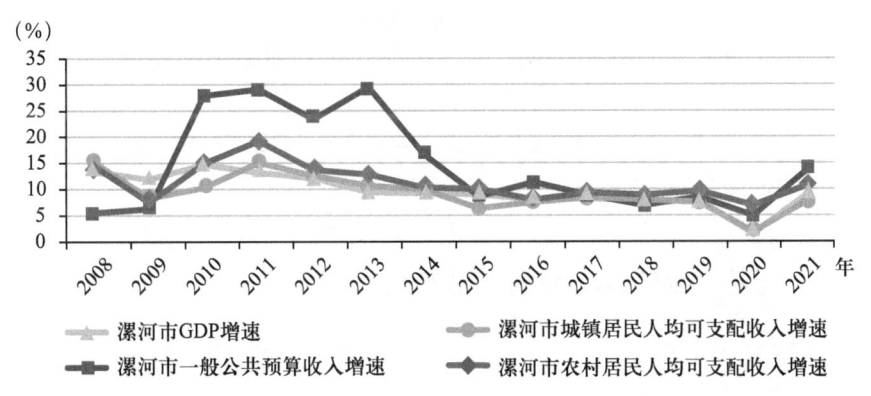

图 8　2008—2021年漯河市一般公共预算收入、GDP与城乡人均可支配收入增速

数据来源：历年河南省统计年鉴及统计公报

三、投资、消费总体平稳，经济开放度有待提高

除 2011 年之外，漯河市固定资产投资增速均超过河南省水平，2021 年全市固定资产投资增速 13.4%（见图 9），排全省第 1 位。民间投资、工业投资和社会消费品零售总额占 GDP 的比重较大，2021 年民间投资占比 82.51%，社会消费品零售总额占比 41.63%，工业投资占比 62.2%，房地产投资占比 9.92%，进出口占比 3.44%（见图 10）。从各项投资增速来看，整体平稳下行，房地产投资在 2015—2019 年间有个峰值（见图 11）。可以说，漯河整体经济健康有活力，各项投资总体平稳，进出口占比长期稳定在低位，经济开放度有待提升。由于食品产业是漯河市的主导产业，漯河市的食品产业创建更多的知名品牌，进入国际市场，面临着挑战。

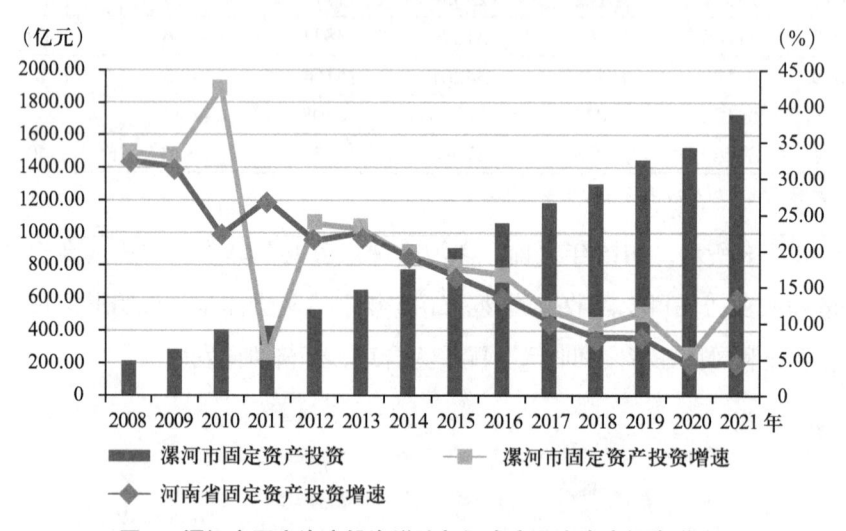

图 9　漯河市固定资产投资增速与河南省固定资产投资增速

数据来源：历年河南省统计年鉴及统计公报

四、创新力度加大，优化产业结构

漯河市 2020 年三次产业结构为 9.5∶42.8∶47.7，第三产业首次超过第二产业，产业结构由"二三一"转变为"三二一"。2021 年第一产业进一步减少，三次产业结构为 9.0∶43.0∶48.0（见图 12）。

图 10　2008—2021年漯河市固定资产投资、工业投资、民间投资、房地产投资、进出口总额和社会消费零售总额占GDP的比重

数据来源：历年河南省统计年鉴及统计公报

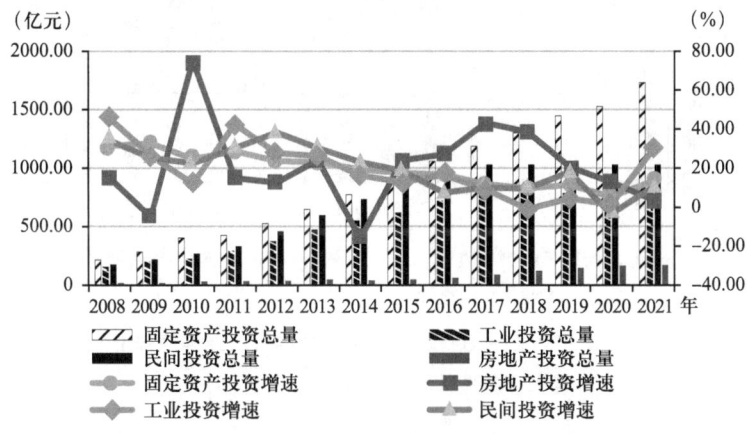

图 11　2008—2021年漯河市投资总量及增速情况

数据来源：历年河南省统计年鉴及统计公报

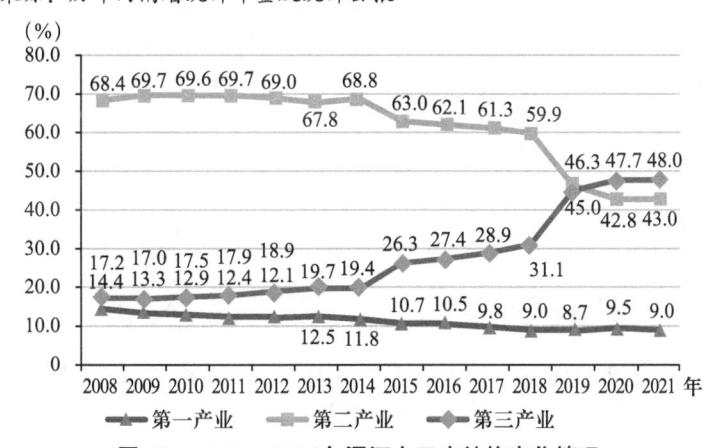

图 12　2008—2021年漯河市三产结构变化情况

数据来源：历年河南省统计年鉴及统计公报

2021年漯河市工业增加值740.9亿元,同比增长6.6%,增速高于全省平均水平2.5个百分点,居全省第4位。工业增加值增速除2017年(6.1%)低于全省(7.4%)外,其余年份均高于全省工业增加值增速,但整体仍在下滑(见图13)。不过,漯河市工业增加值占全省的比重整体上虽有起伏,但都在3%~4%区间内,波动幅度不大(见图14)。漯河在GDP增速、工业增加值增速均高于全省水平的情况下,而占比却无大的突破,可能是因为企业多处于产业链末端,附加值不高。

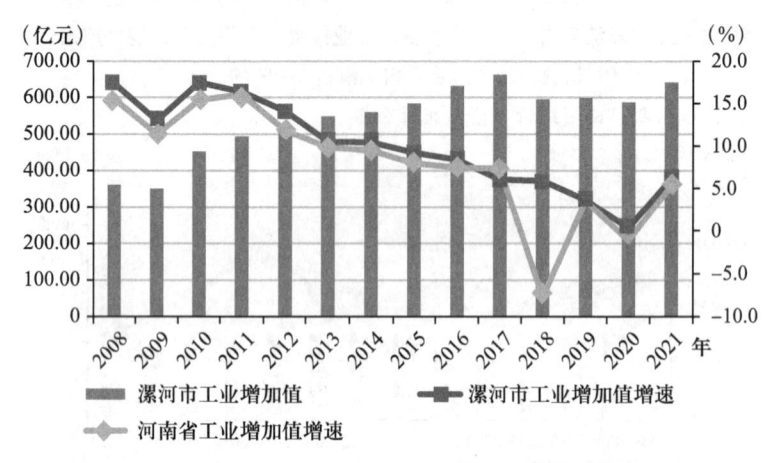

图13 2208—2021年漯河市工业增加值及增速情况

数据来源:历年河南省统计年鉴及统计公报

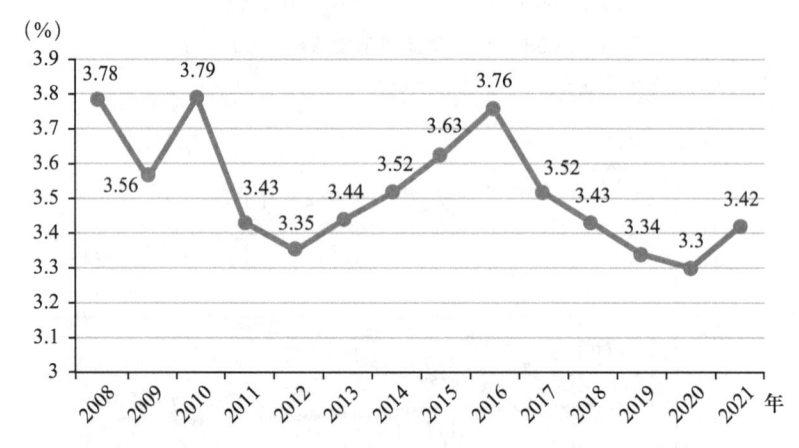

图14 2008—2021年漯河市工业增加值占全省的比重情况

数据来源:历年河南省统计年鉴及统计公报

漯河市近几年致力于建设创新之城,R&D经费支出增长率大幅增加,但

R&D 经费支出占 GDP 的比重长期仍处于低位（见图 15），创新之路任重道远。不过，战略性新兴产业、高新技术产业、高技术产业、装备制造业等快速增长。

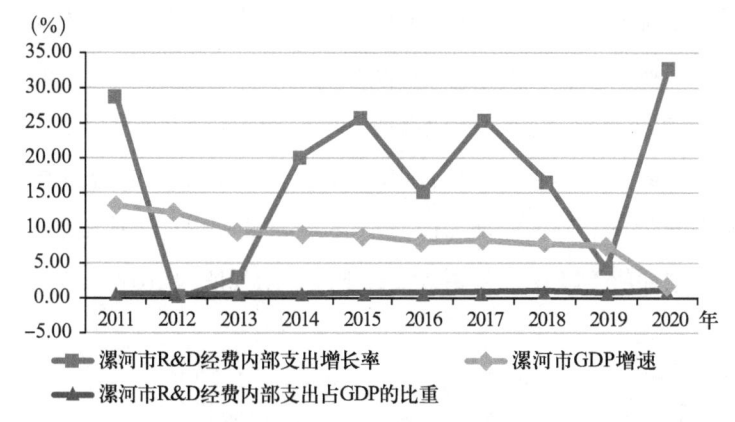

图 15　2011—2020 年漯河市 R&D 经费增长率、占 GDP 的比重情况

数据来源：历年河南省统计年鉴及统计公报

漯河市规上食品工业增加值占漯河市规上工业增加值的比重在 2008—2015 年均高于 50%，2013—2015 年达到峰值 57.4%，2016 年之后占比低于 50% 且整体呈下降趋势，由 2016 年的 49.9% 下降为 2021 年 43.0%（见图 16）。在全球经济不确定性加剧的背景下，食品产业发展的原料成本、用工成本、市场开拓成本等大幅上涨，叠加行业转型阵痛，食品企业，特别是中小微企业生存压力持续加大。

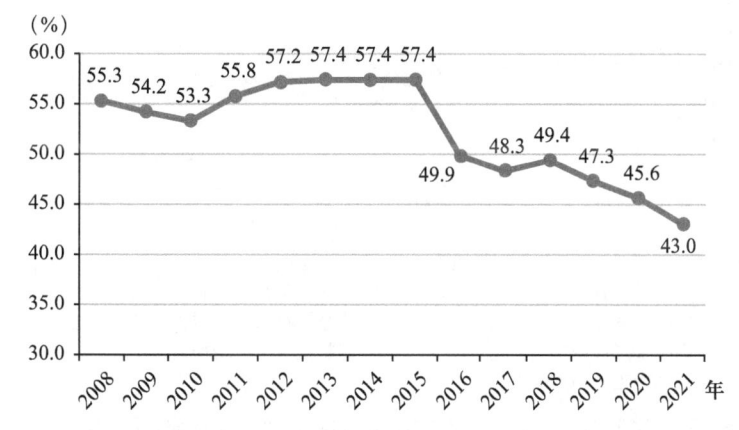

图 16　2008—2021 年漯河市规上食品工业增加值占规上工业增加值的比重

数据来源：历年河南省统计年鉴及统计公报

战略性新兴产业增加值、高新技术产业增加值、高技术产业增加值、装备制造业增加值的增速虽在 2020 年存在回落现象，但随后又回升（见图 17）。2021 年高新技术产业增加值增长 10.1%，占规模以上工业增加值的 44.4%，超过规上食品工业增加值占比；战略性新兴产业增加值增长 26.1%，占规模以上工业增加值的 24.0%；高技术产业增加值增长 25.1%，占规模以上工业增加值的 12.1%；装备制造业增加值增长 18.1%，占规模以上工业增加值的 17.3%；化学原料及化学制品制造业增加值增长 7%，占规模以上工业增加值的 8.9%；高耗能工业增加值下降 0.3%，占规模以上工业增加值的 16.6%（见图 18）。

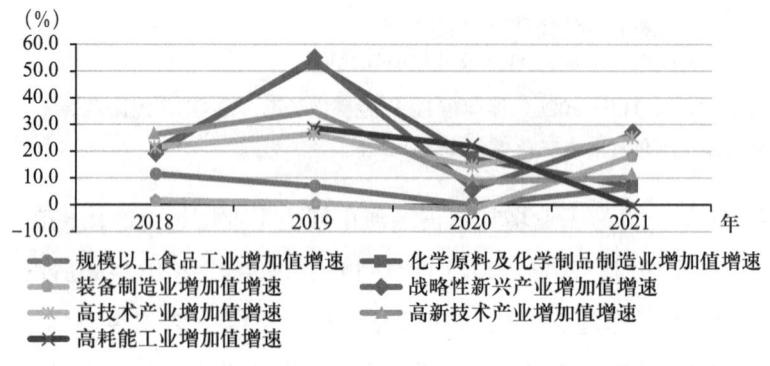

图 17　2018—2021 年漯河市主导产业分行业增加值增速变化情况

数据来源：历年河南省统计年鉴及统计公报

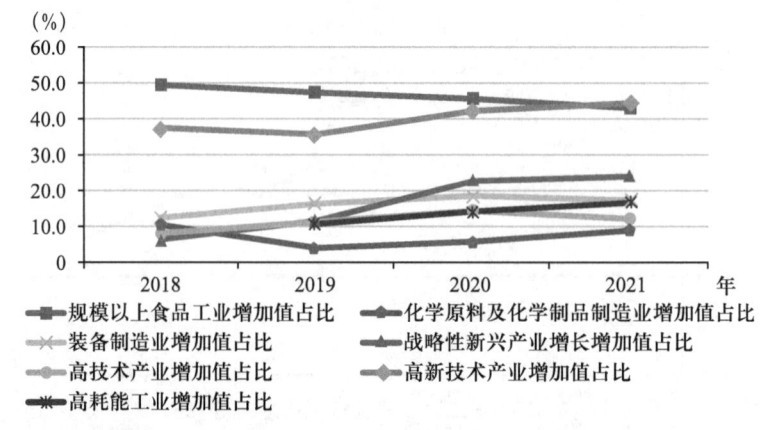

图 18　2018—2021 年漯河市主导产业占规模以上工业增加值的占比情况

数据来源：历年河南省统计年鉴及统计公报

表4中，2019年漯河市第三产业增加值无论总额（723.27亿元）还是占比（2.78%）、增速（11.5%）都有一个较大的提升，整体上了一个台阶，总额超过三门峡，位于全省第15名，增速跃居全省第一。2020年增速回落第二，2021年又重回第一的位置，并且增速自2015年以后均高于GDP增速（见图19）。

表4 2018—2021年漯河市第三产业发展总体情况

年份	三产增加值（亿元）	占全省的比重	在全省的排名	三产增加值增速（%）	在全省的排名
2008	94.87	1.74	16	7.5	18
2009	106.96	1.73	16	15.6	4
2010	130.59	1.78	16	13.9	6
2011	156.82	1.75	16	12.9	10
2012	182.65	1.77	16	12.8	8
2013	212.58	1.8	16	7.4	18
2014	232.48	1.73	16	6.8	17
2015	261.43	1.73	16	11.1	12
2016	293.43	1.71	16	9.5	15
2017	341.6	1.73	16	14	2
2018	384.44	1.63	16	8.3	10
2019	723.27	2.78	15	11.5	1
2020	749.85	2.8	15	3.2	2
2021	824.7	2.85	—	11.5	1

数据来源：历年河南省统计年鉴及统计公报

服务业分行业看，处于前三位的交通运输、仓储和邮政业，批发和零售业、房地产业增加值在2018年有明显的提升，并且在各行业增速中，交通运输、仓储和邮政业增加值增速稳步增长，2021年达到21.2%（见图20）。

值得关注的是，漯河市现代物流呈现集聚发展，拥有"三通一达"、顺丰、德邦等20余个物流项目，与食品产业高度关联的冷链物流也快速发展，双汇物流、大象物流等6家企业进入中国冷链物流百强企业行列，全市快递业务总量和增速均居全省前列。漯河市已成为郑州都市圈综合物流副中心。

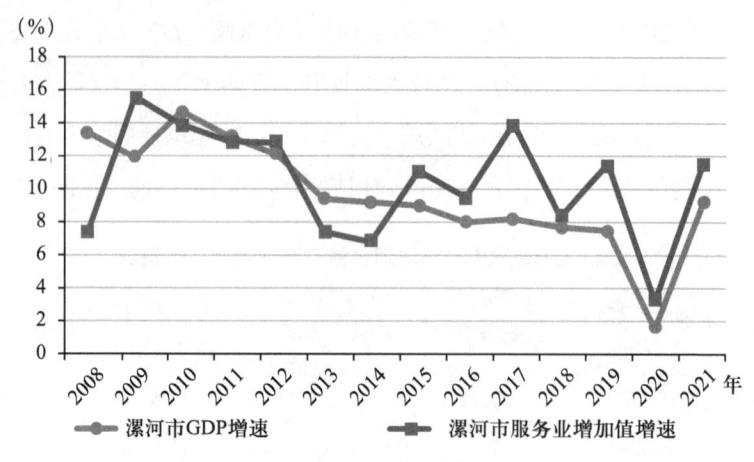

图 19　2008—2021年漯河市服务业增加值增速与GDP增速

数据来源：历年河南省统计年鉴及统计公报

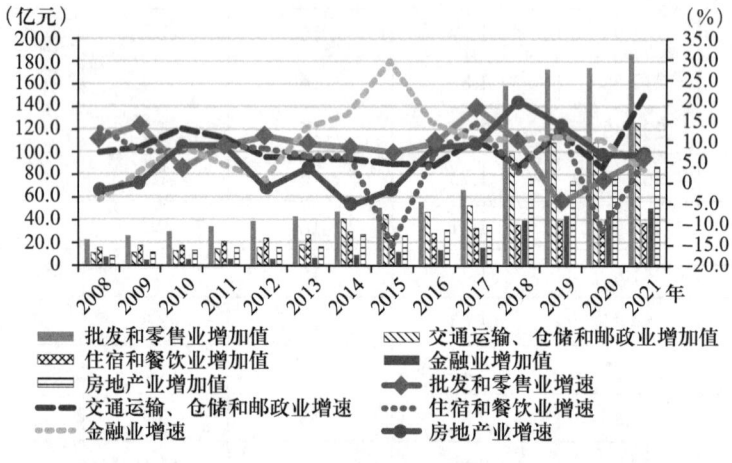

图 20　2008—2021年漯河市服务业分行业增加值与增速

数据来源：历年河南省统计年鉴及统计公报

五、城镇化进程仍有较大推进空间

漯河市城镇化率2008—2018年稍高于河南省水平，2019—2021年稍低于河南省水平。其中，常住人口在2020年有一个较大的下降，人口流失率为11.66%（见表5）。下一步漯河要充分主动融入郑州都市圈，注重互联互通和协同合作，使基础设施不断完善，城市功能持续增强，将漯河建设成为功能完善、环境优越的宜居康养城市。

表5 2008—2021年漯河市人口情况

年份	漯河市 户籍人口（万人）	漯河市 常住人口（万人）	漯河市 户籍人口-常住人口（万人）	漯河市 人口流失率（%）	漯河市 城镇化率（%）	河南省 城镇化率（%）
2008	256.90	248.05	8.85	3.44	37.48	36.03
2009	258.07	249.71	8.36	3.24	39.25	37.7
2010	271.23	254.85	16.38	6.04	39.16	38.82
2011	273.00	255.00	18	6.59	40.92	40.47
2012	274.00	256.00	18	6.57	42.84	41.99
2013	276.00	257.50	18.5	6.70	44.24	43.6
2014	277.00	260.10	16.9	6.10	45.70	45.05
2015	279.00	262.50	16.5	5.91	47.54	47.02
2016	280.59	263.50	17.09	6.09	49.23	48.78
2017	282.55	265.03	17.52	6.20	50.91	50.56
2018	284.13	266.53	17.6	6.19	52.47	52.24
2019	285.33	266.82	18.51	6.49	53.97	54.01
2020	268	236.75	31.25	11.66	54.84	55.43
2021	—	237.2	—	—	55.86	56.45

数据来源：历年河南省统计年鉴及统计公报

六、努力打造现代化食品名城升级版

全国被授予"中国食品名城"称号的城市有漯河、漳州、淮安、德惠、烟台、潮州。具备"中国食品名城"的条件是，食品工业具备一定规模，食品工业形成一定生产能力，食品工业拥有一批优势企业，食品工业培育一批知名品牌，食品工业是城市的支柱产业。

从六市2021年的GDP总量来看，烟台以绝对优势位居首位（8711.75亿元），漳州（5025.40亿元）、淮安（4550.13亿元）分列第二、第三位，漯河（1721.10亿元）与前三名的差距是显而易见的。不过，这六市共同的特点都是在经济下行压力较大的情况下，GDP增速仍呈现较高水平（见图21），说明面向终端的食品产业有着较强的韧性。

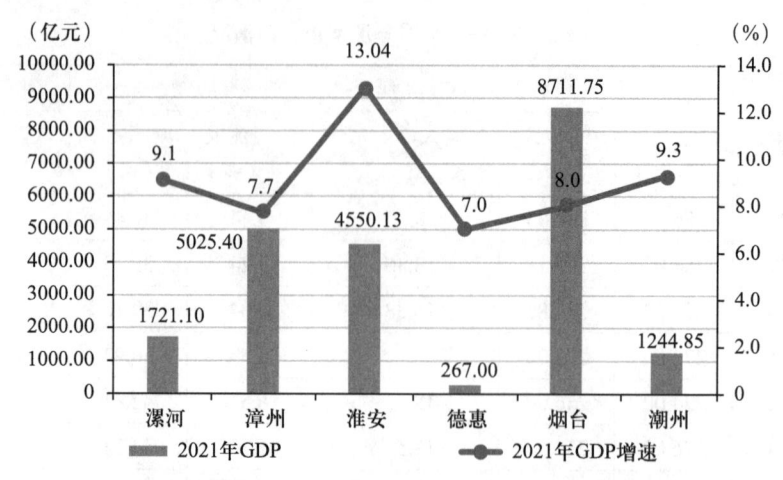

图 21　2021年漯河、漳州、淮安、德惠、烟台、潮州市 GDP 及增速

数据来源：历年河南省统计年鉴及统计公报

此外，从可获得的数据来看，2019年四市规上食品工业总产值占规上工业总产值的比重，漯河占比最高，达到45.4%，但增加值与漳州仍存在着千亿元的差距（见图22）。

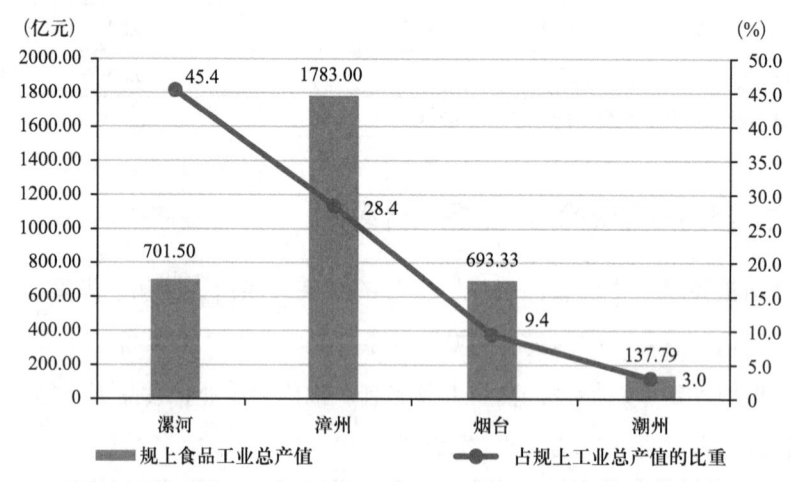

图 22　2019年漯河、漳州、烟台、潮州市规上食品工业增加值及比重

数据来源：历年河南省统计年鉴及统计公报

尽管如此，漯河市始终抱着打造超级食品产业集群的目标，2021年漯河食品产业规模超2000亿元，占到全省的1/6、全国的1/60；年产销肉制品680万吨，日产休闲面制品3500吨，麻辣面制品、肉制品、冷鲜肉等单品产品已达到全国第一的水平。漯河市要着力打造中国食品名城升级版，促使食品工业综合竞争力显著增强，实现绿色化、国际化、生态化的食品产业图谱。

基于此，漯河市面对食品产业形态和未来产业发展趋势，要重点构建围绕食品产业生态发展的三圈结构——以肉类加工、粮食加工、饮料加工、果蔬加工四大产业为核心圈，以食品机械、造纸包装、生物医药、盐化工、宠物饲料等为支撑圈，延伸出保税、物流、电商、企业孵化等效率平台，加上设计研发、学校、检验检测、广告形象、美食街、食品云等功能平台，共同构建生态圈，"三链同构、三圈协同"，高标准建设现代化食品名城（见图23）。

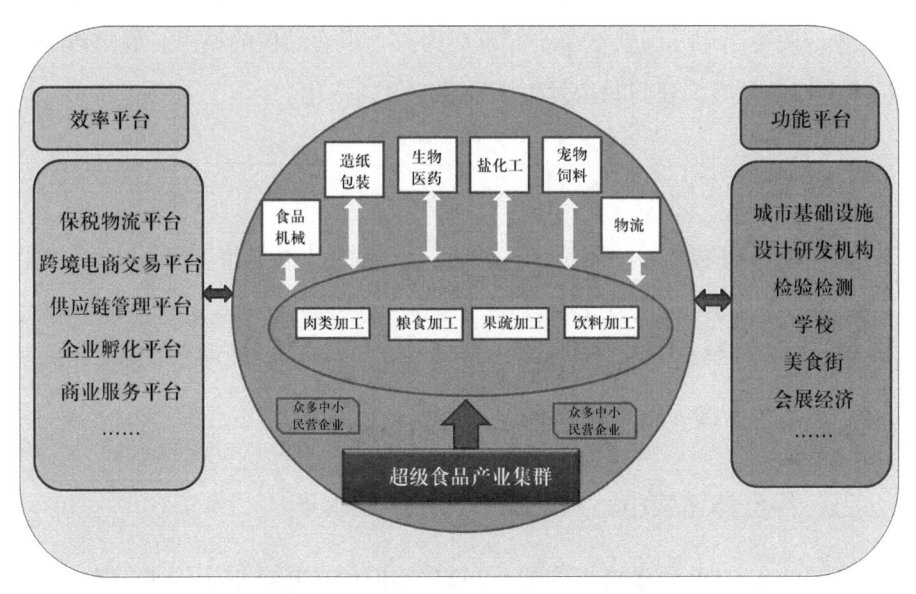

图23 漯河现代食品名城产业生态圈

综上所述，漯河市发展劲头十足，经济体量不断增大，增速全省领先，但仍面临着产业规模不够大、体量延伸不够宽、产业链条不够长、技术含量不够高、企业群体不够壮、品牌不够多等问题。今后漯河市要积极主动融入郑州都市圈，推动食品产业增量项目向漯河市聚集，促使超级食品产业集群在全国位次持续提升，现代化食品名城地位更加凸显，品牌更加靓。

（李燕燕　赵　岩　整理数据图表）

河南省市域经济运行分析：三门峡篇

三门峡是一个美丽的城市，在计划经济期间，属于一个典型的工业移民城市，八大国有企业的职工成为三门峡市民的主要构成，而这些职工主要来自上海、东北和河南各地，每个国有企业汇集了很多20世纪50年代毕业的大学生，使得当年三门峡这个小城市成为一个很有品位的城市。经过改革开放40多年的发展，三门峡市发生了天翻地覆的变化。

一、概述

三门峡市现辖2区（湖滨区、陕州区）、2市（灵宝市、义马市）、2县（卢氏县、渑池县），以及1个经济开发区、1个城乡一体化示范区，62个乡（镇）。2020年总人口226万人，其中常住人口203.49万人，城镇化率为57.26%，人口密度为每平方千米194人。

二、经济体量较小，人均高于全省平均水平

三门峡市GDP总量持续增加，2022年比2008年增加了近1.6倍，在全省18个市中排16位，2019年之后处在16位，仅高于鹤壁和济源，属于省内经济体量比较小的城市（见表1）。人均GDP始终高于河南省平均水平，差值大约在10000~20000元间（见图1）。

从增速来看，2015年和2016年三门峡市GDP增速低于河南省GDP增速，2017年开始反弹，2022年高于河南省1.5个百分点（见图2）。

从占比来看，三门峡市GDP占全省的比重在2011年达到顶峰3.92%，之后持续下降（见图3）。

表1 2008—2022年三门峡市历年GDP及增速情况

年份	三门峡市GDP（亿元）	河南省GDP（亿元）	三门峡市GDP占河南省GDP的比重（%）	三门峡市GDP在河南省的排名	三门峡市GDP增速（%）	河南省GDP增速（%）	三门峡市GDP增速－河南省GDP增速	三门峡市人均GDP（元）	河南省人均GDP（元）	三门峡市人均GDP－河南省人均GDP
2008	654.21	17735.93	3.69	15	15.1	12.0	3.1	29211	18879	10332
2009	647.48	19181.00	3.38	14	12.1	11.0	1.1	31646	20280	11366
2010	874.42	22655.02	3.86	14	15.2	12.4	2.8	39117	23984	15133
2011	1030.45	26318.68	3.92	14	13.1	12.0	1.1	45900	27901	17999
2012	1127.32	28961.92	3.89	14	12.0	10.1	1.9	50382	30497	19885
2013	1204.68	31632.5	3.81	14	9.1	9.0	0.1	53862	33114	20748
2014	1240.06	34574.76	3.59	15	9.0	8.9	0.1	55260	35982	19278
2015	1251.04	37084.1	3.37	15	3.3	8.4	-5.1	55899	38338	17561
2016	1325.86	40249.34	3.29	15	7.5	8.2	-0.7	58616	41326	17290
2017	1447.42	44824.92	3.23	15	8.2	7.8	0.4	63977	45723	18254
2018	1528.12	49935.9	3.06	15	8.0	7.6	0.4	67275	50714	16561
2019	1443.82	53717.75	2.69	16	7.5	6.8	0.7	69400	54356	15044
2020	1450.71	54259.43	2.67	16	3.1	1.1	2.0	71541	55435	16106
2021	1582.54	58887.41	2.69	16	7.5	6.3	1.2	77701	59410	18291
2022	1676.37	61345.05	2.73	16	4.6	3.1	1.5	—	—	—

数据来源：历年河南省统计年鉴及统计公报

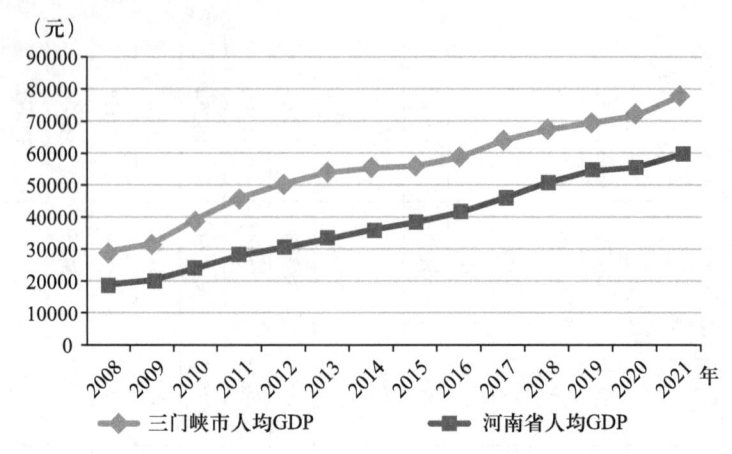

图 1　2008—2021年三门峡市人均GDP与河南省人均GDP

数据来源：历年河南省统计年鉴及统计公报

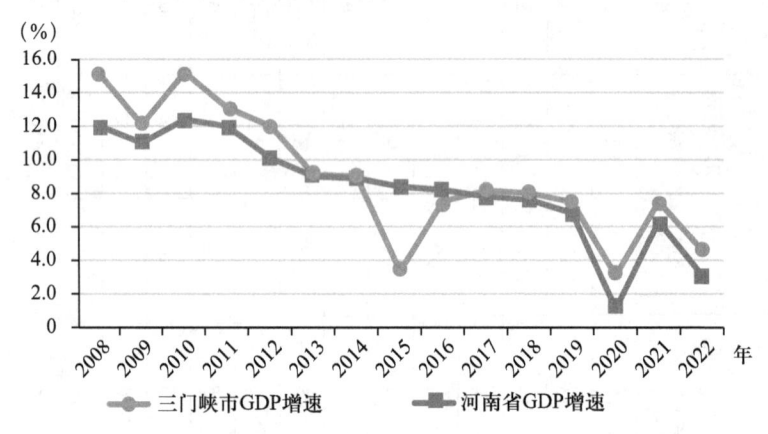

图 2　2008—2022年三门峡市GDP增速与河南省GDP增速

数据来源：历年河南省统计年鉴及统计公报

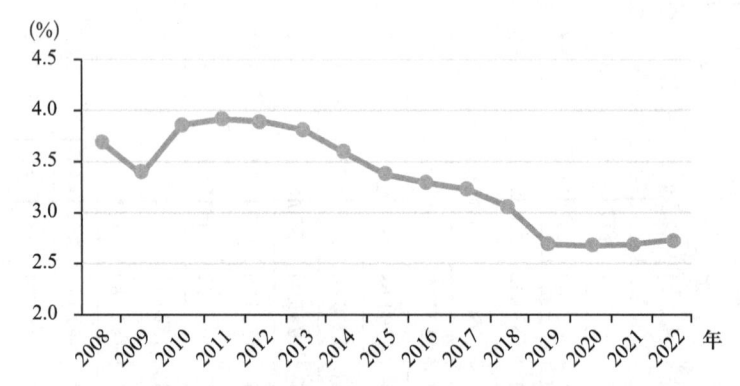

图 3　2008—2022年三门峡市GDP占河南省GDP的比重

数据来源：历年河南省统计年鉴及统计公报

三、财政自给率高于全省平均水平

2008—2021 年,三门峡市一般公共预算收入由 36.70 亿元增加到 142.44 亿元,增加了 2.9 倍,超过 GDP 平均增速,在全省 18 个市中排第 6 位,排在前列(见表 2)。但一般公共预算收支增速整体下降且处于低位波动。财政收入是一个地方的家底,从中可以看出三门峡市经济进入平台期(见图 4)。

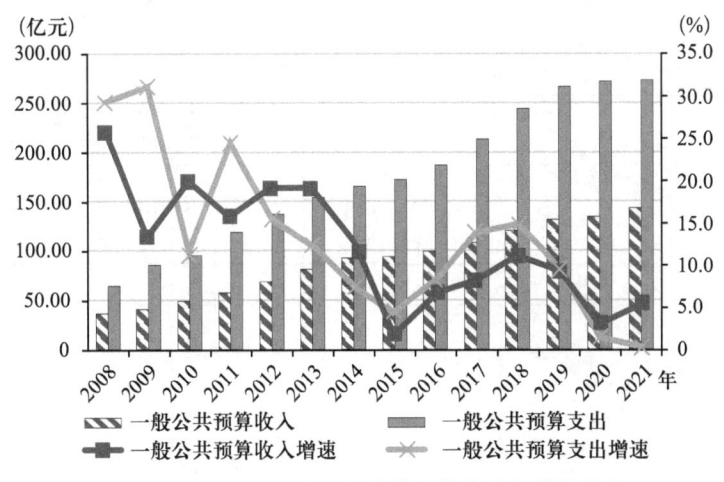

图 4 2008—2021 年一般公共预算收支规模及增速

数据来源:历年河南省统计年鉴及统计公报

三门峡市税收占一般公共预算收入的比重与全省税收占比相差不大,2021 年低于全省 1.9 个百分点,但仍处在 60% 以上(见图 5)。

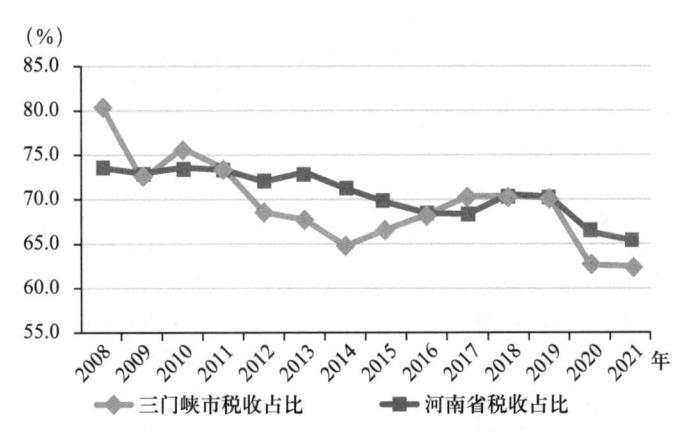

图 5 2008—2021 年三门峡市税收占比与河南省税收占比

数据来源:历年河南省统计年鉴及统计公报

表 2　2008—2021 年三门峡市一般公共预算收支情况

年份	三门峡市 一般公共预算收入（亿元）	税收入（亿元）	税收占一般公共预算收入比重（%）	一般公共预算支出（亿元）	财政自给率（%）	在河南省内的排名	河南省 一般公共预算收入（亿元）	税收入（亿元）	税收占一般公共预算收入比重（%）	一般公共预算支出（亿元）	财政自给率（%）
2008	36.70	29.61	80.7	65.38	56.1	6	1008.9	742.27	73.6	2281.61	44.2
2009	41.50	29.98	72.2	85.66	48.4	6	1126.06	821.50	73.0	2905.76	38.8
2010	49.74	37.68	75.8	95.26	52.2	5	1381.32	1016.55	73.6	3416.14	40.4
2011	57.61	42.36	73.5	118.61	48.6	7	1721.76	1263.10	73.4	4248.82	40.5
2012	68.62	47.04	68.6	137.13	50.0	7	2040.33	1469.57	72.0	5006.40	40.8
2013	81.79	55.39	67.7	154.07	53.1	6	2415.45	1764.71	73.1	5582.31	43.3
2014	92.45	59.90	64.8	165.64	55.8	5	2739.26	1951.46	71.2	6028.69	45.4
2015	93.94	62.57	66.6	172.83	54.4	6	3016.05	2101.17	69.7	6799.35	44.4
2016	100.12	68.39	68.3	187.11	53.5	5	3153.48	2158.45	68.4	7453.74	42.3
2017	108.18	76.08	70.3	212.81	50.8	5	3407.22	2329.31	68.4	8215.52	41.5
2018	120.20	84.60	70.4	243.92	49.3	—	3766.02	2656.65	70.5	9217.73	40.9
2019	131.37	92.16	70.2	267.18	49.2	6	4041.89	2841.34	70.3	10163.93	39.8
2020	135.32	84.75	62.6	270.88	50.0	5	4168.84	2764.73	66.3	10372.67	40.2
2021	142.44	89.01	62.5	272.02	52.4	6	4347.38	2842.52	65.4	10419.86	41.7

数据来源：历年河南省统计年鉴及统计公报

三门峡市税收收入逐年上升，2020年首次下降，但2021年有所回升。财政自给率一直高于全省水平，2021年高出10.7个百分点（见图6）。

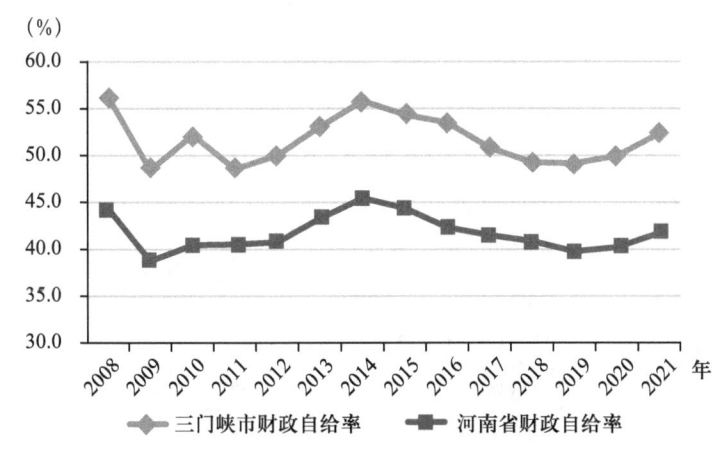

图6 2008—2021年三门峡市财政自给率与河南省财政自给率

数据来源：历年河南省统计年鉴及统计公报

四、城乡居民人均可支配收入与全省平均水平出现分离

2008年以来，三门峡市城镇居民人均可支配收入低于河南省平均水平，农村居民人均可支配收入高于全省平均水平（见表3），并且城镇居民人均可支配收入增速在多个年份低于GDP增速，农村居民人均可支配收入增速除2009年外，其余年份均高于GDP增速（见图7）。三门峡市财政收入增速大于GDP增速，GDP增速又大于城镇居民可支配收入的状况，直接与投资拉动型的经济增长模式相关。

表3 2008—2021年三门峡市居民收入情况

年份	三门峡市 城镇居民人均可支配收入（元）	三门峡市 农村居民人均可支配收入（元）	河南省 城镇居民人均可支配收入（元）	河南省 农村居民人均可支配收入（元）	三门峡市-河南省 城镇居民人均可支配收入（元）	三门峡市-河南省 农村居民人均可支配收入（元）
2008	12391.76	4680.00	13231	4454	−839	226
2009	13469.84	5045.54	14372	4807	−902	239

续表

年份	三门峡市 城镇居民人均可支配收入（元）	三门峡市 农村居民人均可支配收入（元）	河南省 城镇居民人均可支配收入（元）	河南省 农村居民人均可支配收入（元）	三门峡市-河南省 城镇居民人均可支配收入（元）	三门峡市-河南省 农村居民人均可支配收入（元）
2010	15032.34	5787.23	15930	5524	-898	263
2011	17061.71	6928.98	18195	6604	-1133	325
2012	19184.19	7905.96	20443	7525	-1258	381
2013	20937.87	8925.83	22398	8475	-1460	450
2014	22738.50	9979.00	23672	9966	-934	13
2015	23824.60	11084.00	25576	10853	-1751	231
2016	25254.00	11982.00	27233	11697	-1979	285
2017	27562.00	13084.00	29558	12719	-1996	365
2018	29822.00	14262.00	31874	13831	-2052	431
2019	32177.89	15644.93	34201	15164	-2023	481
2020	32789.00	16740.00	34750	16108	-1961	632
2021	35150.00	18297.00	37095	17533	-1945	764

数据来源：历年河南省统计年鉴及统计公报

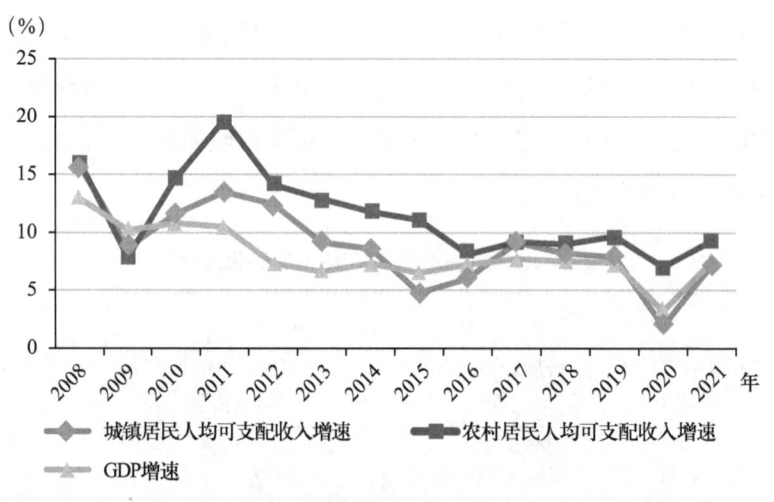

图7 2008—2021年三门峡市城乡居民人均可支配收入增速与GDP增速

数据来源：历年河南省统计年鉴及统计公报

五、固定资产投资占比处于绝对地位

三门峡市的整个投资结构中，投资处于绝对地位，消费处在非常的低位，房地产投资占比相对平稳（见图8）。其中，固定资产投资增速多数年份稍高于河南省，2021年表现强劲，增速为10.4%，高于河南省5.9个百分点（见图9）。据了解，2021年一季度固定资产投资比上年同期增长18.6%，增速比全省高3.6个百分点，比全国高9.3个百分点，工业投资比上年同期增长38.3%，占全部投资的比重由上年同期的35.9%提升至41.8%，对全部投资起到了强支撑和强稳定的作用。

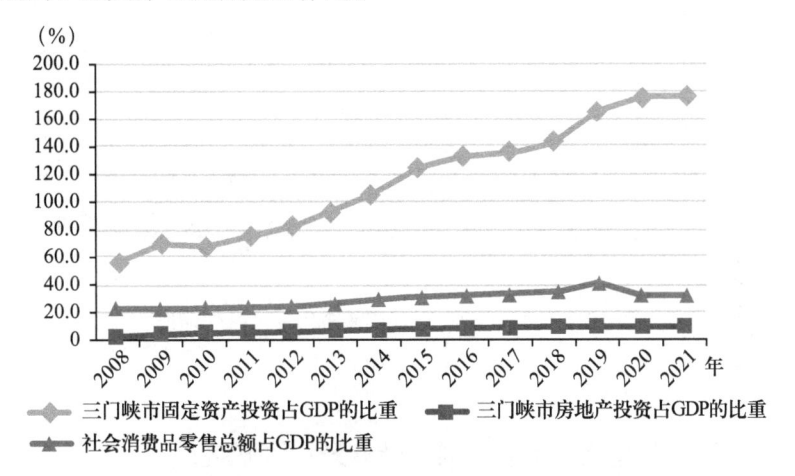

图8 2008—2021年三门峡市固定资产投资、房地产投资和社会消费零售总额占GDP的比重

数据来源：历年河南省统计年鉴及统计公报

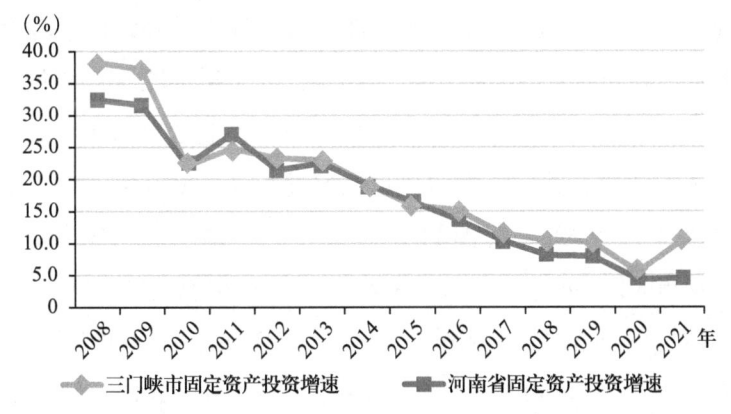

图9 2008—2021年三门峡市固定资产投资增速与河南省固定资产投资增速

数据来源：历年河南省统计年鉴及统计公报

三门峡市房地产投资增速在 2010 年达到最大值 75.8%，随后断崖式下滑，2021 年房地产投资增速为 –6.2%（见图 10）。三门峡市并没有出现有些地市房地产高启的状态。据了解，2022 年一季度，全市房地产开发投资比上年同期增长 2.4%，商品房销售面积比上年同期增长 25.7%。商品房待售面积比上年同期增长 75.0%，库存积压明显。

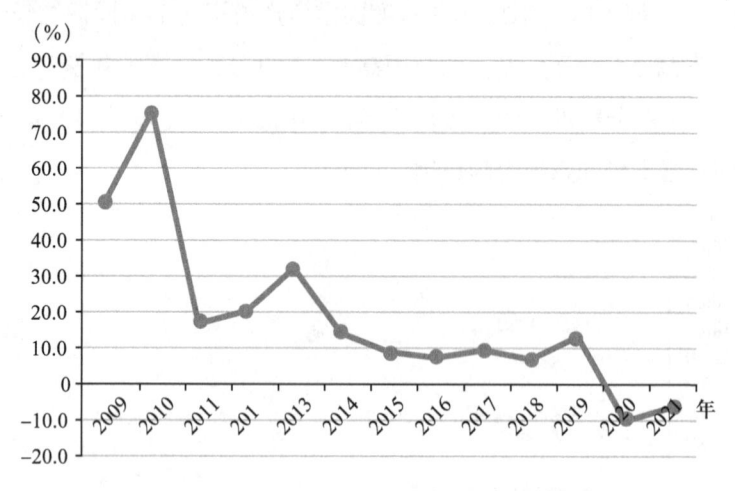

图 10　2009—2021 年三门峡市房地产投资增速

数据来源：历年河南省统计年鉴及统计公报

六、产业结构持续优化，第二产业升级面临挑战

三门峡市在计划经济时期是个典型的工业城市，一直持续到 20 世纪 80 年代末期，受沿海乡镇企业崛起的冲击，占比很大的轻纺印染产业受到重创，大量职工在短时间内集中下岗，他们的二代相当部分至今仍处在低收入阶层，对整个城市结构影响较大。2011 年第二产业占比仍达到 70%，第一产业占比不足 10%，第三产业占比也仅超过 20%，2020 年三次产业结构优化为 10.1 ∶ 47.4 ∶ 42.5（见图 11）。

三门峡市的第一产业一直比较平稳，主要是下辖的 2 市（灵宝市、义马市）、2 县（卢氏县、渑池县）属于山区丘陵地区，特色农业占农业总产值的比重大。

虽然工业是三门峡市经济发展的支柱，但在 2008—2017 年间，除 2010 年外，其余年份三门峡市规上工业增加值增速均低于全省水平（见图 12），黄金、铝、煤三大支柱产业，属典型的资源型重资本产业，链条仍处上游，受市场价格波动影响较大，也表现在存贷款的波动上（见图13）。2017年以后，工业增加值增速开始高于全省水平，2021年增速为10.9%，高于河南省5.5个百分点。

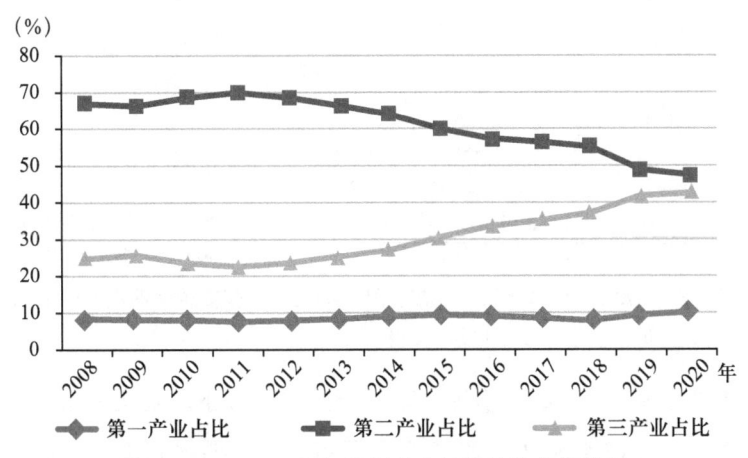

图11 2008—2020年三门峡市三产结构变化情况

数据来源：历年河南省统计年鉴及统计公报

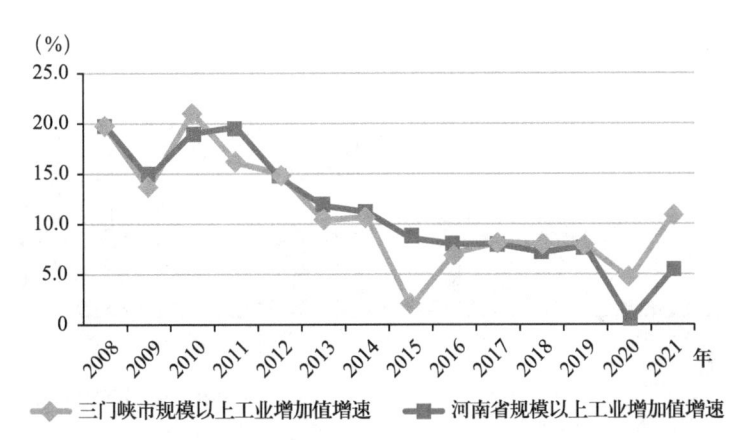

图12 2008—2021年三门峡市规上工业增加值增速与河南省规上工业增加值增速

数据来源：历年河南省统计年鉴及统计公报

在服务业分行业中，交通运输、仓储与邮政业及批发和零售业两大行业始终处于前两位，这与三门峡市地处三省交界"金三角"有关。2018年房地产业增加值增速异军突起，但因城镇居民可支配收入有限，人口一直处于流出状态，支撑房地产业的动力不强，增速随即迅速下滑。整个服务业增加值

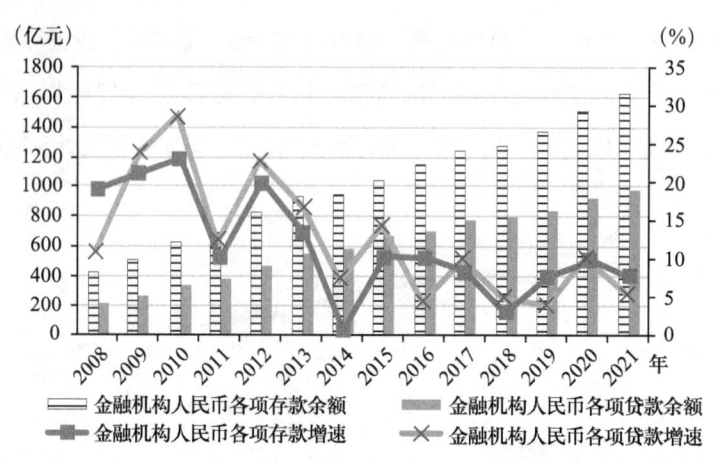

图 13　2008—2021年三门峡市金融机构人民币存贷款余额及增速情况

数据来源：历年河南省统计年鉴及统计公报

增速趋于平稳（见图14）。不过，第三产业的发展还是表现突出，用了十年时间，第三产业占比提升了20多个百分点，这主要得利于三门峡旅游板块的兴起。

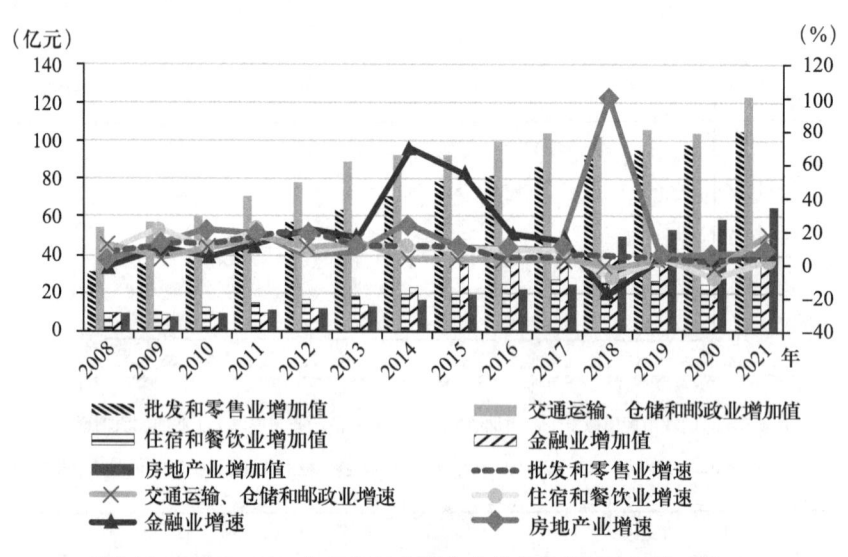

图 14　2008—2021年三门峡市服务业分行业增加值及增速情况

数据来源：历年河南省统计年鉴及统计公报

值得注意的是，三门峡市产业结构中第二产业占比最高，第一产业占比最低，但第二产业就业占比最低，第一产业就业占比虽呈下滑态势，但长期位居高位，直到2019年，第三产业就业占比开始超过第一产业（见图15）。

这进一步说明三门峡在第二产业中重资本能耗产业比重大，带动就业比较弱。虽然城镇化率高于全省平均水平，但由于经济体量小，就业压力比较大。在第一产业中特色农业占比大，灵宝的苹果、大枣，卢氏的食用菌等，都有较高的经济收益，吸纳了相当的劳动力。

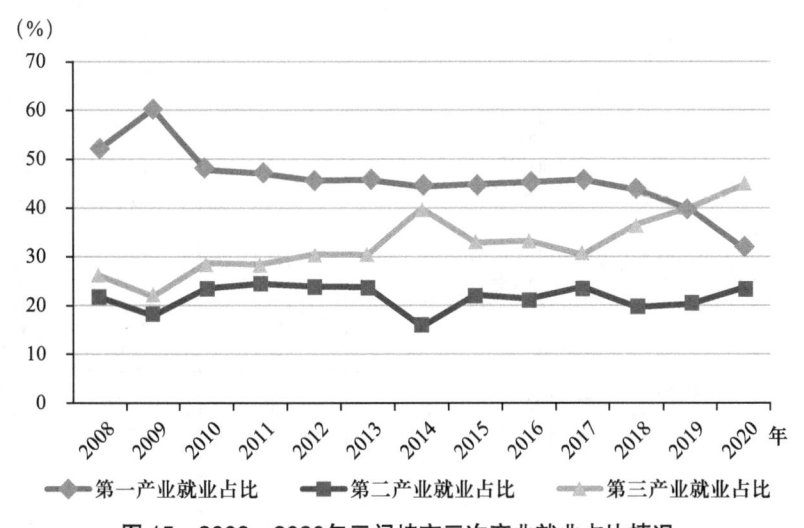

图 15　2008—2020年三门峡市三次产业就业占比情况

数据来源：历年河南省统计年鉴及统计公报

七、人口外流逐年增加

三门峡市人口总体保持平稳，但始终处于人口外流逐渐增加的状态，2020年人口流失率达到9.96%，户籍人口与常住人口差额近23万人（见表4），成为常住人口负增长的城市。由于三门峡所处的地理位置和人文习俗原因，三门峡人多流向西安，特别是就学就医。三门峡城镇化率一直高于全省平均水平（见图16），这可能与三门峡建市历史以及后来的义马建市有关。

当年建设三门峡的第一代移民工人已步入70~80岁高龄，第二代工人也进入退休年龄。2021年常住人口中，60周岁及以上人口有39.60万人，占比为19.43%（见表5），在没有外来人口流入的情况下，老龄化问题不容忽视。恍如隔世，童年的三门峡已渐渐远去。一个城市的生机和品位在于人口的来源和素质。

表4 2008—2021年三门峡市人口情况

年份	三门峡市 户籍人口（万人）	三门峡市 常住人口（万人）	三门峡市 户籍人口-常住人口（万人）	三门峡市 人口流失率（%）	三门峡市 城镇化率（%）	河南省 城镇化率（%）
2008	223.41	222.00	1	0.63	43.9	36.03
2009	224.02	223.00	1	0.46	45.4	37.70
2010	224.55	223.00	2	0.69	44.3	38.82
2011	226.00	224.00	2	0.88	46.0	40.47
2012	226.00	223.00	3	1.33	47.6	41.99
2013	227.00	224.00	3	1.32	48.9	43.60
2014	228.00	225.00	3	1.32	50.4	45.05
2015	229.00	225.00	4	1.75	51.6	47.02
2016	230.00	225.61	4	1.91	53.11	48.78
2017	231.00	226.87	4	1.79	54.72	50.56
2018	230.8	227.29	4	1.52	56.29	52.24
2019	231.00	227.65	3	1.45	57.7	54.01
2020	226.00	203.49	23	9.96	57.26	55.43
2021	—	203.80	—	—	58.03	56.45

数据来源：历年河南省统计年鉴及统计公报

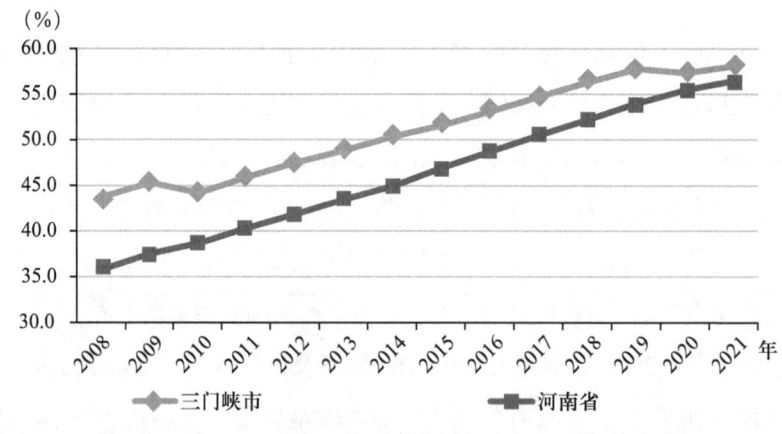

图16 2008—2021年三门峡市城镇化率与河南省城镇化率

数据来源：历年河南省统计年鉴及统计公报

表5 2021年三门峡市常住人口构成

指标	年末数（万人）	比重（%）
全市常住人口	203.80	100
其中：城镇	118.27	58.03
乡村	85.53	41.97
其中：0~15岁	38.40	18.84
16~59岁	125.81	61.73
60周岁及以上	39.60	19.43

数据来源：历年河南省统计年鉴及统计公报

综上所述，三门峡市经济运行状况主要表现为，在宏观经济下行中，投资拉动经济增长模式表现突出，消费处于低位。消费弱，其根本原因在于城镇居民可支配收入低，可支配收入背后是就业，就业直接来自产业，而三门峡市产业结构中第二产业占比高，支柱产业的产业链较短，工业增加值增速长期低于全省平均水平，城镇化率高于全省平均水平，就业压力大。各种数据显示，三门峡市目前处在发展的平台期，要突破这个平台期，关键在于主导产业的壮大升级，第二、第三产业的规模和质量急需提升。

近年来，三门峡抢抓机遇，强动力、促转型，持续推进经济高质量发展。传统产业不断提质增效，黄金、铝、煤三大支柱产业实现脱胎换骨式改造，持续向产业链终端、价值链高端延伸，初步形成了"黄金矿山采选—冶炼—精炼—黄金珠宝""铝土矿—氧化铝—电解铝—铝精深加工""原煤采掘—煤炭产品—基本化工原料—精细化工产品"三大全产业链。同时，坚持以研发投入和高新技术企业"两个倍增计划"为牵引，以人才科技政策体系为支撑，加快改造提升传统产业、发展壮大新兴产业、谋篇布局未来产业。2021年全市高新技术产业增加值增速达到12.3%，居全省第7位；高新技术产业增加值占规上工业产业增加值的比重达到44.7%，居全省第5位。特别是，国家级高新区创建已通过科技部现场验收，关键金属河南省实验室建设已全面启动，与中国科学院、西安交通大学、中南大学、郑州大学等知名高校及科研院所共建高端创新平台。

根据规划部署，未来 5 年三门峡市全社会研发投入强度等科技创新主要指标要高于全省平均水平，2025 年达到全国平均水平；2035 年达到 3% 以上，进入国家创新城市行列；2050 年达到 3.6% 以上，在若干领域成为创新策源地。

（李燕燕　李　甜　整理数据图表）

河南省市域经济运行分析：南阳篇

南阳市是豫陕鄂川渝交界处区域性中心城市，豫西南政治、经济、文化教育、科技、物流、交通中心。河南省第十一次党代会明确提出，"支持南阳建设河南省副中心城市"，赋予南阳市新定位，带来了重大发展机遇。

一、概述

南阳市现辖2行政区、4个开发区、11个县（市），总面积2.66万平方千米，在河南省18个省辖市中面积最大。2021年全市常住人口962.9万人，城镇化率为51.61%。

二、经济体量较大，人均GDP低于全省平均水平

从GDP总量来看，南阳市GDP总量由2008年的1636.43亿元提高到2022年4555.40亿元，增加了1.78倍，在全省18个地市中排第3位，低于郑州和洛阳，属于省内经济体量比较大的城市，但仍与洛阳相差1292亿元。人均GDP始终低于河南省平均水平，并且差值逐渐增加，虽然近两年稍有收敛，但2021年差距仍达−14516元（见表1）。

从增速来看，南阳市GDP增速基本与河南省同步，2022年为4.8%，超出河南省1.7个百分点（见图1）。

从占比来看，南阳市GDP占全省的比重呈下滑趋势，2022年占到7.43%，比2008年低了1.8个百分点（见图2）。南阳建设河南省副中心城市，虽经济体量长期处于全省第3位，但占全省的比重同样是一个很重要的指标。

南阳市人均GDP增速，2016—2017年间低于全省水平，2018—2021年均高于全省水平，2021年达到10.0%，高于河南省3.6个百分点（见图3）。

表 1 2008—2022年南阳市GDP及增速情况

年份	南阳市GDP（亿元）	河南省GDP（亿元）	南阳GDP占河南省GDP的比重（%）	南阳GDP在河南省的排名	南阳市GDP增速（%）	河南省GDP增速（%）	南阳GDP增速-河南省GDP增速	南阳市人均GDP（元）	河南省人均GDP（元）	南阳人均GDP-河南省人均GDP（%）
2008	1636.43	17735.93	9.23	3	12.1	12	0.1	15087	18879	79.91
2009	1596.77	19181	8.32	3	10.0	11	-1.0	16198	20280	79.87
2010	1953.36	22655.02	8.62	3	11.6	12.4	-0.8	18152	23984	75.68
2011	2202.31	26318.68	8.37	3	11.2	12	-0.8	20074	28009	71.67
2012	2340.73	28961.92	8.08	3	10.1	10.1	0.0	21763	30820	70.61
2013	2498.66	31632.5	7.90	3	8.7	9	-0.3	23256	33618	69.18
2014	2675.57	34574.76	7.74	3	8.5	8.9	-0.4	26650	36686	72.64
2015	2866.82	37084.1	7.73	3	9.0	8.4	0.6	28653	39209	73.08
2016	3114.97	40249.34	7.74	3	8.4	8.2	0.2	29703	42341	70.15
2017	3345.30	44824.92	7.46	3	6.8	7.8	-1.0	32071	46959	68.30
2018	3566.77	49935.9	7.14	3	7.2	7.6	-0.4	35390	52114	67.91
2019	3814.98	53717.75	7.10	3	7.0	6.8	0.2	38710	56388	68.65
2020	3925.86	54259.43	7.24	3	2.2	1.1	1.1	40315	55435	72.72
2021	4342.22	58887.41	7.37	3	9.0	6.3	2.7	44894	59410	75.57
2022	4555.40	61345.05	7.43	3	4.8	3.1	1.7	—	—	—

数据来源：历年河南省统计年鉴及统计公报

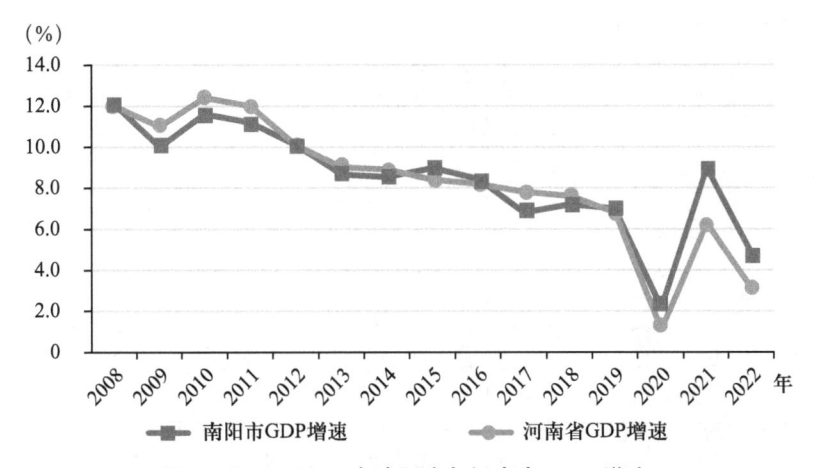

图1 2008—2022年南阳市与河南省GDP增速

数据来源：历年河南省统计年鉴及统计公报

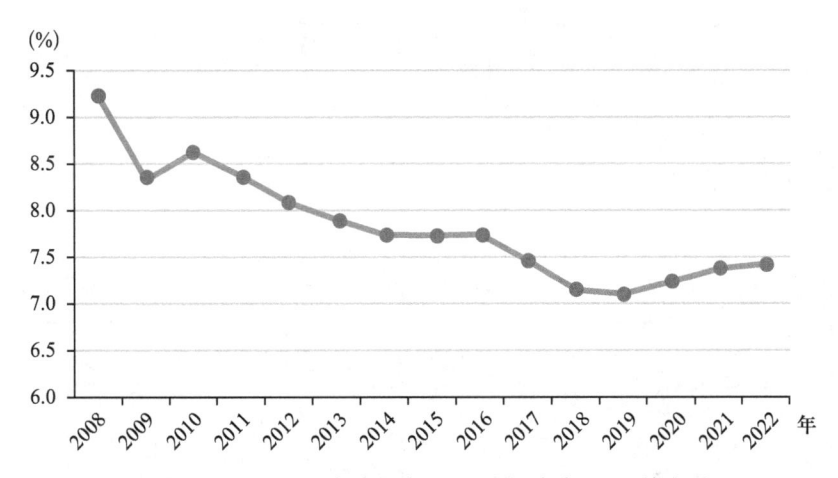

图2 2008—2022年南阳市GDP占河南省GDP的比重

数据来源：历年河南省统计年鉴及统计公报

从财政收支来看，2008—2021年南阳市一般公共预算收入由51.29亿元增加到224.83亿元，增加了3.4倍，超过GDP平均增速（见表2）。税收收入逐年上升，但税收收入占一般公共预算收入比重呈波浪形，与河南省高低相间，2013年最高为80.45%，2021年下降到69.27%，但仍高于河南省3.87个百分点（见图4）。

表 2 2008—2021年南阳市一般公共预算收支情况

年份	南阳市 一般公共预算收入（亿元）	税收收入（亿元）	税收占一般公共预算收入的比重（%）	一般公共预算支出（亿元）	财政自给率（%）	在河南省内的排名	河南省 一般公共预算收入（亿元）	税收收入（亿元）	税收占一般公共预算收入的比重（%）	一般公共预算支出（亿元）	财政自给率（%）
2008	51.29	38.50	75.07	178.23	28.78	14	1008.9	742.27	73.60	2281.61	44.20
2009	56.17	41.57	74.01	227.88	24.65	14	1126.06	821.5	73.00	2905.76	38.80
2010	69.07	46.58	67.44	291.37	23.71	14	1381.32	1016.55	73.60	3416.14	40.40
2011	87.10	67.52	77.52	309.65	28.13	14	1721.76	1263.1	73.40	4248.82	40.50
2012	103.65	82.59	79.68	386.55	26.81	14	2040.33	1469.57	72.00	5006.4	40.80
2013	123.63	99.46	80.45	428.28	28.87	14	2415.45	1764.71	73.10	5582.31	43.30
2014	141.02	104.81	74.32	451.8	31.21	14	2739.26	1951.46	71.20	6028.69	45.40
2015	157.08	105.56	67.20	515.84	30.45	14	3016.05	2101.17	69.70	6799.35	44.40
2016	167.07	105.64	63.23	548.78	30.44	14	3153.48	2158.45	68.40	7453.74	42.30
2017	174.84	110.00	62.91	584.06	29.94	14	3407.22	2329.31	68.40	8215.52	41.50
2018	181.90	122.18	67.17	648.65	28.04	15	3766.02	2656.65	70.50	9217.73	40.90
2019	196.15	135.44	69.05	702.43	27.92	15	4041.89	2841.34	70.30	10163.93	39.80
2020	202.13	140.03	69.28	744.5	27.15	16	4168.84	2764.73	66.30	10372.67	40.20
2021	224.83	155.73	69.27	746.51	30.12	15	4347.38	2842.52	65.40	10419.86	41.70

数据来源：历年河南省统计年鉴及统计公报

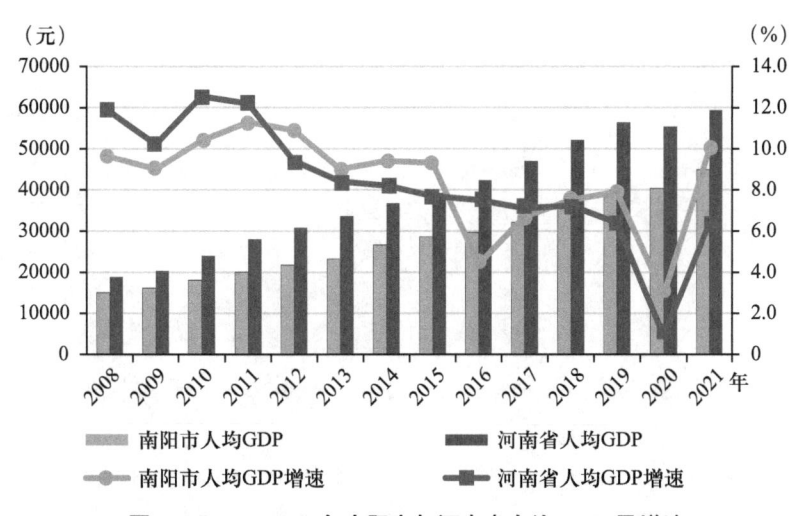

图3 2008—2021年南阳市与河南省人均GDP及增速

数据来源：历年河南省统计年鉴及统计公报

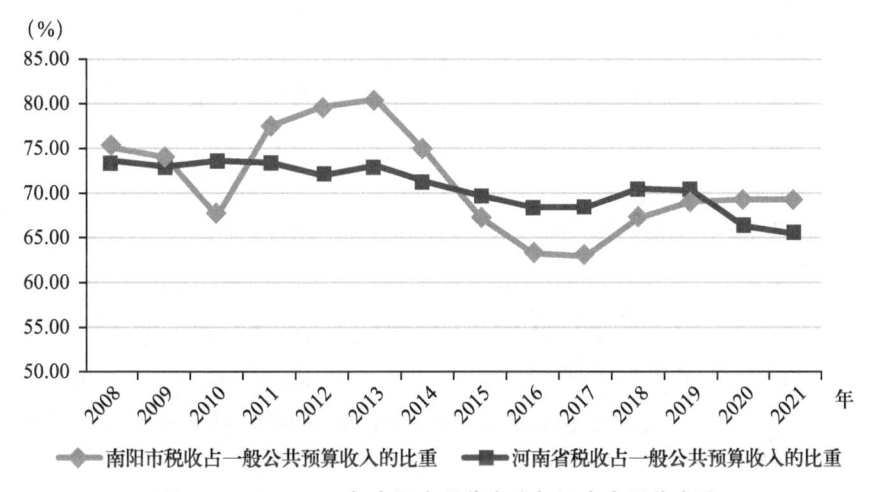

图4 2008—2021年南阳市税收占比与河南省税收占比

数据来源：历年河南省统计年鉴及统计公报

2015—2020年，南阳市一般公共预算收入增速低于支出增速，2021年收入增速反超支出10.96个百分点（见图5）。

财政自给率一直低于全省水平，2021年低出11.6个百分点（见图6），在全省18个地市排15名，比较靠后。

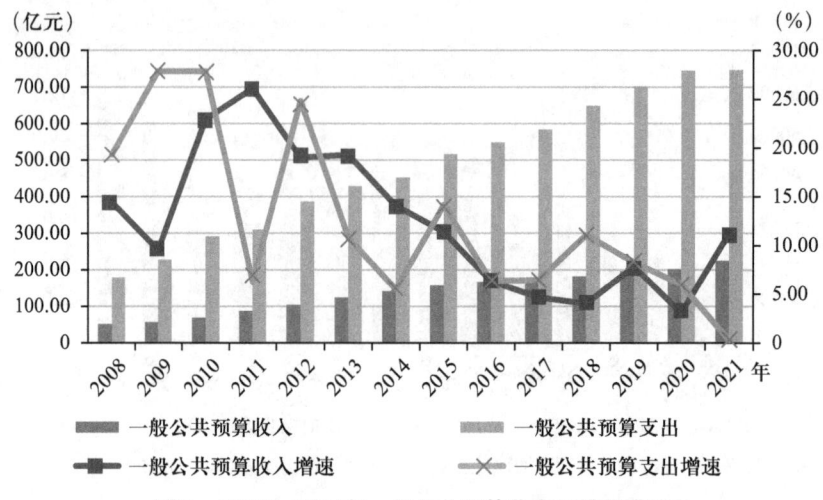

图 5 2008—2021年一般公共预算收支规模及增速

数据来源：历年河南省统计年鉴及统计公报

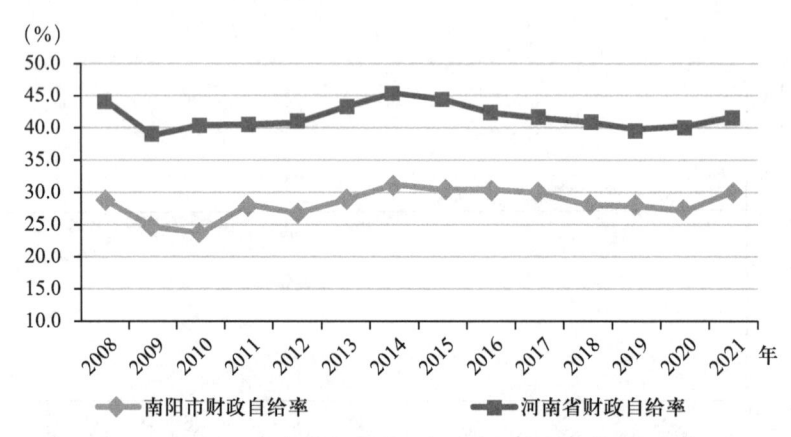

图 6 2008—2021年南阳市财政自给率与河南省财政自给率

数据来源：历年河南省统计年鉴及统计公报

从可支配收入来看，2008年以来，南阳市城镇居民人均可支配收入低于河南省平均水平，2021年低于河南省913元。农村居民人均可支配收入由超过全省平均水平到基本持平（见表3），城镇居民人均可支配收入增速从2010年以来一直低于农村居民人均可支配收入增速（见图7），由2008年的全省第5名下降到2020年的第15名，2020年农村居民人均可支配收入增速排全省第10位。

从一般公共预算收入、城乡居民人均可支配收入及GDP增速来看，2016—2018年南阳市一般公共预算收入增速明显低于城乡居民人均可支配收入和GDP增速，说明经济压力很大，2021年，回升到11.23%，高于城乡居民人均可支配收入和GDP增速。此外，城镇居民人均可支配收入增速2015年低于GDP增速后有所反弹，但从2018年开始又低于GDP增速。农村居民人均可支配收入增速除2009年外，其余年份均高于GDP增速（见图8）。城镇居民人均可支配收入增速低于一般公共预算收入及GDP增速。

表3 2008—2021年南阳市居民收入情况

年份	南阳市 城镇居民人均可支配收入（元）	城镇居民人均可支配收入增速（%）	在全省排名	农村居民人均可支配收入（元）	农村居民人均可支配收入增速（%）	在全省排名	河南省 城镇居民人均可支配收入（元）	河南省 农村居民人均可支配收入（元）	南阳市-河南省 城镇居民人均可支配收入（元）	南阳市-河南省 农村居民人均可支配收入（元）
2008	12395	15.7	5	4570	13.9	11	13231	4454	-836	116
2009	13498	8.9	7	4931	7.9	11	14372	4807	-874	124
2010	15077	11.7	1	5666	14.9	11	15930	5524	-853	142
2011	17289	14.7	5	6776	19.6	11	18195	6604	-906	172
2012	19544	13.0	4	7752	14.4	12	20443	7525	-899	227
2013	21653	10.8	2	8729	12.6	11	22398	8475	-745	254
2014	23711	9.5	6	9741	11.6	10	23672	9966	39	-225
2015	25140	6.0	10	10777	10.6	10	25576	10853	-436	-76
2016	26898	7.0	4	11701	8.6	10	27233	11697	-335	4
2017	29128	8.3	14	12718	8.7	10	29558	12719	-430	-1
2018	31313	7.5	17	13837	8.8	10	31874	13831	-561	6
2019	33442	6.8	18	15167	9.6	10	34201	15164	-759	3
2020	33910	1.4	15	16091	6.1	10	34750	16108	-840	-17
2021	36182	6.7	—	17603	9.4	—	37095	17533	-913	70

数据来源：历年河南省统计年鉴及统计公报

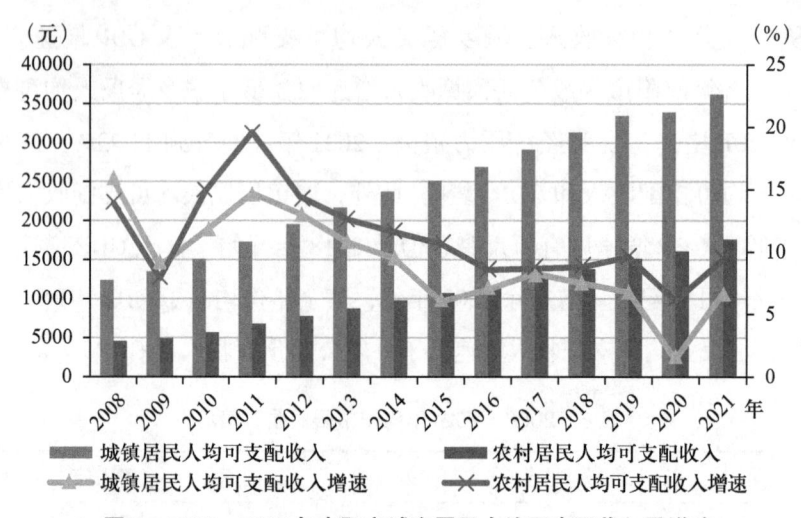

图 7 2008—2021年南阳市城乡居民人均可支配收入及增速

数据来源：历年河南省统计年鉴及统计公报

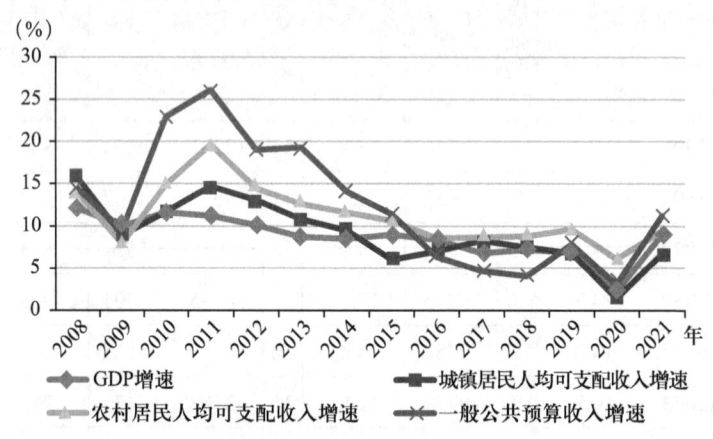

图 8 2008—2021年南阳市城乡居民人均可支配收入增速与 GDP 增速

数据来源：历年河南省统计年鉴及统计公报

三、创新动能开始显现

南阳市 R&D 经费内部支出在 2010—2020 年间增加了 2.58 倍（见图 9），占 GDP 的比重平缓趋升，增长率除 2016 和 2018 年外，其余年份均高于 GDP 增速，2020 年 R&D 经费支出增长率为 8.8%（见图 10）。

新动能发展势头强劲，2021 年全市高新技术产业增加值年均增速达 9.6% 以上，占规上工业企业增加值的比重由 2014 年的 24.3% 增长到 2021 年的 50.1%。

（亿元）

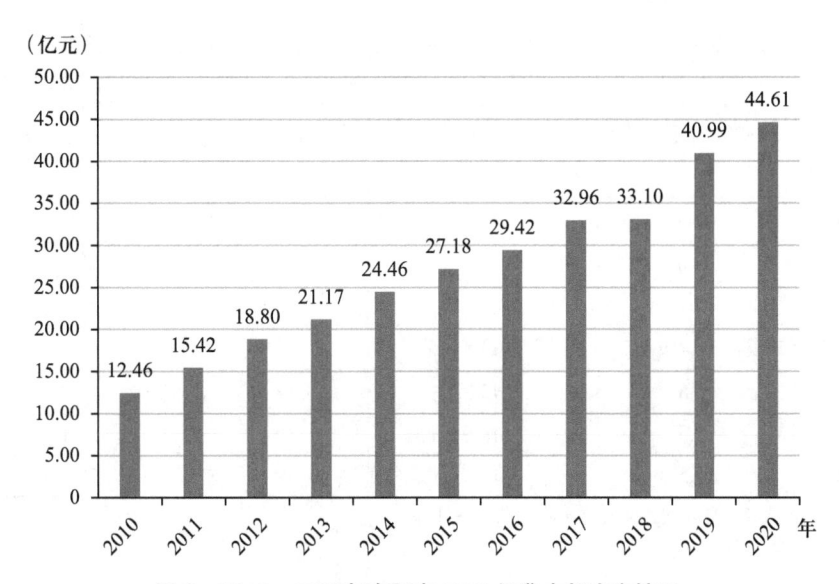

图9 2010—2020年南阳市R&D经费内部支出情况

数据来源：历年河南省统计年鉴及统计公报

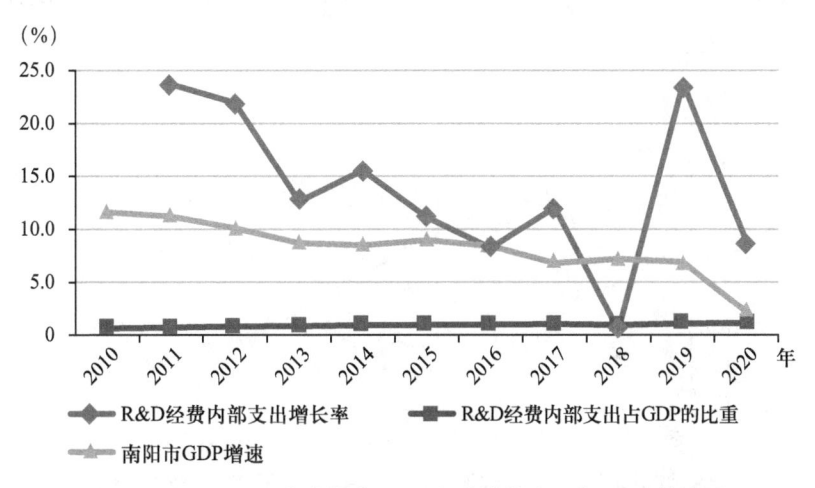

图10 2010—2020年南阳市R&D经费增长率、占GDP的比重

数据来源：历年河南省统计年鉴及统计公报

2021年，南阳市电子信息、装备制造、汽车及零部件、食品、现代家居、服装服饰等高成长性制造业增加值同比增长15.5%，高成长性产业增加值占全市规模以上工业增加值的41.8%（见表4）。

表4 2014—2021年南阳市高成长性制造业和高新技术产业增加值增速情况

年份	高成长性制造业增加值增速（%）	占全市规模以上工业增加值的比重（%）	高新技术产业增加值增速（%）	占全市规模以上工业增加值的比重（%）
2014	—		19.7	24.3
2015	12.3	—	18.5	26.4
2016	9.8	—	18	29.4
2017	13.1	—	19.8	35.6
2018	6.4	43.3	13.9	40.9
2019	5.8	42.8	12.3	47.0
2020	3.5	48.6	10.4	57.1
2021	15.5	41.8	9.6	50.1

数据来源：历年河南省统计年鉴及统计公报

四、工业投资回升，消费拉动效用明显

南阳市固定资产投资增速多数年份稍高于河南省，2021年表现强劲，增速为13.1%，高于河南省8.6个百分点（见图11）。

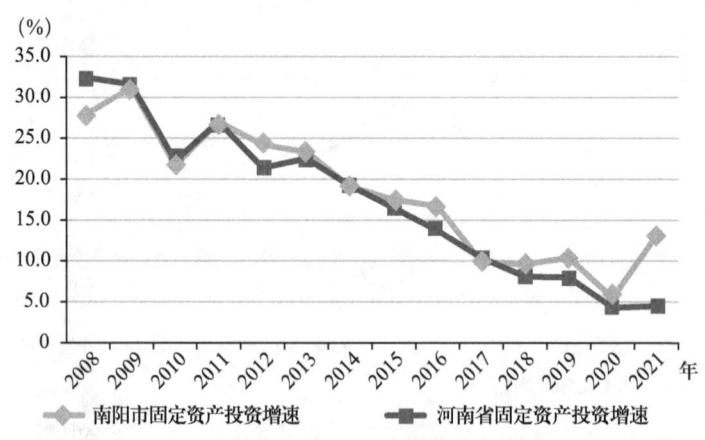

图11 2008—2021年南阳市固定资产投资与河南省固定资产投资增速

数据来源：历年河南省统计年鉴及统计公报

南阳市各类投资在2008—2017年间虽有波动，但整体上处于下降状态，2017年工业投资增速成为负数（-7.9%），2018年回升，但是不稳定，2021年回升到22.1%。房地产投资增速在2011年达到最大值33.28%，随后开始下滑，2021年房地产投资增速为20.2%，民间投资增速为16.1%（见图12）。

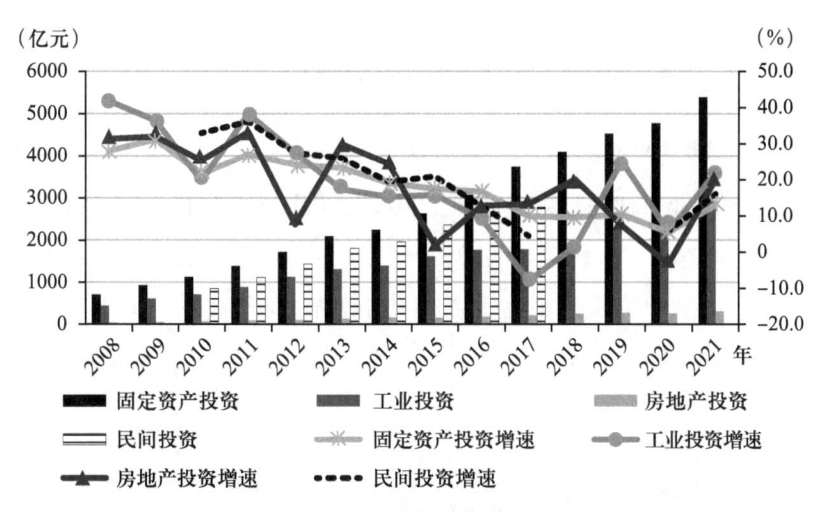

图 12 2008—2021年南阳市投资及增速

数据来源：历年河南省统计年鉴及统计公报

从投资占比来看，南阳市固定资产投资占 GDP 的比重从 2016 年开始超过 100%，2021 年达到 124.19%，投资拉动效用递减。此外，2021 年工业投资占比为 67.23%，社会消费品零售总额占比为 50.58%，房地产投资占比为 7.17%，进出口占比为 3.81%（见图 13）。特别值得关注的是，消费占比超过 50%，南阳腹地广阔，人口众多，消费拉动能力强。

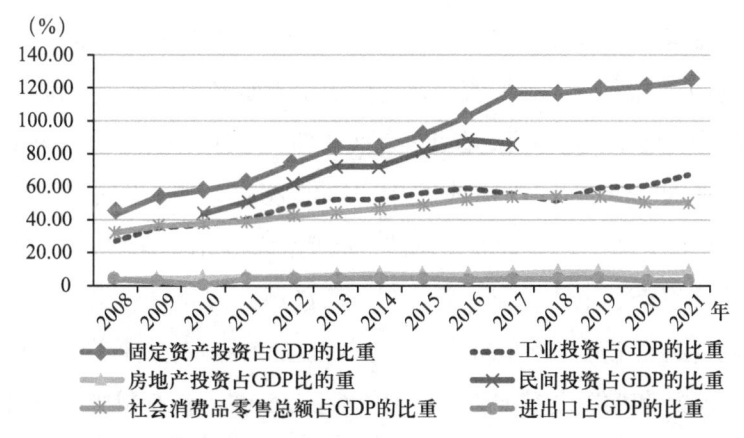

图 13 2008—2021年南阳市固定资产投资、工业投资、民间投资、房地产投资、社会消费零售总额和进出口占 GDP 的比重

数据来源：历年河南省统计年鉴及统计公报

五、第二产业规模和质量需进一步提升

南阳市第一产业、第二产业占比逐年下降，第三产业占比逐年增加，2015年第三产业占比超过第二产业。2021年三产结构为16.8∶31.6∶51.6。南阳作为副中心城市、局部区域的增长极，第二产业仅占31.6%，且呈下滑状态（见图14），规模和质量均难以支撑副中心城市的能级要求。2021年洛阳的三产结构为4.8∶43.7∶51.5。

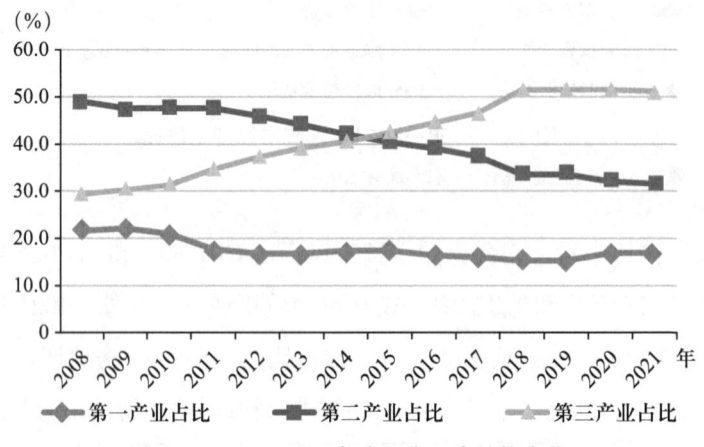

图14 2008—2021年南阳市三产结构变化

数据来源：历年河南省统计年鉴及统计公报

就工业增加值而言，在2008—2021年间，除2009年、2017年、2018年外，南阳市规上工业增加值增速均高于全省水平，但整体下滑。2021年发力，达到10.5%，超出河南省4.2个百分点（见图15），居全省第2位。

分行业大类看，南阳市工业呈现"234"格局，"2"即纺织服装、油碱化工两大传统产业，"3"即装备制造、绿色食品、冶金建材三大支撑产业，"4"即生物医药、电子信息、新材料、新能源四大新兴产业。从表5中看出，农副食品加工业、汽车制造业、电气机械和器材制造业、医药制造业发展快速。2021年农副食品加工业增加值增长36.3%，汽车制造业增加值增长19.7%，电气机械和器材制造业增加值增长18.5%，医药制造业增加值增长15.2%，非金属矿物制品业增加值增长7.5%，烟草制品业增加值增长5.8%，化学原料和化学制品制造业增加值增长4.9%。纺织业增加值增速连续两年

负增长，2020年、2021年分别为 -2.6% 和 -5.6%。

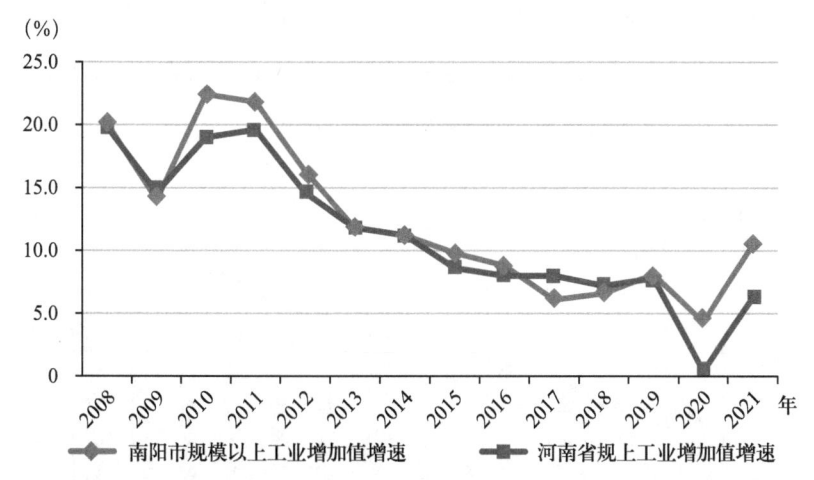

图15　2008—2021年南阳市规上工业增加值增速与河南省规上工业增加值增速

数据来源：历年河南省统计年鉴及统计公报

表5　2013—2021年南阳市分行业规模以上工业增加值增速

年份	非金属矿物制品业增加值增速（%）	化学原料和化学制品制造业增加值增速（%）	汽车制造业增加值增速（%）	烟草制品业增加值增速（%）	医药制造业增加值增速（%）	纺织业增加值增速（%）	农副食品加工业增加值增速（%）	电气机械和器材制造业增加值增速（%）	通用设备制造业增加值增速（%）
2013	10.4	—	—	4.7	—	8.6	12.2	—	23.8
2014	18.2	—	—	—	—	3.9	16.0	—	35.4
2015	12.2	14	13.4	—	11.2	5.2	19.2	—	—
2016	15.6	11.8	18.7	—	23.6	11.3	16.8	—	—
2017	1.6	9	15.6	10.8	13.6	-6.4	12.4	14.4	32.4
2018	2.3	3.3	4.7	5.5	5.9	6.5	7.6	10.0	44.1
2019	-1.7	9.3	0.3	1.5	18.7	16.2	-2.5	13.3	6.5
2020	11.8	-1.5	4.4	8.4	31.0	-2.6	-16.1	2.8	21.4
2021	7.5	4.9	19.7	5.8	15.2	-5.6	36.3	18.5	—

数据来源：历年河南省统计年鉴及统计公报

再看服务业。南阳市服务业增加值逐年增加，占 GDP 的比重从 2018 年开始已超 50%（见图 16），增速各年份均超过 GDP 增速（见图 17）。分行业看，批发和零售业及交通运输、仓储和邮政业一直占前两位，2014 年开始房地产业超过住宿和餐饮业，居第三位（见图 18）。

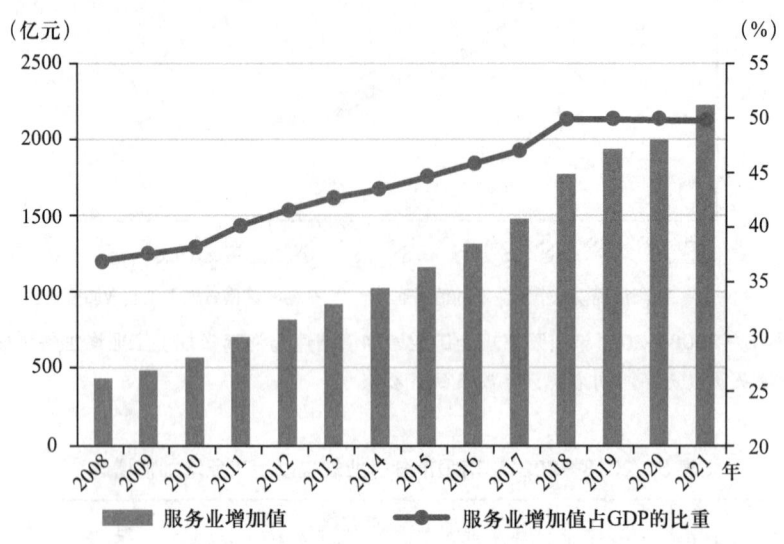

图 16　2008—2021 年南阳市服务业增加值及占 GDP 的比重

数据来源：历年河南省统计年鉴及统计公报

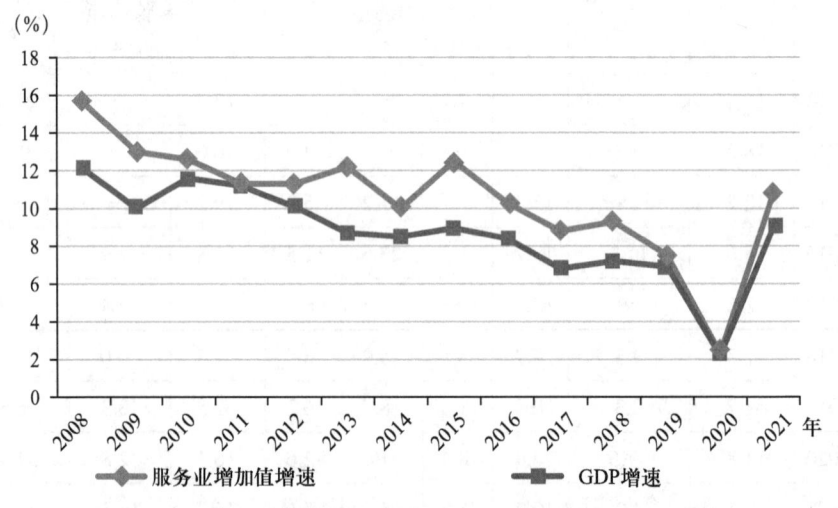

图 17　2008—2021 年南阳市服务业增加值增速与 GDP 增速

数据来源：历年河南省统计年鉴及统计公报

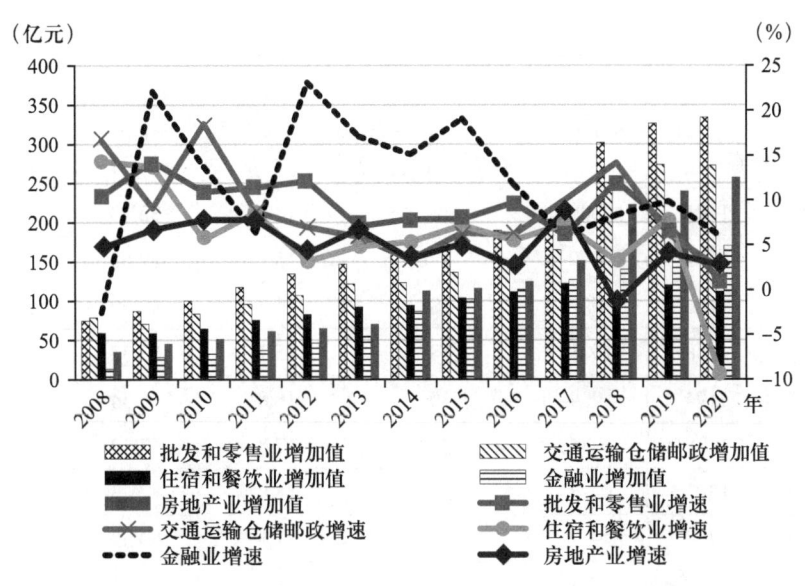

图 18 2008—2021年南阳市服务业分行业增加值及增速情况

数据来源：历年河南省统计年鉴及统计公报

六、人口流失率高，城镇化率低于全省水平

南阳市历来人口众多，外流人口逐年增加，2020年户籍人口与常住人口差额高达266万人，人口流失率达到21.5%，是省内人口流失率第五高的城市（信阳31.72%、周口28.37%、驻马店27.52%、商丘22.53%）。城镇化率一直低于全省平均水平，2021年城镇化率为51.61%（见表6），排在全省第13位。

表6 2008—2021年南阳市人口情况

年份	南阳市					河南省
	户籍人口（万人）	常住人口（万人）	户籍人口－常住人口（万人）	人口流失率（%）	城镇化率（%）	城镇化率（%）
2008	1091	1004	87	8.0	34.92	36.03
2009	1096	1013	83	7.6	36.60	37.70
2010	1157	1027	130	11.3	33.00	38.82
2011	1164	1013	151	13.0	34.90	40.47
2012	1166	1015	151	13.0	36.80	41.99

续表

年份	南阳市					河南省
	户籍人口（万人）	常住人口（万人）	户籍人口-常住人口（万人）	人口流失率（％）	城镇化率（％）	城镇化率（％）
2013	1171	1009	162	13.8	38.30	43.60
2014	1177	999	178	15.1	39.60	45.05
2015	1183	1002	181	15.3	41.29	47.02
2016	1188	1001	187	15.7	43.32	48.78
2017	1194	994	200	16.8	45.34	50.56
2018	1198	985	213	17.8	47.12	52.24
2019	1202	976	226	18.8	47.73	54.01
2020	1238	972	266	21.5	50.59	55.43
2021	—	963	—	—	51.61	56.45

数据来源：历年河南省统计年鉴及统计公报

综上所述，南阳市经济平稳增加，但GDP占全省的比重处于下降状态，建设河南省副中心城市，南阳的经济规模占比急需提升，尤其是改革开放初期南阳具有较好的民营经济基础，民营制造业群体需要重振规模和品牌。南阳腹地广阔，人口众多，消费能力强，应大力发展高成长型劳动密集型产业。同时，要培育新的增长极，打造高端产业基地，形成多元活跃的产业生态。

（李燕燕　李　甜　整理数据图表）

河南省市域经济运行分析：商丘篇

商丘因"商"而得名，1986年被国务院列为"国家历史文化名城"。商丘市位于豫、鲁、苏、皖四省接合部，是河南省的东大门，素有"豫东门户"之称，是对接长三角的桥头堡。

一、概述

商丘市现辖6县（夏邑县、虞城县、柘城县、宁陵县、睢县、民权县），2区（梁园区、睢阳区），1个省直管县级市和1个城乡一体化示范区，总面积10704平方千米，2021年常住人口为772.3万人，人口密度为每平方千米721人，城镇化率47.21%。

二、经济总量位次提升，人均GDP与全省水平差距拉大

从GDP总量来看，2008—2021年商丘市GDP从2008年的931.39亿增长至2022年的3262.68亿元，增加了2.5倍（见表1）。2021年商丘市GDP在全省的排名由2016年的第10位上升为第7位（见表2），2022年下降至第8位，排在前7位的是郑州、洛阳、南阳、许昌、周口、新乡和驻马店。

人均GDP来看，商丘市人均GDP总量低于河南省人均GDP，差距呈扩大态势（见表1）。自2011年以后，除去2019年高于驻马店、周口、南阳，位于第15位外，其余年份均仅高于周口，位于第17位，2021年商丘市人均GDP为39678元，周口市为39126元，为18个地市中低于4万元的两个地市。

从GDP增速来看，商丘市GDP增速平稳下滑，2020年受新冠疫情影响，商丘GDP增速为-0.8%，18个地市中只有焦作和商丘为负增长，焦作为-23.08%。2021年商丘市GDP增速为4.0%，在全省处于末位，低于河南省2.3个百分点。2022年商丘市GDP增速为5.1%，排在全省第4位，高于

表1 2008—2021年商丘市GDP及增速情况

年份	商丘市GDP（亿元）	河南省GDP（亿元）	商丘市GDP占河南省GDP的比重（%）	商丘市GDP增速（%）	河南省GDP增速（%）	商丘GDP增速–河南省GDP增速（%）	商丘市人均GDP（元）	河南省人均GDP（元）	商丘人均GDP–河南省人均GDP	商丘市人均GDP占河南省人均GDP的比重（%）
2008	931.39	17735.9	5.3	11.4	12.0	-0.6	12092	18879	-6787	64.05
2009	891.88	19181.0	4.6	10.8	11.0	-0.2	12779	20280	-7501	63.01
2010	1143.79	22655.0	5.0	11.1	12.4	-1.3	15076	23984	-8908	62.86
2011	1308.37	26318.7	5.0	10.7	12.0	-1.3	17600	28009	-10409	62.84
2012	1397.28	28961.9	4.8	10.8	10.1	0.7	18937	30820	-11883	61.44
2013	1538.22	31632.5	4.9	10.5	9.0	1.4	21081	33618	-12537	62.71
2014	1697.64	34574.8	4.9	9.2	8.9	0.3	23359	36686	-13327	63.67
2015	1812.16	37084.1	4.9	8.8	8.4	0.4	24940	39209	-14269	63.61
2016	1989.15	40249.3	4.9	8.7	8.2	0.5	27124	42341	-15217	64.06
2017	2195.55	44824.9	4.9	8.7	7.8	0.8	30423	46959	-16536	64.79
2018	2389.04	49935.9	4.8	8.7	7.6	1.1	32673	52114	-19441	62.7
2019	2911.20	53717.8	5.4	7.4	6.8	0.6	39719	56388	-16669	70.44
2020	2925.33	54259.4	5.4	-0.8	1.1	-1.8	37424	55435	-18011	67.51
2021	3083.32	58887.4	5.2	4.0	6.3	-2.3	39678	59410	-19732	66.79
2022	3262.68	61345.1	5.3	5.1	3.1	2.0	—	—	—	—

数据来源：历年河南省统计年鉴及统计公报

河南省 2 个百分点。(见图 1)。

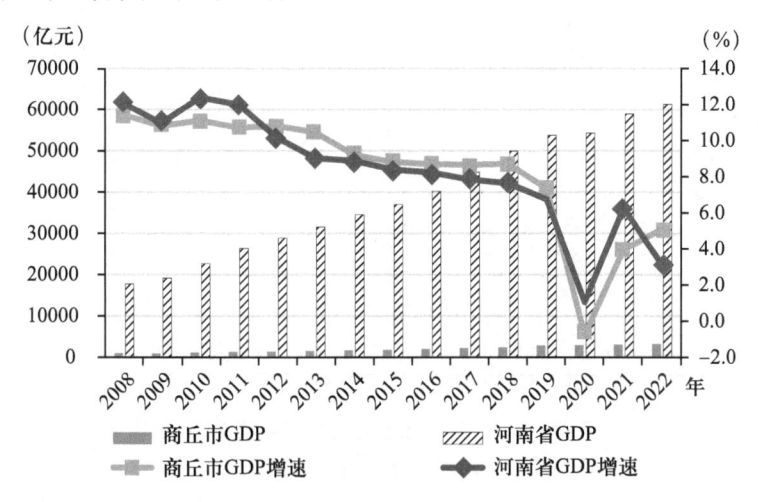

图 1 2008—2022 年商丘市与河南省 GDP 及增速

数据来源：历年河南省统计年鉴及统计公报

表 2 2008—2021 年商丘市历年 GDP 和人均 GDP 及增速排名情况

年份	商丘 GDP 在全省排名	商丘市 GDP 增速在全省排名	商丘市人均 GDP 在全省排名	商丘市人均 GDP 增速在全省排名
2008	10	18	16	18
2009	10	15	16	16
2010	10	17	16	5
2011	10	18	17	6
2012	11	11	17	10
2013	12	7	17	3
2014	10	8	17	4
2015	10	11	17	4
2016	10	2	17	2
2017	9	1	17	1
2018	8	1	17	2
2019	7	8	15	8
2020	7	17	17	17
2021	7	18	17	16
2022	8	4	—	—

数据来源：历年河南省统计年鉴及统计公报

从商丘市人均 GDP 增速来看，2012—2016 年间高于全省水平，但 2017 年以来，只有 2020 年略高于河南省水平，其余年份均低于全省（见图 2）。

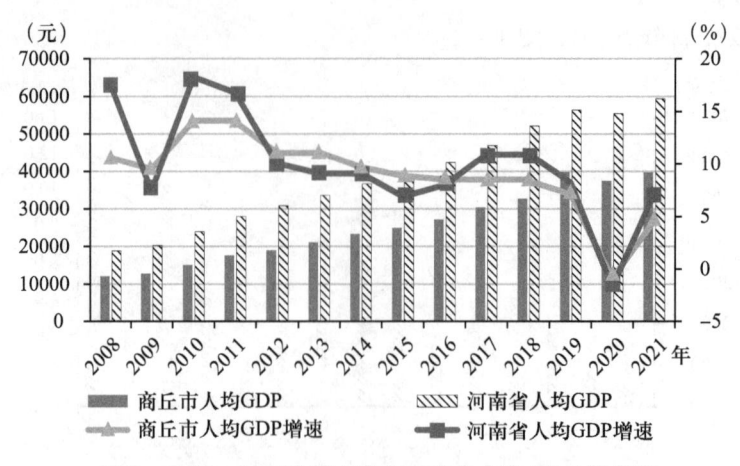

图 2　2008—2021年商丘市与河南省人均 GDP 及增速

数据来源：历年河南省统计年鉴及统计公报

从占比来看，商丘市 GDP 占全省 GDP 的比重从 2018 年以来由 4% 以上上升到 5% 以上，与总量提升密切相关，说明 2018 年以来商丘经济发展得比较快。

商丘市一般公共预算收入逐年增加（见表 3），2021 年在全省排名第 7 位，低于郑州、洛阳、南阳、新乡、平顶山、安阳。商丘市整体税收占比逐年下降，和河南省整体变动趋势保持一致，2021 年为 65%，基本与河南省持平（见图 3）。

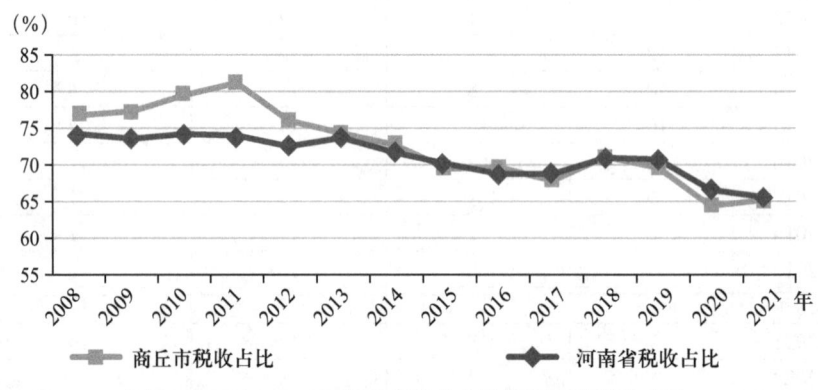

图 3　2008—2021年商丘市税收占比与河南省税收占比

数据来源：历年河南省统计年鉴及统计公报

表3 2008—2021年商丘市一般公共预算收支情况

年份	商丘市 一般公共预算收入（亿元）	税收收入（亿元）	商丘市税收占比（%）	一般公共预算支出（亿元）	商丘市财政自给率（%）	在省内的排名	河南省 一般公共预算收入（亿元）	税收收入（亿元）	河南省税收占比（%）	一般公共预算支出（亿元）	河南省财政自给率（%）
2008	31.59	24.02	76.05	117.94	26.79	15	1008.90	742.27	73.6	2281.61	44.2
2009	35.37	27.08	76.56	151.11	23.40	15	1126.06	821.50	73.0	2905.76	38.8
2010	43.00	33.82	78.63	179.98	23.89	15	1381.32	1016.55	73.6	3416.14	40.4
2011	56.44	45.32	80.28	229.04	24.64	15	1721.76	1263.10	73.4	4248.82	40.5
2012	70.19	52.90	75.36	286.31	24.52	15	2040.33	1469.57	72.0	5006.40	40.8
2013	85.84	63.26	73.69	314.84	27.26	15	2415.45	1764.71	73.1	5582.31	43.3
2014	100.75	72.75	72.21	352.10	28.61	15	2739.26	1951.46	71.2	6028.69	45.4
2015	110.71	76.48	69.08	381.70	29.00	15	3016.05	2101.17	69.7	6799.35	44.4
2016	117.43	81.31	69.24	422.43	27.80	15	3153.48	2158.45	68.4	7453.74	42.3
2017	128.85	86.99	67.51	463.08	27.82	13	3407.22	2329.31	68.4	8215.52	41.5
2018	153.66	108.53	70.63	502.80	30.56	13	3766.02	2656.65	70.5	9217.73	40.9
2019	171.71	118.84	69.21	537.54	31.94	13	4041.89	2841.34	70.3	10163.93	39.8
2020	180.14	115.65	64.20	561.58	32.08	13	4168.84	2764.73	66.3	10372.67	40.2
2021	190.13	123.58	65.00	556.12	34.19	13	4347.38	2842.52	65.4	10419.86	41.7

数据来源：历年河南省统计年鉴及统计公报

除个别年份外，商丘市一般公共预算收入增速超过支出增速（见图4），商丘市财政自给率逐年上升，但仍处于较低水平，低于河南省财政自给率（见图5），2021年为34.19%，在全省排第13位，仅高于濮阳（31.41%）、南阳（30.11%）、驻马店（30.05%）、周口（23.38%）、信阳（21.64%）。

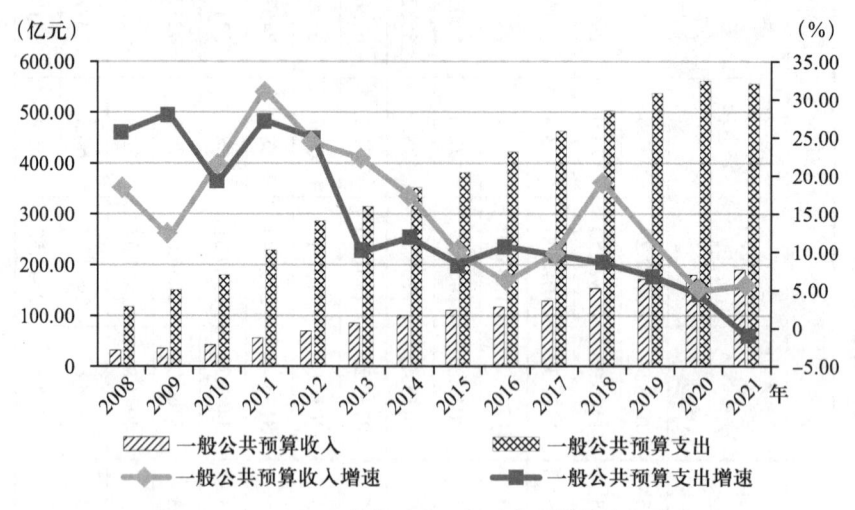

图4　2008—2021年商丘市一般公共预算收支及增速

数据来源：历年河南省统计年鉴及统计公报

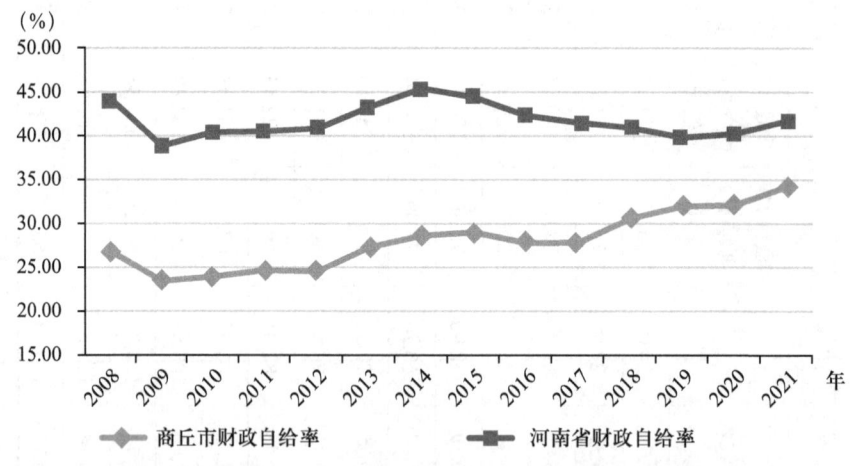

图5　2008—2021年商丘市财政自给率与河南省财政自给率

数据来源：历年河南省统计年鉴及统计公报

2008—2021年，商丘市城镇居民人均可支配收入和农村居民人均可支配收入均低于全省平均水平，且近几年差值逐年增大（见表4）。

表4　2008—2021年商丘市居民收入情况

年份	商丘市 城镇居民人均可支配收入（元）	商丘市 农村居民人均可支配收入（元）	河南省 城镇居民人均可支配收入（元）	河南省 农村居民人均可支配收入（元）	商丘市-河南省 城镇居民人均可支配收入（元）	商丘市-河南省 农村居民人均可支配收入（元）
2008	11751	3750	13231	4454	-1480	-704
2009	12715	4054	14372	4807	-1657	-753
2010	14178	4674	15930	5524	-1752	-850
2011	16151	5637	18195	6604	-2044	-967
2012	18312	6426	20443	7525	-2131	-1099
2013	20214	7217	22398	8475	-2184	-1258
2014	22274	8025	23672	9966	-1398	-1941
2015	23572	8885	25576	10853	-2004	-1968
2016	25217	9605	27233	11697	-2016	-2092
2017	27595	10517	29558	12719	-1963	-2202
2018	29996	11506	31874	13831	-1878	-2325
2019	32335	12668	34201	15164	-1866	-2496
2020	32853	13605	34750	16108	-1897	-2503
2021	34758	14789	37095	17533	-2337	-2744

数据来源：历年河南省统计年鉴及统计公报

2021年，商丘市城镇居民人均可支配收入在全省排第14位，高于开封（34195元）、信阳（33480元）、驻马店（33178元）和周口（30826元），农村居民人均可支配收入在全省排第17位，仅高于周口（14141元）。而农村居民人均可支配收入增速又高于城镇居民人均可支配收入增速（见图6）。

从图7来看，商丘市一般公共预算收入增速超过GDP增速，且除个别年份外，城乡居民可支配收入增速均高于GDP增速。这与商丘承接沿海产业转移，其主导产业中有相当部分属劳动密集型产业有关。

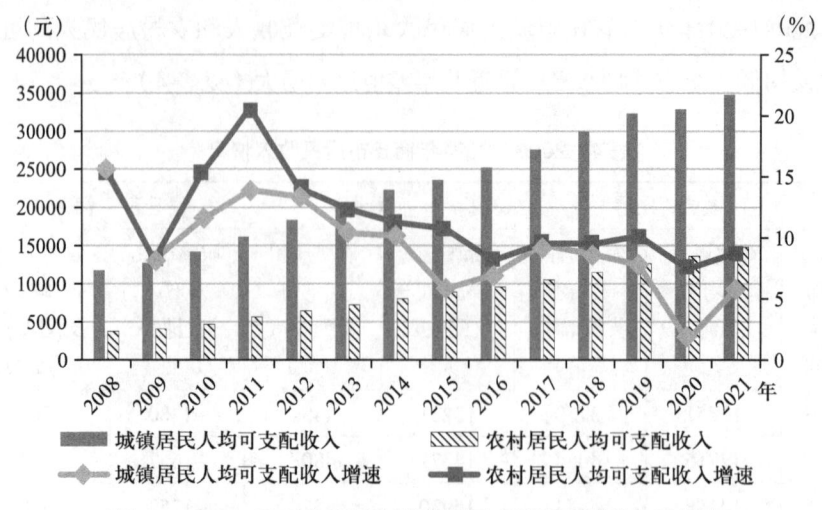

图6 2008—2021年商丘市城乡居民人均可支配收入及增速

数据来源：历年河南省统计年鉴及统计公报

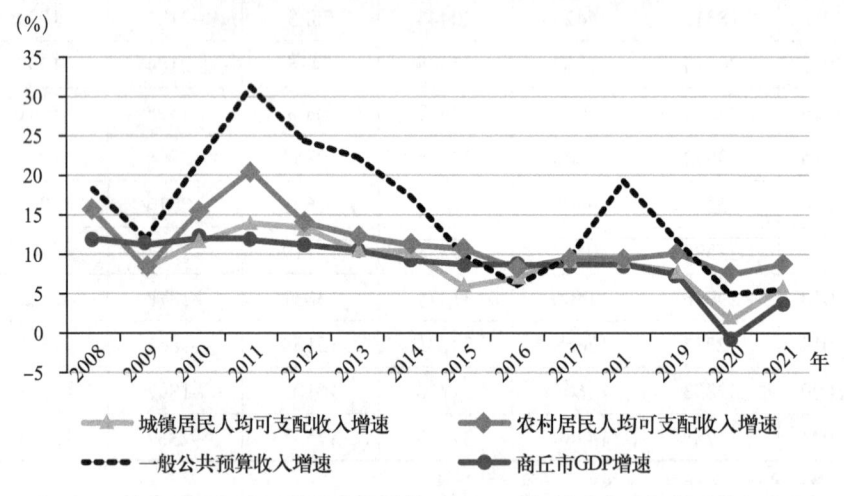

图7 2008—2021年商丘市公共预算收入、GDP与城乡人均可支配收入增速

数据来源：历年河南省统计年鉴及统计公报

三、投资拉动减弱，消费提升，创新不足

商丘市固定资产投资总量逐年增加，在全省位于中上游水平，2018—2020年间排名第6位，低于郑州、洛阳、南阳、信阳和许昌。自2016年以来，商丘市固定资产投资增速均高于河南省水平，2021年高于河南省3.8个百分点（见图8）。

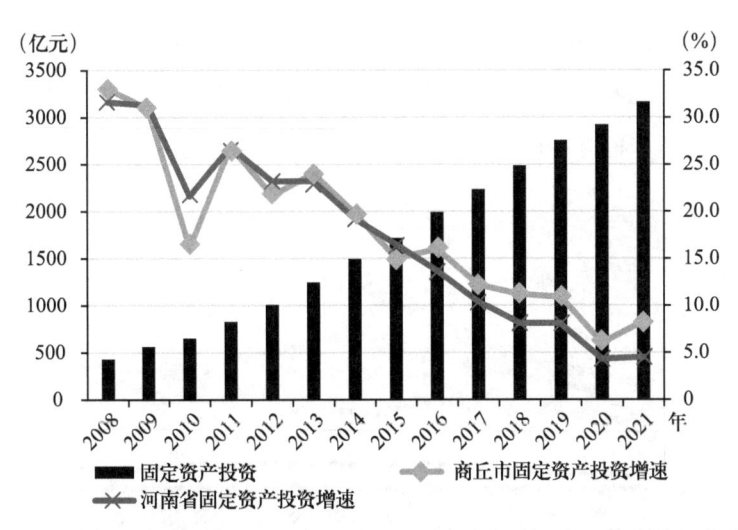

图8　2008—2021年商丘市固定资产投资、商丘市与河南省固定资产投资增速

数据来源：历年河南省统计年鉴及统计公报

商丘市各类投资总额都在不断增加，值得关注的是，工业投资增速和民间投资增速在2016年落入负数后，随即较强反弹，2021年工业投资增速为9.3%，民间投资增速达到10.7%（见图9）。

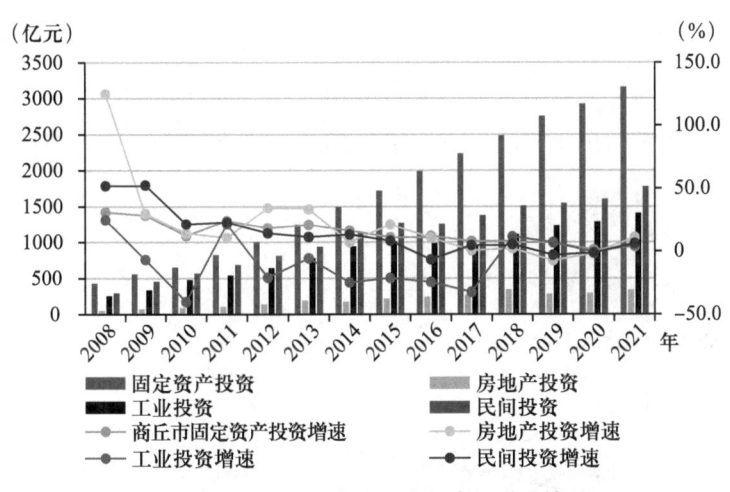

图9　2008—2021年商丘市投资及增速情况

数据来源：历年河南省统计年鉴及统计公报

从占GDP的比重来看，固定资产投资占比大，2020年、2021年固定资产投资占GDP的比重均超过100%，2021年占到102.59%，而2020年GDP增速为-0.8%，2021年GDP增速为4.0%，显然，固定资产投资拉动经济增长的动能减弱。2017年社会消费品零售总额占比超过工业投资，2021年民间投资占比57.63%，社会消费品零售总额占比48.31%，工业投资占比45.71%，房地产投资占比9.48%，进出口占比1.76%（见图10）。

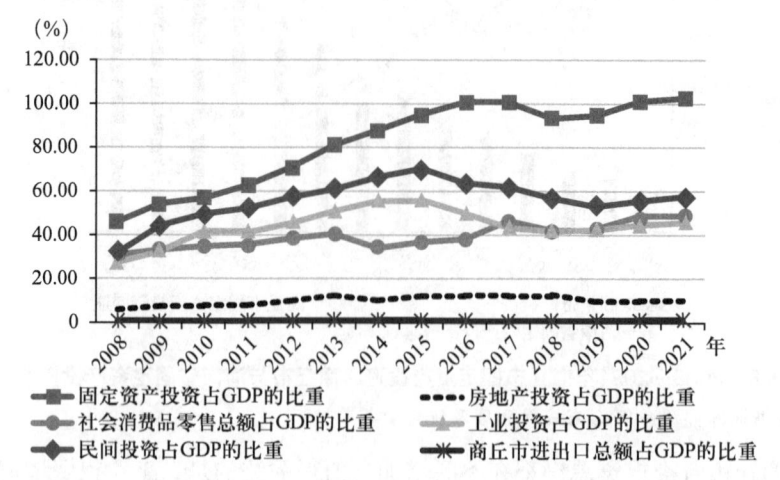

图10 2008—2021年商丘市固定资产投资、工业投资、民间投资、房地产投资和社会消费零售总额占GDP的比重

数据来源：历年河南省统计年鉴及统计公报

2011—2019年，商丘市R&D经费内部支出逐年增加，2011—2020年增加了4.3倍，2020年为负增长（见图11），R&D经费内部支出占GDP的比重虽平缓趋升，但整体仍比较低，2020年占GDP的比重仍低于1%（见图12）。

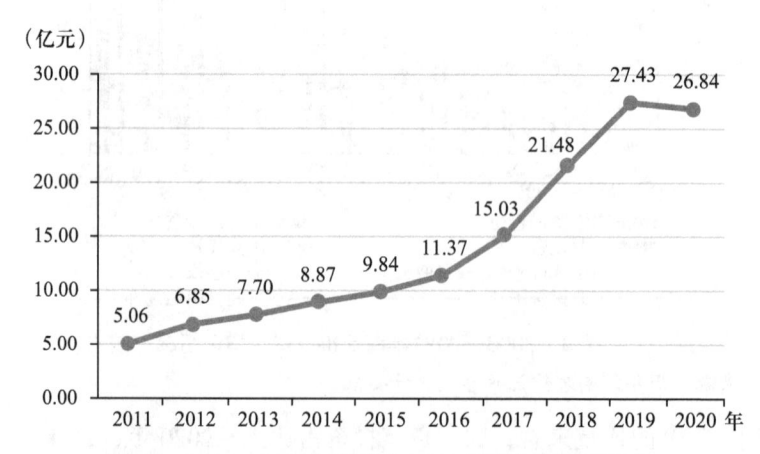

图11 2011—2020年商丘市R&D经费内部支出情况

数据来源：历年河南省统计年鉴及统计公报

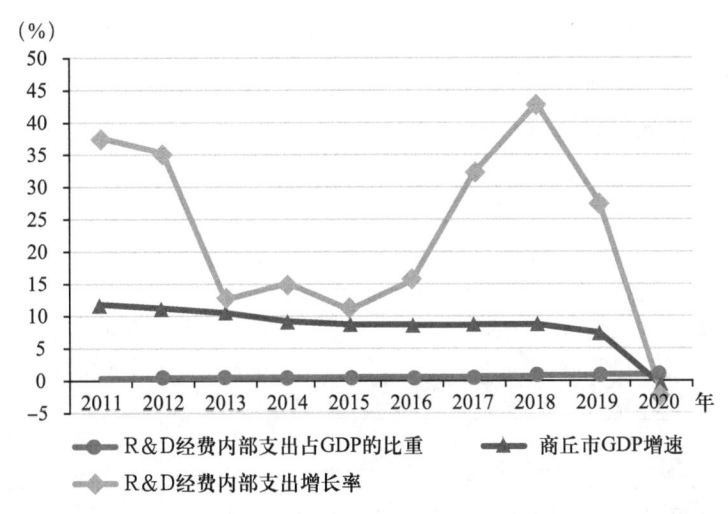

图12 2011—2020年商丘市R&D经费增长率、占GDP的比重情况

数据来源：历年河南省统计年鉴及统计公报

四、第一产业占比大，第二产业需增强后劲

自2018年第三产业首次超过第二产业后，商丘市三次产业结构由"二三一"转变为"三二一"，2021年为18.7∶37.4∶43.9（见图13）。从数据来看，商丘市仍属典型的农区，粮食种植面积和粮食产量在全省均位于前列，仅次于周口和驻马店，二产增加值明显不高。

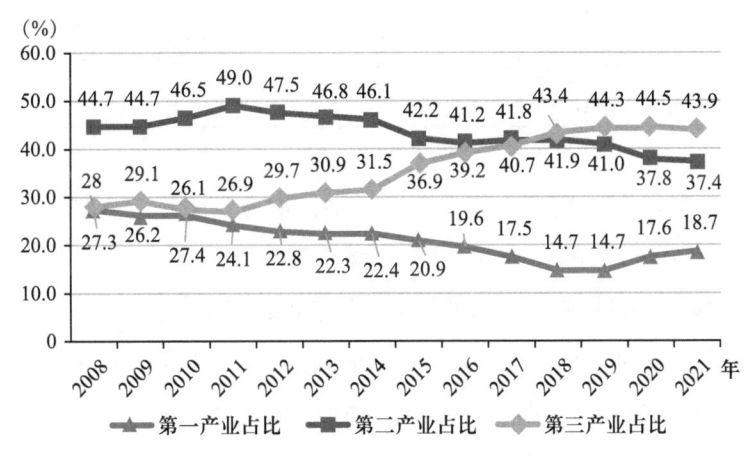

图13 2008—2021年商丘市三产结构变化情况

数据来源：历年河南省统计年鉴及统计公报

商丘市工业增加值逐年增加，全省排名在 2018 年、2019 年跃升至第 7 位，2020 年回落到第 8 位。同时，增速在 2018 年、2019 年分别为 8.70%、8.80%，连续两年居全省第 1 位。但是，2020 年为负增长，全省排名 17 位，仅高于焦作，与 GDP 增速状况一致（见表 5）。

表 5　2008—2021 年商丘市第二产业发展总体情况

年份	商丘市工业增加值（亿元）	河南省工业增加值（亿元）	商丘市工业增加值占全省的比重（%）	工业增加值在全省排名	商丘市工业增加值增速（%）	增速在全省的排名
2008	360.47	9546.08	3.78	13	15.80	9
2009	361.37	9858.4	3.67	12	12.40	11
2010	464.48	11950.82	3.89	12	14.30	15
2011	546.78	14401.7	3.80	11	15.50	15
2012	570.47	15357.36	3.71	12	14.70	4
2013	624.39	15960.6	3.91	12	13.63	5
2014	624.90	15904.28	3.93	12	10.23	8
2015	642.82	16100.92	3.99	12	8.39	10
2016	699.24	16830.74	4.15	11	8.53	3
2017	775.66	18807.16	4.12	11	7.75	8
2018	901.66	17354.72	5.20	7	8.70	1
2019	949.94	17978.44	5.28	7	8.80	1
2020	898.50	17790.02	5.05	8	-3.29	17
2021	936.85	18785.3	4.99	—	3.1	—

数据来源：历年河南省统计年鉴及统计公报

2011—2019 年，商丘市规上工业增加值增速高于河南省规上工业增加值增速。2020 年商丘规上工业增加值增速降低，为 -4.8%，2021 年有所回升，为 3.7%，仍低于河南省 1.7 个百分点（见图 14）。

从主导产业看，2021 年全年商丘市规模以上工业中，汽车制造业增加值增速较高，增长 115.0%，通用设备制造业增长 26.7%，金属制品业增长 22.4%，农副食品加工业增长 17.4%，电力、热力生产和供应业增长 16.8%，纺织服装、服饰业增长 5.5%。

图 14　2008—2021年商丘市规上工业增加值增速与河南省规上工业增加值增速

数据来源：历年河南省统计年鉴及统计公报

商丘市服务业增加值逐年增加，2013年增速低于GDP增速，其他年份均高于GDP增速（见图15）。

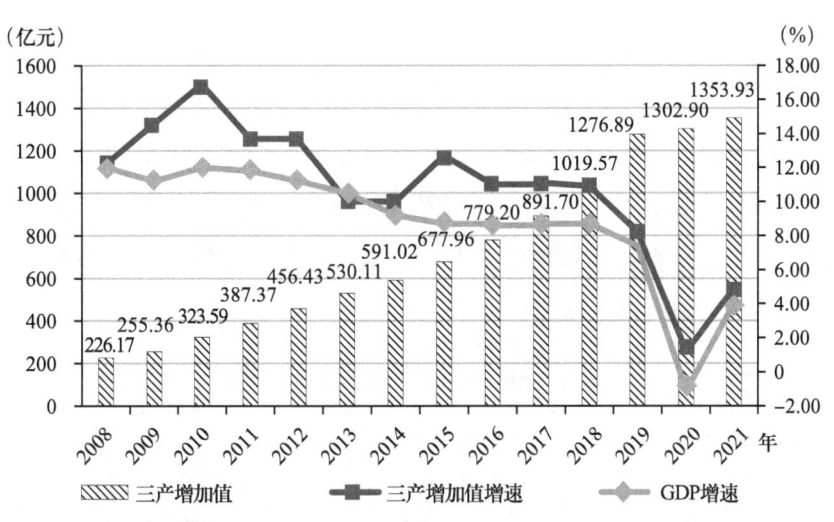

图 15　2008—2021年商丘市服务业增加值、服务业与GDP增速

数据来源：历年河南省统计年鉴及统计公报

服务业分行业看，2018年商丘市房地产业增加值超过批发和零售业增加值，2018—2021年间房地产业增加值位居第1位，批发和零售业与交通运输、仓储和邮政业处在第2、第3位（见图16）。这与商丘腹地广，人口

多，交通枢纽优势突出有关。

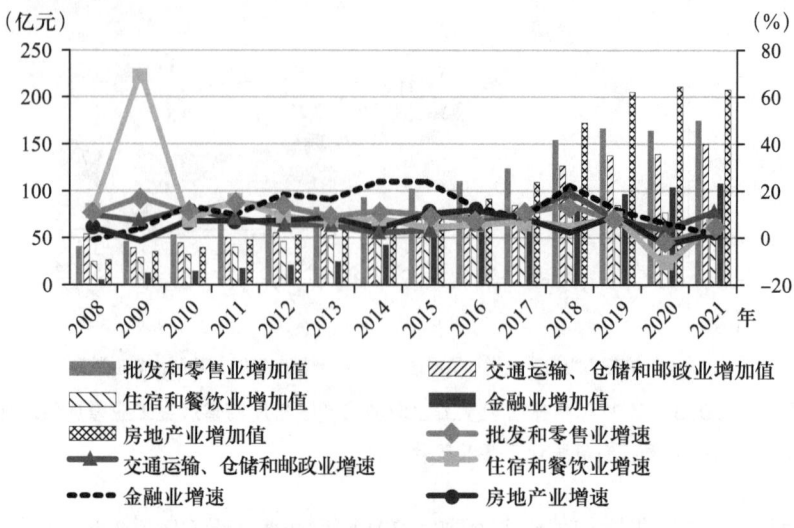

图 16　2008—2021年商丘市服务业分行业增加值与增速

数据来源：历年河南省统计年鉴及统计公报

五、城镇化率较低，低于全省平均水平

从表6看，商丘市人口流失率较高且在逐年增加，2020年人口流失率为22.53%，人口流失较为严重。城镇化率在逐年增加，但仍低于河南省平均水平，2021年商丘市城镇化率为47.21%，在全省排第16位，仅高于驻马店（45.17%）和周口（43.62%）。

表6　2008—2021年商丘市人口情况

年份	商丘市						河南省
	户籍人口（万人）	常住人口（万人）	户籍人口－常住人口（万人）	人口流失率（%）	城镇化率（%）	商丘市城镇化率在全省排名	城镇化率（%）
2008	828.36	777	51.36	6.20	31.53	16	36.03
2009	832.39	781	51.39	6.17	33.38	16	37.7
2010	885.35	735	150.35	16.98	29.75	16	38.82
2011	890.50	736.4	154.1	17.30	31.54	16	40.47

续表

年份	商丘市 户籍人口（万人）	常住人口（万人）	户籍人口-常住人口（万人）	人口流失率（%）	城镇化率（%）	商丘市城镇化率在全省排名	河南省 城镇化率（%）
2012	894.95	732.2	162.75	18.19	33.49	16	41.99
2013	900.02	727.7	172.32	19.15	35.02	16	43.6
2014	750.64	604.7	145.94	19.44	36.49	17	45.05
2015	909.47	727.39	182.08	20.02	38.23	17	47.02
2016	915.12	728.17	186.95	20.43	40.00	17	48.78
2017	921.01	729.86	191.15	20.75	41.70	17	50.56
2018	926.17	732.53	193.64	20.91	43.30	17	52.24
2019	930.40	733.36	197.04	21.18	44.83	16	54.01
2020	1009.00	781.68	227.32	22.53	46.19	16	55.43
2021	—	772.3	—	—	47.21	16	56.45

数据来源：历年河南省统计年鉴及统计公报

综上所述，商丘市积极主动承接长三角产业转移，经济总量在省内排名位次由第10位上升到第7位，已然形成食品、纺织服装及制鞋等产业集群。商丘是传统的农区，第一产业占比大，农业优势产业突出。下一步应加快传统制造业向高附加值产业链环节延伸，推动汽车制造、通用设备制造等新兴产业发展壮大，突出培育新材料、智能零部件、生命健康、新能源汽车等新兴产业集群，形成新的经济增长点。

（李燕燕　赵　岩　整理数据图表）

河南省市域经济运行分析：信阳篇

信阳地处鄂、豫、皖三省交界，是我国南北地理、气候过渡带和豫楚文化融合区，是《淮河生态经济带发展规划》确定的区域中心城市之一，是河南大别山革命老区加快振兴发展的重点支持地区。

一、概述

信阳市现辖 8 县（潢川县、光山县、息县、新县、罗山县、商城县、淮滨县、固始县）和 2 区（浉河区、平桥区）。全市总面积 1.89 万平方千米，2021年常住人口 618.6 万人，城镇化率为 51.1%，人口密度为每平方千米 327 人。

二、经济总量、增速和占比均有明显提升

从总量来看，2010 年信阳市 GDP 总量突破千亿元，2016 年突破两千亿元，2021 年突破三千亿元。2022 年信阳市 GDP 总量为 3196.23 亿元，居全省第 9 位，相比 2008 年在全省的位次上升了 2 位（见表 1）。

表 1　2008—2021年信阳市地区生产总值及增速

年份	信阳市 GDP（亿元）	占河南省 GDP 的比重（%）	信阳 GDP 在河南省的排名	信阳市 GDP 增速（%）	信阳 GDP 增速在河南省的排名
2008	866.79	4.9	11	12.2	14
2009	835.29	4.4	11	12.0	8
2010	1091.83	4.8	11	11.6	12
2011	1257.68	4.8	11	11.1	16
2012	1397.32	4.8	10	10.5	13
2013	1581.16	5.0	9	9.1	13
2014	1757.34	5.1	9	8.9	13
2015	1879.67	5.1	8	8.9	9
2016	2037.80	5.1	8	8.3	10

续表

年份	信阳市 GDP（亿元）	占河南省 GDP 的比重（%）	信阳 GDP 在河南省的排名	信阳市 GDP 增速（%）	信阳 GDP 增速在河南省的排名
2017	2194.51	4.9	10	6.7	18
2018	2387.80	4.8	9	8.3	4
2019	2758.47	5.1	9	6.3	17
2020	2805.68	5.2	9	2.1	12
2021	3064.96	5.2	9	6.5	10
2022	3196.23	5.2	9	3.2	14

数据来源：历年河南省统计年鉴及信阳市统计公报

2008—2021年间，信阳市人均GDP均低于河南省人均GDP水平，但二者的差距逐渐缩小。2021年信阳市人均GDP为49345元，相比2008年的12542元，增长了近4倍，居全省第12位，比2008年上升了3位（见表2）。

表2 2008—2021年信阳市人均地区生产总值及增速

年份	信阳市人均 GDP（元）	信阳市人均 GDP 增速（%）	河南省人均 GDP（元）	河南省人均 GDP 增速（%）	信阳市人均 GDP 占河南省的比重（%）	信阳市人均 GDP 在全省排名
2008	12542	11.7	18879	11.8	66.43	15
2009	13785	10.6	20280	10.2	67.97	15
2010	17844	16.7	23984	12.5	74.40	15
2011	20603	17.3	28009	12.2	73.56	14
2012	22347	7.9	30820	9.4	72.51	14
2013	24762	6.8	33618	8.4	73.66	14
2014	27490	8.8	36686	8.2	74.93	14
2015	29321	8.7	39209	7.7	74.78	14
2016	31368	8.0	42341	7.5	74.09	14
2017	34025	6.2	46959	7.1	72.46	14
2018	36941	8.0	52114	7.2	70.88	14
2019	42641	6.2	56388	6.4	75.62	13
2020	45003	2.4	55435	0.9	81.18	12
2021	49345	9.6	59410	6.4	83.06	12

数据来源：历年河南省统计年鉴及信阳市统计公报

从增速看，除2010年、2011年、2017年和2019年，其余年份信阳市GDP增速均高于河南省GDP增速。2022年为3.2%，处于河南省第14位，比 2021 年下降了 4 位。人均 GDP 增速 2012 年之前均在 10% 以上，之后均在 10% 之下，2020 年降到 2.4%，2021 年反弹升到 9.6%，高于河南省人均 GDP 增速 3.2 个百分点。

从占比看，2008—2022 年间，信阳市 GDP 占全省的比重呈上升趋势，2022 年为 5.2%，比 2008 年提高了 0.3 个百分点。人均 GDP 占河南省比重由 2008 年的 66.43% 上升到 2021 年的 83.06%。

三、税收占比上升，但财政自给率靠后

从财政收支来看，信阳市一般公共预算收入总额逐年增加，从 2008 年的 24.99 亿元增至 2021 年的 135.39 亿元，增加了 4.4 倍，居全省第 14 位，较 2008 年上升了 1 位。2021 年一般公共预算支出总额为 625.46 亿元，是 2008 年的 5.2 倍，居全省第 5 位（见表 3）。

从财政收支增速来看，一般公共预算收入增速 2011 年达到 30.02%，一路下滑至 2016 年的 3.98%，2020 年因新冠疫情原因更是下滑到 1.97%，随后 2021 年反弹到 13.30%。一般公共预算支出增速从 2016 年超过收入增速，但从 2018 年的 18.59% 快速下滑，2021 年为 2.40%，远低于收入增速（见图 1）。

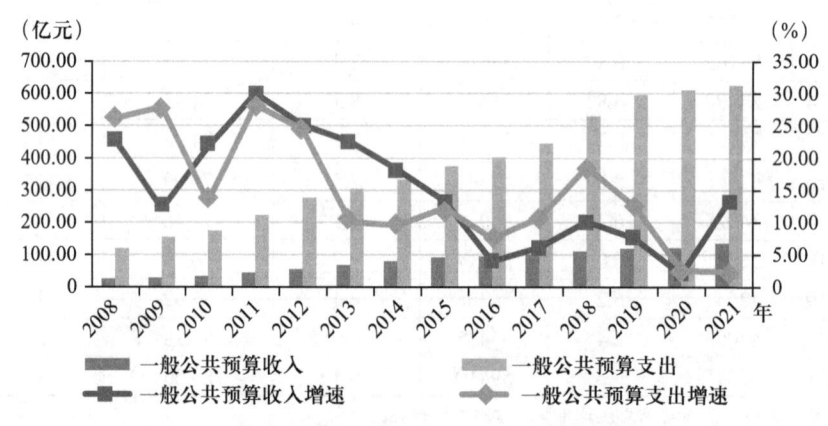

图 1　2008—2021 年信阳市一般公共预算收支情况

数据来源：历年河南省统计年鉴及信阳市统计公报

表 3　2008—2021年信阳市一般公共预算收支情况

年份	一般公共预算收入（亿元）	占全省一般公共预算收入的比重（%）	一般公共预算收入在全省排名	税收收入（亿元）	税收占一般公共预算收入的比重（%）	占全省税收收入的比重（%）	税收占比在全省排序	一般公共预算支出（亿元）	一般公共预算支出在全省排名	财政自给率（%）	在河南省内的排名
2008	24.99	2.48	15	17.58	70.35	2.37	15	119.94	5	20.84	17
2009	28.02	2.49	14	20.05	71.54	2.44	13	153.37	5	18.27	18
2010	34.10	2.47	14	25.61	75.11	2.52	11	173.76	6	19.62	18
2011	44.33	2.57	14	34.30	77.37	2.72	7	222.80	6	19.90	18
2012	55.46	2.72	14	42.32	76.31	2.88	5	277.11	6	20.01	17
2013	67.93	2.81	14	51.67	76.06	2.93	4	304.88	7	22.28	17
2014	80.33	2.93	14	61.21	76.20	3.14	3	333.95	7	24.05	17
2015	91.03	3.02	14	67.13	73.75	3.20	4	374.81	7	24.29	17
2016	94.65	3.00	14	65.05	68.72	3.01	11	403.00	7	23.49	17
2017	100.45	2.95	14	67.01	66.71	2.88	13	446.04	7	22.52	17
2018	110.61	2.94	14	77.60	70.16	2.92	15	528.98	6	20.91	18
2019	119.00	2.94	14	83.83	70.44	2.95	11	595.82	6	19.97	18
2020	121.35	2.91	14	84.01	69.23	3.04	8	610.91	6	19.86	18
2021	135.39	3.11	14	93.76	69.25	3.30	7	625.46	5	21.65	18

数据来源：历年河南省统计年鉴及信阳市统计公报

税收占比方面，除 2008 年、2009 年、2017 年和 2018 年，其余年份信阳市税收占比均高于河南省税收占比，2011 年税收占比最高为 77.37%（见图 2）。税收占比在全省的位次从 2008 年的第 15 位上升到 2021 年的第 7 位。

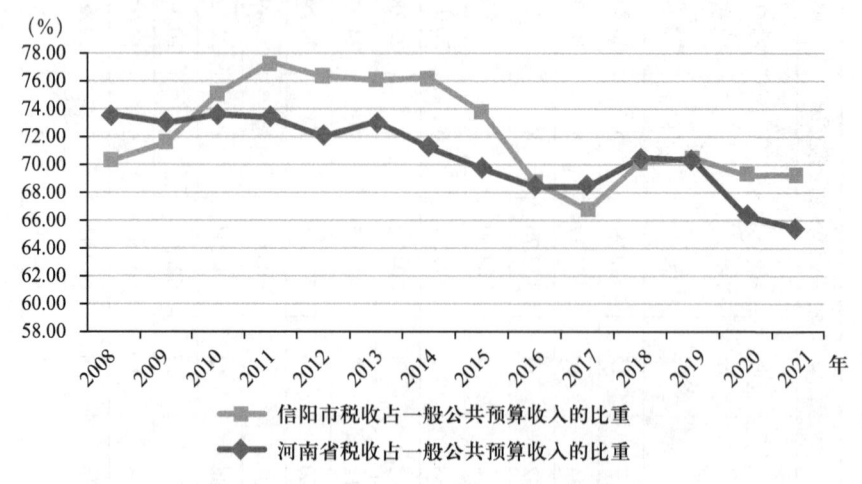

图 2　2008—2021 年信阳市、河南省税收占比

数据来源：历年河南省统计年鉴及信阳市统计公报

从财政自给率来看，信阳市财政自给率远低于河南省财政自给率，2021 年信阳市财政自给率为 21.65%，比全省低 20.05 个百分点，居全省第 18 位（见图 3）。

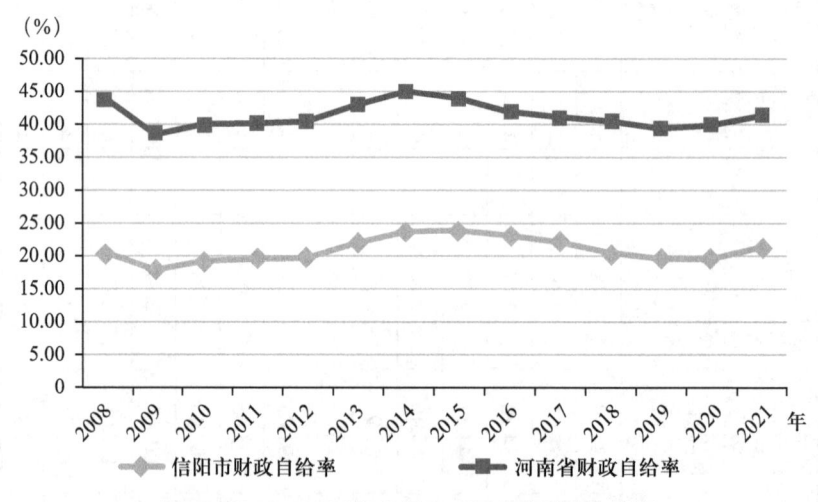

图 3　2008—2021 年信阳市、河南省财政自给率

数据来源：历年河南省统计年鉴及信阳市统计公报

2008—2021年间，信阳市金融机构年末存贷款余额总量逐年增加，存款年末余额大于贷款年末余额。2021年信阳市存贷比为51.05%，比2008年高2.49个百分点（见表4），说明经济体量增加了。

表4 2008—2021年信阳市金融机构年末存贷款余额情况

年份	金融机构存款年末余额（亿元）	占河南省年末存款余额的比重（%）	金融机构贷款年末余额（亿元）	占河南省年末贷款余额的比重（%）	存贷比（%）
2008	728.17	4.77	353.63	3.41	48.56
2009	888.91	4.64	470.87	3.50	52.97
2010	1054.76	4.56	570.09	3.59	54.05
2011	1266.66	4.75	631.58	3.61	49.86
2012	1536.44	4.81	740.80	3.65	48.22
2013	1830.06	4.87	909.49	3.87	49.70
2014	2094.96	5.06	1107.74	4.07	52.88
2015	2375.36	4.99	1290.94	4.11	54.35
2016	2692.33	4.99	1442.69	3.95	53.59
2017	3045.01	5.16	1582.19	3.79	51.96
2018	3199.14	5.01	1722.34	3.60	53.84
2019	3482.62	5.01	1908.58	3.43	54.80
2020	3900.48	5.10	2055.32	3.27	52.69
2021	4362.44	5.29	2227.04	3.21	51.05

数据来源：历年河南省统计年鉴及信阳市统计公报

信阳市金融机构年末存款余额占河南省的比重整体上呈现上升趋势，贷款余额占河南省的比重呈现先上升后下降趋势，2021年存款占比为5.29%，贷款占比为3.21%，存款占比均高于贷款占比，近几年存贷款占比的差距在变大（见图4），说明信阳的经济活力还有待提升。

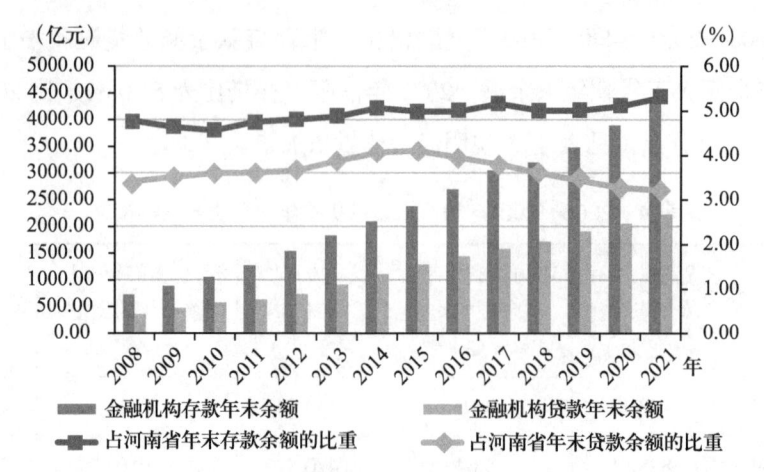

图 4 2008—2021年信阳市金融机构存贷款年末余额及占河南省的比重情况
数据来源：历年河南省统计年鉴及信阳市统计公报

四、城乡居民人均可支配收入和消费支出均低于河南省平均水平

从城乡居民人均可支配收入来看，信阳市城乡居民人均可支配收入一直低于河南省平均水平，但差距在不断缩小。其中，城镇居民人均可支配收入自2019年超过驻马店市，在河南省排名第16位，之后一直保持在第16位；农村居民人均可支配收入在河南省排名始终处于第14位。从2010年开始，农村居民人均可支配收入增速高于城镇居民人均可支配收入增速。2021年城镇居民人均可支配收入增速为8.2%，居全省第1位，农村居民人均可支配收入增速为10.5%（见图5），居全省第3位。

从居民家庭人均消费支出来看，信阳市城镇居民家庭人均消费支出一直低于河南省平均水平，但差距也在不断缩小。2020年城镇居民家庭人均消费支出在河南省排第11位，超过商丘市、平顶山市、安阳市、鹤壁市、周口市、濮阳市和济源市。农村居民家庭人均消费支出自2010年开始低于河南省平均水平，2020年农村居民家庭人均消费支出在河南省排第8位。从2013年开始，农村居民家庭人均消费支出增速高于城镇，家庭人均消费支出增速。城镇居民家庭人均消费支出增速由2020年的-3.7%大幅反弹到2021年的8.9%，农村居民家庭人均消费支出增速由2020年的5.6%同样大幅反弹到2021年的13.7%（见图6）。

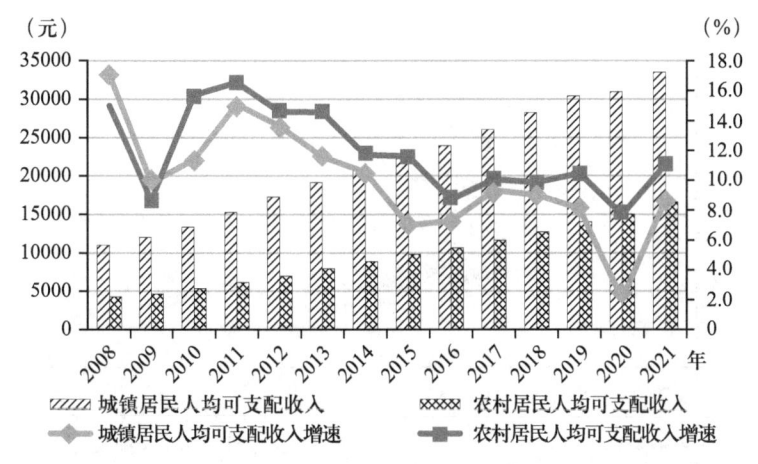

图5　2008—2021年信阳市分城镇、农村居民人均可支配收入情况

数据来源：历年河南省统计年鉴及信阳市统计公报

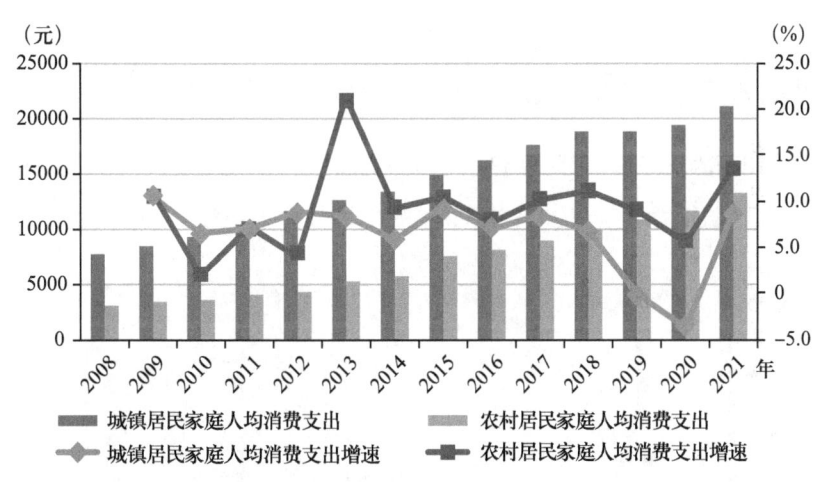

图6　2008—2021年信阳市分城镇、农村居民人均消费支出情况

数据来源：历年河南省统计年鉴及信阳市统计公报

与GDP增速和财政收入增速对比来看，多数年份信阳市城乡居民人均可支配收入增速跑过GDP增速，说明经济发展质量较好。而一般公共预算收入增速2010年以来高于城乡居民人均可支配收入增速和GDP增速，但因快速下滑，2016年又低于城乡居民人均可支配收入增速和GDP增速，随后波动反弹，2021年又高于城乡居民人均可支配收入增速和GDP增速（见图7）。

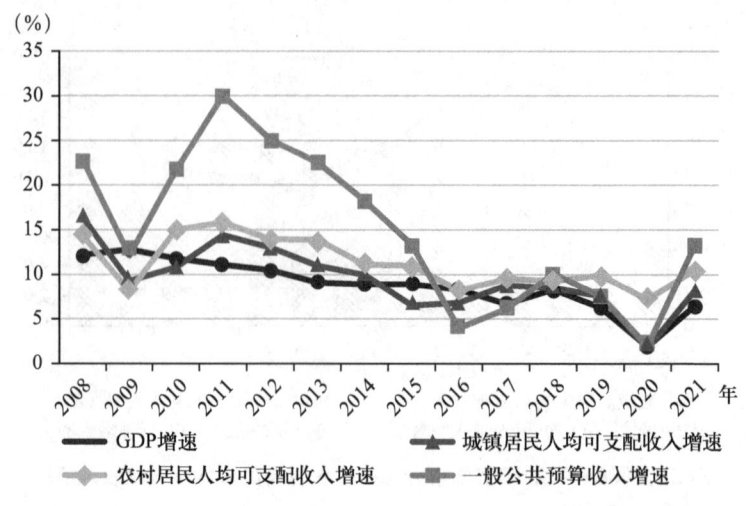

图 7 2008—2021年公共预算收入、GDP 与城乡人均可支配收入增速

数据来源：历年河南省统计年鉴及信阳市统计公报

五、R&D 经费内部支出不断增加，但占比仍靠后

信阳市 R&D 经费内部支出在 2010—2020 年间增加了近 17 倍，多数年份增长率高于 GDP 增速，2020 年 R&D 经费的增长率为 –0.2%（见图 8）。

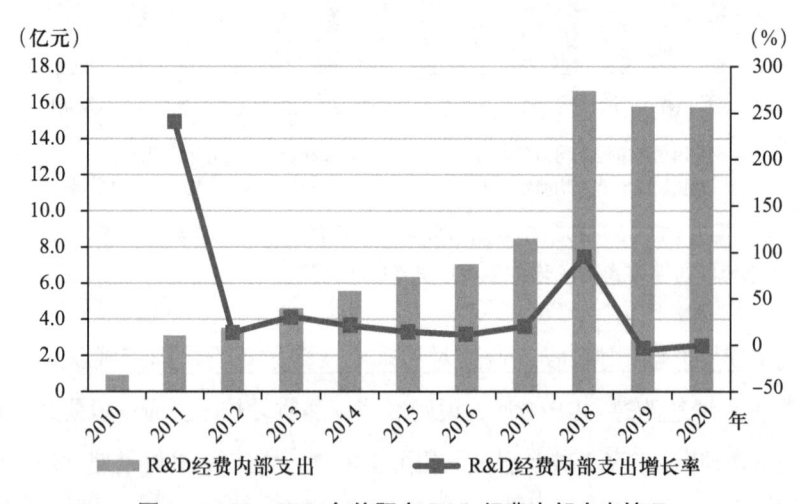

图 8 2008—2021年信阳市 R&D 经费内部支出情况

数据来源：历年河南省统计年鉴

信阳市 R&D 经费内部支出占河南省的比重整体呈上升趋势，但近两年

有所下降，2020 年占比为 1.75%，比 2010 年提高了 1.32 个百分点。从 R&D 经费内部支出在全省的排名来看，2020 年排第 16 名，仅高于济源市和鹤壁市（见表 5）。

表 5 2010—2020 年信阳市 R&D 经费内部支出情况

年份	信阳市 R&D 经费内部支出（亿元）	占河南省的比重（%）	在河南省的排名	信阳市 R&D 经费内部支出增长率	信阳市 R&D 经费内部支出占 GDP 的比重	河南省 R&D 经费内部支出占 GDP 比重（%）	全国 R&D 经费支出占 GDP 比重（%）
2010	0.91	0.43	18	—	0.08	0.9	1.5
2011	3.10	1.17	17	240.9	0.24	1.0	1.8
2012	3.52	1.13	17	13.6	0.25	1.0	1.9
2013	4.60	1.29	17	30.7	0.29	1.1	2.0
2014	5.55	1.39	16	20.7	0.32	1.1	2.0
2015	6.35	1.46	17	14.3	0.34	1.2	2.1
2016	7.06	1.43	17	11.1	0.35	1.2	2.1
2017	8.49	1.46	17	20.3	0.38	1.3	2.1
2018	16.65	2.48	11	96.2	0.70	1.3	2.1
2019	15.78	1.99	13	−5.2	0.57	1.5	2.2
2020	15.76	1.75	16	−0.2	0.57	1.6	2.4

数据来源：2008—2020 年济源市和河南省数据来源于相应年份河南省统计年鉴，全国数据来源于对应年份中国统计年鉴；信阳市 R&D 经费内部支出增长率为根据信阳市 R&D 经费内部支出计算得出

信阳 R&D 经费内部支出占 GDP 的比重低于河南省和全国水平。2020 年，信阳市 R&D 经费内部支出占 GDP 的比重为 0.57%，低于河南省 1.03 个百分点，低于全国 1.83 个百分点（见图 9）。

从 R&D 产出量情况来看，2010—2020 年间，信阳市专利申请数、专利授权数和发表科技论文数整体呈上升趋势；从占比上看，专利申请数、专利授权数和发表科技论文数近 3 年占全省比例均在 2017 年达到最大值，之后出现下降趋势（见图 10）。

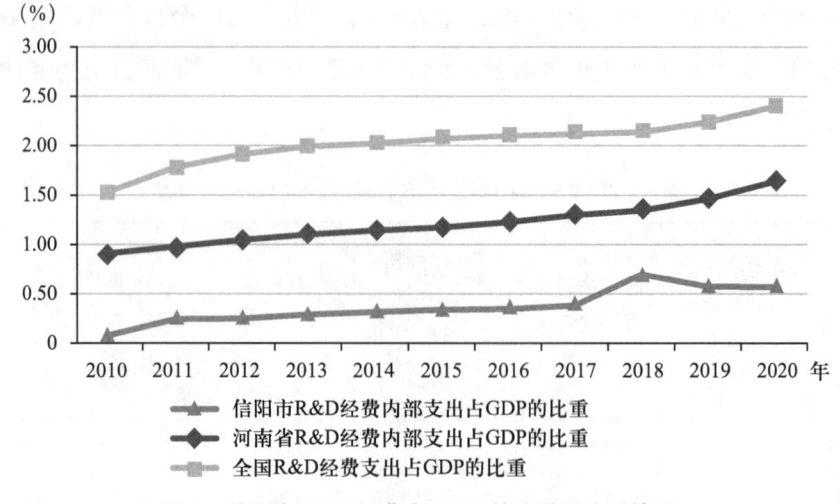

图 9 信阳市 R&D 经费占 GDP 的比重及比对情况

数据来源：历年河南省统计年鉴及中国统计年鉴

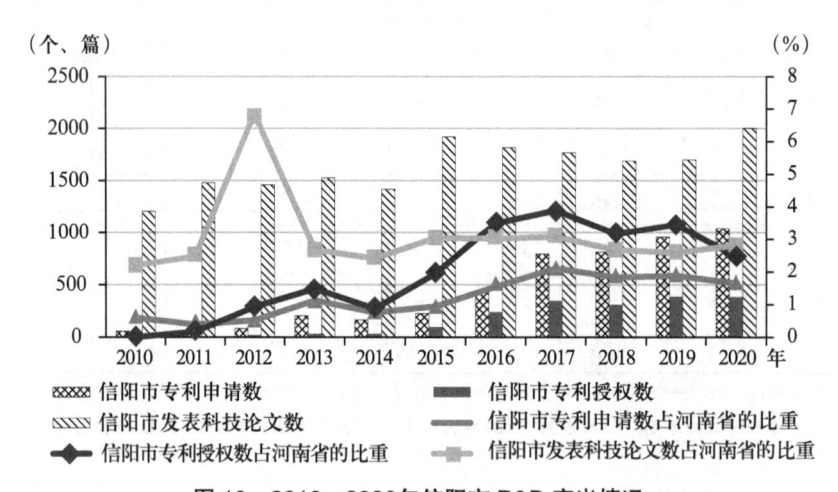

图 10 2010—2020年信阳市 R&D 产出情况

数据来源：历年河南省统计年鉴

六、投资增速整体下滑，工业投资波动大

信阳市固定资产投资逐年增加，2021 年达到 3462 亿元，是 2008 年的 6.49 倍，占河南省的比重上升到 6.2%。从全省排名来看，2020 年信阳市固定资产投资仅低于郑州市、洛阳市和南阳市，在全省排第 4 位。信阳市固定

资产投资增速整体呈下降趋势，2020年下降到5.8%，鉴于全省水平较低，仍居全省第7位，2021年增速为11.6%，高于河南省7.1个百分点（见图11），排全省第9位。

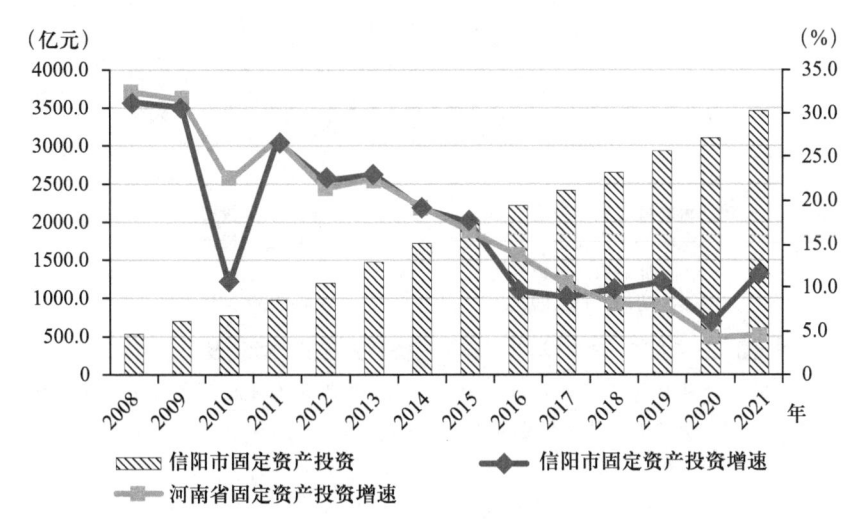

图11 2008—2021年信阳市固定资产投资及增速省市对比情况

数据来源：历年河南省统计年鉴及信阳市统计公报，2018—2021年固定资产投资为根据相应年份固定资产投资增速计算所得

从不同类型投资情况看，虽然信阳市工业投资、民间投资和房地产投资总额在2008—2021年间都得到了较大增长，但增速整体而言呈下滑状态，且波动比较大，如工业投资由2015年的12.1%直接落到2016年的-3.3%，民间投资由2015年的16.5%落到2016年的-5.1%，同样，房地产投资增速由2017年的20.4%落到2018年的-1.8%和2019年的-7.9%（见图12）。投资增速波动说明了信阳经济的脆弱性，面对外部冲击经济内生的韧性不足。

从各项投资占GDP的比重来看，固定资产投资占比大，2021年为112.95%，说明投资拉动效用减弱。其次是民间投资占比70.97%，工业投资占比42.23%，房地产投资占比14.13%（见图13）。

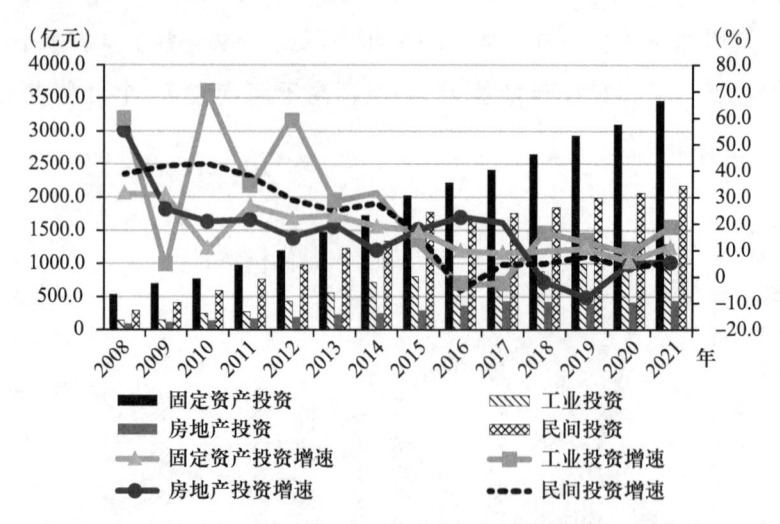

图12 2009—2021年信阳市不同类型固定资产投资及增速情况

数据来源：历年信阳市统计公报，2018—2021年工业投资总额和民间投资总额为根据相应年份工业投资增速和民间投资增速计算所得

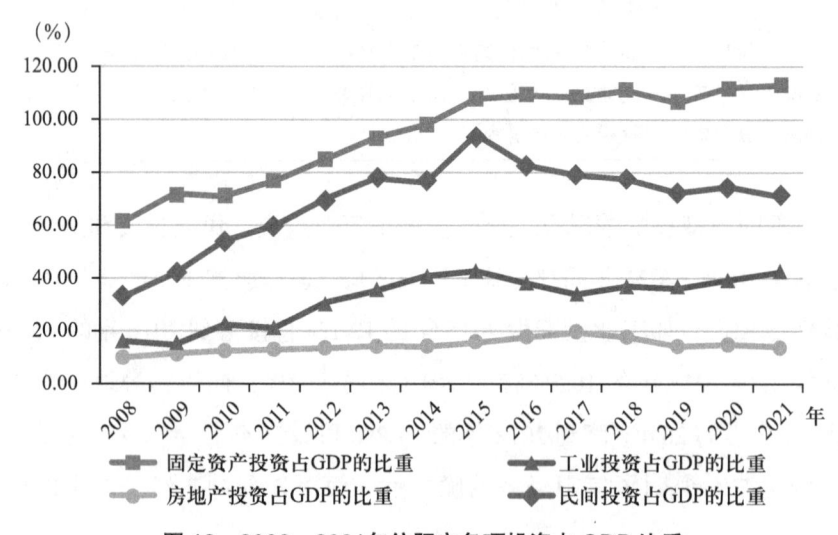

图13 2008—2021年信阳市各项投资占GDP比重

数据来源：历年信阳市统计公报

此外，2020年之前，信阳市社会消费品零售（简称社消零）总额逐年增加，受新冠疫情影响，2020年下滑为1160.23亿元，2021年又反弹至1252.85亿元。社消零总额占GDP的比重先上升后下降，2021年占比为

40.88%，其中，批发和零售业占社消零的比重整体呈下降趋势，2021年占比为69.79%，比2008年下降了6.56个百分点；住宿和餐饮业占社消零的比重整体呈上升趋势，2021年占比为30.21%，比2008年提高了9.05个百分点（见表6）。

表6 2008—2021年信阳市社会消费品零售总额情况

年份	社消零售总额（亿元）	占GDP的比重（%）	其中批发和零售业（亿元）	占社消零的比重（%）	其中住宿和餐饮业（亿元）	占社消零的比重（%）
2008	321.65	36.04	245.58	76.35	68.07	21.16
2009	373.85	38.34	274.03	73.30	90.19	24.13
2010	442.60	39.64	317.13	71.65	115.84	26.17
2011	523.33	40.10	369.12	70.53	142.84	27.29
2012	605.80	42.07	424.39	70.05	168.24	27.77
2013	689.76	42.67	481.30	69.78	193.46	28.05
2014	778.35	43.33	557.81	71.67	220.54	28.33
2015	880.28	46.88	715.29	81.26	164.99	18.74
2016	981.47	48.25	705.65	71.90	275.82	28.10
2017	1085.77	48.76	779.36	71.78	306.41	28.22
2018	1136.61	47.60	798.86	70.28	337.74	29.71
2019	1254.59	45.48	849.39	67.70	364.82	29.08
2020	1160.23	41.89	814.32	70.19	345.91	29.81
2021	1252.85	40.88	874.32	69.79	378.52	30.21

数据来源：历年河南省统计年鉴及信阳市统计公报

七、第二产业占比较低，规上工业增加值增速高于河南省水平

2017年开始，第三产业占比超过第二产业，三产结构由"二三一"转变为"三二一"。2021年信阳市三产结构为19.6∶34.7∶45.7（见图14）。

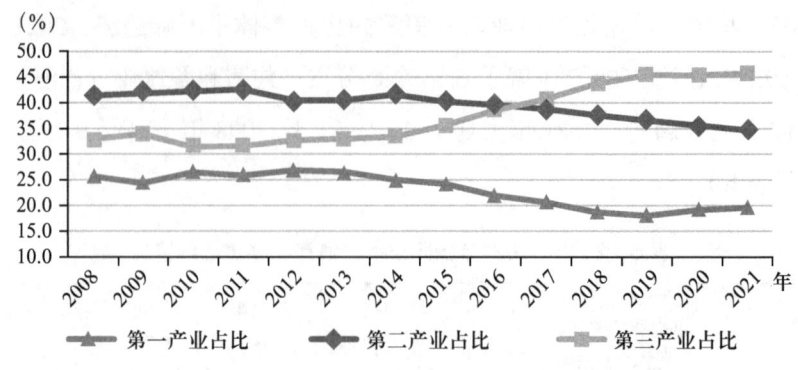

图 14 2008—2021年信阳市三产结构变化情况

数据来源：历年信阳市统计公报

信阳市工业增加值逐年增加。工业增加值增速在2016—2018年低于GDP增速，其余年份均高于GDP增速；2020年为4.3%，高于GDP增速2.4个百分点（见表7）。

表7 2008—2020年信阳市工业增加值及增速情况

年份	工业增加值（亿元）	占河南省的比重（%）	在全省的排名	工业增加值增速（%）	GDP增速（%）
2008	297.44	3.12	15	16.3	12.2
2009	289.99	2.94	15	14.1	12.8
2010	376.95	3.15	15	15.6	11.8
2011	425.88	2.96	16	17.6	11.1
2012	449.86	2.93	16	14.3	10.5
2013	520.53	3.26	16	11.8	9.1
2014	593.39	3.73	14	10.2	8.9
2015	615.01	3.82	14	9.1	8.9
2016	660.15	3.92	14	8.1	8.3
2017	686.15	3.65	14	4.3	6.7
2018	718.63	4.14	12	7.4	8.3
2019	744.03	4.14	11	7.7	6.3
2020	757.78	4.26	11	4.3	1.9

数据来源：历年河南省统计年鉴

从规上工业增加值增速来看，信阳市规上工业增加值增速除2017年外，其余年份均高于河南省规上工业增加值增速。2021年为9.1%，高于河南省3.7个百分点（见图15）。

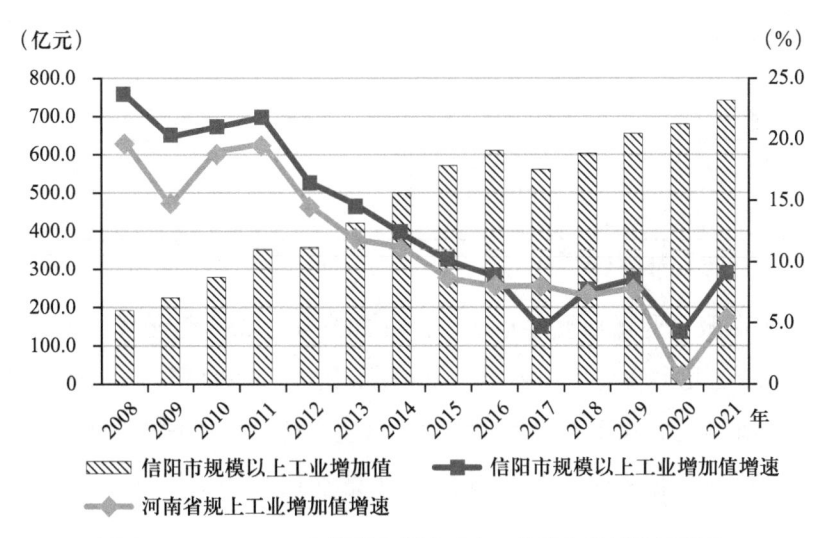

图15 2008—2021年信阳市规模以上工业增加值及增速情况

数据来源：信阳市数据来自信阳市统计局历年全市主要经济指标，河南省数据来自历年河南省统计年鉴；其中，2018—2021年信阳市规模以上工业增加值为根据相应年份信阳市规模以上工业增加值增速计算所得

从规上工业企业数来看，截至2020年年底，信阳市共有1253家规上企业，占全省规上企业数的比重为6.32%，在全省排第8位（见表8）。

表8 2008—2020年信阳市规上工业企业数

年份	规上工业企业数（个）	占全省的比重（%）	在全省排名
2008	804	5.09	9
2009	1073	5.77	8
2010	1193	6.09	7
2011	998	5.44	10
2012	1037	5.39	10
2013	1154	5.61	9
2014	1264	5.81	8

续表

年份	规上工业企业数（个）	占全省的比重（%）	在全省排名
2015	1286	5.62	7
2016	1294	5.46	9
2017	1284	5.83	8
2018	1149	5.47	11
2019	1136	5.82	8
2020	1253	6.32	8

数据来源：历年河南省统计年鉴

信阳市服务业增加值逐年增加，由2008年263.93亿元增加到2021年的1398.92亿元，增加了4.30倍。从增速来看，除2020年外，2008—2021年间的其余年份，信阳市服务业增加值增速均高于GDP增速，但近2019—2021年均低于河南省服务业增加值增速（见图16）。

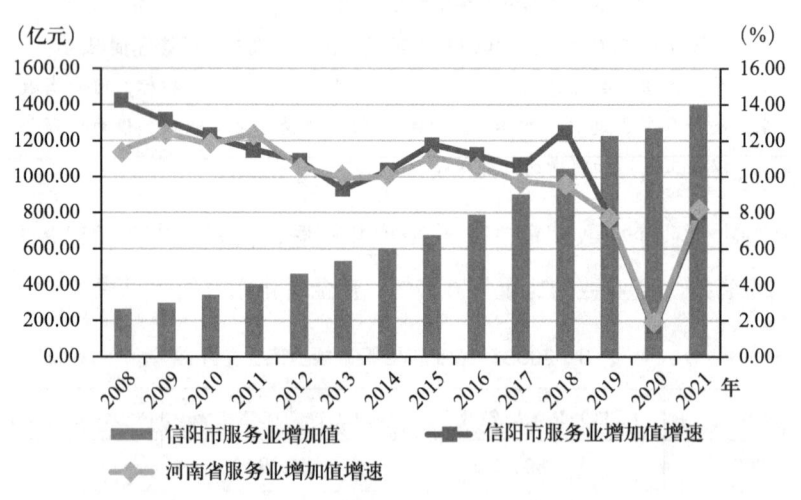

图16　2008—2021年信阳市服务业增加值及增速省市对比
数据来源：历年河南省统计年鉴及信阳市统计公报

从占比来看，服务业增加值占GDP的比重持续上升，2021年信阳市服务业增加值占GDP的比重为45.7%。信阳市服务业增加值占全省的比重基本平稳，2008—2021年保持在4.43%~4.85%之间，2020年服务业增加值在全省排第8位（见表9）。

表9 2008—2021年信阳市服务业发展总体情况

年份	服务业增加值（亿元）	服务业增加值占GDP的比重（%）	服务业增加值占全省的比重（%）	在全省的排名	服务业增加值增速（%）	增速在全省的排名	GDP增速（%）
2008	263.93	33.0	4.85	6	14.1	7	12.2
2009	299.80	33.9	4.84	7	13.1	10	12.8
2010	342.93	31.4	4.66	6	12.2	14	11.8
2011	404.03	31.6	4.52	8	11.5	16	11.1
2012	461.34	32.7	4.46	8	10.9	14	10.5
2013	531.57	33.0	4.50	8	9.3	13	9.1
2014	601.37	33.4	4.47	8	10.3	3	8.9
2015	675.74	35.6	4.47	10	11.8	9	8.9
2016	786.28	38.5	4.57	8	11.2	4	8.3
2017	900.13	40.7	4.56	8	10.5	6	6.7
2018	1043.98	43.7	4.43	7	12.6	1	8.3
2019	1226.45	45.4	4.71	8	7.7	9	6.3
2020	1269.43	45.3	4.74	8	1.5	15	1.9
2021	1398.92	45.7	4.83	—	7.8	—	6.5

数据来源：历年河南省统计年鉴及信阳市统计公报

从服务业分行业来看，2008—2013年间，信阳市交通运输、仓储和邮政业及批发和零售业位居前两位，2014年房地产业增加值超过交通运输、仓储和邮政业与批发和零售业位居前两位，并且房地产业在2016年又超过批发和零售业，居第1位，金融业在2015年超过交通运输、仓储和邮政业位，居第3位。就增速来看，住宿和餐饮业除2020年受新冠疫情影响断崖式下滑外，基本平稳，其他行业均波动较大（见图17）。

从服务业分行业增加值占服务业增加值总额的比重来看，批发和零售业，交通运输、仓储和邮政业及住宿和餐饮业占服务业的比重呈下降趋势，金融业及房地产业占服务业的比重上升趋势明显（见图18）。

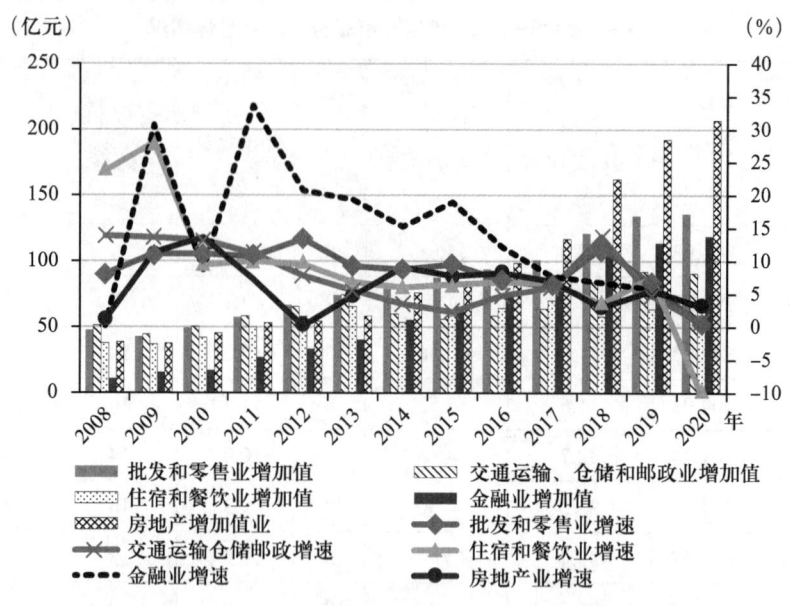

图 17 2008—2020年信阳市服务业分行业增加值及增速情况

数据来源：历年河南省统计年鉴

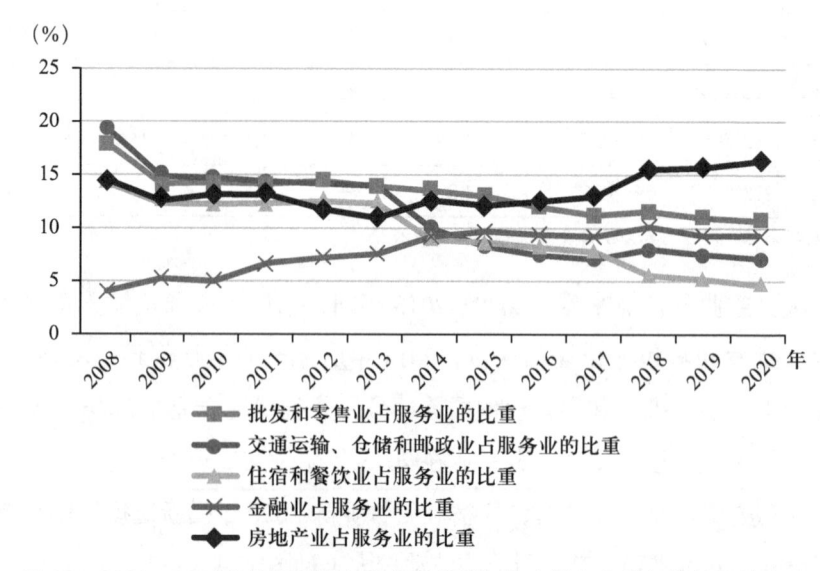

图 18 2008—2021年信阳市服务业分行业增加值占服务业增加值总额的比重

数据来源：历年河南省统计年鉴

八、人口外流量大，城镇化率较低

信阳市是劳务输出大市，常年在外务工经商者249万有余，劳务收入成为经济社会发展、群众脱贫摘帽的重要支撑。2020年人口流失率为31.72%，2021年常住人口618.6万人，且常住人口占河南省的比重呈下降趋势，由2008年的7.09%下降到2021年的6.26%。信阳市城镇化率低于河南省城镇化率水平，2021年城镇化率为51.1%（见表10、图19），在全省排第14位。

表10 2008—2021年信阳市人口情况

年份	户籍人口（万人）	常住人口（万人）	常住人口在全省排名	户籍人口-常住人口（万人）	人口流失率（%）	常住人口占全省的比重（%）	信阳市城镇化率（%）	河南省城镇化率（%）
2008	803	668.6	6	134	16.72	7.09	32.6	36.0
2009	807	679.0	6	128	15.84	7.16	34.1	37.7
2010	846	610.0	7	236	27.90	6.49	34.4	38.8
2011	851	610.8	7	240	28.22	6.46	36.3	40.5
2012	855	639.8	7	215	25.19	6.71	38.2	42.0
2013	860	637.7	7	222	25.83	6.66	39.7	43.6
2014	865	640.8	5	224	25.90	6.64	41.1	45.1
2015	870	640.0	6	230	26.42	6.60	42.8	47.0
2016	875	644.4	6	231	26.37	6.59	44.4	48.8
2017	881	645.4	6	235	26.71	6.57	46.1	50.6
2018	885	647.4	6	237	26.82	6.56	47.6	52.2
2019	888	646.4	7	242	27.20	6.53	49.0	54.0
2020	913	623.4	8	290	31.72	6.27	50.1	55.4
2021	—	618.6	7	—	—	6.26	51.1	56.5

数据来源：历年河南省统计年鉴及信阳市统计公报

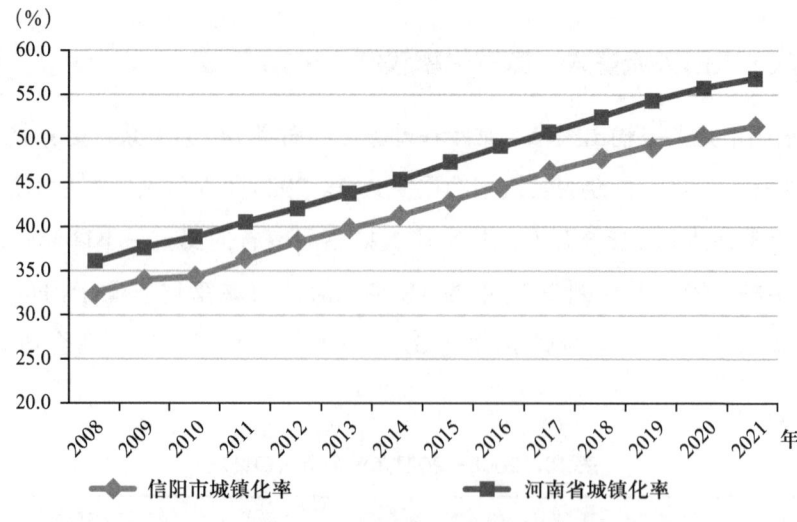

图 19 2008—2021年信阳市和河南省城镇化率

数据来源：历年河南省统计年鉴及信阳市统计公报

综上所述，信阳市GDP总量不断上升，但人均GDP、一般公共预算收入、财政自给率、城乡居民人均可支配收入、城镇化率等指标在全省处于中下游水平。信阳作为传统农业大市，第一产业过高、第二产业弱、第三产业不强，传统产业多处于产业链前端和价值链中低端，产业协同不密切，链式发展不够，人口流失率高。信阳市要积极推动传统产业转型，改造提升食品加工、纺织服装两大传统产业，壮大电子信息、先进装备制造、建材家居三大主导产业，培育新材料、节能环保、生物医药、军民融合等新兴产业，以实施产业基础再造工程，加快老区振兴发展。

（李燕燕 李 甜 整理数据图表）

河南省市域经济运行分析：周口篇

周口市积极主动融入国家区域发展战略，确立"临港新城、开放前沿"的发展定位，全力打造新兴临港经济城市，建设豫东承接产业转移示范区。

一、概述

周口市位于河南省东南部，地处黄淮平原腹地，东临安徽阜阳市，西接河南漯河市、许昌市，南与驻马店市相连，北与开封市、商丘市接壤，现辖扶沟县、西华县、商水县、太康县、鹿邑县、郸城县、沈丘县、项城市、川汇区、淮阳区10个县（市、区），总面积11959平方千米，2021年常住人口885万人，人口密度为每平方千米740人，城镇化率为43.62%。

二、经济总量上升，人均GDP较低，占比增加

从总量来看，2019年周口市GDP突破3000亿元，2022年为3616.99亿元，与2008年相比，在全省排名由第8位上升为第5位（见表1），超过了平顶山、安阳和焦作，低于郑州（12935亿元）、洛阳（5847亿元）、南阳（4555亿元）和许昌（3747亿元）。周口市人均GDP较低，并且与河南省人均GDP的差额呈扩大趋势（见表2），一直排在全省最后一位。

从增速来看，2008年以来，除2009年、2010年、2011年、2017年和2022年外，其他年份周口市GDP增速均略高于河南省GDP增速，整体变动趋势与河南省保持一致，呈下滑状态（见图1）。同样，人均GDP增速除个别年份外，也均高于河南省人均GDP增速（见图2）。

从占比来看，无论是GDP总量还是人均GDP，占河南省的比重均有所上升。说明在经济下行的大环境下，周口经济发展态势还是良好的、上升的（见表2）。

表 1 2008—2022年周口市在河南省 GDP 历年排序

年份	周口 GDP 在全省排名	周口市 GDP 增速在全省排名	周口市人均 GDP 在全省排名	周口市人均 GDP 增速在全省排名
2008	8	13	18	14
2009	8	15	18	15
2010	8	17	18	1
2011	9	14	18	1
2012	6	12	18	8
2013	5	12	18	8
2014	5	9	18	6
2015	5	5	18	5
2016	5	5	18	3
2017	5	14	18	4
2018	5	6	18	1
2019	5	4	18	1
2020	5	15	18	12
2021	5	11	18	11
2022	5	15	—	—

数据来源：2008—2021 年为河南省统计年鉴，2022 年数据为各市政府工作报告

表 2　2008—2022 年周口市历年 GDP 及增速情况

年份	周口市 GDP（亿元）	河南省 GDP（亿元）	周口市 GDP 占河南省 GDP 的比重（%）	周口市 GDP 增速（%）	河南省 GDP 增速（%）	周口 GDP 增速－河南省 GDP 增速	周口市人均 GDP（元）	河南省人均 GDP（元）	周口人均 GDP－河南省人均 GDP（元）	周口人均 GDP 占河南省人均 GDP 的比重（%）
2008	984.13	17735.93	5.5	12.3	12.0	0.3	9578	18879	-9301	50.7
2009	951.63	19181.00	5.0	10.8	11.0	-0.2	10622	20280	-9658	52.4
2010	1228.30	22655.02	5.4	11.1	12.4	-1.3	12899	23984	-11085	53.8
2011	1407.49	26318.68	5.3	11.2	12.0	-0.8	15694	28009	-12315	56.0
2012	1574.72	28961.92	5.4	10.6	10.1	0.5	17713	30820	-13107	57.5
2013	1790.65	31632.50	5.7	9.3	9.0	0.3	20345	33618	-13273	60.5
2014	1989.75	34574.76	5.8	9.1	8.9	0.2	22625	36686	-14061	61.7
2015	2089.70	37084.10	5.6	9.0	8.4	0.6	23644	39209	-15565	60.3
2016	2263.86	40249.34	5.6	8.5	8.2	0.3	25682	42341	-16659	60.7
2017	2459.70	44824.92	5.5	7.7	7.8	-0.1	28630	46959	-18329	60.0
2018	32687.22	49935.90	5.4	8.2	7.6	0.6	30817	52114	-21297	59.1
2019	3198.49	53717.75	6.0	7.5	6.8	0.7	36892	56388	-19497	65.4
2020	3267.19	54259.43	6.0	1.7	1.1	0.6	36198	55435	-19237	65.3
2021	3496.23	58887.41	5.9	6.3	6.3	0.0	39126	59410	-20284	65.9
2022	3616.99	61345.05	5.9	2.9	3.1	-0.2	—	—	—	—

数据来源：2008—2021 年为河南省统计年鉴，2022 年数据为各市政府工作报告

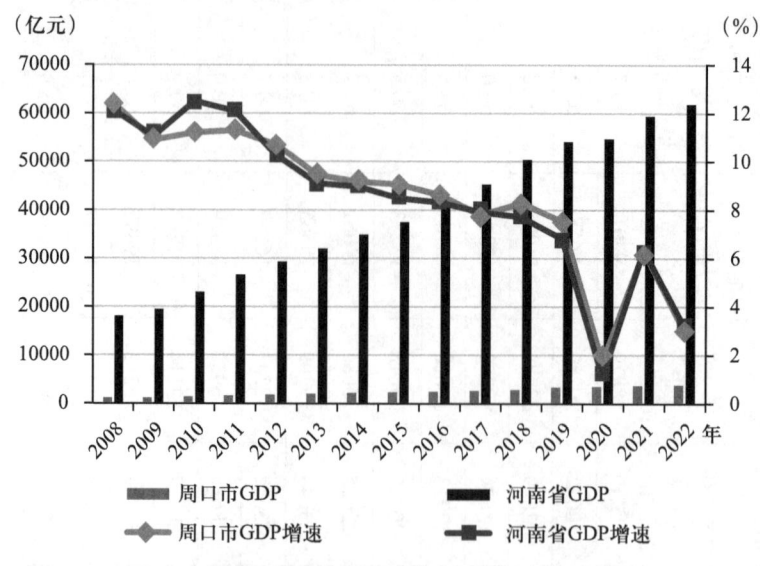

图1 2008—2022年周口市与河南省GDP及增速

数据来源：历年河南省统计年鉴及统计公报

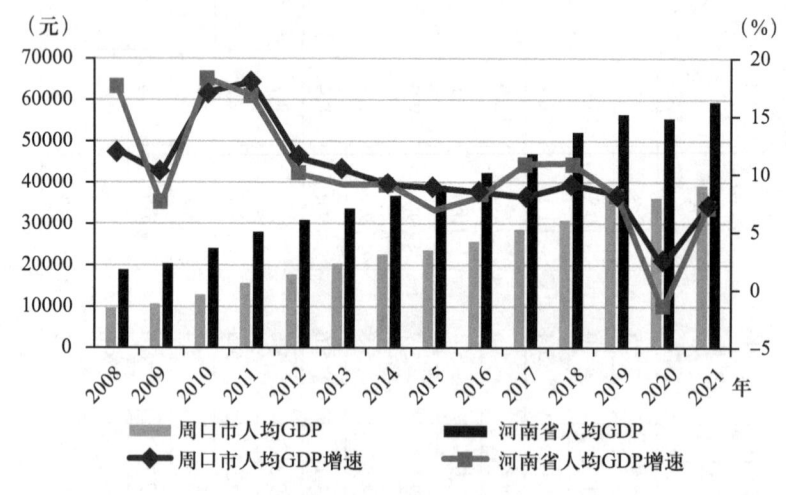

图2 2008—2021年周口市与河南省人均GDP及增速

数据来源：历年河南省统计年鉴及统计公报

三、税收占比高于全省水平，财政自给率整体呈上升趋势

周口市一般公共预算收入总量和占全省的比重均呈逐年增加趋势，占全省比重由2008年的2.5%上升到2021年的3.6%（见表3）。收支增速交替运

表3 2008—2021年周口市一般公共预算收支情况

年份	周口市 一般公共预算收入（亿元）	占全省的比重（%）	税收收入（亿元）	占全省的比重（%）	周口市税收占比（%）	一般公共预算支出（亿元）	周口市财政自给率（%）	在省内排名	河南省 一般公共预算收入（亿元）	税收收入（亿元）	河南省税收占比（%）	一般公共预算支出（亿元）	河南省财政自给率（%）
2008	25.5	2.5	17.9	2.4	70.1	128.8	19.8	18	1008.9	742.3	73.6	2281.6	44.2
2009	30.9	2.7	21.2	2.6	68.7	162.9	18.9	17	1126.1	821.5	73.0	2905.8	38.8
2010	38.3	2.8	26.8	2.6	70.0	193.7	19.8	17	1381.3	1016.6	73.6	3416.1	40.4
2011	48.7	2.8	33.0	2.6	67.8	244.8	19.9	17	1721.8	1263.1	73.4	4248.8	40.5
2012	60.1	2.9	40.4	2.8	67.3	323.6	18.6	18	2040.3	1469.6	72.0	5006.4	40.8
2013	76.0	3.1	51.5	2.9	67.7	354.2	21.5	18	2415.5	1764.7	73.1	5582.3	43.3
2014	91.0	3.3	61.6	3.2	67.8	382.5	23.8	18	2739.3	1951.5	71.2	6028.7	45.4
2015	100.4	3.3	67.1	3.2	66.8	433.7	23.2	18	3016.1	2101.2	69.7	6799.4	44.4
2016	103.9	3.3	69.4	3.2	66.8	475.5	21.8	18	3153.5	2158.5	68.4	7453.7	42.3
2017	111.8	3.3	74.5	3.2	66.7	513.3	21.8	18	3407.2	2329.3	68.4	8215.5	41.5
2018	129.3	3.4	90.5	3.4	70.0	617.9	20.9	17	3766.0	2656.7	70.5	9217.7	40.9
2019	140.9	3.5	100.2	3.5	71.1	656.2	21.5	17	4041.9	2841.3	70.3	10163.9	39.8
2020	148.2	3.6	105.4	3.8	71.1	689.5	21.5	17	4168.8	2764.7	66.3	10372.7	40.2
2021	158.2	3.6	113.8	4.0	71.9	676.6	23.4	17	4347.4	2842.5	65.4	10419.9	41.7

数据来源：2008—2020年数据来自河南省统计年鉴，2021年数据来自各市统计公报

行，2021年一般公共预算收入增速为8.6%，支出增速为-1.9%（见图3）。

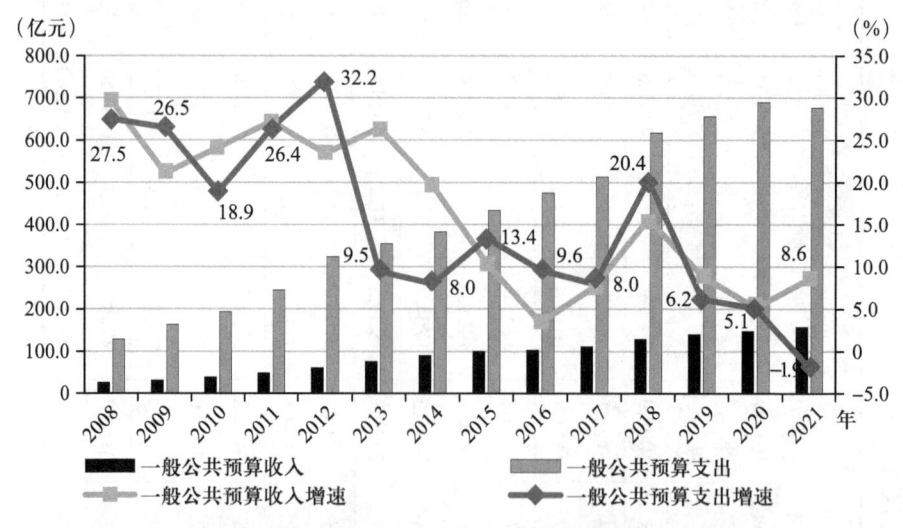

图3 2008—2021年周口市一般公共预算收支及增速

数据来源：历年河南省统计年鉴及统计公报

就税收占一般公共预算收入的比重而言，2019年是拐点，之前周口市税收占比低于全省水平，之后超过河南省税收占比，2021年为71.9%，超过河南省税收占比6.5个百分点（见图4）。周口市税收收入占全省的比重由2008年的2.4%上升为2021年的4.0%。说明周口的经济质量有了很大的提升。

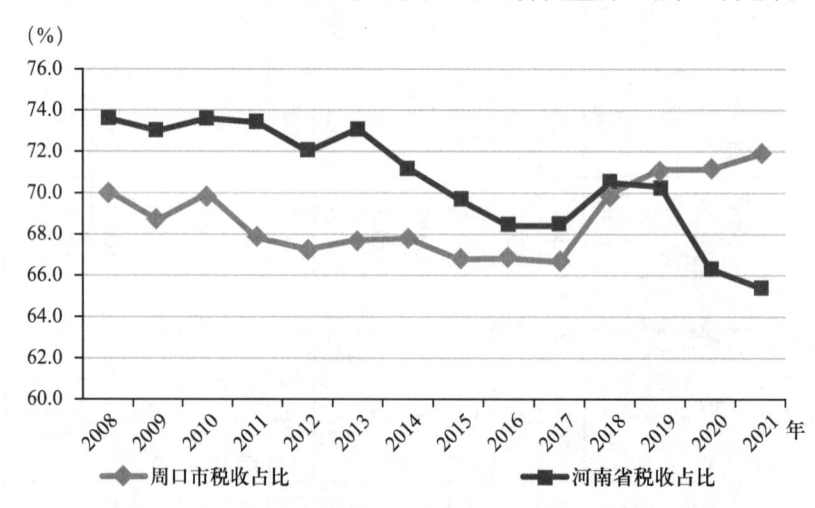

图4 2008—2021年周口市税收占比与河南省税收占比

数据来源：历年河南省统计年鉴及统计公报

周口市财政自给率整体呈上升趋势，但仍处于较低水平，低于河南省财政自给率（见图5），2012—2017年位于全省末位，2018年开始超过信阳，居第17位，2021年周口市财政自给率为23.39%，信阳市为21.60%。

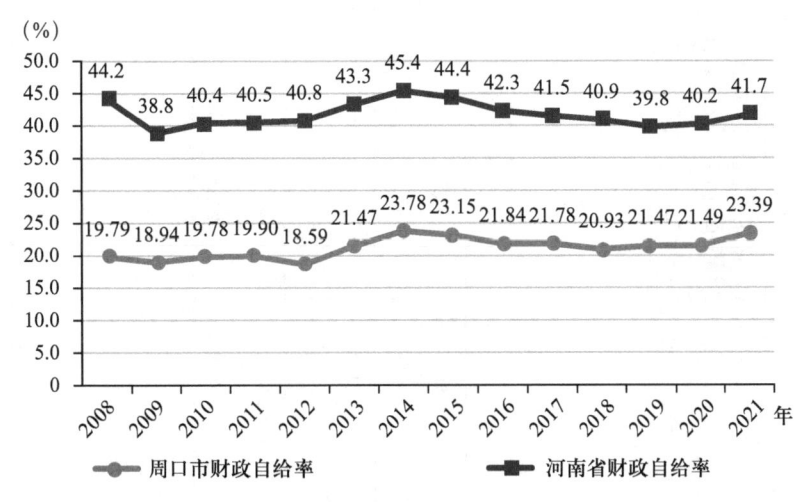

图5 2008—2021年周口市财政自给率与河南省财政自给率

数据来源：历年河南省统计年鉴及统计公报

四、城乡居民人均可支配收入虽仍处于末位，但城镇居民可支配收入占比提高

从城乡居民可支配收入总量来看，周口市居民人均可支配收入较低，长期低于河南省水平。2008—2021年周口市城乡居民可支配收入在全省均排在末位。虽然近十年来，周口市积极主动对接沿海发达地区，经济总量和增速大幅度提升，但以往长期处于欠发达农区，面积大、人口多，经济基础薄弱状况仍未得到根本性改观。

周口市城镇居民可支配收入占河南省的比重由2008年78.6%上升为2021年的83.1%，进一步说明伴随着经济总量的提升，周口市就业水平提高，城镇居民收入增加。2021年农村居民可支配收入占河南省的比重较2008年下降0.2%，呈先上升后下降趋势，2011年达到峰值82.5，之后整体呈下降趋势，2021年为80.7%（见表4）。

表 4 2008—2021 年周口市居民收入情况

年份	周口市 城镇居民人均可支配收入（元）	周口市 农村居民人均可支配收入（元）	河南省 城镇居民人均可支配收入（元）	河南省 农村居民人均可支配收入（元）	周口市－河南省 城镇居民人均可支配收入（元）	周口市－河南省 农村居民人均可支配收入（元）	周口市城镇居民可支配收入占全省的比重（%）	周口市农村居民可支配收入占全省的比重（%）
2008	10406	3605	13231	4454	-2825	-849	78.6	80.9
2009	11363	3908	14372	4807	-3009	-899	79.1	81.3
2010	12678	4510	15930	5524	-3252	-1014	79.6	81.6
2011	14583	5448	18195	6604	-3612	-1156	80.2	82.5
2012	16503	6199	20443	7525	-3940	-1326	80.7	82.4
2013	18046	6950	22398	8475	-4352	-1525	80.6	82.0
2014	19742	7742	23672	9966	-3930	-2224	83.4	77.7
2015	21019	8576	25576	10853	-4557	-2277	82.2	79.0
2016	22471	9279	27233	11697	-4762	-2418	82.5	79.3
2017	24313	10170	29558	12719	-5245	-2549	82.3	80.0
2018	26404	11095	31874	13831	-5470	-2736	82.8	80.2
2019	28437	12193	34201	15164	-5764	-2971	83.1	80.4
2020	28864	12950	34750	16108	-5886	-3158	83.1	80.4
2021	30826	14141	37095	17533	-6269	-3392	83.1	80.7

数据来源：2008—2020 年来自河南省统计年鉴，2021 年数据来自各市统计公报

从城乡居民可支配收入增速及一般公共预算收入和 GDP 增速来看，除个别年份外，一般公共预算收入增速高于城乡居民人均可支配收入增速，城乡居民人均可支配收入增速又高于 GDP 增速。说明周口市经济增长的质量总体上还是比较好的（见图 6）。

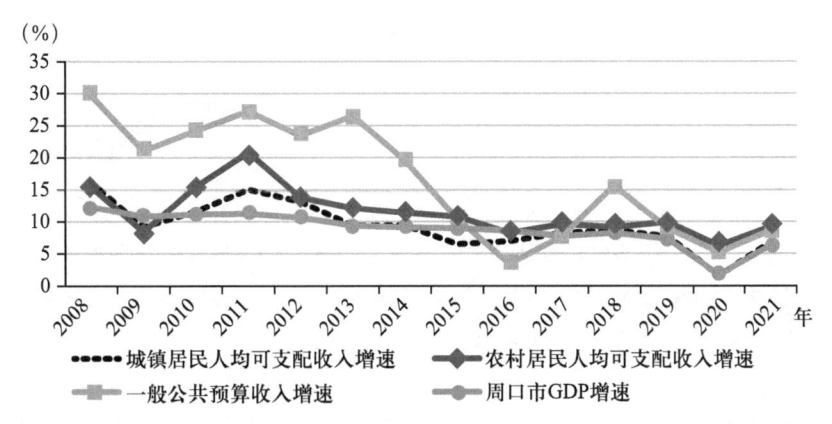

图 6　2008—2021 年周口市一般公共预算收入、GDP 与城乡人均可支配收入增速
数据来源：历年河南省统计年鉴及统计公报

五、遏制投资增速下滑，加大投资力度

周口市固定资产投资总量逐年增加，在全省位于中等水平，2018—2020 年在全省排第 8 位，低于郑州、洛阳、南阳、信阳、许昌、商丘、新乡，固定资产投资增速逐年下降，自 2012 年以来，周口市固定资产投资增速始终高于河南省水平，整体变动趋势与河南省保持一致（见图 7）。

从各类投资增速来看，固定资产投资增速保持下滑状态，工业投资增速和民间投资增速不尽如人意，2021 年分别为 –6.9% 和 –0.8%（见图 8）。

从占 GDP 的比重来看，随着固定资产投资的增加，占比也在不断上升，2021 年达到 74.59%，说明周口市固定资产投资投入产出比大于 1，仍在发挥投资拉动效用。

从民间投资、工业投资和社会消费品零售总额占 GDP 的比重来看，2021 年民间投资占比最大，为 59.78%，社会消费品零售总额占比 51.62%，工业投资占比 29.26%，房地产投资占比 12.25%，进出口占比 2.93%（见图 9）。

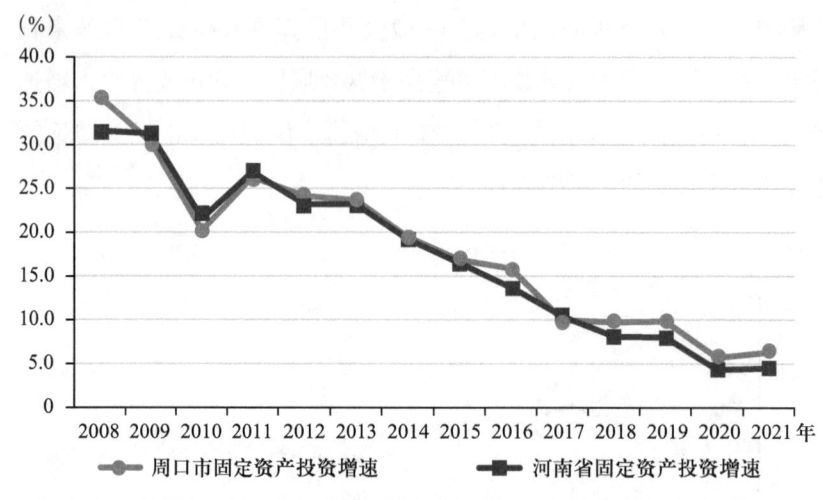

图 7　2008—2021年周口市固定资产投资增速与河南省固定资产投资增速

数据来源：历年河南省统计年鉴及统计公报

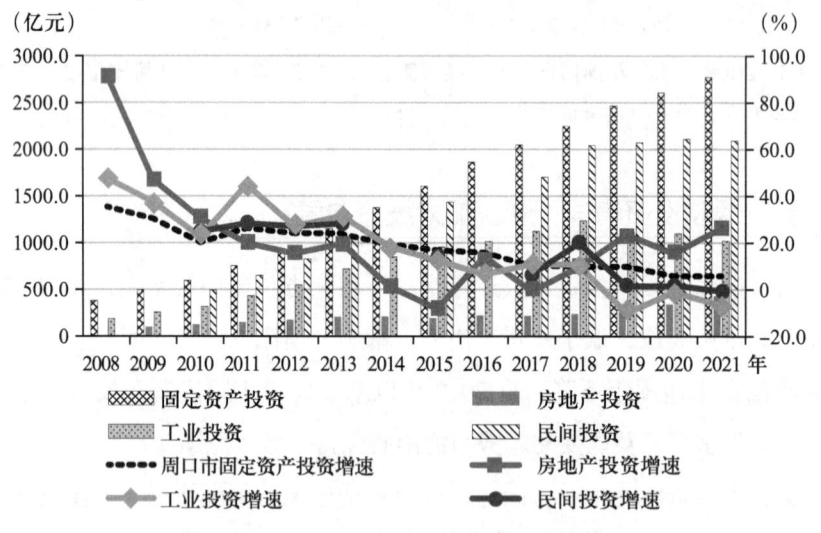

图 8　2008—2021年周口市投资及增速情况

数据来源：历年河南省统计年鉴及统计公报

周口是人口大市，腹地广阔，消费购买力较大，社会消费品零售总额占比超过50%，工业投资还需要继续加大。

周口市2020年研发经费内部支出为16.47亿元，相较于2011年增加了3倍（见图10），2020年在全省排15位，仅高于信阳（15.7亿元）、济源（14.5亿元）和鹤壁（8.6亿元）。

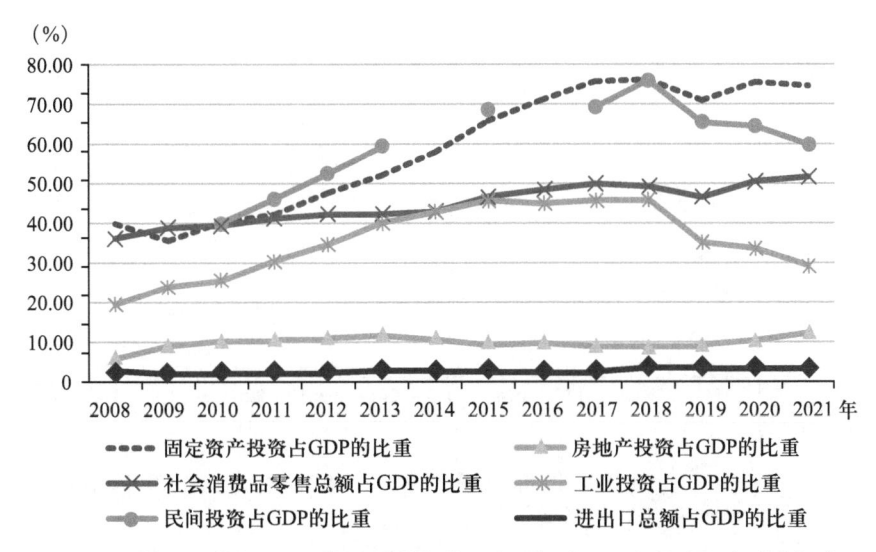

图 9　2008—2021年周口市固定资产投资、工业投资、民间投资、房地产投资和社会消费零售总额占 GDP 的比重

数据来源：历年河南省统计年鉴及统计公报

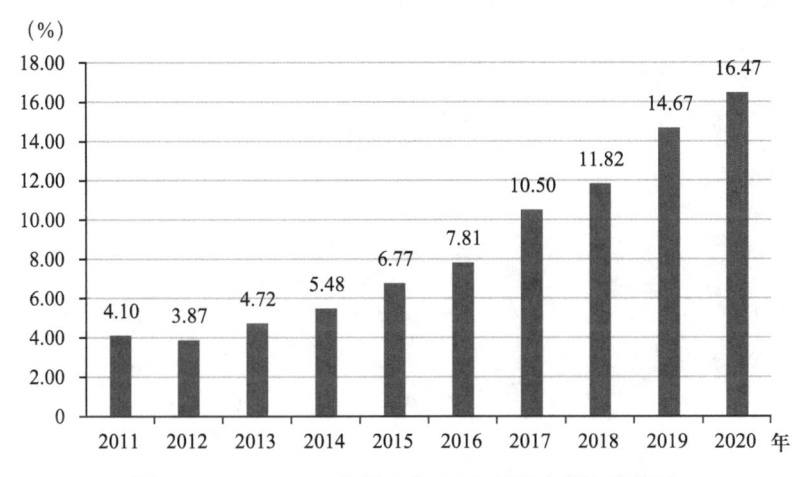

图 10　2011—2020年周口市 R&D 经费内部支出情况

数据来源：历年河南省统计年鉴及统计公报

研发经费内部支出增长率整体呈波动变化，很不稳定。2013 年之后均高于 GDP 增速，研发经费内部支出增长率峰值为 2017 年 34.36%，2020 年为 12.23%。R&D 经费内部支出占 GDP 的比重虽逐年增加，但 2020 年仅为 0.5%，占比较低（见图 11）。

图 11　2011—2020年周口市 R&D 经费增长率、占 GDP 的比重情况

数据来源：历年河南省统计年鉴及统计公报

六、典型的传统农区工业化劲头十足

自2020年周口市第三产业增加值首次超过第二产业，产业结构由"二三一"转变为"三二一"，2021年三产结构为17.5∶40.5∶42.0（见图12）。

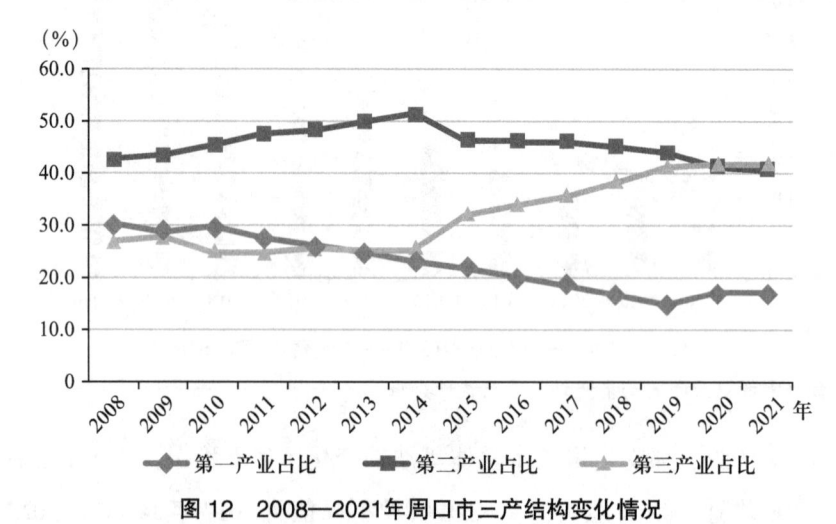

图 12　2008—2021年周口市三产结构变化情况

数据来源：历年河南省统计年鉴及统计公报

周口是出了名的农区，一马平川，是河南省第一产粮大市，第一产业占

— 296 —

比在 2008 年曾高达 30.3%。2021 年国务院批复同意建设河南周口国家农业高新技术产业示范区，纳入国家农业高新技术产业示范区范畴管理，并享受相关政策。也是河南省首个"国字号"农高区。

第二产业占比从 2008 年开始持续上升，2014 年达到 51.5%，随后有所下滑，但整体呈平稳状态。周口市工业增加值除 2009 年外，其余年份均逐年增加，全省排名由 2008 年的第 11 位上升为 2020 年的第 4 位；占全省的比重由 2008 年的 3.9% 上升为 2020 年的 6.3%（见表 5）。

周口市工业用电量由 2008 年的第 18 为上升为 2020 年的第 15 位，高于开封、漯河和鹤壁。工业用电量增速在 2019—2020 年为正增长，增速在全省排名由 2012 年的第 18 位为上升为第 7 位（见表 5）。

周口市规上工业增加值增速在 2008—2021 年均高于河南省水平，且整体变动趋势与河南省保持一致（见图 13）。

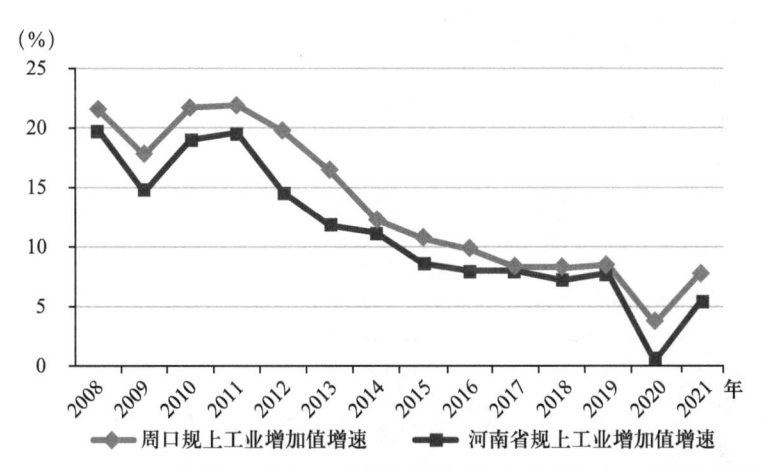

图 13　2008—2021 年周口市规上工业增加值增速与河南省规上工业增加值增速
数据来源：历年河南省统计年鉴及统计公报

2021 年，在规上工业中，战略性新兴产业增加值增长 12.7%，高成长性制造业增加值增长 8.5%，高新技术产业增加值增长 8.1%，分别高于规上工业增加值增速 4.9 个、0.7 个、0.3 个百分点。六大支柱产业增长 7.9%，其中，新型建材业增长 18.8%，食品制造业增长 11.3%，医药化工业增长 6.2%，纺织服饰业增长 5.5%，装备制造业增长 5.0%，电子信息业下降 28.7%（见表 6）。

表 5　2008—2021年周口市第二产业发展总体情况

年份	周口市工业增加值（亿元）	河南省工业增加值（亿元）	周口市工业增加值占全省的比重（%）	工业增加值在全省排名	周口市工业增加值增速（%）	增速在全省的排名	周口市工业生产电力消费量（万千瓦·时）	周口市工业用电量增速（%）	周口市工业用电量增速在河南省排名
2008	375.6	9546.1	3.9	11	15.2	15	21.7	—	—
2009	368.4	9858.4	3.7	11	12.9	9	23.9	—	—
2010	492.5	11950.8	4.1	10	15.8	9	28.0	—	—
2011	579.0	14401.7	4.0	10	17.3	8	44.7	—	—
2012	664.4	15357.4	4.3	10	15.4	1	35.4	-20.8	18
2013	798.9	15960.6	5.0	9	13.2	6	39.0	10.1	4
2014	832.8	15904.3	5.2	7	9.8	11	37.8	-3.2	15
2015	846.8	16100.9	5.3	6	9.7	1	38.1	0.8	8
2016	918.1	16830.7	5.5	7	9.1	1	45.6	19.9	1
2017	980.9	18807.2	5.2	6	7.3	13	45.5	-0.3	7
2018	1058.7	17354.7	6.1	5	7.3	11	39.9	-12.4	12
2019	1106.3	17978.4	6.2	5	8.1	6	41.5	4.0	4
2020	1114.3	17790.0	6.3	4	3.5	12	42.3	2.1	7
2021	—	18785.3	—	—	—	—	—	—	—

数据来源：2008—2020年数据来源于河南省统计年鉴，2021年数据来源于各市统计公报

表6 2016—2021年周口市规上工业分行业增加值增速

单位：%

年份	战略性新兴产业	高成长性制造业	高新技术产业	高技术产业	食品制造业	纺织服饰业	医药化工业	装备制造业	电子信息业	新型建材业	重工业	轻工业
2016	—	—	—	—	14.5	6.3	16.4	12.2	18.8	6.3	11.6	8.9
2017	—	13.4	15.6	14.3	—	—	—	—	—	—	9.0	8.0
2018	—	11.0	—	9.2	7.8	11.2	4.0	8.5	30.3	5.6	10.2	7.1
2019	—	10.5	14.9	—	4.7	1.5	23.8	9.7	-1.4	7.6	16.3	4.1
2020	8.0	—	9.2	5.4	-1.5	2.6	-1.8	3.6	50.7	0.2	6.3	2.0
2021	12.7	8.5	8.1	—	11.3	5.5	6.2	5.0	-28.7	18.8	8.6	7.2

数据来源：周口市历年统计公报

2008—2021年，周口市服务业增加值逐年攀升，占GDP的比重逐年增加（见图14），2021年服务业增加值占GDP的比重为42.01%。2008—2021年，周口市服务业增加值增速均高于GDP增速（见图15）。服务业分行业看，批发和零售业，交通运输、仓储和邮政业及房地产业在2009—2020年均占据前三位（见图16）。

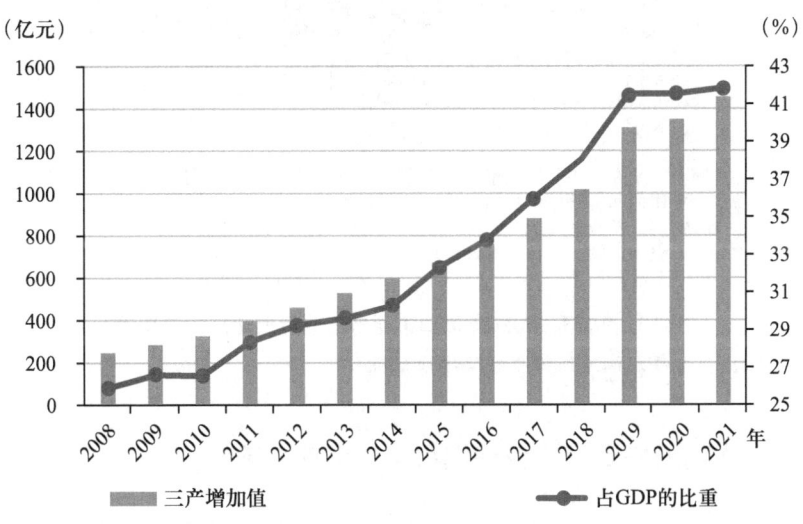

图14 2008—2021年周口市服务业增加值及占GDP的比重

数据来源：历年河南省统计年鉴及统计公报

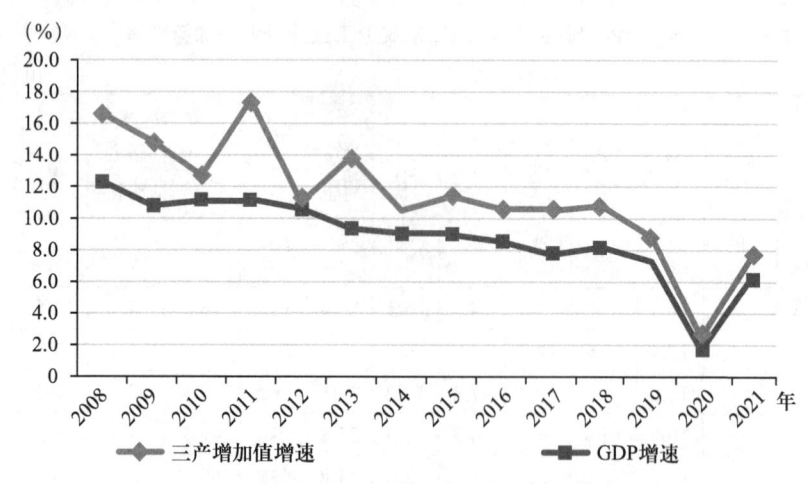

图 15 2008—2021年周口市服务业增加值增速与GDP增速

数据来源：历年河南省统计年鉴及统计公报

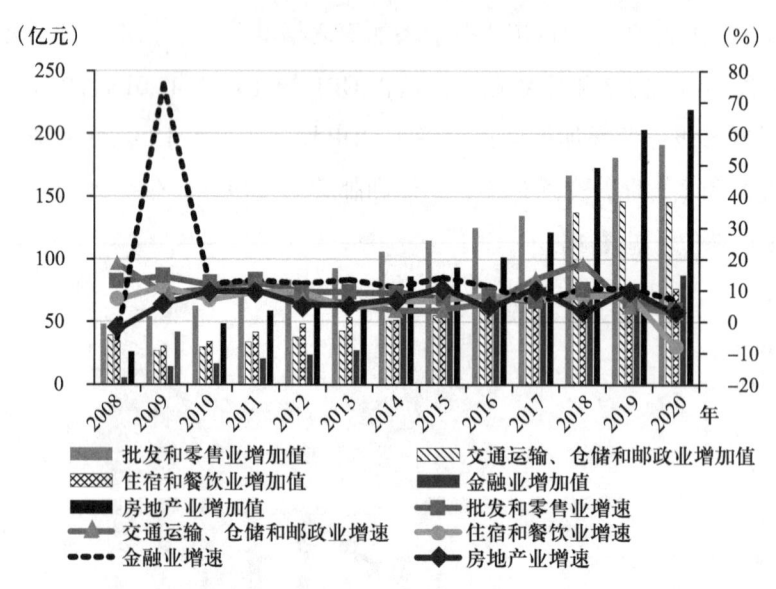

图 16 2008—2020年周口市服务业分行业增加值与增速

数据来源：历年河南省统计年鉴及统计公报

七、人口流失率高，城镇化水平长期处于末位

周口市人口外流率较高且在逐年增加，2020年人口流失率为28.37%，在全省仅排在信阳（31.72%）之前，人口流失较为严重。城镇化率逐年增

加，但仍低于河南省平均水平，自2008年以来，周口市城镇化率在全省均位于最后一位，2021年城镇化率为43.62%（见表7）。

表7　2008—2021年周口市人口情况

年份	周口市 户籍人口（万人）	周口市 常住人口（万人）	周口市 户籍人口-常住人口（万人）	人口流失率（%）	城镇化率（%）	河南省 城镇化率（%）
2008	1086	990	96	8.83	27.7	36.03
2009	1090	1004	87	7.93	29.5	37.7
2010	1114	894	220	19.77	29.7	38.82
2011	1121	895	225	20.11	31.5	40.47
2012	1126	881	245	21.76	33.4	41.99
2013	1131	878	252	22.32	34.8	43.6
2014	1136	880	256	22.52	36.2	45.05
2015	1142	881	261	22.86	37.8	47.02
2016	1149	882	267	23.23	39.5	48.78
2017	1156	876	280	24.20	41.2	50.56
2018	1162	868	294	25.30	42.82	52.24
2019	1166	866	300	25.72	44.36	54.01
2020	1259	902	357	28.37	42.58	55.43
2021	—	885	—	—	43.62	56.45

数据来源：2008—2020年为河南省统计年鉴，2021年数据为各市统计公报

综上所述，周口市近十年积极主动对接沿海发达地区产业转移，发展势头良好，GDP总量从2008年的全省第8位上升到2013年的第5位，并且将第5位的名次稳定下来，超过了平顶山、安阳和焦作，足以说明周口市这个典型的欠发达农区工业化的成效。但其人均GDP还一直处在全省末位，与商丘市是仅有的两个不足4万元的城市。同商丘一样，周口市农区工业化进入了升级阶段，要进一步推动中小企业丛生式发展，积极主动对接长三角、珠三角，招引或成为行业龙头企业，带动主导产业集群式发展，持续做大经济规模，形成产业生态圈。

（李燕燕　赵　岩　整理数据图表）

河南省市域经济运行分析：驻马店篇

驻马店市位于河南省中南部，因历史上设皇家驿站而得名，素有"豫州之腹地""天下之最中"的美称。驻马店市抢抓国家战略实施机遇，积极主动承接产业和投资转移，是人口大市、农业大市和新兴工业城市。

一、概述

驻马店市辖9县1区，分别为确山县、泌阳县、遂平县、西平县、上蔡县、汝南县、平舆县、正阳县、新蔡县、驿城区。2021年常住人口692万人，面积1.5万平方千米，人口密度为每平方千米461人，城镇化率为45.17%。

二、经济总量、增速和占比均呈上升态势

从经济总量来看，2021年驻马店市GDP总量突破3000亿元，达到3083.82亿元，与2008年相比，在全省排名由第12位上升为第7位（见表1），超过了平顶山、安阳、焦作、信阳和商丘，低于郑州、洛阳、南阳、许昌、周口、新乡。驻马店市人均GDP较低，2021年为44266元，在全省排第16位，仅高于商丘和周口。但是，相比于2008年，占河南省人均GDP的比重有很大提升，从2008年的55.7%上升为2021年的74.5（见表2）。

从占比来看，无论GDP总量还是人均GDP，占河南省比重均有所上升。2022年驻马店市GDP占河南省GDP的比重为5.3%，2021年驻马店市人均GDP占河南省人均GDP的比重为74.5%，说明在经济下行背景下，驻马店市的发展态势还是良好的、上升的。

从增速来看，2015年以来，驻马店市GDP增速均略高于河南省GDP增速，2020年GDP增速为3.6%，增长速度排第1名，2021年增速为7.2%，位于全省第5，高出河南0.9个百分点（见图1）。人均GDP增速较河南省相对平稳，近两年高于河南省人均GDP增速，2021年人均GDP增速为8.5%，居全省第6位（见图2）。

表 1　2008—2022 年驻马店市在河南省 GDP 历年排序

年份	驻马店 GDP 在全省排名	驻马店 GDP 增速在全省排名	驻马店人均 GDP 在全省排名	驻马店人均 GDP 增速在全省排名
2008	12	17	17	12
2009	12	9	17	9
2010	12	12	17	3
2011	12	13	16	3
2012	12	14	16	1
2013	11	9	16	4
2014	11	16	16	13
2015	11	9	16	7
2016	11	5	16	5
2017	11	4	15	3
2018	11	3	16	4
2019	10	8	16	10
2020	8	1	15	1
2021	8	5	16	6
2022	7	2	—	—

数据来源：历年河南省统计年鉴及统计公报

表 2 2008—2022年驻马店市GDP及增速情况

年份	驻马店市GDP（亿元）	河南省GDP（亿元）	驻马店市GDP占河南省GDP的比重（%）	驻马店市GDP增速（%）	河南省GDP增速（%）	驻马店GDP增速－河南省GDP增速（%）	驻马店市人均GDP（元）	河南省人均GDP（元）	驻马店人均GDP－河南省人均GDP（元）	驻马店人均GDP占河南省人均GDP的比重（%）
2008	812.98	17735.93	4.6	11.8	12.0	-0.2	10520	18879	-8359	55.7
2009	806.13	19181.00	4.2	11.5	11.0	0.5	11669	20280	-8611	57.5
2010	1053.71	22655.02	4.7	11.6	12.4	-0.8	14064	23984	-9920	58.6
2011	1244.77	26318.68	4.7	11.3	12.0	-0.7	17608	28009	-10401	62.9
2012	1373.55	28961.92	4.7	10.4	10.1	0.3	19783	30820	-11037	64.2
2013	1542.02	31632.50	4.9	9.5	9.0	0.5	22296	33618	-11322	66.3
2014	1691.30	34574.76	4.9	8.5	8.9	-0.4	25352	36686	-11334	69.1
2015	1807.69	37084.10	4.9	8.9	8.4	0.5	27000	39209	-12209	68.9
2016	1972.99	40249.34	4.9	8.5	8.2	0.2	29273	42341	-13068	69.1
2017	2175.04	44824.92	4.9	8.4	7.8	0.6	32565	46959	-14394	69.4
2018	2370.32	49935.90	4.7	8.5	7.6	0.9	33771	52114	-18343	64.8
2019	2742.06	53717.75	5.1	7.4	6.8	0.6	38943	56388	-17445	69.1
2020	2859.27	54259.43	5.3	3.6	1.1	2.5	40798	55435	-14637	73.6
2021	3082.82	58887.41	5.2	7.2	6.3	0.9	44266	59410	-15144	74.5
2022	3257.36	61345.05	5.3	5.2	3.1	2.1	—	—	—	—

数据来源：历年河南省统计年鉴及统计公报

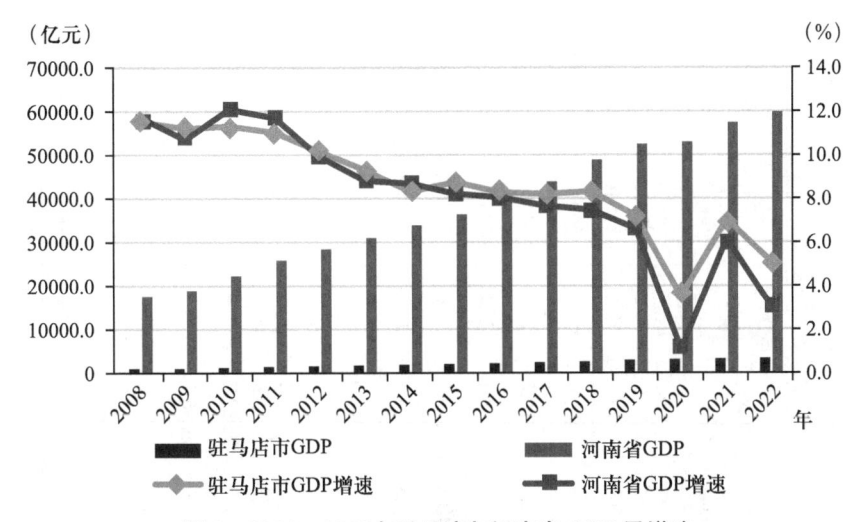

图 1　2008—2022年驻马店与河南省 GDP 及增速

数据来源：历年河南省统计年鉴及统计公报

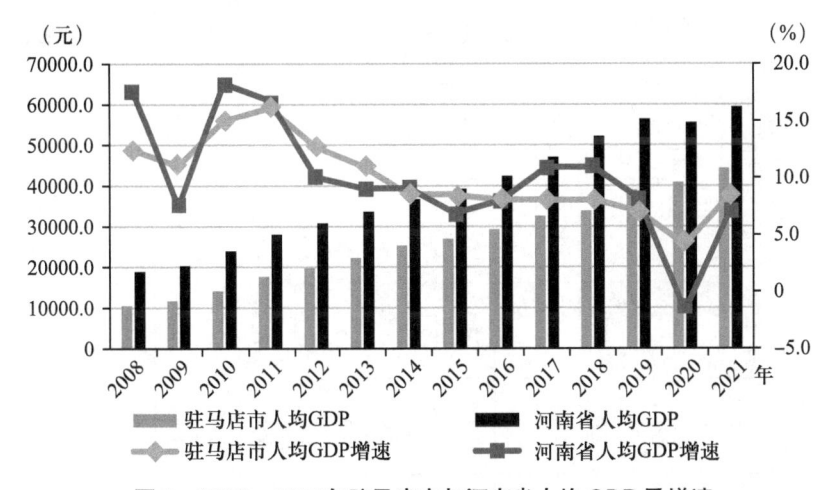

图 2　2008—2021年驻马店市与河南省人均 GDP 及增速

数据来源：历年河南省统计年鉴及统计公报

三、财政自给率全省排名靠后，城乡居民人均可支配收入较低

从收支来看，驻马店市一般公共预算收入总量和占全省的比重均呈逐年增加趋势，2021年一般公共预算收入181.6亿元，是2008年的7倍，在全省排第9位；占全省的比重由2008年的2.55%上升为2021年的4.29%。2021年一般公共预算支出604.2亿元，是2008年5.6倍（见表3），在全省排第6位。

表 3　2008—2021 年驻马店市一般公共预算收支情况

年份	驻马店市 一般公共预算收入（亿元）	占全省的比重（%）	税收收入（亿元）	占全省的比重（%）	驻马店市税收占比（%）	一般公共预算支出（亿元）	驻马店市财政自给率（%）	在全省排名	河南省 一般公共预算收入（亿元）	税收收入（亿元）	河南省税收占比（%）	一般公共预算支出（亿元）	河南省财政自给率（%）
2008	25.6	2.54	18.9	2.55	73.8	108.6	23.6	16	1008.9	742.3	73.6	2281.6	44.2
2009	29.3	2.60	21.9	2.66	74.7	143.5	20.4	16	1126.1	821.5	73.0	2905.8	38.8
2010	36.4	2.64	27.7	2.73	76.0	172.3	21.2	16	1381.3	1016.6	73.6	3416.1	40.4
2011	47.1	2.74	35.1	2.78	74.4	212.6	22.2	16	1721.8	1263.1	73.4	4248.8	40.5
2012	58.9	2.89	43.1	2.93	73.1	269.0	21.9	16	2040.3	1469.6	72.0	5006.4	40.8
2013	71.9	2.98	52.7	2.98	73.2	307.7	23.4	16	2415.5	1764.7	73.1	5582.3	43.3
2014	85.6	3.13	62.5	3.20	73.0	347.7	24.6	16	2739.3	1951.5	71.2	6028.7	45.4
2015	96.0	3.18	67.2	3.20	70.0	383.7	25.0	16	3016.1	2101.2	69.7	6799.4	44.4
2016	105.4	3.34	72.2	3.35	68.5	414.0	25.5	16	3153.5	2158.5	68.4	7453.7	42.3
2017	115.2	3.38	79.5	3.41	69.0	477.2	24.1	16	3407.2	2329.3	68.4	8215.5	41.5
2018	139.3	3.70	98.1	3.69	70.4	548.3	25.4	16	3766.0	2656.7	70.5	9217.7	40.9
2019	160.3	3.97	113.2	3.98	70.6	610.0	26.3	16	4041.9	2841.3	70.3	10163.9	39.8
2020	170.1	4.08	115.5	4.18	67.9	625.7	27.2	15	4168.8	2764.7	66.3	10372.7	40.2
2021	181.6	4.18	122.0	4.29	67.2	604.2	30.1	16	4347.4	2842.5	65.4	10419.9	41.7

数据来源：历年河南省统计年鉴及统计公报

从增速看，一般公共预算收入增速绝大多数年份高于一般公共预算支出增速，2021年一般公共预算收入增速7.9%，在全省排第9位，而一般公共预算支出增速下滑，为-3.4%（见图3），在全省排第13位。

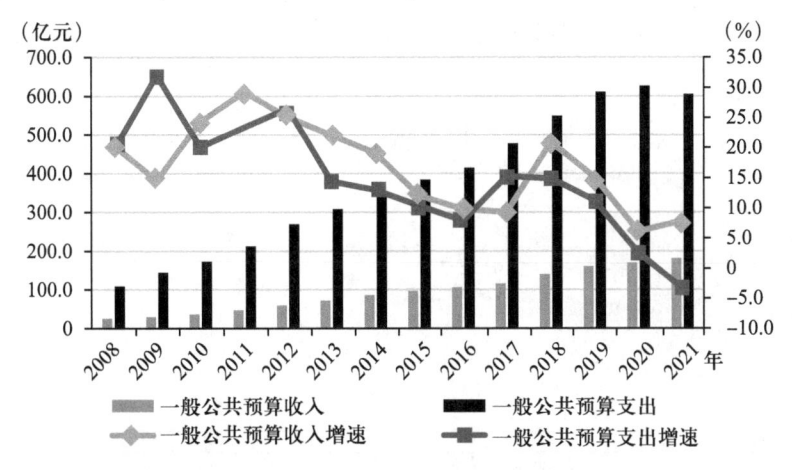

图3 2008—2021年驻马店市一般公共预算收支及增速

数据来源：历年河南省统计年鉴及统计公报

从税收占比看，2008—2021年间，除去2018年驻马店市税收收入占一般公共预算收入的比重略低于河南省水平外，其余年份均高于河南省税收占比，2021年为67.2%，高于河南省1.8个百分点（见图4），在全省排第11位；驻马店市税收收入占全省的比重由2008年的2.55%上升为2021年的4.29%。

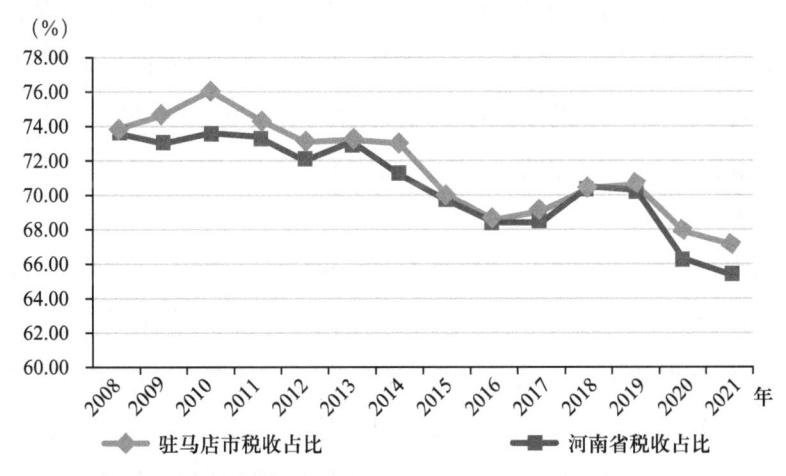

图4 2008—2021年驻马店市税收占比与河南省税收占比

数据来源：历年河南省统计年鉴及统计公报

从财政自给率来看，驻马店市财政自给率整体呈上升趋势，但仍处于较低水平，且低于河南省财政自给率，在全省除去 2020 年超过南阳，位于第 15 位外，其余年份均仅高于周口和信阳，位于第 16 位，2021 年驻马店市财政自给率为 30.1%，低于全省 11.6 个百分点（见图 5）。

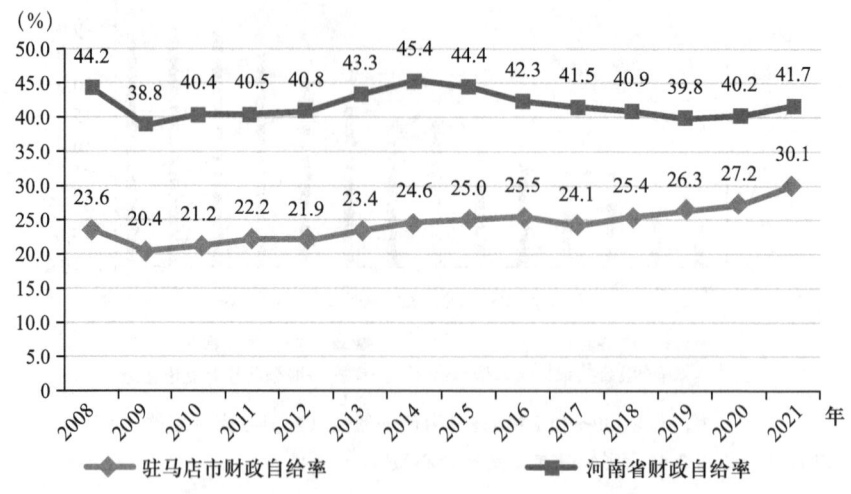

图 5　2008—2021 年驻马店市财政自给率与河南省财政自给率

数据来源：历年河南省统计年鉴及统计公报

从城乡居民可支配收入来看，驻马店市城乡居民可支配收入均低于河南省水平。其中，2021 年城镇居民可支配收入 33178 元，是 2008 年的 2.9 倍（见图 6）。在 2008—2018 年间高于信阳和周口，排全省第 16 位，2019 年以来低于信阳、高于周口，排全省第 17 位。占河南省的比重由 2008 年 85.44% 上升为 2021 年的 89.44%。农村居民可支配收入 2008—2021 年仅高于商丘和周口，排全省第 16 位，占河南省的比重较 2008 年下降 0.48%，2021 年为 87.08%。

从城乡居民可支配收入增速来看，2008—2020 年间，一般公共预算收入增速高于城乡居民收入增速和 GDP 增速，并且 2010 年以来，农村居民人均可支配收入增速均高于城镇居民可支配收入增速和 GDP 增速（2017 年除外）。城镇居民人均可支配收入增速表现相对弱，但 2021 年城镇居民人均可支配收入增速均高于一般公共预算收入增速和 GDP 增速（见图 7）。这三者代表着居民、政府和企业财富增长的态势。

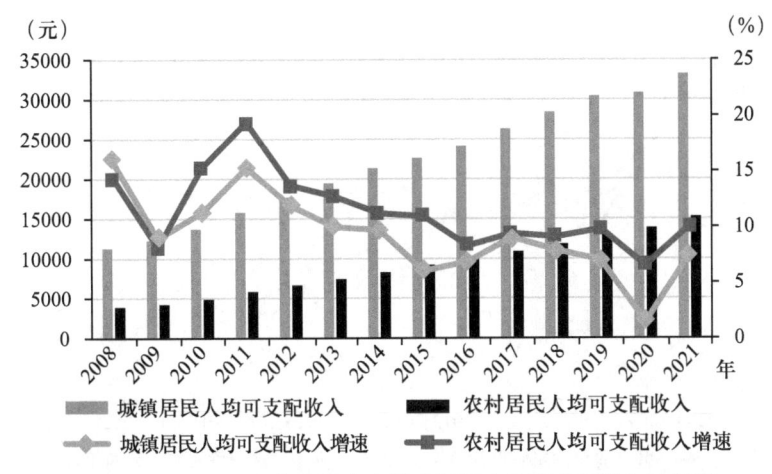

图 6　2008—2021年驻马店市城乡居民人均可支配收入及增速

数据来源：历年河南省统计年鉴及统计公报

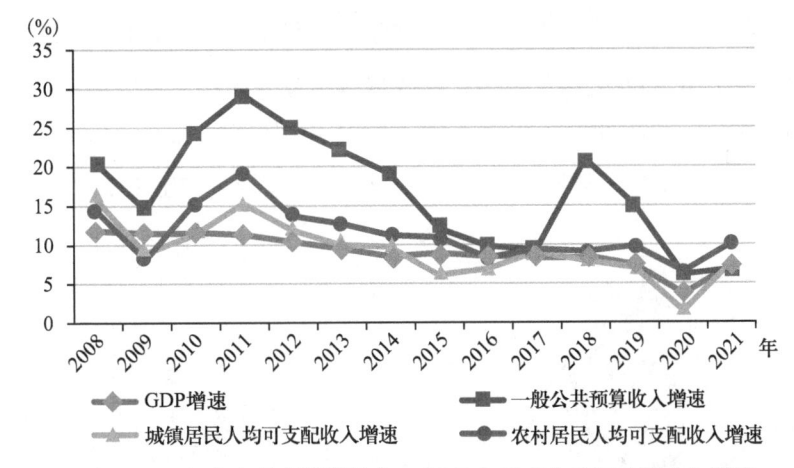

图 7　2008—2021年公共预算收入、GDP与城乡人均可支配收入增速

数据来源：历年河南省统计年鉴及统计公报

四、投资拉动效用明显，工业投资回升强劲

驻马店市固定资产投资总量逐年增加，2021年达到2833.1亿元，是2008年的9.2倍，在全省排名由2008年的第12位上升为2021年的第8位，超过了平顶山、焦作、安阳和周口。固定资产投资增速在2008—2021年均高于河南省水平，2021年为12.8%，高出河南省8.3个百分点（见图8）。

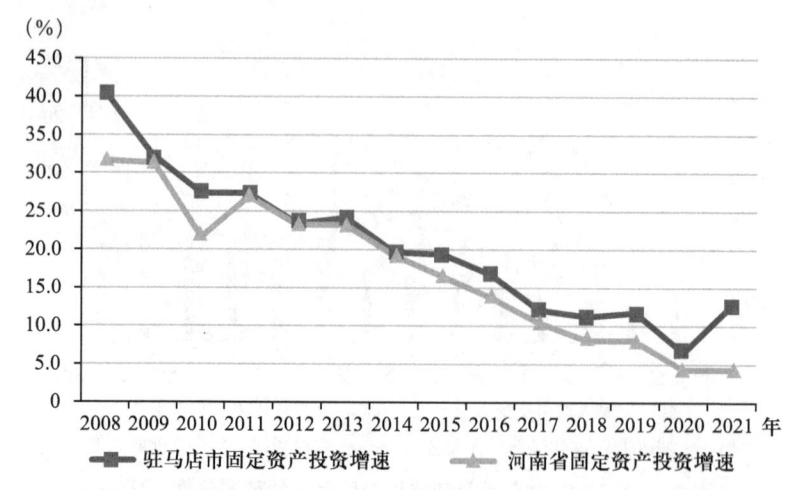

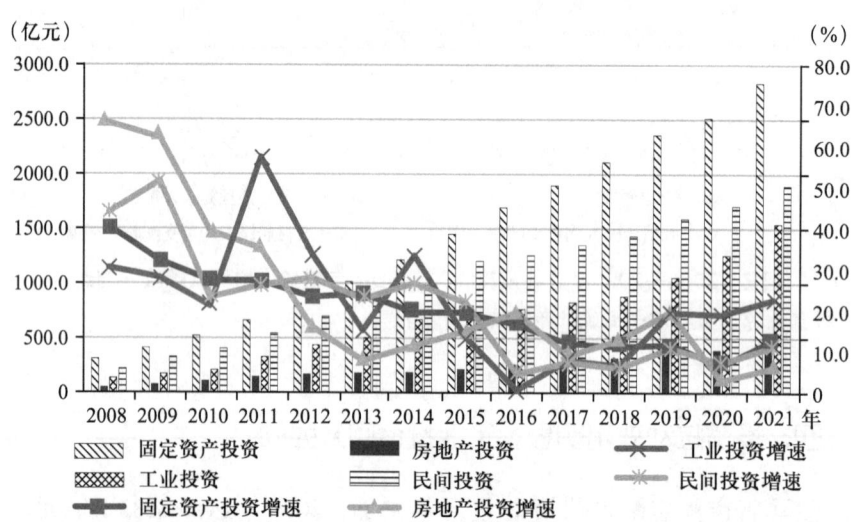

图 8　2008—2021年驻马店市固定资产投资增速与河南省固定资产投资增速

数据来源：历年河南省统计年鉴及统计公报

工业投资增速在2016年下降到谷底0.7%，随后回升，2021年达到22.7%，超过固定资产投资增速、民间投资增速和房地产投资增速。民间投资增速同样在2016年滑入谷底4.6%，2021年回升到11.2%。房地产投资增速从2008年的69%下降到2021年的6.1%，降幅较大（见图9）。

图 9　2008—2021年驻马店市固定资产投资增速与河南省固定资产投资增速

数据来源：历年河南省统计年鉴及统计公报

从占GDP的比重来看，民间投资、工业投资和社会消费品零售总额占GDP的比重较大，2021年民间投资占比61.5%，工业投资占比50.1%，社会消费品零售总额占比35.5%。驻马店是人口大市，但城乡居民人均可支配收入较低，直接影响消费购买力。此外，房地产投资占比13.5%，进出口占比2.4%（见图10）。

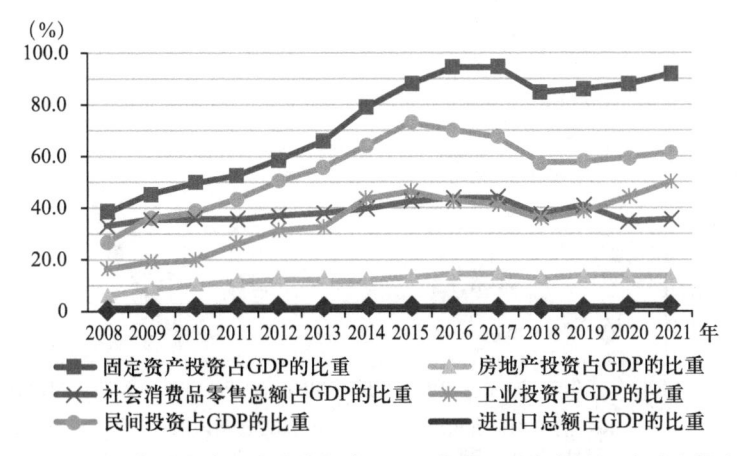

图10　2008—2021年驻马店固定资产投资、工业投资、民间投资、房地产投资和社会消费零售总额占GDP的比重

数据来源：历年河南省统计年鉴及统计公报

创新方面，驻马店市2020年研发经费内部支出为25.3亿元，相较于2011年增长了6倍多（见图11），2020年在全省排12位，高于濮阳、漯河、周口、信阳、济源和鹤壁。

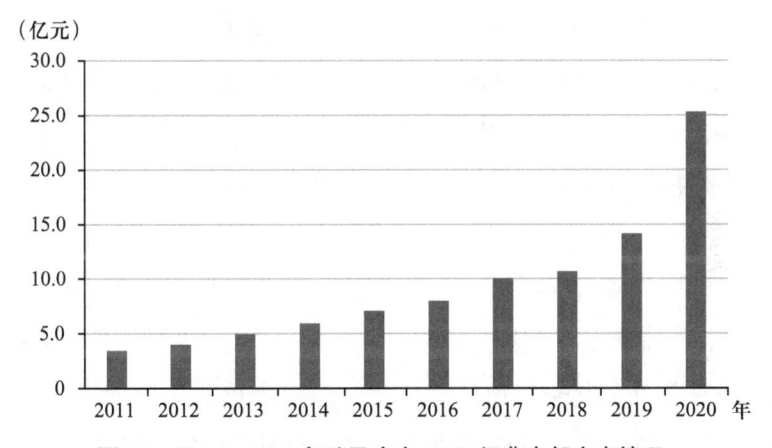

图11　2011—2020年驻马店市R&D经费内部支出情况

数据来源：历年河南省统计年鉴及统计公报

研发经费内部支出增长率整体呈波动变化，除去2011年和2018年两个年份外，其余年份均高于GDP增速，研发经费内部支出增长率峰值为2020

年的 78.6%，增速较高。但 R&D 经费内部支出占 GDP 的比重较低，2020 年仅为 0.88%（见图 12）。

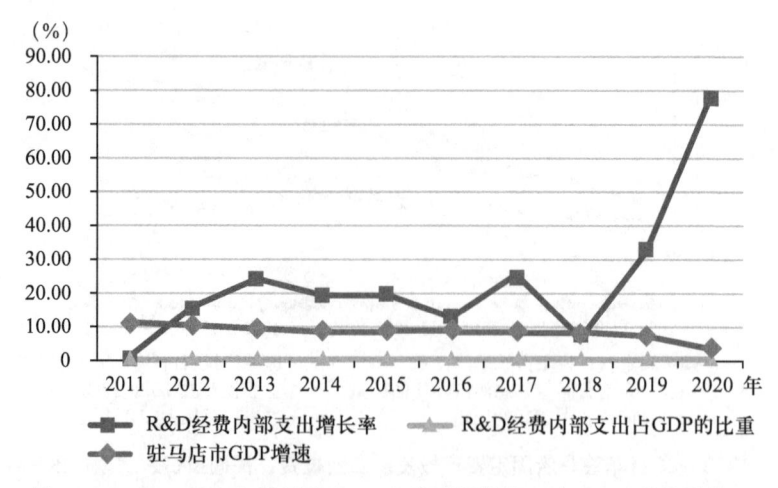

图 12　2011—2020 年驻马店市 R&D 经费增长率、占 GDP 的比重情况
数据来源：历年河南省统计年鉴及统计公报

五、农区工业化成效明显，但第二产业占比仍偏小

自 2017 年第三产业产值首次超过第二产业后，驻马店市产业结构由"二三一"转变为"三二一"，2021 年三产结构为 18.1∶38.9∶43.0（见图 13）。驻马店市第一产业虽总体呈下降趋势，但占比仍较高。作为农业大市，驻马店市持续推动农业提质增效，建设现代农业发展示范区，大力发展优质小麦、优质花生、优质白芝麻、优质食用菌、优质林果、优质草畜等，打造"中国渔都""中国牛城""中部奶都""中国花生之都"等特色品牌。

驻马店第二产业占比从 2008 年开始呈持续上升状态，2014 年达到 44.9%，随后有所下滑，但整体呈平稳状态。第三产业从 2014 年以来发展强劲（见图 13）。

除 2009 年外，其余年份驻马店市工业增加值逐年增加，全省排名由 2008 年的第 14 位上升为 2020 年的第 9 位，超过了焦作、安阳、漯河三门峡和濮阳。占全省的比重由 2008 年的 3.3% 上升为 2020 年的 4.5%（见图 14）。驻马店市规上工业增加值增速除 2014 年略低于河南省水平外，2008—2021 年其余年份均高于河南省水平（见图 15）。

规上工业增加值分行业来看，2021年，驻马店市规上工业中，41个工业行业有20个增加值保持增长。其中，农副食品加工业增加值增长23.2%，皮革、毛皮、羽毛及其制品和制鞋业增加值增长13.1%，计算机、通信和其他电子设备制造业增加值增长3.3%，电力、热力生产和供应业增加值增长2.0%。同时，食品制造业增加值下降9.6%，化学原料和化学制品制造业增加值下降23.2%，重工业增加值下降4.1%（见图16）。

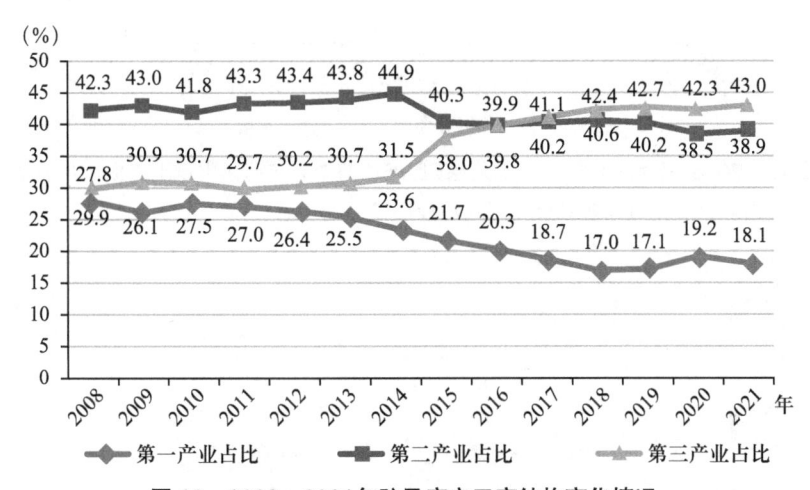

图13 2008—2021年驻马店市三产结构变化情况

数据来源：历年河南省统计年鉴及统计公报

图14 2008—2020年驻马店市工业增加值及增速

数据来源：历年河南省统计年鉴及统计公报

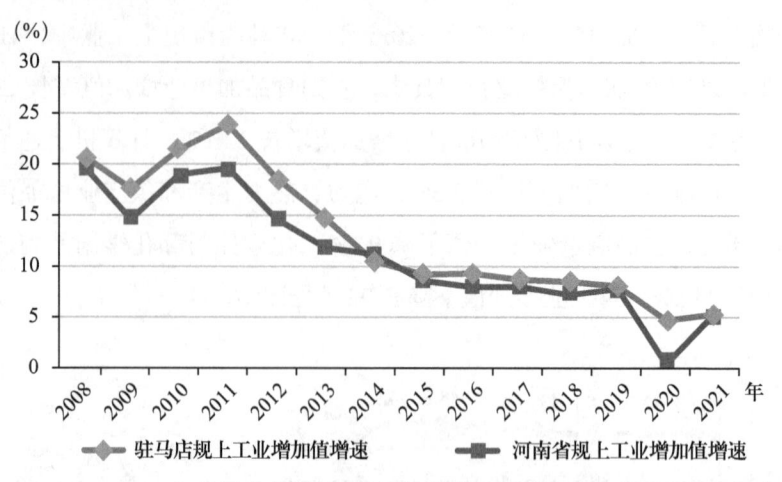

图 15　2008—2021年驻马店市规上工业增加值增速与河南省规上工业增加值增速

数据来源：历年河南省统计年鉴及统计公报

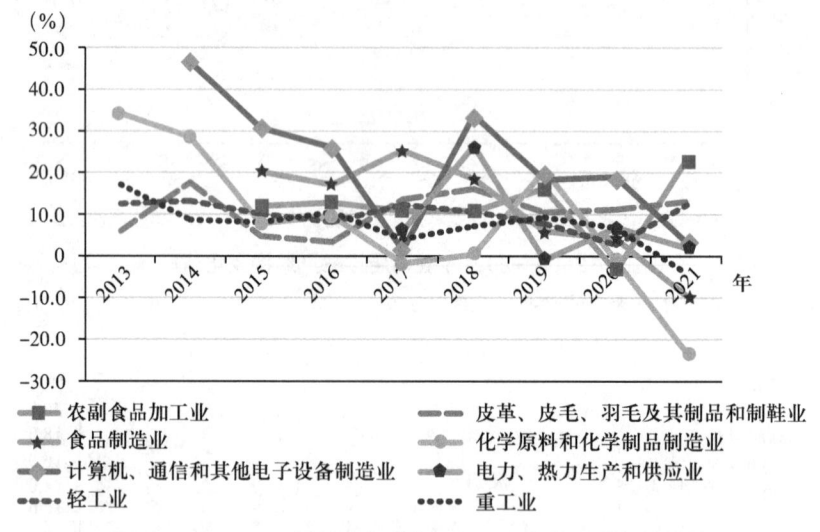

图 16　2013—2021年驻马店市规上工业分行业增加值增速

数据来源：历年驻马店市统计年鉴及统计公报

驻马店市县域经济发展势头良好，形成特色产业且形成集群化发展。遂平县先后引进克明面业、五得利面粉、今麦郎等企业，培育壮大了食品加工主导产业集群；西平县在打造服装产业转移的承载地、供应链价值提升的示范地和智能制造基地的同时，加快推进机械装备制造产业转型升级，已成为全国最大的畜禽养殖设备生产基地。上蔡县加快推动传统鞋业、服装服饰产业发展，积极打造百亿级制鞋服装及配套产业集群。汝南县在稳定发展新能源电动车为主导的装备制造业产业集群的同时，加快建设静脉产业园，已成为全省综合类静脉产业示范园区标杆。平舆县以皮革皮具产业为主的轻工制造业和以户外休闲生态家居为主的现代家居产业两大主导产业日益壮大，建筑防水产业优势更加凸显。新蔡县逐步形成了厨电家具、纺织服装、食品药品三大产业集群，以及中艺户外、亚特专用汽车两大产业基地的产业格局。正阳县围绕把"小花生做成大产业"，引进了君乐宝、鲁花等龙头型项目，形成了以花生产业为主导的特色产业集群。确山县在加快发展提琴产业园、打造"中原琴都"的同时，加快发展现代建筑产业，打造"中原房都"，装配式产业发展格局初步显现。泌阳县围绕夏南牛、食用菌两大特色产业，积极招引上下游企业，正努力打造夏南牛、食用菌百亿产业集群，向着"中国牛城""中国菌都"目标迈进。

从服务业来看，2008—2021年，驻马店市服务业增加值逐年攀升，占GDP的比重逐年增加，2021年服务业增加值占GDP的比重为43.0%（见图17）。2014年以来，驻马店市服务业增加值增速均高于GDP增速（见图18）。

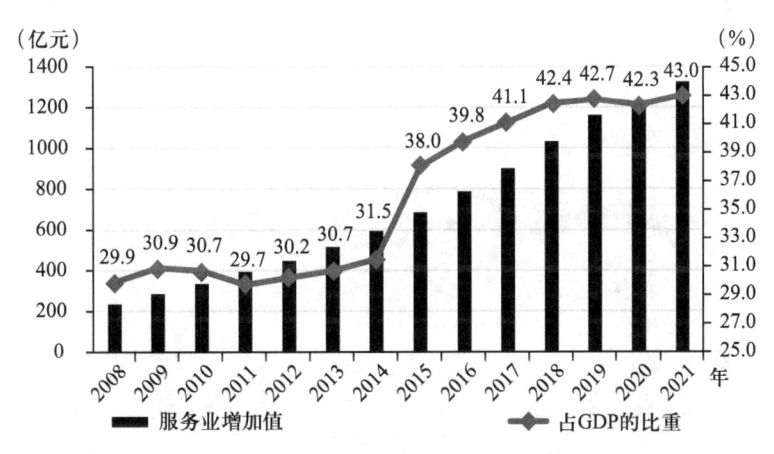

图17 2008—2021年驻马店市服务业增加值及占GDP的比重
数据来源：历年河南省统计年鉴及统计公报

从服务业分行业看，房地产业波动明显，增速在2016年达到最高17.9%，一路下滑，2019年大幅下降，达到-27.6%，2020年仍为负增长（-1%），2021年为正增长（1.3%）。2021年增加值居前三位的是批发和零售业、房地

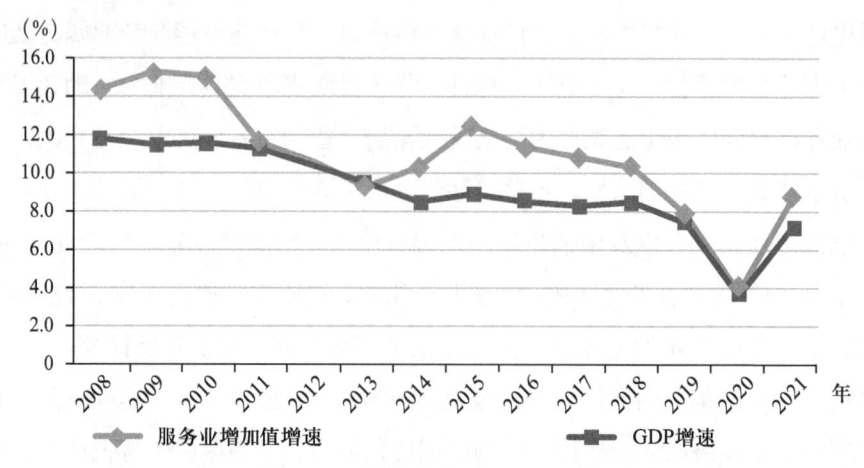

图 18　2008—2021年驻马店市服务业增加值增速与GDP增速

数据来源：历年河南省统计年鉴及统计公报

产业、金融业，驻马店腹地广，人口多，通过县城提质，吸引人口到县城就学、就业，尤其是推动了房地产的大发展；2021年增速排在前三位的是交通运输、仓储和邮政业，批发和零售业及住宿和餐饮业，其中住宿和餐饮业在2020年受新冠疫情影响比较大，增速为 –9.2%，在2021年有较大的回升（见图19）。

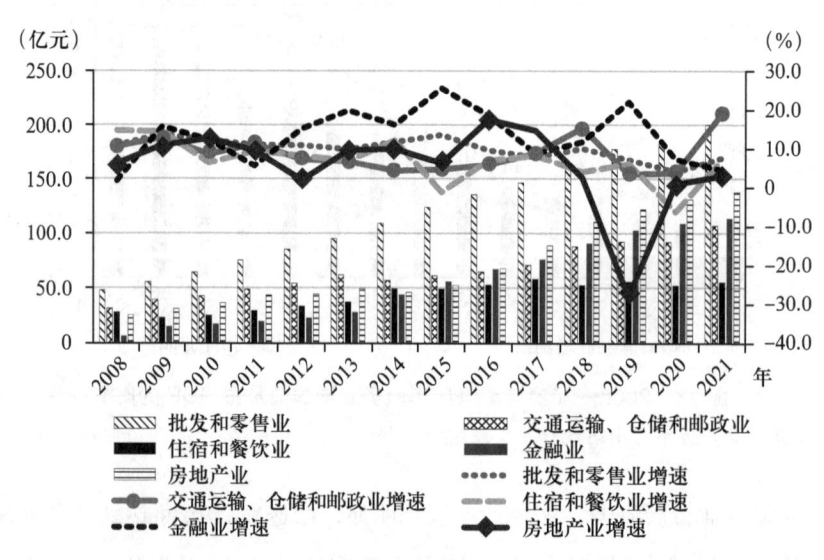

图 19　2008—2021年驻马店市服务业分行业增加值与增速

数据来源：历年河南省统计年鉴及统计公报

六、人口流失率高，城镇化率靠后

驻马店市人口流失率呈先上升后下降趋势，2017年达到峰值32.80%，2020年人口流失率为27.52%，人口流失较为严重。城镇化率在逐年增加，但仍低于河南省平均水平，2021年常住人口692万人，城镇化率为45.17%，低于河南省11.28个百分点（见表4），在全省排第17位，仅高于周口（43.62%）。

表4 2008—2021年驻马店市人口情况

年份	驻马店市 户籍人口（万人）	驻马店市 常住人口（万人）	驻马店市 户籍人口–常住人口（万人）	驻马店市 人口流失率（%）	驻马店市 城镇化率（%）	河南省 城镇化率（%）
2008	849	768	80	9.46	27.68	36.03
2009	853	770	83	9.70	29.5	37.7
2010	883	723	160	18.12	29.75	38.82
2011	887	708	179	20.16	31.54	40.47
2012	892	694	198	22.20	33.44	41.99
2013	896	690	207	23.05	34.89	43.6
2014	901	609	291	32.34	37.47	45.05
2015	905	612	294	32.44	39.2	47.02
2016	911	614	296	32.52	40.9	48.78
2017	916	616	300	32.80	42.57	50.56
2018	920	619	301	32.72	44.1	52.24
2019	923	705	218	23.66	44.63	54.01
2020	967	701	266	27.52	44.14	55.43
2021	—	692	—	—	45.17	56.45

数据来源：历年河南省统计年鉴及统计公报

综上所述，驻马店市发展势头较好，GDP总量突破3000亿元，在全省上升为第8位。因人口众多，人均GDP较低，但在全省占比提升。驻马店市坚持农区工业化道路，积极承接长三角、珠三角产业转移，推动了农副食品加工、传统装备制造、传统优势轻纺、现代能源化工、新型建材、建筑防水产业、户外休闲用品产业等产业的发展，但同时，也意味着食品、化工、建材等传统产业占比较大，生产成套产品少、产业链短、附加值低，大中小企业关联度不高、互补性差，企业的市场灵活性较弱，产业互补配套能力相对不强。驻马店市要发挥后发优势，聚焦重点领域，对接全球资源，构建特色产业链条，培育优势产业集群，做大经济规模，打造具有区域特色的产业体系。

（李燕燕　赵　岩　整理数据图表）

河南省市域经济运行分析：济源篇

济源因在济水发源地而得名，传说是愚公移山的地方，1988年撤县建市，1997年实行省直管体制，2017年3月被确定为国家产城融合示范区。

一、概述

济源市下辖5个街道办事处、11个镇、72个居民委员会和453个村民委员会，总面积1931平方千米。2021年全市常住人口73万人，城镇化率68.17%。

二、经济体量小，但人均GDP水平高

从经济总量来看，济源市因受行政辖区所限，GDP总量由2008年的288.4亿元提高到2022年806.2亿元，增加了1.8倍，在全省18个地市中排第18名，属于省内经济体量最小的城市（见表1）。

表1 2008—2022年济源市GDP及增速情况

年份	济源市GDP（亿元）	河南省GDP（亿元）	济源GDP占河南省GDP的比重(%)	济源市GDP在全省的排名	济源市GDP增速（%）	河南省GDP增速（%）	济源GDP增速－河南省GDP增速	济源市GDP增速在全省的排名
2008	288.4	17735.9	1.63	18	14.8	12.0	2.8	2
2009	274.6	19181.0	1.43	18	14.1	11.0	3.1	1
2010	343.4	22655.0	1.52	18	12.2	12.4	−0.2	9
2011	373.4	26318.7	1.42	18	14.7	12.0	2.7	2
2012	430.9	28961.9	1.49	18	11.5	10.1	1.4	6
2013	460.1	31632.5	1.45	18	12.0	9.0	3.0	2
2014	480.5	34574.8	1.39	18	9.8	8.9	0.9	3
2015	492.5	37084.1	1.33	18	6.0	8.4	−2.4	17
2016	538.9	40249.3	1.34	18	8.0	8.2	−0.2	14

续表

年份	济源市GDP（亿元）	河南省GDP（亿元）	济源GDP占河南省GDP的比重(%)	济源市GDP在全省的排名	济源市GDP增速（%）	河南省GDP增速（%）	济源GDP增速-河南省GDP增速	济源市GDP增速在全省的排名
2017	600.1	44824.9	1.34	18	8.0	7.8	0.2	10
2018	641.8	49935.9	1.29	18	8.3	7.6	0.7	4
2019	687.0	53717.8	1.28	18	7.8	6.8	1.0	2
2020	703.2	54259.4	1.30	18	3.4	1.1	2.3	2
2021	762.2	58887.4	1.29	18	6.1	6.3	−0.2	12
2022	806.2	61345.1	1.31	18	4.4	3.1	1.3	8

数据来源：历年河南省统计年鉴及济源市统计公报

从GDP增速来看，除2010年、2015年、2016年和2021年之外，其余年份济源市GDP增速均高于河南省，2022年为4.4%，高于河南省1.3个百分点（见图1）。排名由2020年的第2名降到2022年的第8名。

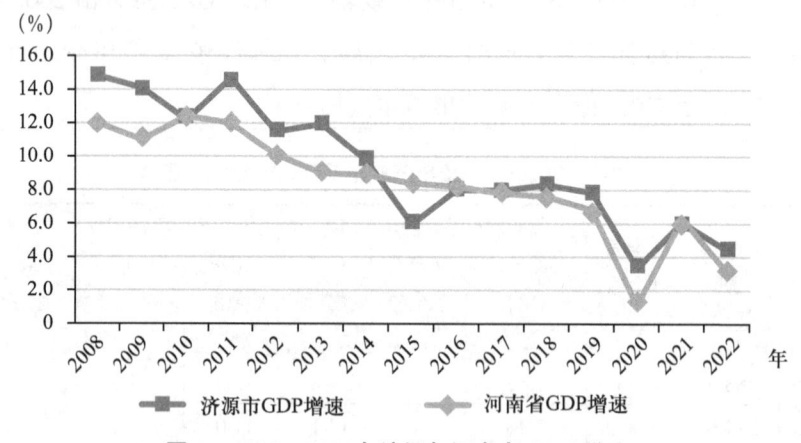

图1 2008—2022年济源与河南省GDP增速

数据来源：历年河南省统计年鉴及济源市统计公报。

从GDP占比来看，GDP占全省的比重整体呈下滑趋势，近两年虽有所上升但仍低于2008年占比，2022年比2008年低了0.32个百分点（见图2）。

从人均GDP来看，济源市人均GDP始终高于河南省平均水平（见图3）。人均GDP占河南省的比重情况和GDP占比情况一致。从人均GDP排名来看，除了2013—2019年间低于郑州市外，其余年份在全省排第1名（见表2）。

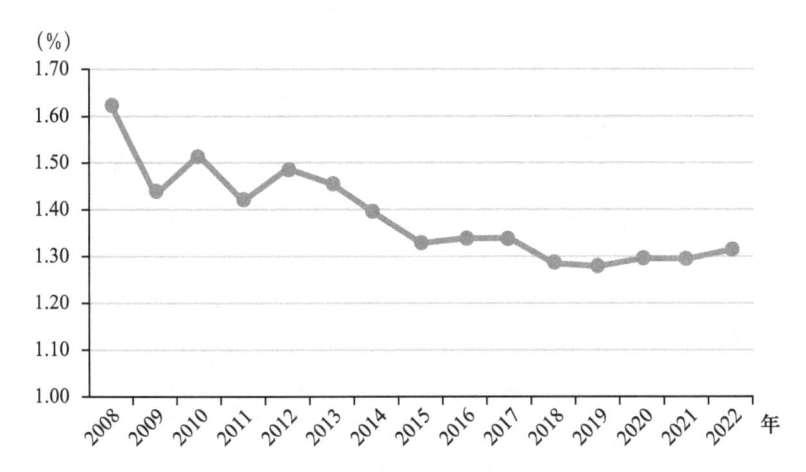

图 2　2008—2022年济源市 GDP 占河南省的比重

数据来源：历年河南省统计年鉴及济源市统计公报

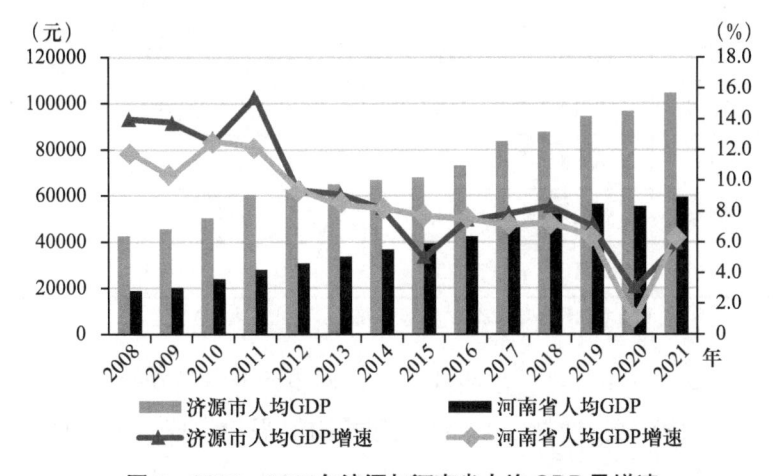

图 3　2008—2021年济源与河南省人均 GDP 及增速

数据来源：历年河南省统计年鉴及济源市统计公报

表 2　2008—2021年济源市人均 GDP 及增速情况

年份	济源市人均 GDP（元）	河南省人均 GDP（元）	济源市人均 GDP/河南省人均 GDP(%)	济源市人均 GDP 在全省的排名	济源市人均 GDP 增速（%）	济源市人均 GDP 增速在全省的排名
2008	42473	18879	225.0	1	14.0	4
2009	45532	20280	224.5	1	13.8	1

续表

年份	济源市人均GDP（元）	河南省人均GDP（元）	济源市人均GDP/河南省人均GDP(%)	济源市人均GDP在全省的排名	济源市人均GDP增速（%）	济源市人均GDP增速在全省的排名
2010	50200	23984	209.3	1	12.5	10
2011	60429	28009	215.7	1	15.4	5
2012	62582	30820	203.1	1	9.4	15
2013	64899	33618	193.0	2	9.1	11
2014	66777	36686	182.0	2	8.2	16
2015	67797	39209	172.9	2	4.9	17
2016	72912	42341	172.2	2	7.3	16
2017	83671	46959	178.2	2	7.8	6
2018	87599	52114	168.1	2	8.3	3
2019	94365	56388	167.3	2	7.1	7
2020	96674	55435	174.4	1	2.9	4
2021	104515	59410	175.9	1	5.8	—

数据来源：历年河南省统计年鉴及济源市统计公报

从财政收支来看，2008—2021年，济源市一般公共预算收入由18.1亿元增加到59.1亿元，增加了2.3倍，超过GDP平均增速。从2011年开始，一般公共预算收入低于鹤壁市，位于全省第18位，一般公共预算收入占全省的比重由2008年1.8%降到2021年的1.4%。2021年一般公共预算支出增加到81.6亿元（见表3）。

税收收入逐年上升，但占全省的比重有所下降，降幅和一般公共预算收入基本保持一致。2020年之后济源市税收收入超过鹤壁市，排全省第17名。税收收入占一般公共预算收入的比重除2014年和2015年之外，其余年份均高于河南省，2018年最高为84.1%，2021年下降到76.0%，但仍高于河南省10.6个百分点（见图4）。说明济源市经济质量在全省还是比较好的。

表3　2008—2021年济源市一般公共预算收支情况

年份	一般公共预算收入（亿元）	占全省的比重（%）	在全省的排名	税收收入（亿元）	占全省比重（%）	在全省的排名	税收占一般公共预算收入的比重（%）	一般公共预算支出（亿元）	占全省的比重（%）	在全省的排名	财政自给率（%）	在全省的排名
2008	18.1	1.8	17	14.5	2.0	17	80.1	24.3	1.1	18	74.3	2
2009	20.0	1.8	17	14.5	1.8	17	72.4	29.6	1.0	18	67.5	2
2010	22.2	1.6	17	16.8	1.6	17	75.4	33.7	1.0	18	65.9	2
2011	25.5	1.5	18	19.3	1.5	18	75.6	39.9	0.9	18	64.0	2
2012	28.9	1.4	18	21.4	1.5	18	74.1	47.7	1.0	18	60.5	2
2013	34.6	1.4	18	25.4	1.4	18	73.2	57.5	1.0	18	60.2	3
2014	38.4	1.4	18	27.0	1.4	18	70.2	58.9	1.0	18	65.2	2
2015	38.6	1.3	18	25.5	1.2	18	66.0	59.3	0.9	18	65.1	2
2016	36.5	1.2	18	26.7	1.2	18	73.0	56.9	0.8	18	64.2	2
2017	40.4	1.2	18	33.2	1.4	18	82.2	65.0	0.8	18	62.2	2
2018	50.1	1.3	18	42.1	1.6	18	84.1	69.0	0.7	18	72.6	1
2019	57.1	1.4	18	44.7	1.6	18	78.3	77.5	0.8	18	73.6	1
2020	58.4	1.4	18	44.5	1.6	17	76.2	81.3	0.8	18	71.8	2
2021	59.1	1.4	18	44.9	1.6	17	76.0	81.6	0.8	18	72.4	2

注：2008—2020年数据来源于相应年份河南省统计年鉴，2021年数据来源于市统计局

济源市一般公共预算收入增速和支出增速呈交替发展状态,2021年收入增速反超支出增速0.9个百分点(见图5)。

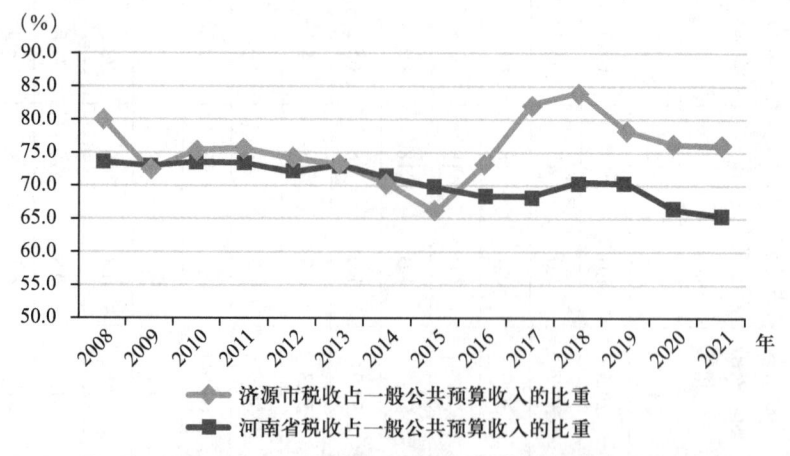

图4 2008—2021年济源市税收占比与河南省税收占比

注:2008—2020年数据来源于相应年份河南省统计年鉴,2021年数据来源于市统计局公报

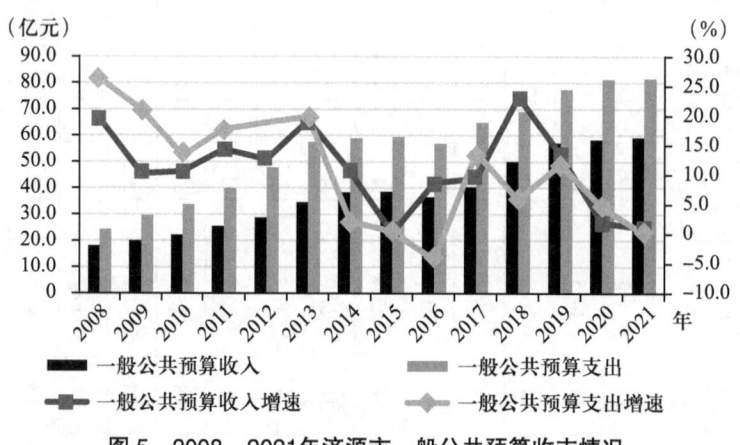

图5 2008—2021年济源市一般公共预算收支情况

注:2008—2020年数据来源于相应年份河南省统计年鉴,2021年数据来源于济源市统计局

济源市财政自给率一直高于全省水平,2021年为72.4%,超出全省30个百分点(见图6),在全省18个地市中处于第2名,仅低于郑州市(75.4%)。

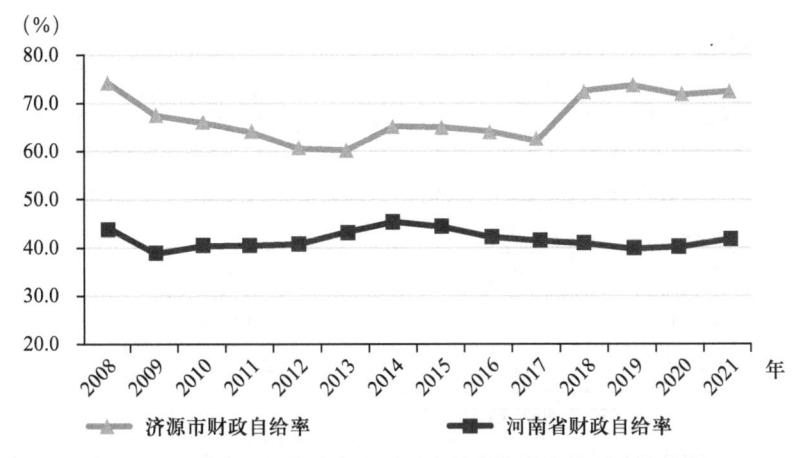

图 6　2008—2021年济源市财政自给率与河南省财政自给率

注：2008—2020年数据来源于相应年份河南省统计年鉴，2021年数据来源于市统计局

从可支配收入来看，2008年以来，济源市城乡居民人均可支配收入均高于河南省平均水平（见表4），城镇居民人均可支配收入在省内排名第3，仅低于郑州和洛阳；农村居民人均可支配收入在省内排名第2，仅低于郑州。城镇居民人均可支配收入在2017年突破三万元，农村居民人均可支配收入在2012年突破万元。

表4　2008—2021年济源市居民收入情况

年份	济源市 城镇居民人均可支配收入（元）	在全省的排名	农村居民人均可支配收入（元）	在全省的排名	河南省 城镇居民人均可支配收入（元）	农村居民人均可支配收入（元）	济源市/河南省 城镇居民人均可支配收入（%）	农村居民人均可支配收入（%）
2008	13809	3	6176	2	13231	4454	104.4	138.7
2009	14985	3	6763	2	14372	4807	104.3	140.7
2010	16481	3	7784	2	15930	5524	103.5	140.9
2011	18821	3	9341	2	18195	6604	103.4	141.4
2012	21240	3	10648	2	20443	7525	103.9	141.5
2013	23185	3	11958	2	22398	8475	103.5	141.1
2014	25219	3	13166	2	23672	9966	106.5	132.1
2015	26532	3	14469	2	25576	10853	103.7	133.3

续表

年份	济源市 城镇居民人均可支配收入（元）	在全省的排名	农村居民人均可支配收入（元）	在全省的排名	河南省 城镇居民人均可支配收入（元）	农村居民人均可支配收入（元）	济源市/河南省 城镇居民人均可支配收入（%）	农村居民人均可支配收入（%）
2016	28231	3	15540	2	27233	11697	103.7	132.9
2017	30698	3	16939	2	29558	12719	103.9	133.2
2018	33307	3	18446	2	31874	13831	104.5	133.4
2019	36039	3	20235	2	34201	15164	105.4	133.4
2020	36795	3	21450	2	34750	16108	105.9	133.2
2021	39518	3	23294	2	37095	17533	106.5	132.9

注：2008—2020年数据来源于相应年份河南省统计年鉴，2021年数据来源于市统计局

从增速来看，2021年济源市城镇居民人均可支配收入增速为7.4%，农村居民人均可支配收入增速为8.6%。城镇居民人均可支配收入增速一直低于农村居民人均可支配收入增速（见图7），并且城镇居民人均可支配收入增速总体上低于GDP增速和一般公共预算收入增速；而农村居民人均可支配收入增速除2008年外，其余年份均高于GDP增速。一般公共预算收入增速波动比较大，与资源型产业经营状态有关（见图8）。

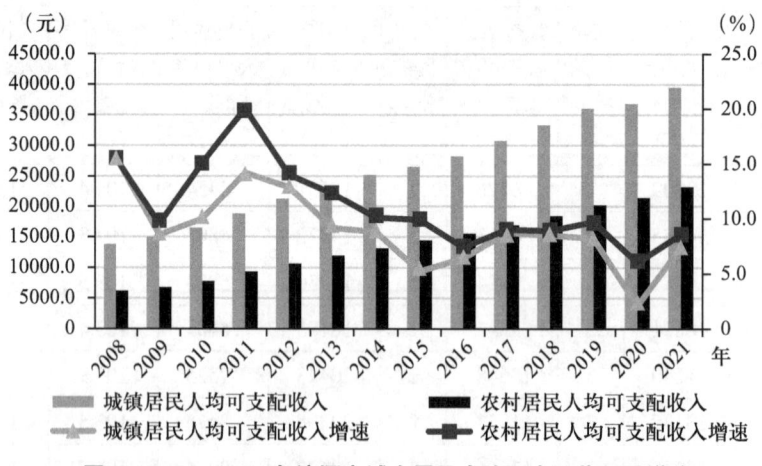

图7 2008—2021年济源市城乡居民人均可支配收入及增速

注：2008—2020年数据来源于相应年份河南省统计年鉴，2021年数据来源于市统计局

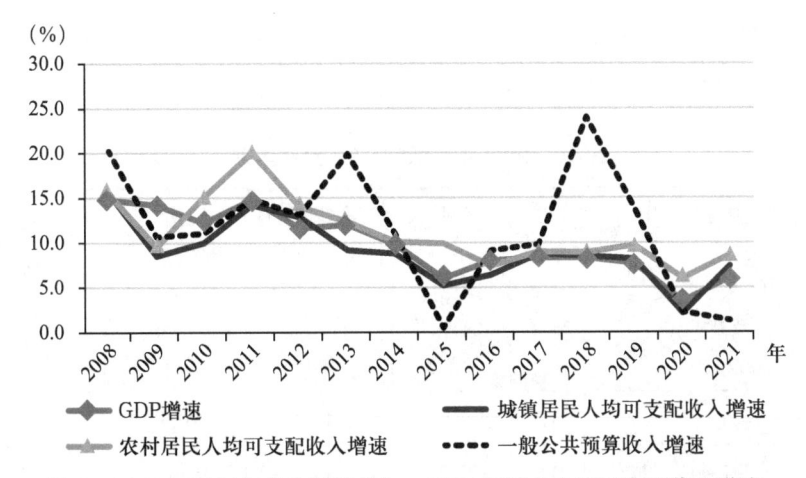

图 8 2008—2021年公共预算收入、GDP 与城乡人均可支配收入增速

注：2008—2020 年数据来源于相应年份河南省统计年鉴，2021 年数据来源于市统计局

三、R&D 经费内部支出占 GDP 的比重高于河南省水平

济源市 R&D 内部经费支出，2020 年为 14.52 亿元，2010 年为 4.48 亿元，2020 年是 2010 年的 3.2 倍，多数年份增长率高于 GDP 增速，2020 年 R&D 经费的增长率为 6.8%（见图 9）。

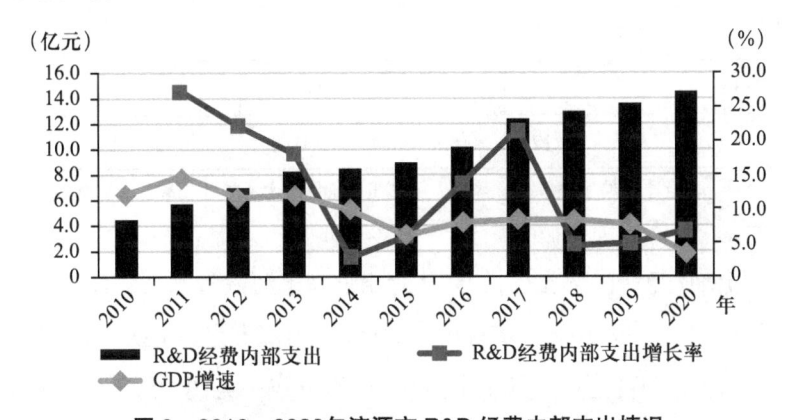

图 9 2010—2020年济源市 R&D 经费内部支出情况

注：数据来源于相应年份河南省统计年鉴

济源市 R&D 经费内部支出占河南省的比重呈下降趋势，2020 年比 2010 年下降 0.5 个百分点。从 R&D 经费内部支出在全省的排名来看，近两年河南省及各地市对创新的高度重视，纷纷提高创新强度，济源市从全省第 11、

第 12 名的排位下降到 2019 年的第 16 名,仅高于漯河和鹤壁,2020 年排名第 17 仅高于鹤壁市(见表 5)。

表 5　2010—2020 年济源市 R&D 经费内部支出情况

年份	济源市 R&D 经费内部支出（亿元）	占河南省的比重（%）	在全省的排名	济源市 R&D 经费内部支出增长率（%）	济源市 R&D 经费内部支出占 GDP 的比重（%）	河南省 R&D 经费内部支出占 GDP 的比重（%）	全国 R&D 经费支出占 GDP 的比重（%）
2010	4.5	2.1	12	—	1.3	0.9	1.5
2011	5.7	2.2	11	27.3	1.4	1.0	1.8
2012	7.0	2.2	11	22.2	1.6	1.0	1.9
2013	8.2	2.3	11	18.1	1.8	1.1	2.0
2014	8.5	2.1	12	2.8	1.8	1.1	2.0
2015	9.0	2.1	12	5.8	1.8	1.2	2.1
2016	10.2	2.1	12	13.8	1.9	1.2	2.1
2017	12.4	2.1	12	21.8	2.0	1.3	2.1
2018	13.0	1.9	15	4.5	2.0	1.3	2.1
2019	13.6	1.7	16	4.8	2.0	1.5	2.2
2020	14.5	1.6	17	6.8	2.1	1.6	2.4

注：2008—2020 年济源市和河南省数据来源于相应年份河南省统计年鉴,全国数据来源于对应年份中国统计年鉴

济源 R&D 经费内部支出占 GDP 的比重高于河南省水平,而与河南省同时低于全国水平。2020 年,济源市 R&D 经费内部支出占 GDP 的比重为 2.1,高于河南省 0.5 个百分点,低于全国 0.3 个百分点(见图 10)。

济源市高新技术企业从 2010 年的 3 家增加到 2021 年的 108 家,增加了 35 倍。专利申请量从 2010 年的 220 件增加到 2020 年的 1484 件,增加了 5.7 倍。专利授权量从 2010 年的 173 件增加到 2021 年的 1812 件,增加了 9.5 倍(见表 6)。

河南省市域经济运行分析：济源篇

（图表：2010—2020年R&D经费占GDP比重折线图，包含济源市R&D经费内部支出占GDP的比重、河南省R&D经费内部支出占GDP的比重、全国R&D经费支出占GDP的比重）

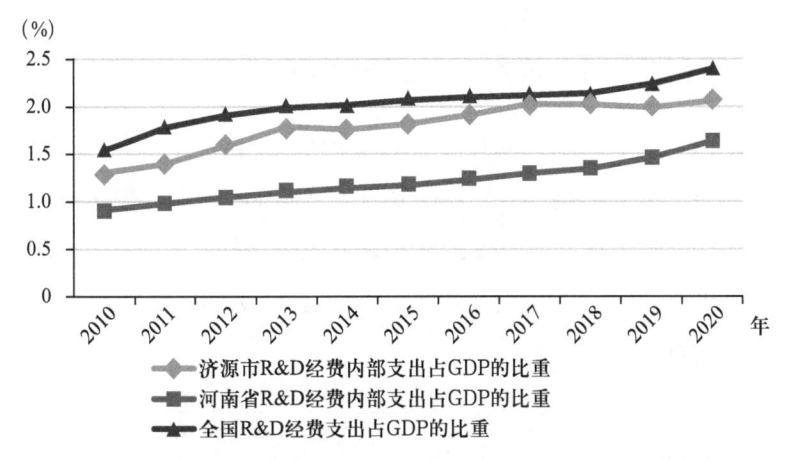

图10 2008—2021年济源市R&D经费增长率、占GDP比重情况

注：2008—2020年济源市和河南省数据来源于相应年份河南省统计年鉴

表6 2010—2021年济源市高新技术企业、专利申请量、专利授权量情况

年份	高新技术企业（家）	专利申请量（件）	专利授权量（件）
2010	3	220	173
2011	5	263	165
2012	8	276	170
2013	10	358	238
2014	10	477	288
2015	11	486	420
2016	11	732	464
2017	19	1089	452
2018	19	1374	869
2019	52	1399	803
2020	77	1484	1349
2021	108	—	1812

注：数据来源于2010—2021年济源市统计公报

四、投资增速波动较大，进出口占比突出

固定资产投资增速在 2020 年断崖式下降，下降了 19.1%，2021 年迅速回升到 10%，高于河南省 5.5 个百分点（见图 11）。工业投资在 2014 年、2016 年、2020 年出现下降，特别是 2020 年增速下降了 23.5%，2021 年迅速回升到 25.9%。房地产投资增速却在 2020 年达到最大值 53.4%，更多的投资流向房地产行业（见图 12）。

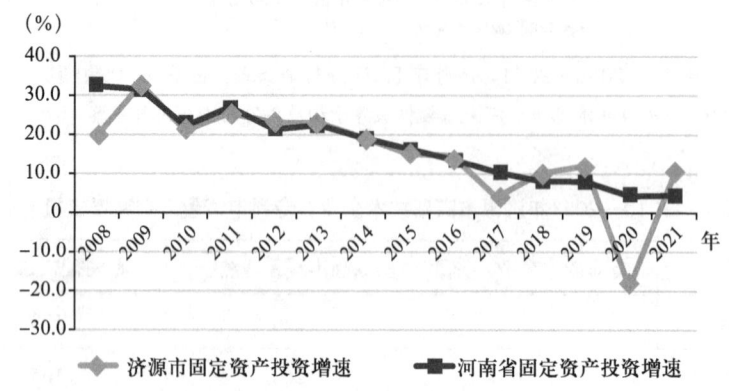

图 11　2008—2021 年济源市固定资产投资与河南省固定资产投资增速情况

注：数据来源于 2008—2021 年河南省统计年鉴和济源市统计公报

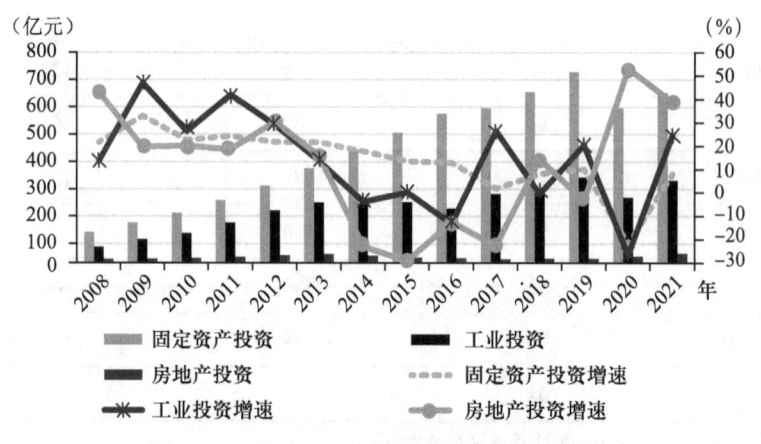

图 12　2008—2021 年济源市投资及增速情况

注：数据来源于 2008—2021 年济源市统计公报

从占 GDP 的比重来看，固定资产投资占比大，但近几年呈现下降趋势，2021 年为 81.6%。值得注意的是，进出口占比在 2020 年超过社会消费品零售总额占 GDP 的比重，在 2021 年超过工业投资占 GDP 的比重，占比达到 50.7%，其次是工业投资占比 39.6%，社会消费品零售总额占比 25.9%，房地产投资占比 4.4%（见图 13）。说明济源市融入国际市场产业链，外向度大幅提升。

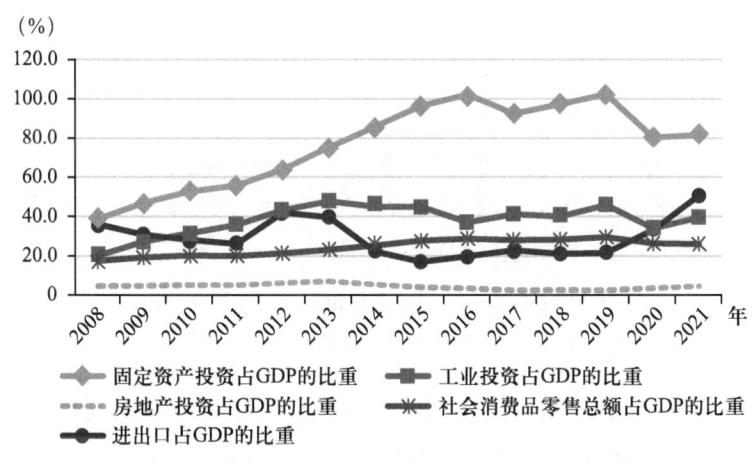

图 13　2008—2021 年济源市固定资产投资、工业投资、房地产投资、社会消费零售总额和进出口占 GDP 的比重情况

注：数据来源于 2008—2021 年济源市统计公报

五、坚守工业立市，传统产业增加值占比仍较高

2008 年以来，第二产业在济源市的经济发展中起到主导作用，第二产业占 GDP 的比重均保持在 60% 以上。2016 年后，济源市第三产业增加值对 GDP 增长的贡献率连续保持在 30% 以上。2021 年济源市三产结构为 3.4∶60.4∶36.2（见图 14）。济源市长期坚持工业立市，城乡居民人均可支配收入排在全省前列。

根据《济源市国民经济和社会发展第十四个五年规划和二〇三五年远景目标纲要》，济源市以先进制造业高质量发展为主攻方向，突出白银、钢铁、纳米、食品饮料四大转型路径，加快建设白银珠宝首饰深加工基地、钢产品深加工及现代装备制造基地、纳米材料产业基地三大产业基地，形成 2 个千亿级

（有色金属、钢产品深加工及装备制造）、5个百亿级产业集群（现代化工、食品饮料、电子信息、能源新能源、绿色环保），产业呈现"4325"的布局体系。

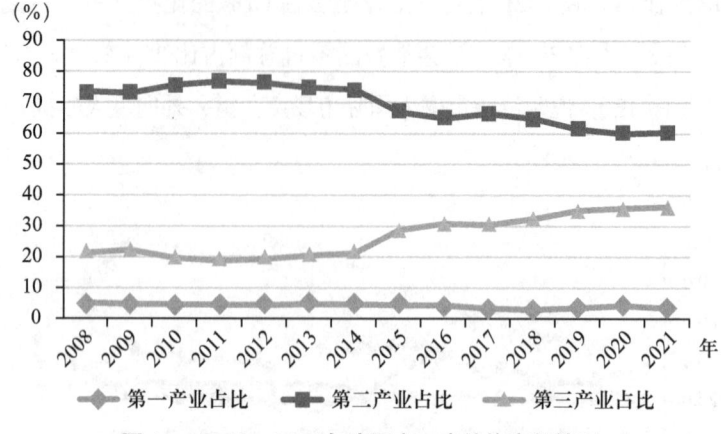

图14　2008—2021年济源市三产结构变化情况

注：2008—2020年数据来源于相应年份河南省统计年鉴，2021年数据来源于市统计局。

济源市是全国最大的绿色铅锌冶炼基地和白银生产基地，铅产量占全国总产量的1/4，白银产量占全国总产量的12%，是河南省重要的钢铁、能源、化工、装备制造基地。

济源市工业增加值逐年增加。工业增加值增速在2016年、2017年低于GDP增速，其余年份均高于GDP增速。2020年为4.4%，高于GDP增速1个百分点（见表7）。

表7　2008—2020年济源市工业增加值及增速情况

年份	工业增加值（亿元）	占河南省的比重（%）	在全省的排名	工业增加值增速（%）	GDP增速（%）
2008	202.8	2.1	18	17.5	14.8
2009	196.6	2.0	18	15.0	14.2
2010	246.1	2.1	18	13.2	12.2
2011	262.3	1.8	18	17.9	14.8
2012	307.9	2.0	18	12.8	11.6
2013	324.6	2.0	18	13.8	12.0
2014	306.0	1.9	18	11.2	9.8
2015	302.5	1.9	18	6.0	6.0

续表

年份	工业增加值（亿元）	占河南省的比重（%）	在全省的排名	工业增加值增速（%）	GDP 增速（%）
2016	326.4	1.9	18	7.7	8.0
2017	367.4	2.0	18	8.1	8.3
2018	360.6	2.1	18	8.4	8.3
2019	375.5	2.1	18	8.1	7.7
2020	384.3	2.2	18	4.4	3.4

注：2008—2020年数据来源于相应年份河南省统计年鉴

济源市规上工业增加值增速除2010年、2016年、2017年外，其余年份均高于河南省规上工业增加值增速。2021年为7%，高于河南省1.6个百分点（见图15）。

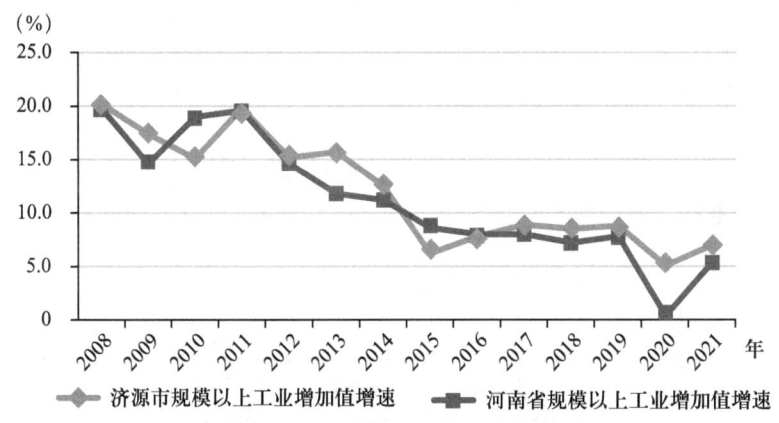

图15 2008—2021年济源市规上工业增加值增速与河南省规上工业增加值增速

注：2008—2021年数据来源于相应年份河南省统计公报和济源市统计公报

从分行业规上工业增加值增速看，2021年济源市规上工业中，高新技术产业增加值增速较高，增长22.7%，战略性新兴产业增加值增长9.7%，传统产业增加值增长1.9%，高耗能工业增加值增长1.2%（见图16）。

从分行业规上工业增加值占比看，传统产业增加值和高耗能工业增加值占全市规上工业增加值的比重较高，战略性新兴产业增加值占比在2020年大幅下降。2021年规模以上工业中，传统产业增加值占比64.5%，高耗能工业增加值占比57.8%，高新技术产业增加值占比33.0%，战略性新兴产业增加值占比8.7%，（见图17）。

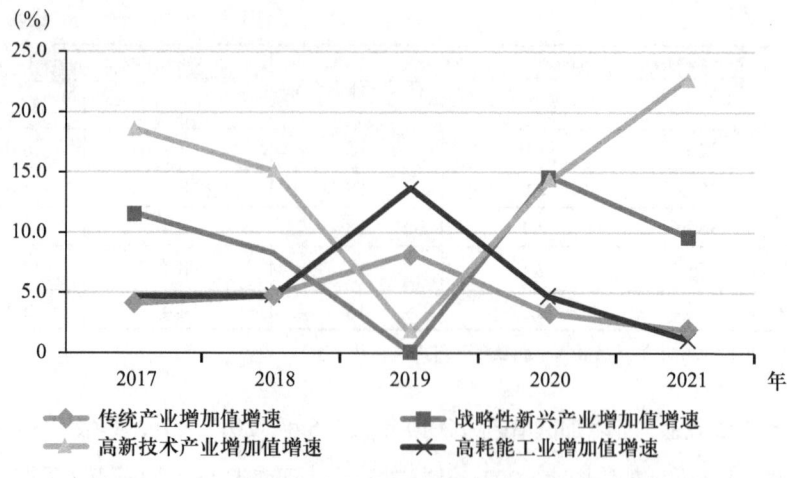

图16 2017—2021年济源市分行业规模以上工业增加值增速

注：数据来源于2017—2021年济源市统计公报

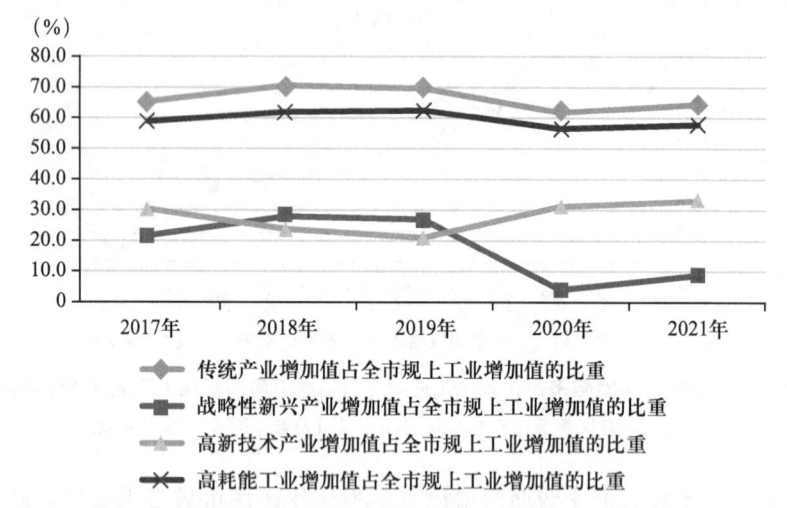

图17 2017—2021年济源市分行业规上工业增加值占规上工业增加值的比重

注：数据来源于2017—2021年济源市统计公报

济源市服务业增加值逐年增加，2016年占GDP的比重超过30%（见图18）。从增速来看，服务业增加值增速与GDP增速趋势大体相同（见图19）。

服务业分行业看，批发和零售业与交通运输、仓储和邮政业一直处在前两位，2018年，房地产业增加值超过住宿和餐饮业增加值，2018—2021年间房地产业增加值处在第3位（见图20）。

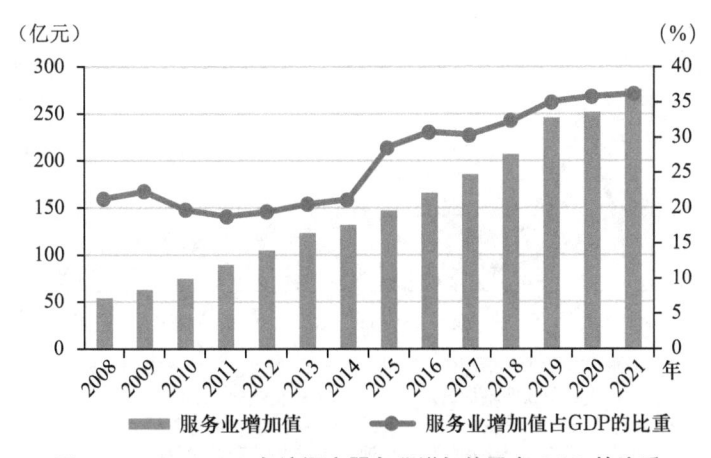

图 18　2008—2021年济源市服务业增加值及占 GDP 的比重

注：2008—2020 年数据来源于相应年份河南省统计年鉴，2021 年数据来源于市统计局

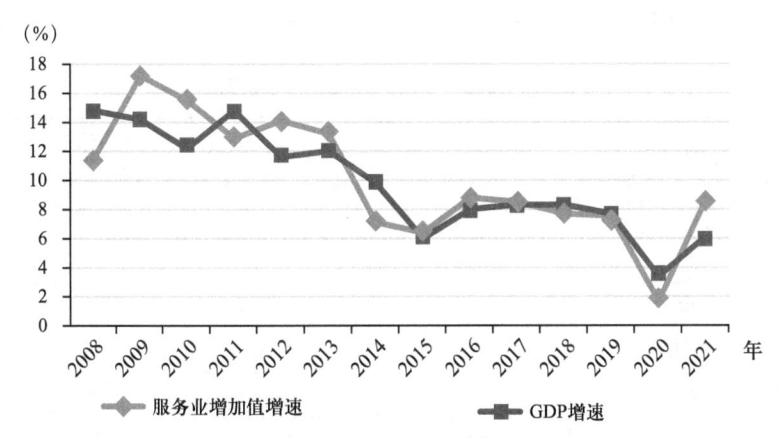

图 19　2008—2021年济源市服务业增加值增速与 GDP 增速

注：2008—2020 年数据来源于相应年份河南省统计年鉴，2021 年数据来源于市统计局

六、人口外流不高，城镇化率高于河南省

2008—2009 年，济源市常住人口与户籍人口基本持平，占全省的比重在 0.7% 左右（见表 8），是省内人口数量最少的城市。城镇化率均高于河南省水平，2010 年之后超过鹤壁市，在省内排第 2 名，仅低于郑州市，2021 年城镇化率为 68.2%。

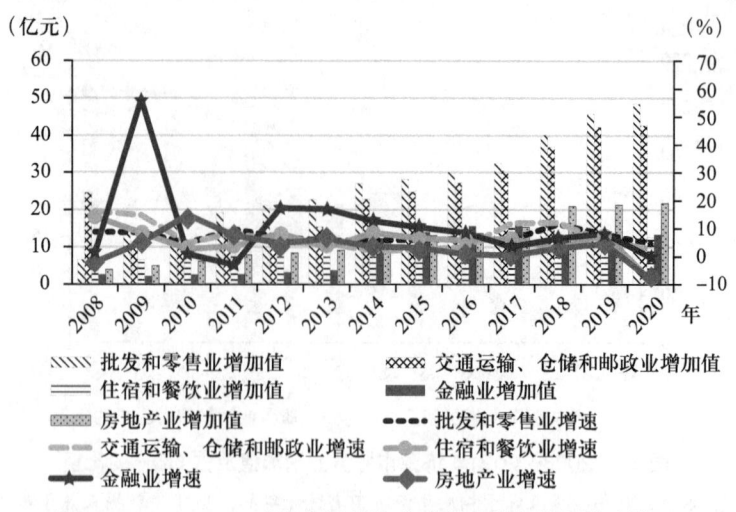

图 20 2008—2020年济源市服务业分行业增加值及增速情况

注：2008—2020年数据来源于相应年份河南省统计年鉴

表 8 2008—2021年济源市人口情况

年份	户籍人口（万人）	占河南省的比重（%）	在全省的排名	常住人口（万人）	占河南省的比重（%）	在全省的排名	城镇化率（%）	城镇化率在省内排名
2008	68.1	0.7	18	68.3	0.7	18	47.6	3
2009	68.4	0.7	18	68.4	0.7	18	49.0	3
2010	67.6	0.6	18	67.6	0.7	18	49.4	2
2011	68.0	0.6	18	67.9	0.7	18	51.4	2
2012	68.0	0.6	18	70.3	0.7	18	53.4	2
2013	69.0	0.6	18	71.5	0.7	18	54.8	2
2014	69.0	0.6	18	72.4	0.8	18	56.4	2
2015	70.0	0.6	18	72.9	0.8	18	58.0	2
2016	70.0	0.6	18	71.0	0.7	18	59.6	2
2017	70.9	0.6	18	71.8	0.7	18	61.1	2
2018	72.6	0.6	18	72.2	0.7	18	62.4	2
2019	71.8	0.6	18	72.6	0.7	18	63.6	2
2020	73.0	0.6	18	72.9	0.7	18	67.5	2
2021	—	—	—	73.0	0.7	18	68.2	2

注：2008—2020年数据来源于相应年份河南省统计年鉴，2021年数据来源于市统计局

综上所述,济源市人均 GDP、财政自给率、城乡居民人均可支配收入、城镇化率持续位居全省前列,各项指标良好。同时,也要认识到在产业结构中传统产业占比大,环境容量接近饱和,面临的转型升级压力大,传统产业应持续向高端产品方向发展,拉长产业链条,提高行业竞争力。同时,要培育壮大新兴产业,带动现代服务业发展,发挥济源"豫西北门户"的重要支点作用。

(李燕燕　李　甜　整理数据图表)

后 记

在 2013 年以后的几年，笔者参与年度系列《中原经济区发展指数报告》《中原经济区竞争力报告》的编撰工作，以及《中原经济区金融发展指数报告》和《中原经济区金融竞争力报告》的主编工作。这些报告主要是对河南省及中原经济区范围内的各地市，通过设立一、二、三级指标和权重进行综合性分析，在此基础上再分别对各地市进行评估排名。随着中国经济进入新常态，面对经济发展阶段的转变，以及外部环境的冲击，笔者感觉到不仅应该关注河南省整体运行中存在的特殊现象，还要就每一个市县的发展状况进行有针对性的剖析，这样比综合性的指数报告更能深入分析河南省及所辖市县的经济运行态势。

本书涉及全省 18 个省辖市，各市具体撰写工作分工如下：李燕燕、李甜（洛阳篇、平顶山篇、三门峡篇、南阳篇、信阳篇、济源篇），李燕燕、徐涛（安阳篇、鹤壁篇、新乡篇、焦作篇、濮阳篇），李燕燕、赵岩（漯河篇、商丘篇、周口篇、驻马店篇、郑州篇、开封篇、许昌篇）。导论由耿明斋撰写。张国骁负责协调推进数据梳理收集工作，徐涛负责本书稿的整理及出版沟通工作。中共河南省委党校经济管理教研部教师刘琼博士、中国经济出版社刘一玲编审和企业管理出版社赵喜勤编辑为本书出版做了大量工作，在此一并表示感谢。

李燕燕
2023 年 10 月